ntw nymphenburger texte zur wissenschaft
modelluniversität 6

Redaktion Hans A. Neunzig

# Verhaltensänderung

## Psychologische Theorien der Veränderung menschlichen Verhaltens

HERAUSGEBER
CHRISTINA ROHR

14 Aufsätze

Nymphenburger Verlagshandlung

Signet ntw: Holger Matthies
Satz und Druck: Passavia Passau
ISBN 3-485-03206-9 · Printed in Germany

# Inhalt

III Rollentheoretische Ansätze



IV Gruppentheoretische Ansätze

CHRISTINA ROHR

# Einleitung: Verhaltensänderung

Deutsche Psychologen verwenden bis heute gern das Wort »Wandel«, wenn individuelle oder soziale Veränderungsprozesse benannt werden sollen. Man spricht von Persönlichkeitswandel, Einstellungswandel, Rollenwandel, Motivwandel und von sozialem Wandel in der Übersetzung von »social change«.[1]

Der ideologische Gehalt einer solchen Wortwahl liegt auf der Hand. »Wandel« impliziert ein Geschehen, das sich naturgewollt oder schicksalhaft entwickelt, auf das man selbst keinen Einfluß nehmen kann, für das man nicht verantwortlich zeichnet – es wandelt sich –, das schließlich auch weniger spektakulär als leise und kaum bemerkt nach Art vieler biologischer Prozesse sich vollzieht. Nicht zufällig wurde die Verwendung des Wortes Veränderung möglichst vermieden. Amerikanische Psychologen, die in ihrem Sprachrepertoire den verbalen Ausweg aus dem Problem, den die deutsche Sprache anbot, nicht fanden, teilten bzw. teilen eine ähnliche Abneigung gegen die Sache, um die es geht. Cartwright benennt sie 1951 in seinem Artikel über die Anwendung gruppendynamischer Kenntnisse:[2] Das Wort Veränderung (change) schreckt ab, man assoziiert Revolution, Unzufriedenheit, Störung, Querulantentum. »Veränderung« verspricht keinen Respekt vor Sicherheit und Kontinuität, vielmehr Instabilität, Unberechenbarkeit und Gefährdung des Bestehenden. »Veränderungen« garantieren keine Prozesse im Rahmen der gegenwärtig akzeptierten Wertsysteme.

Von ähnlichen Abwehrhaltungen, wie sie sich in den Sprachgewohnheiten spiegelten, ist die Behandlung der Veränderungsthematik von seiten der Psychologie noch 20 Jahre später belastet, auch wenn sich seither eine ständig wachsende Forschungsaktivität vor allem im Rahmen der Sozialpsychologie und der Lernforschung auf Vorgänge der Verhaltensänderung[3] konzentriert.

Diese Einführung will auf spezifische Blickbeschränkungen aufmerksam machen, unter denen wissenschaftliche Perspektiven und Wahlentscheidungen diesem Forschungsgegenstand gegenüber gefunden werden (II). Charakteristische Betrachtungsweisen der Psychologie sollen dabei nicht isoliert gesehen werden, sondern auf der Grundlage einer allgemeinen Veränderungsfeindlichkeit im wissenschaftlichen und außerwissenschaftlichen Bewußtsein (I). Weiterhin sollen Veränderungserwartungen in und gegenüber einigen psychologischen Konzepten und deren Kritik diskutiert (III) und schließlich die Auswahl der Texte, die in diesen Band aufgenommen wurden, kurz begründet werden.

Vollständigkeit der Darstellung und begriffliche Differenzierungen und Präzisierungen mußten dabei zurückgestellt werden zugunsten einer mehr exemplarischen Herausstellung von Schwerpunkten, Problemen, Fragen, die Anregungen und Hilfe zur Einarbeitung für Leser sein sollen, die sich mit dem Thema weiter beschäftigen wollen. Dieser Band ist nicht konzipiert als eine Sammlung verbindlicher gültiger Lehrmeinungen. Er wird Leser enttäuschen, die fertige verwendbare Resultate suchen oder sich sogar »Anweisungen« zur Verhaltensänderung versprechen. Das Herausgeber-Interesse ist es vielmehr, auf typische Forschungsausschnitte und -stile in diesem Arbeitsfeld hinzuweisen und Studenten der Psychologie, Soziologie oder anderer Sozialwissenschaften Arbeitsunterlagen und -materialien in die Hand zu geben, die zur Auseinandersetzung mit dem wissenschaftlichen Vorgehen in diesem Forschungsgebiet führen, Einblick in seine Probleme und Zwänge geben und die Ausbildung einer eignen Position vorbereiten können. Der Band ist angewiesen auf einen kritischen Leser.

## *I. Veränderungswiderstand im wissenschaftlichen und außerwissenschaftlichen Bewußtsein*

Der Veränderungswiderstand des öffentlichen Bewußtseins in der bürgerlichen Gesellschaft spiegelt sich in vielen unausgesprochenen psychologischen Einstellungen gegenüber menschlichen Verhaltensänderungen wider.

Veränderung von Menschen wird im allgemeinen nicht konzipiert als etwas, das sich kontinuierlich überall und ständig ungeplant ereignen kann. Vielmehr bedarf es dazu entweder gewaltsamer traumatischer, »negativer« Einwirkungen von außen, oder aber eines organisierten und institutionalisierten Aufwandes, formeller Veranstaltungen und Programme, gezielter Anwendung spezieller vorbereiteter Veränderungsmethoden und -techniken.

Psychische Veränderungen haben – meist negativen – Ausnahmecharakter. So wurden Persönlichkeitsveränderungen häufig aufgezeigt als Folge krisenhafter Bedingungen und katastrophaler Ereignisse wie Krieg, Folter, psychischem und physischem Zwang oder pathologischen Prozessen. Persönlichkeitsveränderungen wurden untersucht und demonstriert, wenn sie unter Bedingungen wie brain-washing, Indoktrination, sensorischer Deprivation oder unter pharmakologischen und hirnpathologischen Einwirkungen zustande kamen.[4]

Veränderungen des Verhaltens werden dagegen akzeptiert, wenn das Ergebnis dem bestehenden Wertkodex näher kommt, als es die Ausgangslage des Betroffenen war, d. h. wenn der Abweichungsgrad des Verhaltens gemindert werden kann: So in der Psychotherapie die Veränderung vom kranken zum gesunden Verhalten, in betrieblichen Schulungsprogrammen die Veränderung vom ineffektiven zum erfolgreichen und tüchtigen Verhalten, bei Resozialisierungsbemühungen die Veränderung vom abweichenden zum angepaßten und normalen Verhalten etc.

Diese Einstellungen spiegeln die Erwartung, daß unter normalen Umständen sich Veränderungen nicht vollziehen, daß Menschen eigentlich bleiben wie sie sind. Diese Erwartung mag sogar auf Erfahrung beruhen. Die Frage bleibt um so mehr bestehen, inwieweit es sich hierbei um eine ideologisch vermittelte Stabilisierungsbemühung handelt, um eine Rechtfertigungslehre[5] für das, was erhalten werden soll, die ihrerseits die Veränderungserwartung und -motivation potentiell veränderbarer Individuen in Richtung auf die eigne Konstanz und Stabilität beeinflußt, so daß die veränderungsfeindliche Ideologie zur objektiven Verhaltensbedingung wird für diejenigen, die mit dieser Ideologie leben.

Diese Sichtbeschränkung blockiert nicht nur innerhalb der Wissenschaft die Entwicklung von Erkenntnis, sondern sie hat gleichzeitig unterstützenden Einfluß auf die Inhalte öffentlichen Bewußtseins: Mangelnde und eingeschränkte Veränderungserwartung führt unmittelbar zu geringer Veränderungswahrscheinlichkeit und damit zu einer Bekräftigung des Vorurteils von der Stabilität und Unveränderbarkeit von Verhalten und Verhältnissen, eines Urteils, das täglich durch die eigene Erfahrung verifiziert und damit für den Erfahrenden als »Vorurteil« ständig widerlegt werden kann.

So begegnen auch im außerwissenschaftlichen Bereich die Inhaber des »gesunden Menschenverstandes« allen Veränderungen des Verhaltens, die außerhalb der geschilderten Ausnahmebedingungen beobachtet werden, im allgemeinen mit Befremden oder Abneigung. Opportunisten, Unzuverlässige, Charakterlose, »wechselwarme Milieumenschen«[6] verändern sich. Kritik gegenüber, die einen status quo in Frage stellen und verändern will, reagiert das antikritische öffentliche Bewußtsein mit konzentrierter Abwehr und mit Mißtrauen oder mit der Diffamierung des Kritikers.[7] Oder Kritik wird sofort neutralisiert und verdünnt unter der Zielvorstellung gruppengemäßer Harmonie, Einigung und Einigkeit, und eines psychologischen Quietismus, unter dem jeder Konflikt zur Peinlichkeit wird.

Auch wo man heute von »lebenslänglichem Lernen« spricht – in bildungspolitischen und -planerischen Konzepten der jüngsten Zeit –, meint man mit »Lernen« lieber Aneignung und Besitz von Wissen als die Veränderung seiner selbst oder der Umstände. »Lernen wird von einem bestimmten Stadium des Sich-Einrichtens im Leben zu einer Quelle von Unbehagen und privater Unsicherheit.«[8] Lernen ist hier nicht Voraussetzung zur Veränderung, sondern Lernen bedeutet Erwerb eines Instrumentariums, um sich und die Umstände in einem gegebenen Zustand halten zu können. Lernen ist »die westliche Antwort auf die Herausforderung des Marxismus: auf die Zumutung einer totalen Systemänderung, einer Revolution im wirklichen oder übertragenen Sinne, einer Gesellschaftung unserer bürgerlichen, individualistischen Existenz«.[9]

Das politische Interesse am Schutz vor jeder möglichen Veränderung des gesellschaftlichen status quo mit dem Mittel der Verhinderung kritischen politischen Denkens und der Einsicht in die Veränderbarkeit von Verhalten und Verhältnissen – Ziel faschistischer Propaganda[10] – und der Zusammenhang dieses Interesses mit der Bearbeitung der Veränderungsthematik von seiten der wissenschaftlichen Psychologie mag vielen völlig abwegig erscheinen. Abwegig nämlich angesichts der verbreiteten Meinung von der Integrität der Wissenschaft und der Liberalität des Wissenschaftlers, der sich dem staatlich sanktionierten Konformismus des Verhaltens kraft seiner Intelligenz, seiner Einsicht und seines Stutus zur Wehr setzen könne: Das Bild des Intellektuellen, das z. B. Dahrendorf[11] zu verbreiten suchte und das Intellektuelle gern selbst von sich entwerfen.[12]

Demgegenüber stehen die Anklagen gegen die stabilisierende Funktion der Wissenschaft,[13] gegen die Willfährigkeit des Wissenschaftlers und die Korrumpiertheit des Intellektuellen, bestenfalls noch gegen seine politische Unbekümmertheit und Naivität[14] oder gegen seine Passivität als Folge seines »Ekels vor der Macht«[15] – ein Kavaliersdelikt.

Chomsky deckt u. a. am Beispiel der Stellungnahme amerikanischer Wissenschaftler zur Asienpolitik der USA die unmißverständlich konservierenden Interessen dieser Vertreter gerade auch des gemäßigten Flügels von Akademikern auf. Wenn sie sich gegen Gewaltanwendung als politisches Mittel zum Zwecke sozialer Veränderungen wenden, dann ist es nicht die Gewalt als solche, die sie ablehnen; »... es ist nicht die Gewalt, sondern die soziale Veränderung, was sie wahrhaft beunruhigt. Soziale Veränderung, die abweicht von dem Kurs, den wir bestimmt haben, darf nicht geduldet werden. Die Gefahr für die Ordnung wäre zu groß.«[16]

Diese Sprecher der Wissenschaft sind zuverlässige Anwälte für die Wahrung von Stabilität und Sicherheit, und zwar der Sicherheit vor den »falschen« politischen und sozialen Veränderungen. Der Konsensus unter den Intellektuellen ist gefunden im einstimmigen Plädoyer für Ordnung, Stabilität und Gewaltlosigkeit (der Unterdrückten), Interessen, die angesichts ihres bereits erreichten oder noch erhofften gesellschaftlichen Prestiges und Wohlstandes und einer in den USA besonders privilegierten Position logisch erscheinen.[17]

Betroffen von dieser Kritik Chomskys werden besonders hart die Sozial- und Verhaltenswissenschaftler wie Psychologen, Soziologen, Systemtheoretiker, politische Wissenschaftler, die in den Vereinigten Staaten als »neue Mandarine der Zukunft«[18] den Aufstieg zu effektiver politischer Macht gefunden und ihre Einflüsse z. B. bei der Planung des amerikanischen Vorgehens in Ostasien zur Geltung gebracht haben. Ihr Machtanspruch gründet sich auf Wissen und Können, auf die Rationalität und Objektivität der Wissenschaft. In ihrem Namen versprechen sie eine humane und reibungslos funktionierende Gesellschaft, deren Probleme durch genügend technologische und wissenschaftliche Kleinarbeit alle lösbar sind. Sie wenden Vokabular und Ergebnisse der Verhaltensforschung an, ohne die in ihr steckenden ideologischen Grundlagen im Sinne spezifisch eingeengter Perspektive zu reflektieren und ohne offenbar die Gefahr der Entstellung zu sehen, der gerade die Verhaltenswissenschaft mit ihren einfach faßbaren und oft banalen Inhalten ausgesetzt ist.[19]

In der Bundesrepublik steht den Angesprochenen zwar der Zugang zur wirkungsvollen Anwendung gegenwärtig noch viel weniger offen, und die wissenschaftliche und soziale Anerkennung des Sozialwissenschaftlers ist noch keineswegs eine Selbstverständlichkeit. Möglicherweise ist das ein Grund dafür, daß im Unterschied zu den USA, wo auch von führenden Vertretern des Fachs die Situation der

Psychologie in ihrem Verhältnis zur Anwendung und zur Veränderungsproblematik immerhin seit ca. 20 Jahren z. T. sehr engagierter diskutiert wird, bei uns weiterhin die Haltung der Wahrnehmungsabwehr vorherrscht. Zumindest von seiten der offiziellen Psychologie werden die Probleme nicht einmal mehr benannt – die entsprechenden Aufforderungen durch einige linke Studenten Ende der sechziger Jahre sind im Kongreßbericht archiviert[20] –, man beschäftigt sich lieber mit neutraleren Inhalten und hält an einer bewährten laisser-faire-Attitüde fest.

Für manche gesellschaftliche Bereiche mag zwar gelten, daß auch Kritik zur Ware geworden ist, daß Negation und Veränderungsabsicht zum »Gewürz der Konformität«[21] gemacht wird, – zum Beweis der Freiheit, in der wir uns bewegen, – und damit langweilig wurde.[22] Im Fall der Psychologie aber und deren Entwicklungsdynamik könnte Kritik, nach dem Gesetz der Marktwirtschaft, zum Ladenhüter werden, da sie nicht erwartet, nicht gefragt geschweige denn gefordert wird.

## *II. Parzellierte psychologische Betrachtung von Verhaltensänderungen*

Für die Behandlung von Veränderungsprozessen des menschlichen Verhaltens von seiten der westlichen Psychologie sind charakteristische Blickverengungen bezeichnend, so die Tendenz zur Ignorierung, zur Abstraktion, zur Verzerrung, Verstümmelung, zur Abwertung. Die gewählten Ausschnitte der Betrachtung werden dabei kaum als Ausschnitte benannt und offenbar selten erkannt. Die Ausschnitthaftigkeit ist nicht allein mit dem Hinweis auf methodologische Sachzwänge zu rechtfertigen oder mit dem Hinweis auf die Arbeitsteilung der Wissenschaft. Die Ausschnitte werden vielmehr unversehens zu verselbständigten Gedankengebilden, werden oft wie vollständige und gültige Modelle behandelt und fixieren sich zu Voreingenommenheiten. Sie sind nicht zufällig, sie zeigen ihre massive Befrachtung mit bürgerlicher Ideologie, sie sind selber gesellschaftlich geprägte Erscheinungen unserer »Geistes«- bzw. Sozialwissenschaft.

Die folgenden vier typischen Verfahrensweisen und parzellierten Betrachtungen dem Forschungsinhalt »Verhaltensänderung« gegenüber sollen herausgestellt werden. Sie spiegeln Interessenrichtung und Wertorientierung der jeweiligen psychologischen Richtungen und deren selektive Sensitivierung gegenüber dem Veränderungsthema:

1. Ignorierung: Vergegenständlichung von menschlichem Verhalten

Verhaltensänderungsprozesse werden in einigen psychologischen Modellen aus der Fragestellung ausgeklammert, bzw. die Phänomene werden umgedeutet in nicht-veränderliche Phänomene. Theorien, die auf solchen Entscheidungen beruhen, eignen sich nicht dazu, Verhaltensänderungen zu erklären oder zu beschreiben. Von einer mehr oder weniger ignorierenden Haltung gegenüber Veränderungen des eignen Forschungs-»Gegenstands« sind in erster Linie die Persönlichkeitspsychologie betroffen, vor allem diejenige deutscher Prägung, Konstitutionstypologien und Charakterologien,[23] Prägungstheorien, die die lebenslängliche Festlegung des Menschen durch seine Früherfahrungen unterstellen, die psychologische Diagnostik und die ihr zugrunde liegenden Denkmodelle,[24] schließlich im Rahmen der Sozialpsychologie besonders die Kleingruppenforschung,[25] sofern sie den Aspekt der Gruppenstruktur und -kohäsion zu ihrem Hauptanliegen macht, und Auffassungen im Rahmen der psychologischen Rollentheorie.[26]

Gegenstand der Analyse sind konstante Strukturen, als die die menschliche Person und als die soziale Gebilde konzipiert werden. Ihre Veränderung in der Zeit wird als nichtexistent übersehen bzw. aus der Analyse als störende Ausnahmeerscheinung eliminiert. Die Person wird dargestellt in ihrem Aufbau und Gefüge, ihrer Tektonik, ihren Eigenschaften, Dispositionen, Grundbeschaffenheiten, Formungen; und die Gruppe in ihrer Kohäsion, Einheit, Ordnung, Dichte, Integration, in ihren Interaktionsnetzen, -mustern, -geflechten. In beiden Fällen imponiert die Festigkeit und Konstanz der festgefügten und überdauernden Gestalt.

Man geht aus von der Vorannahme, daß eine Person oder eine Gruppe aus einem relativ beharrenden statischen Gefüge von Elementen besteht, daß jedes Einzelelement seinen Beitrag zum Funktionieren, zur Integration und zur Aufrechterhaltung dieses Gefüges leistet und zwischen den Elementen Affinität, Harmonie, Gleichgewicht, Konsensus herrscht als Bedingung der Unveränderlichkeit des personalen oder des Gruppensystems.

Auf die einzelnen Richtungen, die implizit oder explizit eine solche Position vertreten, kann hier nicht systematisch eingegangen werden. Es werden lediglich einige besonders deutliche Demonstrationsbeispiele angeführt.

Die Persönlichkeitspsychologie führt am unvermitteltsten die philosophische abendländische Tradition fort, indem sie – ausgesprochen oder unausgesprochen – sich einer individualistischen Anthropologie und idealistischen Philosophie anschließt und der Auffassung vom Primat des – isolierten – Individuums und seiner Autonomie gegenüber der »Welt«.

Auch wo das psychologische Dogma von der Binnenhaftigkeit des Seelischen und die Separierung von substantieller Innenwelt und substantieller Außenwelt als verhängnisvoll herausgestellt wird,[27] bleibt die Alternative lediglich eine gegenüber vorher stärkere Betonung des »dialogischen Verhältnisses« zwischen Innenwelt und Außenwelt. Es ist dann schon damit getan, lediglich die notwendige und unentbehrliche Funktion dieser Außenwelt anzuführen, zur »Entfaltung und Gestaltung« von angelegten Möglichkeiten zu verhelfen.[28] Der Mensch ist damit zwar mit der Welt »verbunden«, er bedarf ihrer zu seiner Befriedigung und Realisierung, aber er ist nicht von ihr konstituiert und geschaffen und damit auch nicht durch sie veränderlich. »Außenwelt« ist nicht Gesellschaft und damit konkrete veränderbare Bedingung veränderbaren Verhaltens, sondern Außenwelt ist Natur und damit bleibende, unbeeinflußbare und gegebene objektive Realität, die die adäquaten Umfeldbedingungen für die Ausformung der »Natur« des Menschen stellt.

Nicht nur die klassischen Charakterologien und die biologisch orientierten Konstitutionstypologien, sondern auch diejenigen Persönlichkeitstheorien, die die Umweltabhängigkeit von Merkmalsbildungen der Person betonen, wie z. B. die Psychoanalyse, neigen dazu, die besonders beim erwachsenen Menschen vorfindbaren Verhaltensweisen als mehr oder weniger unveränderliche Konstanten anzusehen, und klammern die Möglichkeit ihrer Veränderung weitgehend aus. Alle scheinen unter dem statischen *content-and-structure*-Aspekt die Konstanz von Persönlichkeitseigenschaften weit zu überschätzen. Persönlichkeit wird vergegenständlicht. Sie wird als ein ruhendes Gebilde behandelt, »so wie ein Archäologe eine griechische Vase, ein Kunsthistoriker eine Barockkommode oder ein Bakteriologe das Präparat einer Streptokokkenart« betrachtet.[29]

Wenn als ein Beweis für die Konstanz und Stabilität des Verhaltens angeführt wird, daß Menschen sich über die Zeit hinweg gegenseitig relativ konstant einschätzen und nur geringfügige Veränderungen aneinander bemerken, so besagt das zunächst nur etwas über die

Fixation und relative Stabilität ihrer jeweiligen sozialen Wahrnehmungsperspektive.[30]

Persönlichkeitstheorien schützen sich gleichsam vor der Einbeziehung des Veränderungsaspektes, indem sie »Persönlichkeit« gerade so konzipieren, daß ein gesellschafts- und situationsabhängiges und damit ein von Situation zu Situation und von Zeit zu Zeit potentiell sich veränderndes Verhalten der »Persönlichkeit« gar nicht zuzurechnen ist. Ein solches Verhalten bewirken nur die »Umstände«, nicht aber die »Persönlichkeit«. Der Persönlichkeit zugerechnet werden vielmehr gerade diejenigen Faktoren, die resistent gegenüber Veränderungen sind. »Persönlichkeit« erhält sich gegen alle neuen Erfahrungen, die sie verändern könnten, sie bewahrt sich selbst vor Veränderungen. »Persönlichkeit«, das sind gerade die Merkmale, die bleiben, wenn man Veränderung erwarten würde. So können Persönlichkeitstheorien erklären, wie jemand ist und so geworden ist, wie er ist, nicht aber, daß und wie er sich ändern kann.[31]

Auch psychologisch-empirische Untersuchungsansätze unter positivistischer Wissenschaftskonzeption nehmen sich ihren Gegenstand vor wie ein Stück Natur, dessen Gesetze, uns fremd und nicht von uns gemacht, nach Art der Naturwissenschaft erkannt werden sollen unter möglichst neutralen und störungsfreien Bedingungen. Dieses Konzept, angewandt auf die von gesellschaftlichen Verhältnissen geprägten und von ihnen produzierten Untersuchungsobjekte: menschliche Individuen und Gruppen, läßt sie und ihre Verhältnisse »versteinern«. Sie erscheinen nicht nur wie versteinerte Formation, sie sind es auch. »Die Ausweitung dieses Modells auf Wissenschaft überhaupt hat ihr Recht darin, daß in der Tat auch die Sozialwissenschaften so vorgehen können, und es mit Erfolg tun. Daß ... ihre ›Gegenstände‹ sich solcher Analyse fügen, ist möglich, weil soziale Verhältnisse in der Tat nicht bloß so erscheinen, sondern wie Natur geworden sind.«[32]

So vergegenständlicht auch die Gruppenforschung ihr »Objekt«, die Gruppe, wenn sie sie erstrangig unter dem Kohäsionsaspekt betrachtet und nur die Frage stellt, was dieses Gebilde zusammenhält, bzw. wenn sie die Festigkeit und Kohäsion der interpersonalen Beziehungen in der Gruppe als unabhängige Variable ansetzt.[33] Deutlicher noch erfolgt die Vergegenständlichung der sozialen Gruppe, wenn der Strukturaspekt in den Vordergrund des Interesses rückt. Die Gruppenforschung sieht dabei die Gruppenmitglieder innerhalb der Struktur fest verortet: Sie haben Positionen inne, Status, Rang, Rolle, sie sind lokalisiert in Relation zu den anderen Mitgliedern in horizontaler oder vertikaler Organisation, sie befinden sich an peripheren oder zentralen, untergeordneten oder übergeordneten Fixpunkten.[34] Das so plazierte Gruppenmitglied verändert seinen Platz nicht, es würde auch durch die andern »Strukturelemente« der Gruppe an einer Platzveränderung gehindert und zur Akzeptierung seiner Position gebracht; es reagiert mit »akzeptierter Unterwerfung«[35] unter das Herrschafts- und Rollenverhältnis dieser strukturierten Gruppe. Sie berechtigt zum Vertrauen in ein geordnetes und berechenbares Verhalten der anderen, sie stabilisiert Erwartungen und entlastet von Unsicherheit.[36]

### 2. Abstraktion: Veränderung als Wachstumsprozeß

In anderen psychologischen Modellen werden zwar Veränderungen des Verhaltens thematisiert, jedoch gehen in die Bearbeitung nur solche Prozesse ein, deren Bedingungen biologisiert werden können, bzw. die Veränderungsphänomene, die in den schmalen Rahmen der Betrachtung fallen, werden als biologisch bedingt deklariert. Verhaltensänderung ist damit ein passiver Prozeß. Veränderungen überkommen einen. Man muß sich ihnen überlassen. Ihre Determinanten sind nicht beeinflußbar durch die Betroffenen oder durch ihre Umwelt.

Der hier zum Ausdruck kommende Reifungsgedanke einer bürgerlichen Entwicklungstheorie findet sich in der biologisch orientierten Entwicklungspsychologie, besonders den älteren Phasenlehren des Kindes- und Erwachsenenalters,[37] in Teilen der pädagogischen Psychologie[38] und in der Kinderdiagnostik, vor allem der Konzeption der kindlichen Entwicklungstests.[39]

Beschreibungsgegenstand ist die Person in ihrer gesetzmäßigen binnenhaften Entwicklung. Veränderung ist endogenes Wachstum und determiniert durch biologische Entwicklungsfaktoren. Diese bewirken phasenhafte typische Erscheinungen im Zeitablauf der kindlichen Entwicklung und des Erwachsenenlebens. Kindheit und Jugend sind eine Art Aufriß und Vorentwurf von Lebensentscheidungen, die im weiteren Lebenslauf ausgeführt und ausgefaltet werden. Die Lebenskurve des Menschen ist geradlinig im Anstieg und Abstieg, eine Pyramide, die die Kontinuität der menschlichen Wachstums- und Veränderungsprozesse spiegelt. Veränderungen sind die berechenbaren vorhersehbaren Übergänge von einer zur nächsten Reifungsstufe. Externe Einflüsse auf diesen Naturprozeß sind kaum wirksam.

Diese Konzeption ist zwar heute wissenschaftlich nicht mehr aktuell und mittlerweile von andern Theorien, vor allem im Rahmen der Sozialisationsforschung, überholt. Aber ihr Einfluß auf verbreitete öffentliche Meinungen, gefördert durch populärwissenschaftliche Publikationen,[40] ist durchaus noch aktuell; ebenso aktuell sind konkrete Auswirkungen dieses Wachstumsmodells auf psychologische Forschungsinhalte und -ausschnitte.

Das oft phasenhaft unterschiedliche Verhalten von Kindern wurde lange auf biologische Determinanten zurückgeführt, weniger aber auf nachgewiesene Diskontinuitäten im Verhalten der familiären und außerfamiliären Umwelt Kindern in verschiedenen Altersstufen gegenüber. Phasenhafte Verhaltensänderungen können also, sofern sie zu beobachten sind, auch auf Interaktionseffekte zurückzuführen sein; ein kleines Kind fordert andere Verhaltensweisen der Erwachsenen heraus als ein selbständig werdendes Kind, und so macht es der eignen wechselnden Evokationsfunktion eines Verhaltens entsprechend sich verändernde Erfahrungen mit seiner sozialen Umwelt.[41]

Untersuchungen menschlicher Veränderungs- im Sinne von Entwicklungsvorgängen auf dem Sektor des Leistungsverhaltens liefern besonders instruktive Beispiele für die konkreten Konsequenzen eines psychologischen Wachstumsmodells: Das Alter der Untersuchten wurde dabei zur Hauptvariablen gemacht, konsequent der Vorannahme, daß, wenn Veränderungen im Zeitablauf zu beobachten wären, diese nur Funktion eines mehr oder weniger biologisch bedingten Entwicklungsprozesses sein können.[42] »Alter« wird als isolierbare Variable aufgefaßt unter Abstraktion von der Tatsache, daß Alter »Zeit« ist, innerhalb derer Erfahrungen gemacht werden, die das Verhalten zur Umwelt neu bestimmen können und die veränderte Einstellungen, veränderte Motivationen und Lernbereitschaften bzw. unverändertes Verhalten bewirken, ohne daß das in Jahren meßbare Alter als biologisches Aufbau- oder Abbauindiz determinierend gewesen ist. Nicht das biologische Alter wäre damit als Veränderungsagent aufzufassen, sondern die Erfahrungen mit der sozialen und gesellschaftlichen Umwelt, wobei das »Alter« wohl viel weniger als biologische als vielmehr gesellschaftliche Bedingung eingeht insofern die gesellschaftliche Auffassung vom Alter und die gesellschaftlich legitimierte spezifische Behandlung Junger und Alter für die in der Zeit gemachten Erfahrungen mit verantwortlich sind.[43]

Mit den Ergebnissen, die auf der Basis solcher eindimensionaler

Modellvorstellungen gewonnen worden sind, wurde dann die Abhängigkeit der Leistungs-, Lern- und damit auch Veränderungsfähigkeit allein vom Alter des Erwachsenen nachgewiesen und konnte die Überzeugung scheinbar empirisch gestützt werden, daß der Mensch mit 20 oder 25 Jahren im wesentlichen fertig, abgeschlossen, ausgewachsen sei[44] und einen autonomen Zustand erreicht habe. Dementsprechend wurden Veränderungsprozesse beschränkt auf das Kinder- und Jugendalter konzipiert und auch hier im Sinne von Entwicklungsprozessen aufgefaßt, denen möglichst phasenhafte Gesetzmäßigkeit in Analogie zu biologischen Vorgängen zugesprochen wurde. Lern- und Veränderungsprozesse werden in die Schulen verwiesen. Veränderungsprozesse normaler erwachsener Menschen haben in solch einem Modell kaum eine Existenzberechtigung.[45]

Unter dem gesellschaftslosen Ansatz, der hier gewählt wird, werden alle wesentlichen Veränderungsbedingungen in das Individuum hineinverlagert. Die Arbeitsteilung zwischen der Beschäftigung mit dem Individuum auf der einen und der Beschäftigung mit der Gesellschaft auf der andern Seite, unter der die Psychologie sich des ersten Pakets annimmt, führt zu einer oft ins Groteske reichenden Abstraktion von der Wirklichkeit. Unter ihr wird diese Art von Psychologie nicht nur »läppisch«,[46] sondern diese Konzeption, – faßt man sie selber als Bedingung zur Veränderung von Verhalten auf, – führt dazu, daß Menschen sich dem eignen naturgegebenen Entwicklungsprozeß unterworfen fühlen müssen, daß sie vergewaltigt werden zur Akzeptierung von unwiderruflichen endogenen Gesetzmäßigkeiten, die ihr Leben angeblich bestimmen, zur Infantilität, zur Apathie und Passivität sich selbst und den eignen Lebensumständen gegenüber.

### 3. Verkennung: Veränderung als Konsistenzstreben

Im Rahmen der verschiedenen konsistenztheoretischen Ansätze der Sozialpsychologie spielen Verhaltensänderungen im Sinne von Einstellungs- und Meinungsänderungen und von Änderungen des Selbstkonzepts eine zentrale Rolle. Bei der Frage, was diese Veränderungsprozesse determiniert, wonach sie sich orientieren und welches psychologische Ziel sie haben, stößt man unweigerlich wieder auf Implikationen, die einem veränderungsabwehrenden und stabilitätsbewußten Denken entspringen.

Die Bedingung, der Anstoß für Veränderungen von Einstellungen und Meinungen ist die Wahrnehmung von Dissonanz, Diskrepanz, Diskordanz, Inkongruenz, die Wahrnehmung von Unordnung. Ziel der Veränderung ist die Wiederherstellung des internen Gleichgewichts, von Stimmigkeit und Ordnung.

Gegenstand der Analyse ist das Individuum im Stadium einer kognitiven Übereinstimmungsleistung: Gemeint ist seine Aktivierung, um eine konflikthafte weil dissonante (Wahrnehmungs-) Situation zu überwinden. Diese ist entweder als intraindividuelle Situation definiert und meint die Diffugität von Einstellungen oder Bewußtseinsinhalten, die als Konsequenz irgendeiner aktuellen Erfahrung simultan im Individuum aufgetreten sind und ihm miteinander unvereinbar erscheinen; oder sie ist definiert als eine interpersonale Situation, in der das erlebte Gleichgewicht verlorengegangen ist zwischen dem, was Partner a und Partner b voneinander und/oder von einem Gegenstand x meinen, denken, erwarten, bzw. in der Widersprüche entstanden sind zwischen dem, was jemand von sich selbst meint, und dem, was er glaubt, daß relevante Partner über ihn meinen. Dissonanz und Inkongruenz entstehen, wenn das Individuum sich konfrontiert sieht mit kognitiven »Elementen«, die es nicht miteinander in Einklang bringen kann, – das können sein Meinungen, Überzeugungen, Auffassungen, Einstellungen, Beurteilungen und Kenntnisse über Menschen, Dinge, Fakten, Umstände.

Die erfolgte Veränderungsleistung entspricht in den hier einschlägigen Theorien dem wiedererreichten Status der Befriedigung und Beruhigung. Der Veränderungsvorgang selbst hat Intervallcharakter. Er ist eine Art notwendigen Übels, ein Übergangsstadium, der Schritt zur Beendigung von Orientierungslosigkeit und Ungewißheit. Veränderung ist kein kontinuierlicher Prozeß, sondern sie entspricht einer kurzfristigen »Unlustphase«, aus der sich das Individuum so schnell wie möglich heraushilft, um mittels partieller verändernder Korrekturen seiner Einstellungen die Normalisierung wiederzugewinnen. Die Konsequenzen der Veränderung liegen im wiedergefundenen Gleichgewicht, der Akzeptierung eigner Entscheidungen, der Zufriedenheit mit der eignen Lage.

So darf z. B. zwischen Wahl und Wunsch keine Dissonanz entstehen: In einem Experiment, in dem Dissonanz erzeugt werden soll durch die von den Versuchspersonen geforderte Wahl zwischen zwei für sie interessanten Alternativen, etwa zwei gleichwertigen elektrischen Geräten,[47] verändert die Versuchsperson nach ihrer – nur scheinbar freien – Wahlentscheidung ihre Einstellungen sowohl gegenüber der gewählten als auch gegenüber der nicht-gewählten Alternative: Der gewählten Alternative (z. B. Kofferradio) wird jetzt mehr Attraktivität zugesprochen als vorher, während die nichtgewählte jetzt abgewertet wird (z. B. elektrische Küchenmaschine): Die Wahl muß gerechtfertigt und damit Übereinstimmung produziert werden zwischen dem, was man bekommen hat, und dem, was man haben wollte. Die Einstellungsänderung erweist sich hier in der inhaltlichen Rechtfertigung einer Wahl: einer im Zuge der Wahlentscheidung erworbenen Aufwertung bzw. Abwertung von Dingen. Dementsprechend müssen unerreichbare, aber erwünschte Dinge um so mehr abgewertet werden, je erwünschter sie sind: Verlorene Harmonie und fehlendes Gleichgewicht resultieren in einer Veränderungsmotivation dessen, der diese Unstimmigkeiten erlebt. Um Konflikt, Dissonanz und Inkongruenz aufzulösen, muß das Individuum seine Auffassung von einem der beiden divergenten Elementen revidieren oder es muß selbst neue kognitive Elemente erfinden und hinzufügen, um den Ausgleich wiederherzustellen. Im Zuge dieses Vorganges kann z. B. eine langgehegte Meinung über jemanden oder etwas modifiziert werden, indem sie einer dieser widersprechenden Neuinformation weichen muß oder angeglichen wird; ebenso können Kontakte zu den die Unstimmigkeit provozierenden Partnern gemieden oder Sympathien und Antipathien dem Kongruenzeffekt entsprechend neu verteilt werden etc.[48]

In jedem Fall muß das Individuum umstellen, umarrangieren, umdeuten, neuordnen, neugewichten, passend machen: es *produziert Übereinstimmung*. Dieses Produzieren von Übereinstimmung oder »Aufräumen« im eignen Wahrnehmungshaushalt ist ein Prozeß der individuellen Einstellungsänderung.

Veränderungsvorgänge sind also durch die Erfahrung der Inkonsistenz zweier oder mehrerer kognitiver Inhalte determiniert. Die Erfahrung der Inkonsistenz erzeugt einen Spannungszustand, der das Individuum zu seiner Reduktion oder Überwindung motiviert. Er wirkt wie ein *drive,* d. h. als Motiv für ein zielgerichtetes Verhalten: Das Individuum wendet »psychische Energie« auf, aktiviert sich im Denken oder Handeln, um der als unerfreulich, unangenehm oder unerträglich erlebten Situation zu entgehen. Die Stärke der erlebten Inkonsistenz hängt ab von der Bedeutung, die die divergierenden Elemente für den Betroffenen haben, und je größer die erlebte Dissonanz, um so stärker ist der zu erwartende Reduktionsdruck und damit die Veränderungswahrscheinlichkeit und -aktivierung.

Um die Dissonanz zwischen Wunsch und ausgebliebener Erfüllung zu mindern, muß eine Umwertung von Werten erfolgen, hier die Umwertung des ehemals Erwünschten. Man überzeugt sich selbst.[49] Die Rechtfertigung des eignen Handelns mit dem Ziel, wieder im Einklang mit sich selbst und der Situation zu sein, bleibt Maßstab der Veränderung.

Auch die durch Rollenspiel erzielten Meinungs- und Einstellungsänderungen können auf der Basis solcher »inneren« Konsistenzbestrebungen der Person interpretiert werden.[50] Aus der Analyse der Selbsteinschätzung ihrer Rollenspielleistung geht hervor, daß die Versuchspersonen dann ihre Meinungen und Einstellungen stärker veränderten, wenn sie selbst mit ihrer Leistung, d. h. mit ihrer Wiedergabe einer Information, die andere überzeugen sollte, zufrieden waren.[51] Auch die Prinzipien der nicht-direktiven Psychotherapie gehen davon aus, daß anhaltende Einstellungsänderungen am wahrscheinlichsten dann auftreten, wenn der Patient glaubt, von selbst zu seinen Überzeugungen und Entscheidungen gekommen zu sein,[52] d. h. sich selbst gegenüber konsistent verhalten zu haben.

Auf der Annahme der Konsistenz der Person und der zwischenmenschlichen Beziehungen basieren verschiedene theoretische Modelle, die sich teilweise ähneln und überschneiden, aber auch zu unterschiedlichen Ergebnissen und Vorhersagen kommen. Die bekanntesten sind die Dissonanz-Theorie von L. Festinger,[53] die Balance-Theorie von Heider[54] und von T. Newcomb,[55] die Kongruenz-Theorie von Osgood und Tannenbaum[56] und die interpersonale Kongruenz-Theorie von Secord und Backman;[57] weiterhin sind einschlägig die Konsistenztheorien von McGuire,[58] Rosenberg und Abelson[59] und von Rokeach.[60] Auch die Gleichgewichts-Theorie der Kleingruppe von Bales[61] zeigt konsistenztheoretische Züge. Weiterhin sind im Rahmen der Rollentheorie deutliche Konsistenzannahmen enthalten, auch wenn sie nicht auf direktem Weg zur Theoriebildung beigetragen haben.[62]

Mittel experimentell erzeugter Veränderungen sind entweder die Aufforderung zu einstellungskonträrem Verhalten,[63] oder die Konfrontation mit den den eigenen zuwiderlaufenden Einstellungen einer andern für einen selbst relevanten Person,[64] oder die Aufklärung über Diskrepanzen zwischen Einstellung und Handlung dem gleichen Gegenstand gegenüber,[65] wodurch Unzufriedenheit mit sich selbst erzeugt werden soll, weil man nicht konsequent genug ist, um den eignen Werturteilen gemäß zu handeln.

Der Konsistenzaspekt kommt in rollentheoretischen Arbeiten häufig ins Spiel, obwohl oder gerade weil im psychologischen Rollenkonzept selbst die Konsistenzannahme zunächst nicht im Vordergrund steht. Gegenüber statischen und biologischen Modellen des Verhaltens bringt das Rollenkonzept vielmehr gerade die Relativität des Verhaltens von Partner zu Partner und von sozialer Situation zu sozialer Situation ins Spiel. Allerdings stößt diese Veränderungsvariabilität an die Grenze der Rollenpläne der jeweiligen Gesellschaft. Aber auch innerhalb dieser Grenzen wird die scheinbar unbegrenzte Veränderbarkeit des Verhaltens als Folge unübersehbar vieler Rollenmöglichkeiten in wechselnden Partnerkonstellationen eingeschränkt gesehen durch spezifische Rollenspielregeln, die das rollenadäquate Verhalten verlangt. Der im Bereich der Partnerkonstellationen scheinbar breite Verhaltens- und Veränderungsspielraum durch unendlich reiche Rollenvielfalt[66] wird zurückgenommen und entschärft durch Anleihe bei konsistenztheoretischen Gedankengängen:

Rollenverhalten zielt einmal auf die Übereinstimmung des einzelnen mit normativen Verhaltensforderungen, die die Grenzen des gesellschaftlich tolerierten Verhaltens abstecken, auf die Übereinstimmung mit einer Realität, die als »gemeinsame« und objektive Realität, für »alle« verbindlich, gesehen wird.[67] Zum andern richtet sich das eigne Rollenverhalten nach den jeweiligen Erfordernissen in der aktuellen Beziehung zwischen Ich und Anderen.[68] Veränderte Rollenerwartungen des jeweiligen Partners liefern die Direktiven für das zu verändernde eigene Verhalten. Veränderung des Verhaltens in rollentheoretischer Sicht ist damit Folge veränderter Interaktionseffekte in einer bestimmten sozialen Situation. So werden aktuelle oder langfristige Verhaltensänderungen besonders durch Rollendiskordanzen und -konflikte provoziert, d. h. durch widersprüchliche Erwartungen andrer an einen selbst, die der Betroffene nicht bewältigen und denen er nicht simultan nachkommen kann und die ihn zwingen zu Entscheidungen, Hierarchisierungen, Kompromissen, zum Erwerb rollenspezifischer neuer Fähigkeiten, zum Umdenken, Umlernen, Neuorientieren.[69]

Ebenso wie in den Konsistenztheorien werden auch hier Veränderungen des Rollenverhaltens gern »nicht als Störungen vorhandener Ordnung, sondern als Durchgangsstadium zur Schaffung neuer Ordnungen« interpretiert.[70] Das Durchgangsstadium der – wiederum als Unzulänglichkeit und Betriebsfehler aufgefaßten – Labilisierung und Verunsicherung der Veränderungsphase führt zur Verhaltensmobilisierung mit dem Ziel, diesen Zustand schnell zu beenden. Die »kognitive Spannung« des Übergangszustandes mündet in Handlungen, die gezielt auf die Lösung der Konfliktursache gerichtet sind unter der Richtschnur eigner Stabilisierung und sozialer Einbindung.[71] Die resultierenden Verhaltensänderungen sind meist Anpassungshandlungen an sozial gebilligte Prioritäten.

Stabilisierung des Verhaltens und Sicherung gegen die Unberechenbarkeiten ständiger Veränderungen, die die Relativitätsannahme mit sich bringen würde, ist im Rahmen der psychologischen Rollentheorie auch vorgesehen durch die Annahme des schließlichen Stillstandes dieses Prozesses, der »vollständigen« Sozialisierung.[72] Das Rollenlernen wird, wie Lernen überhaupt, für einen zeitbegrenzten Vorgang gehalten. Man gelangt endlich zu einem stabilen Standpunkt, man entwickelt konsistente Entscheidungskriterien und Beurteilungsraster, die partner- und situationsunabhängig sind. Man trägt ein stabiles und vollentwickeltes Rollenrepertoire mit sich herum und ändert sein Rollenverhalten möglichst nicht mehr, auch wenn der »relevante Andere« sich und seine einem entgegengebrachten Rollenerwartungen ändert. Die Veränderung des Rollenverhaltens in einer sich verändernden sozialen Situation wird nur als ein korrekt limitierter Prozeß bis zur erreichten »Reife« des Verhaltens akzeptiert.[73]

Die Konsistenztheorien im engeren Sinne, die in den fünfziger und vor allem sechziger Jahren ganz besondere Popularität genossen als Folge ihres Neuigkeitswertes, ihrer Plausibilität und ihrer Fähigkeit, Klarheit und Übersicht in Phänomene zu bringen, die bis dahin ohne einheitliche psychologische Erklärungen bleiben mußten und unter keinem theoretischen Modell systematisiert werden konnten, und die eine Forschungsaktivität stimulierten wie keine andere psychologische Theorie, sind seit einigen Jahren der Kritik aus verschiedenen Positionen ausgesetzt.[74] Die Kritik richtet sich gegen die Allgemeinheit und Simplizität der Modelle, die den Anforderungen einer wissenschaftlichen Theorie nicht genügen und die keine präzisen Vorhersagen und Hypothesenbildungen gestatten, die zu den gleichen Versuchseffekten führen müßten und die sich aus der Theorie nicht zweifelsfrei ableiten lassen,[75] gegen die unklaren Definitionen von »Kognitionen« *(cognitions)* und »kognitiven Elementen« und deren »Zusammenpassen« oder Nicht-Zusammenpassen etc.

Hier sei lediglich auf zwei Fragenkomplexe aufmerksam gemacht, die sich gegenüber diesen Veränderungstheorien im Zusammenhang mit der hier diskutierten Thematik stellen. So ergeben sich Fragen einmal angesichts der vielen Ausnahmen, für die die Konsistenztheorien nicht gelten können. Wenn die Annahme lautet, daß Menschen generell Inkonsistenzen bei sich selbst und zwischen sich und ihrer Umgebung verabscheuen und wahrgenommene Dissonanzen abzubauen versuchen, dann bleibt ungeklärt, wie es zu Situationen kommt, in denen Spannung, Ungewißheit und Imbalance produziert statt reduziert wird. Risikoverhalten, Überdruß an Redundanz und Wiederholung, Sättigung von bloßer Harmonie und Sicherheit, Ablehnung des Ordnungsprimats, aber auch Apathie gegenüber Differenzen und Widersprüchen können mit Hilfe dieser Theorien nicht erklärt werden. Widersprüche und Antagonismen im Bewußtsein des Individuums müssen keineswegs zur Motivation ihrer Veränderung führen. Ungleichgewichtige Zustände können sehr lange stabil bleiben und bei niemandem Intentionen zu ihrer Beseitigung provozieren.

Unter welchen Bedingungen also tritt die Veränderungsmotivation angesichts einer unstimmigen Lage auf und unter welchen nicht? Festinger z. B. antwortet auf diese Frage nur mit dem allgemeinen Hinweis, daß das von der Bedeutsamkeit der jeweiligen Alternative für das Individuum abhänge.[76]

Ungeklärt bleiben und nicht gestellt werden die inhaltlichen Fragen: Welche Widersprüche und Dissonanzen sind es, die eine Person zur Aktivierung und Veränderung treibt? Welche divergenten Situationen akzeptiert sie, ohne sie verändern zu wollen? Um welche Personen mit welchen gesellschaftlichen Prägungen und welchen ideologischen Präferenzen handelt es sich?

Ein zweiter Fragenkreis schließt sich hier an: Sind die Konsistenzkonzepte selbst ein Spiegel für das Bedürfnis ihrer Erfinder nach sinnvoller Ordnung, Einheit und Konsistenz psychischer und sozialer Systeme, ihre Antwort auf die Angst vor Chaos und Zerfall oder offenem Widerspruch und Veränderung, einer Angst, die Leitlinien liefert auch für die Interpretation und Organisation wissenschaftlicher Kenntnisse. Beruhen vor allem aber die auf der Basis dieser theoretischen Modelle entstandenen experimentellen Beobachtungen auch darauf, daß die untersuchten Teilnehmer des Experiments der gleichen Leitlinie folgen, und daß sie sich bestimmte gesellschaftlich sanktionierte Grundmuster der Interaktion und der Organisation ihrer selbst zu eigen gemacht haben und akzeptieren. Damit bestätigen sie die Integriertheit des untersuchten personalen oder interaktionalen Systems.

Versuchspersonen sind entweder Studenten, für die die experimentelle Situation meist Ausbildungscharakter hat, die sich somit in der Schülerrolle befinden,[78] oder es sind Leute, die gar nicht in Widerspruch zur Versuchssituation treten können, weil sie sich (z. B. als Hausfrau) gar nicht kompetent fühlen, in wissenschaftlichen Dingen eine Meinung zu haben.[79] Bewiesen wird hier zunächst einmal nur die Abhängigkeit der Versuchsperson von der Fachautorität. Vor allem aber muß sich im Versuchsverhalten spiegeln, daß konsistentes Verhalten eine soziale Notwendigkeit für sie ist. Wer inkonsistentes Verhalten zeigt, ist nicht glaubwürdig. Die Versuchsperson muß in einem psychologischen Experiment, in dem sie auch noch erkannt zu werden glaubt, ihre Äußerungen kontrollieren, und in der kognitiven Umstrukturierung, die sie vornimmt, wird sie bestrebt sein, sich selbst und anderen gegenüber konsequent und konsistent zu erscheinen.

Der Betrachtungsausschnitt, den sich konsistenztheoretische Veränderungsmodelle wählen, beschränkt sich auf solche Verhaltensänderungen, die als eine Ordnungsarbeit des Individuums in Erscheinung treten. Auch wenn die Impulse zur Wahrnehmung von Unstimmigkeit oder die Inhalte, die es zu ordnen gilt, aus Erfahrungen der Auseinandersetzung zwischen dem Individuum und seiner sozialen Umwelt stammen, ist der Prozeß der Glättung eine intrapsychische Aufgabe. In diesem individuumzentrierten Vorgang geht es allein um die Erfüllung interner Ordnungsvorstellungen nach individuellen Harmoniemaßstäben, um die Befriedigung des Individuums und seine Arrangements mit der Umwelt. Das Individuum besorgt seine Ein- und Umstellung auf das jeweils Gegebene. Das Individuum ist veränderbar allein dank seiner Konsistenzabsichten. Es verändert sich um seiner Ordnung willen. Dissonanz und Widerspruch kann in dieser Veränderungsleistung nur intern geregelt werden, weil – unausgesprochen auch im Rahmen dieser Konzepte – Umwelt nicht veränderbar ist.

## 4. Abwertung: Veränderung als Ent-Individualisierung

Veränderungsabwehr wird schließlich da deutlich, wo in einem theoretischen Modell Verhaltensänderungen zwar enthalten, aber abgewertet oder wo psychologische Konzepte abgelehnt werden, die die Untersuchung und Induktion von Verhaltensänderungen ohne die absichernde Konsistenzannahme zu ihrem Arbeitsfeld machen. Unter dieser Vorgabe werden Bedingung und Ziel der Verhaltensänderung gleichermaßen abgewertet, indem ihre Bedingung nur im äußeren Zwang und ihr Ziel in bloßer Konformität oder Anpassung gesehen werden müssen. Der Effekt der Verhaltensänderung ist ein »Außer-sich-selbst-Sein« und damit Verlust an Selbstwert oder »Persönlichkeit«.

Solche spezifischen Bewertungen können nur stattfinden auf der Basis eines bürgerlichen Denkens, das den Menschen in ein privates persönliches Wesen einerseits und ein öffentliches soziales Wesen andrerseits spaltet. Veränderungen des Verhaltens werden erstrangig externen sozialen Einflüssen zugeschrieben und damit als Entfremdung des Individuellen beurteilt. Entsprechend dem negativen Wertakzent von »Gesellschaft« werden die sozialen Einflüsse auf das Verhalten abgewertet und beklagt, insofern sie eine Gefahr bedeuten für die Autonomie und Unabhängigkeit des Individuums. Unter der individualistisch geprägten Tradition unsrer Wissenschaft ist der »außengelenkte« Mensch gegenüber dem »innengelenkten« Menschen ein Exemplar zweiter Güte. Die soziale Determiniertheit seines Verhaltens wird ihm als »bloße« Anpassung, als Konformismus, Mangel an Eigenständigkeit angelastet. Man muß diese Einflüsse möglichst gering halten, um einer Einbuße an Individualität zu entgehen.

Der »außengelenkte« Mensch Riesmans[80] ist in dieser Sicht »menschlich im Grunde ein Nichts, ein bloßer Anpassungsmechanismus, ausgestattet mit dem leeren Streben nach Anerkennung und Konformität«.[81] Er wird dargestellt als einer, der nur begierig ist, Signale der Umwelt aufzunehmen und ihnen zu antworten, dessen Kurs sich nicht bestimmt nach seinen Interessen und Überzeugungen, sondern nach dem Kurs der anderen. Er ist ihnen auf Gedeih und Verderb ausgeliefert. Er hat keine von ihrem Sog untangierte »Privatsphäre«. Er versucht den Anpassungs- und Konformitätserwartungen der anderen mit allen Mitteln nachzukommen: Dies als Folge des Dominantwerdens einer »sozialen Ethik«.[82]

Dahrendorf macht sich in seiner Kritik des Rollenkonzepts zum engagierten Anwalt der »absoluten Individualität und Freiheit des einzelnen«,[83] die er gefährdet und eingeschränkt sieht durch das Ärgernis der sozialen Rollenzumutungen. Er vertritt einen Persönlichkeits- und Freiheitskult, der einfach egozentrische Orientierung und die Angst vor Störung der Privat- und Individualsphäre verrät. Rollenverhalten ist Vergewaltigung des einzelnen, Unterwerfung unter permanente Majorisierung, konformistische Selbstübergabe, Gewichtsverlust des Individuums.

Diese Art Unbehagen am Rollenkonzept gilt jedoch auch für die psychologische Konzeptfassung, in der »Rolle« stärker als partnerlegitimierte Verhaltenserwartung im Unterschied zur mehr gesellschaftlich legitimierten Erwartung thematisiert wird und damit stärker die Mensch-Mensch-Beziehung im Vordergrund steht.[84] Allerdings sind Psychologen in ihren expliziten Wertungen im allgemeinen wesentlich zurückhaltender, zumal gerade die experimentelle Sozialpsychologie sich als nicht-normative Wissenschaft versteht, die z. B. auch »nicht die Frage stellt, ob es moralisch und ethisch wünschenswert ist, sehr flexible oder sehr rigide Attitüden zu haben. Sie ist nur am Zustandekommen von Resistenz und Adaptation interessiert.«[85]

Einflüsse des ein »individuelles« und ein »soziales« Ich trennenden und unterschiedlich wertenden Denkens werden deutlich in der rollentheoretischen Konzeption von »Rolle« und »Selbst«,[86] in der Kritik an behavioristischen und deterministischen Ansätzen der Psychologie, so besonders den psychologischen Lerntheorien,[87] in den vor allem von Psychoanalytikern vorgebrachten Einwänden gegen therapeutische Verfahren, die auf lerntheoretischer Grundlage arbeiten,[88] in der Sensibilisierung der Vertreter einer nicht-direktiven Erziehungslehre und Therapie gegenüber »autoritären« und lenkenden Methoden jeder Art,[89] schließlich in der allgemeinen auch außerwissenschaftlichen Sozial- und Konformitätskritik der fünfziger und frühen sechziger Jahre.[90]

Die idealistische Verklärung des »individuellen« gegenüber dem »sozialen« Ich, des Individuums gegenüber der sozialen Rolle, der Privatheit gegenüber der Öffentlichkeit zeigt Einflüsse der – bereits vorkapitalistischen – Introversionszeit des Abendlandes, in der der »innere Mensch« und seine ichbezogene Erlebniswelt und der Reichtum seines mikrokosmischen Innenlebens zum ranghöheren gemacht wird.[91] Das »individuelle Ich« ist das eigentliche, zentrale, tiefe, wahre Ich,[92] das »soziale Ich« ist das zweite, das periphere, oberflächliche Ich, der bloße Außenaspekt der Person, der das enthält, was andre über einen denken: Ruf, Status, Verhalten in sozialen Beziehungen, was »eigentlich« gar nicht viel mit einem zu tun hat.

Hier soll, ohne auf diese Zweiteilung und deren historische Bedingungen näher eingehen zu können,[93] nur auf die Konsequenzen einer solchen Polarisierung für die Behandlung der Veränderungsthematik hingewiesen werden.

Das sogenannte »soziale Ich« ist in seiner Exponiertheit gegenüber wechselnden Personen und sozialen Gruppen grundsätzlich der permanenten Veränderung ausgesetzt. Es wird in seinen Inhalten von den andern und deren Beurteilungsperspektive bestimmt. Das Individuum sieht sich selbst als Objekt der Bewertung durch die anderen. Es richtet sein Verhalten aus nach dem was es meint, daß die anderen von ihm in einer gegebenen Situation erwarten.[94] Veränderungen des Verhaltens werden in diesem Rollenmodell projiziert auf den abgespaltenen »sozialen« Teil des Ich und mit ihm zusammen abqualifiziert bzw. mit ihm suspekt. »Die soziale Persönlichkeit eines Menschen läßt sich ändern«, gibt Mitscherlich[95] warnend zu bedenken und verweist auf Beispiele von Verhaltensmetamorphosen und -regressionen durch thought reform, die unter Gewalt erzwungen und nur mittels »Auslöschung des Individuums« möglich werden können.[96] Veränderung ist beliebiges Austauschen und Auswechseln von sozialen Einstellungen und Verhaltensweisen. Zur kritischen Distanz gegenüber solchen Versuchungen und Gefahren ist nur das »persönliche Ich« fähig.[97]

In diesem Denken garantiert das »individuelle Ich« oder Selbst nicht nur Freiheit im Unterschied zu äußerem Zwang und zu gesellschaftlichen Zumutungen, nicht nur »Moral« im Unterschied zur Beliebigkeit des bloß rollenhaften und immer wieder ablegbaren Verhaltens.[98] Vielmehr ist es eine Art von Stabilisierungsmittel gegen die Relativität des Verhaltens, gegen unabsehbare Verhaltensänderung.

So impliziert die Idee der Rollenlosigkeit des Selbst –, die in psychologischen Rollenkonzepten steckt, auch wenn ihre Problematik von der Persönlichkeits- und Rollenpsychologie, weil unlösbar, verdrängt wird,[99] »eine unausspinnbare Utopie«[100] –, daß dieses Selbst oder Individual-Ich der Veränderungszumutung durch äußere soziale Einflüsse und Sanktionen nicht ausgesetzt ist. Das Selbst verändert sich nicht, es »verwirklicht« sich vielmehr. Die Veränderung der sozialen Rolle, die nur Fassade und Verpackung ist, tangiert das »Selbst«, den »eigentlichen Kern der Person«[101] nicht und ist damit noch keine direkte Gefahr für seine Stabilität und individuelle Eigengestalt. »Ich erlebe mich bei Rollenwechsel konstant«:[102] dieses Erlebnis legitimiert die Aufrechterhaltung eines Konzepts, das die Spaltung zwischen »Individualcharakter« und »Sozialcharakter« affirmativ macht und sich als »soziologisches Existential der Entfremdung«[103] erweist. Gleichzeitig aber wird die Veränderung von Verhalten damit einerseits zu einem bloß »äußerlichen«, zufälligen und inhaltlich belanglosen Vorgang heruntergespielt, der eigentlich nicht viel zu besagen hat, andrerseits wird sie zu einer Schwächeerklärung der Persönlichkeit, die sie degradiert. Veränderung steht dem souveränen Individuum nicht zu.

Wenn Tenbruck die Entfremdung zwischen Individuum und Rolle jedoch aufheben will durch sein Plädoyer für die abgewertete und vernachlässigte Seite des fiktiven Polpaares,[104] dann bedeutet gerade das die Gefahr der gleichzeitigen Aufhebung der Veränderungsabsicherung: Tenbruck möchte die im Rollenkonzept eingebaute Metapher (auswechselbare Rolle des Schauspielers einerseits und von ihr unabhängiger Träger andrerseits) gern als ein das Konzept letztlich nicht tragende Äußerlichkeit verstehen und die Rollenhaftigkeit des Verhaltens nicht als fremde Zumutung auffassen. Daß die soziale Rolle als das dem Individuum Fremde und Äußere fungiert, hält er für ein Mißverständnis, das erst mit der Übernahme des Rollenkonzepts aus der amerikanischen in die deutsche Sozialwissenschaft entstand. Die Rollentheorie müsse sich wieder besinnen auf den Normalfall der Konkordanz von Rollenerwartung und Verhaltensinteresse des Trägers,[105] den Normalfall, in dem die Entfremdung aufgehoben sei. Eine solche Versöhnung wird erreicht durch ein optimistischeres Bild der »Gesellschaft«, die nicht nur Zumutungen an den einzelnen stellt, sondern die ihm schließlich auch zu seiner Entfaltung verhilft.[106] Wenn aber, so muß sogleich befürchtet werden, nach Aufhebung der Trennung die Rollenhaftigkeit auch das »Selbst« durchdringt und mehr wird als nur Oberfläche, wenn die sozialen Ansprüche Besitz ergreifen von der »gesamten« Person, wenn sie den Freiheitsraum ihrer Individualzone nicht erhalten kann und er den Anpassungsforderungen der Gesellschaft zum Opfer fällt, dann werden Veränderungen durch Rollenwechsel zur echten Gefahr für die individuelle Stabilität. Der Manipulierbarkeit von außen steht dann nichts mehr entgegen. Die Trennung Rolle und Selbst bleibt damit denknotwendig als Sicherheitsvorkehrung gegen Veränderungen.

Die hier dargestellten Positionen sind nicht auf die Rollentheorie beschränkt. Sie spiegeln sich ebenso etwa im Widerstand gegen die deterministische Arbeitshypothese der Lernforschung sowohl in ihrer sowjetischen wie auch in ihrer amerikanischen Prägung. Prinzipiell die gleiche Spaltung zwischen innen und außen, individuellem und sozialem Ich, findet sich wieder in der Trennung von traditioneller Bewußtseinspsychologie als Lehre von den »innerseelischen«

Vorgängen und dem frühen Behaviorismus, der Psychologie ohne Seele, die sich nur noch dem vorzeigbaren Außenaspekt des Menschen, seinem »Verhalten«, zuwenden will. Dementsprechend ist der behavioristische Ansatz von Anfang an mit der Veränderungsthematik des Verhaltens viel stärker befaßt gewesen als die europäische Psychologie es war, gleichzeitig aber ist er auch auf vehementen Widerstand oder hartnäckige Reserve gestoßen, vor allem bei europäischen und europäisch denkenden amerikanischen Psychologen. Dieser Widerstand zeigt sich auch heute noch in oft unveränderten Mißverständnissen und Vorurteilen, auch wenn nach ihrem mehr als 50jährigen Bestehen die behavioristische Position verschiedene grundlegende Änderungen erfahren hat.

Watson stellte die Machbarkeit des Menschen in Aussicht und führte diese Aussicht vor als einen Reiz, »der, wenn man danach handelt, diese Umwelt allmählich ändern wird. Denn die Welt wird sich ändern, wenn man seine Kinder nicht nach der Freiheit des Freiheitsfanatikers aufzieht, sondern gemäß der behavioristischen Freiheit – einer Freiheit, die wir noch nicht einmal in Worten darstellen können, so wenig wissen wir von ihr. Werden nicht diese Kinder mit ihren besseren Lebens- und Denkmethoden wiederum unseren Platz in der Gesellschaft einnehmen und dann ihre Kinder in einer noch wissenschaftlicheren Weise aufziehen, bis unsere Welt schließlich für den Menschen bewohnbar wird?«[107]

Dieser Veränderungsoptimismus, gegründet auf die Annahme, durch die kontrollierte Setzung externer Bedingungen Verhalten beeinflussen, Lernakte einleiten ebenso wie rückgängig machen zu können, löste vor allem bei den Verfechtern des individualistischen Axioms mehr Abscheu und Angst aus vor Vergewaltigung, Außensteuerung und Freiheitseinschränkung, als Sympathie oder Aktivierung in dem von Watson angestrebten Sinne. Auf diese Kritik und Kontroverse wird im nächsten Abschnitt gesondert eingegangen.

Das Rollenspiel als Methode der Verhaltensänderung – angewandt vor allem in der Neurosentherapie[108] und der betrieblichen Personalschulung[109] – folgt ähnlichen Vorstellungen. Die Veränderungsbereitschaft wird offenbar immer wieder gebunden gesehen an die Überzeugung des Betroffenen, daß nicht äußere Einflüsse das Werk vollbracht haben, sondern daß er »selbst« es war. Beim erfolgreichen Rollenspiel könnte der aktiv Beteiligte während seines Spiels oder seiner Rede z. B. denken: »Das ist meine eigne Idee«, »Ich bin von selbst zu diesem Schluß gekommen«:[110] Das improvisierte Rollenspiel ist eine Technik, in der der Spieler veranlaßt wird, den Inhalt der vorgeführten Rolle »nach Maß« zu verarbeiten und darzustellen, »um den einmalig dastehenden Motiven und Dispositionen einer ganz bestimmten Person gerecht zu werden – nämlich seiner eigenen«.[111]

Die in diesem Abschnitt gestreiften Auffassungen spiegeln besonders unmißverständlich massive individualistische Ansprüche und Abwehr horizontaler kollektiver sozialer Orientierungen. Wenn von der »Veränderbarkeit der sozialen Dinge« geredet wird,[112] so ist damit die Notwendigkeit gemeint, konformistische Rollenzwänge abzulegen; wenn die Möglichkeit gesehen wird, entgegen der herrschenden Ideologie sich den starren Fixierungen sinnleerer Rollenerwartungen der bürgerlichen Gesellschaftsordnung zu entziehen,[113] oder wenn einer nach dem Vorschlag von Erikson als »philosophischer Fremder« leben möchte, in kritischer Reflexion und Distanz zum gesellschaftlichen Geschehen,[114] so sind das alles Lösungswege, die mehr Individualität, mehr Freiraum für diejenigen, die sie vorschlagen, fordern. Die verhängnisvolle Spaltung zwischen individuellem und sozialem Verhalten wird damit als gegebenes Prinzip akzeptiert und zum Prinzip fixiert. Weiterhin aber liegt hier das Primat des Bedürfnisses nach »Befreiung des Individuums« offen zutage, dem weiteren Privileg des Intellektuellen. Veränderungen bergen die Gefahr, die schon bekannten und besessenen Freiräume nicht erhalten bzw. nicht erweitern zu können.

### *III. Veränderungserwartung an psychologische Konzepte*

In dieser veränderungsresistenten Situation, die durch vier charakteristische psychologische Betrachtungsausschnitte der Veränderungsthematik gegenüber markiert werden sollte, gewinnen Appelle von Psychologen besonderes Interesse, die auf die zunehmende und zukünftige potentiell verändernde Funktion der Psychologie aufmerksam machen, und damit diejenigen Ansätze der psychologischen Forschung, die sich explizit mit Verhaltensänderungen des Menschen beschäftigen.

Der sicheren Erwartung, daß die Psychologie im kommenden Jahrhundert einen Einfluß auf das persönliche und gesellschaftliche Leben gewinnen wird, der demjenigen der Physik für das 20. Jahrhundert vergleichbar ist, gaben auf der Schlußveranstaltung des internationalen Psychologie-Kongresses in London 1968 vor allem amerikanische und japanische Sprecher Ausdruck.[115] Die Probleme, die die Psychologie der Gesellschaft stellen wird, und die diejenigen, die durch die Möglichkeiten der Physik in diesem Jahrhundert entstanden sind, an Grundsätzlichkeit und politischer Relevanz noch weit überragen werden,[116] sind Resultat der wachsenden psychologischen Fähigkeit, menschliches Verhalten kontrollieren, d. h. gezielt verändern zu können.

Mit dieser Fähigkeit, die der Psychologie im Zuge »wertfreien« Forschens eigentlich ungeplant zugefallen ist, sieht sie sich plötzlich im Besitz eines »revolutionären Potentials«.[117] Gemeint damit ist ein wissenschaftliches Repertoire, das bei seiner öffentlichen Verbreitung und gezielten Anwendung nach Ansicht mancher Autoren zu einer grundlegenden Veränderung anthropologischer und gesellschaftlicher Konzeption führen müsse. Im Vertrauen auf die Eigenlogik der Forschung, im Glauben an die Objektivität und »Richtigkeit« wissenschaftlicher Erkenntnis und an ihre politische Durchsetzbarkeit wird in der Psychologie, besonders der Verhaltensforschung, der entscheidende individuelle und gesellschaftliche Veränderungsagent des kommenden Jahrhunderts gesehen. Psychologisches Wissen über die Bedingungen der Veränderbarkeit und Machbarkeit menschlichen Verhaltens und über realisierbare Möglichkeiten und Methoden, über Ziele und Wünschbarkeiten solcher Veränderungen könnte diese herbeiführen, indem durch kontinuierliche Information diese Denkinhalte in das öffentliche Bewußtsein eindringen und die herrschenden Wertvorstellungen modifizieren und indem die gleichen Kenntnisse in den Händen politischer Entscheidungsträger in die allgemeinen politischen Planungsstrategien eingehen.

Die Frage, wer eigentlich Interesse hat an der Verbreitung von solchen Forschungsresultaten, die in jedem Fall starkes Veränderungspotential beherbergen, wird kaum gestellt. Immerhin macht G. A. Miller[118] auf die Gefahr aufmerksam, daß diese konkreten Veränderungschancen am unüberwindlichen Widerstand des Systems sterben könnten, meint aber zugleich, dieser Gefahr könne begegnet werden durch die Anstrengung der Wissenschaftler, aus ihrer Distanz zur Öffentlichkeit herauszutreten, Resultate mitteilbar zu machen, verständlich weiterzugeben und konkrete Konsequenzen in unmittelbarer Anknüpfung an die Diagnose des status quo zu verdeutlichen.

Aus den Kommentaren von amerikanischen Psychologen zu diesen Aussichten klingt einerseits viel wissenschaftliches Selbstbewußtsein, politischer Optimismus und ungebrochenes Vertrauen in die demokratische Selbststeuerung des Systems und die Realisierung einer »wissenschaftlichen Demokratie«. Sie berechtige zur Erwartung einer neuen Phase für das Leben des Menschen, die keine historischen Analogien besitze.[119] Andrerseits aber wird die Angst formuliert vor der Psychologie als der möglichen Basis einer »sozialen Bewegung«, vor allem wenn ihre Ergebnisse zu einer Absolutsetzung eines einzigen Wertsystems führen[120] und damit die individuelle Freiheit eingeschränkt werde. Hier wird an das Bild des durch absolutistische Machthaber manipulierten Menschen gemahnt, der alle Entscheidungsfreiheit verloren hat und nachlebt, was Orwell und Huxley entworfen haben. Solche Angstvorstellungen, meint Skinner, sind der Preis, den wir für die Tatsache zahlen müssen, daß Menschen ihre Kontroll- und Herrschaftsfähigkeiten über Menschen meist zum Zwecke vermehrter Ausbeutung angewendet und verbessert haben.[121]

Die Richtung der Fragen und Anstöße, die durch dieses Thema ausgelöst werden, spiegelt sich deutlich in der – in den sechziger Jahren ihren vorläufigen Höhepunkt erreichten – Auseinandersetzung um die Verhaltenstherapie.[122] Die Verhaltenstherapie, die die behavioristische Arbeitshypothese der Verhaltenswissenschaft übernimmt und ihre Therapiemethoden im wesentlichen auf Ergebnissen der experimentellen Lernforschung gründet und weiterentwickelt, setzt den Therapeuten aus der Rolle des »Helfers«, »Seelsorgers«, »Künstlers«, Gesprächspartners in diejenige des Verhaltenswissenschaftlers und Verhaltenssteuerers, in der er sich sieht als *»architect of change«* oder als *»reinforcement machine«*,[124] zu der er durch seine Ausbildung und kraft seiner Kenntnisse programmiert wurde.[125]

Die Entrüstung, die solche Provokationen auslösten, konzentrierte sich auf die therapeutische »Veränderungsanmaßung« als solche: auf das gezielte Setzen externer Bedingungen, die das Verhalten des Patienten nach Meinung der Kritiker unweigerlich manipulieren, auf die Distanzierung dem Objekt gegenüber, in der die Kontrolle nur noch einseitig und nicht mehr gegenseitig sei, eine Gefahr, die in der Psychoanalyse damit gebannt zu sein scheint, daß der Psychoanalytiker »als Person« aufs engste und »hautnah« in den therapeutischen Prozeß verwoben sei.[126]

Das Gegenargument der Angegriffenen meint, diese Kritik verschleiere nur, daß in jeder Therapie als explizitem Veränderungsinstrument, einschließlich der Psychoanalyse, verändert und kontrolliert wird auf der Basis manipulierter Bedingungen, und daß diese Vorurteile lediglich die Forschung ernsthaft verzögern und den praktizierenden Therapeuten moralisch belasten.[127]

Der verändernde therapeutische Einfluß geht gerade auch bei den Therapiemethoden, die sich frei von Manipulation dünken, oft weit über das formulierte therapeutische Ziel hinaus bzw. liegt außerhalb desselben, geht z. B. bis zur Übernahme des Sprachverhaltens der jeweiligen Therapeuten durch den Patienten, so daß man bereits daran psychoanalysierte von nicht-direktiv behandelten Patienten unterscheiden kann. Oder Patienten verändern ihre Wertvorstellungen in Richtung derjenigen Werte, denen ihre Therapeuten anhängen z. B. hinsichtlich ihrer Einstellungen zu Sexualität, Aggression, Autorität.[128] Hier, wo der Therapeut sich als nicht-wertender und beeinflussender Katalysator sieht, der jenseits von gut und böse durch seine schiere Anwesenheit das erwünschte neue Verhalten freisetzt, liegen die Kontrolltechniken wie mimische oder verbale selektive Zustimmung, Billigung, Interesse, Mißbilligung, Ignorierung, Ablehnung etc. lediglich nicht so offen zutage oder sind dem Kontrollierenden nicht bewußt.

Exemplarisch für die Diskussion der beiden Positionen über das engere therapeutische Feld hinaus ist die Kontroverse zwischen dem Lerntheoretiker B. F. Skinner und dem Begründer der nicht-direktiven Psychotherapie, Carl R. Rogers,[129] auf die hier kurz eingegangen werden soll.

Skinner, der schon beinahe zum Klassiker der Verhaltenspsychologie zu zählen ist,[130] hat sich in den letzten Jahrzehnten kontinuierlich an die inner- und außerwissenschaftliche Öffentlichkeit gewandt und einen Standpunkt begründet und verteidigt, der die gezielte Veränderung menschlichen Verhaltens auf der Basis eines wissenschaftlichen Entwurfs bejaht. Skinner wendet sich gegen die irrationale Ablehnung und Verteufelung von Kontrolle jeder Art und gegen die kontrastierende Gegenüberstellung von Kontrolle auf der einen und Freiheit auf der andern Seite. Kontrolle im Sinne verhaltensdeterminierender Einflüsse von Menschen auf Menschen wird vielmehr immer und überall im Zusammenleben von Menschen ausgeübt, und die Frage kann nicht heißen: Kontrolle oder Freiheit, sondern Kontrolle welcher Art und mit welchem Ziel.[131] Der Hauptvorwurf Skinners richtet sich gegen die Illusion, daß »liberale« Verfahrensweisen z. B. in Erziehung, Politik, informellen Gruppenbeziehungen keine Verhaltenskontrolle implizierten.[132] Auch das »freie« Angebot an Information und Handlungsmöglichkeiten sind Wege, Verhalten von Menschen zu verändern. Im Unterschied zur Anwendung von Strafe und Zwang führt der Appell an die Vernunft und die eigne Entscheidung lediglich dazu, daß der Betreffende sich freier fühlt. Und wenn Veränderungen bei ihm erreicht wurden, dann in jedem Fall deswegen, weil relevante externe Bedingungen als Auslöser für ein resultierendes Verhalten verändert wurden. »We are all controlled by the world in which we live, and part of that world has been and will be constructed by men. The question is this: Are we to be controlled by accident, by tyrants, or by ourselves in effective cultural design?«[133] Wir können keine vernünftigen Entscheidungen treffen, wenn wir weiterhin so tun, als sei menschliches Verhalten nicht kontrolliert bzw. nicht »kontrollwürdig«.

Die Angst vor Verhaltenskontrolle im Sinne von Verhaltensänderung schlechthin und das Insistieren auf der Meinung, auch auf der Basis wissenschaftlicher Kenntnisse könne sie nichts anderes sein als die Vorbereitung noch schlimmerer und subtilerer Zwangs- und Tyranneitechniken, als es sie ohne Hilfe der Wissenschaft schon gegeben hat, muß zur blinden Zurückweisung intelligenten Planens führen, bedeutet nach Meinung Skinners eine völlige Fehleinschätzung progressiver gesellschaftlicher Möglichkeiten und ein Ausweichen vor der Verantwortung.

Beispielhaft für diese Haltung ist die ablehnende und entsetzte Reaktion auf Skinners utopischen Entwurf einer Gesellschaft,[134] deren Zielsetzungen von sozialistischem Gedankengut beeinflußt sind, die auf der Basis verhaltenswissenschaftlicher Prinzipien verwaltet und organisiert wird und nach Maßgabe der Zielerreichung experimentell verändert werden kann. In dieser programmierten Gesellschaftsordnung gibt es keine aversiven Kontrollen wie Strafe, Zwang und Gewalt, keine Klassenstruktur, keine Ausbeutung, keine Eifersucht und Konkurrenz, wenig Abhängigkeiten und Fixierungen, praktizierte Gleichberechtigung, Nahrung, Kleidung, Bleibe und wählbare Arbeit für alle, wenig Konsuminteresse und ausgeprägte produktive Fähigkeiten. Die allgemeine Ablehnung dieser Utopie zeigt nach Skinners Auffassung nichts andres als das tiefe Mißtrauen gegen menschliche planende Intelligenz. Seine Gesellschaft, die durch die Herrschaft der Wissenschaft konstituiert wurde und verändert werden kann, stößt ab allein weil sie geplant wurde. Wenn das gleiche Ergebnis dem »natürlichen Prozeß« der kulturellen Entwicklung zu verdanken gewesen wäre, hätte wahrscheinlich niemand sich widersetzt.

Charakteristisch ist wiederum der Punkt, auf den sich die Angriffe richten. Die Abwehr gegen eine Akzeptierung verändernder Kontrolle oder kontrollierter Veränderung menschlichen Verhaltens macht sich fest am »planenden kalkulierten Eingriff«. Zwei wahrscheinlich viel wesentlichere Fragen gehen in die Kritik gar nicht ein: Nämlich erstens diejenige nach den Voraussetzungen, unter denen die angewandten oder anzuwendenden Veränderungsmethoden gewonnen wurden und welche Konzeption vom Menschen in ihnen steckt – die Frage, die auch Skinner und seine Anhänger niemals stellen –, und zweitens die Frage nach den Zielen der Veränderung. Hier wird – sofern auf die Frage eingegangen und nicht statt dessen nach den »Experten für Werte« gerufen wird[135] – meist auf Werte eines abstrakten Humanismus verwiesen, der inhaltsarm bleibt, auf formale Allgemeinheiten wie »bessere Gesellschaft«, »bessere Menschen«, Friede, Glück etc.[136].

Solche hilflosen, naiven und jedenfalls unbefriedigenden Antworten bringen diejenigen, die sie nennen, auch gleich in die Gefahr, sich vor ihren Kritikern lächerlich zu machen. So nennt Rogers die Veränderungsziele, die Skinner herauszustellen sucht, »stultifying values«[137].

Die Kritik an den Befürwortern des gezielten Einsatzes von Kontroll- im Sinne von Veränderungsmethoden bleibt formal, parzelliert, sie trifft wohl nicht den entscheidenden Punkt und bringt daher nichts in Gang. Immer wieder richtet sie sich gegen die Annahme, daß die Veränderungs- und Kontrollbedingungen in Variablen außerhalb des Organismus zu suchen sind. Diese Tatsache externer Steuerung widerspricht dem unreflektierten Selbsterleben, nämlich entscheidungsfrei gegenüber verschiedenen Verhaltensalternativen zu sein, d. h. die Bedingungen des resultierenden Verhaltens gleichsam bei sich selbst lokalisieren zu können und nicht in eine unausweichliche externe Reizumwelt verlegen zu müssen.

Carl Rogers, prominentester Kritiker dieser deterministischen Auffassung, bekennt sich zu dem Paradoxon, auf der einen Seite anerkennen zu müssen, daß menschliches Verhalten determiniert und veränderbar ist durch externe Situationsdaten und die zurückliegende Erfahrung mit diesen Situationsdaten, – denn als Wissenschaftler müsse man sich heute dieser Erkenntnis beugen, wenn man sich nicht dumm stellen wolle, – auf der andern Seite aber ablehnt, diese Erkenntnis methodisch in der Praxis umzusetzen[138].

Seine Ablehnung begründet er mit suggestiven Hinweisen wie etwa: Man stelle sich solche Macht in den Händen der Deutschen vor[139]! Mit solchen erschlagenden und überzeugenden, aber dennoch gar nichts klärenden Argumenten kann das Problem vom Tisch gefegt werden und hat man ein gültiges Alibi, um sich aus der Auseinandersetzung wieder in einen bequemeren Forschungs- bzw. Behandlungsfreiraum zurückziehen zu können.

Rogers meint, den Konflikt lösen zu können durch Rückgriff auf eine individualistische und biologistische Konzeption der menschlichen Person. Die Psychologie sollte ihre wachsenden verhaltensändernden Fähigkeiten dahingehend nutzen, Individuen zu schaffen, die auf externe Veränderungsbedingungen minimal ansprechen, vielmehr »sich selbst« zu steuern und zu verändern in der Lage sind. Erreicht werden muß die Wirkungslosigkeit des Einflusses externer Variablen zugunsten der vollen »Entfaltung« interner Steuerungsmechanismen.

Rogers hält sich an das Bild der wachsenden Pflanze, um die angelegten menschlichen Fähigkeiten zur erhöhten Selbstaktualisierung und Reife zu erläutern. Wie sie braucht auch der Mensch nur bestimmte förderliche Umweltklimata, um sich aus sich selbst heraus ohne Deformierungen und Verkümmerungen entwickeln zu können, bzw. um Selbstheilungsprozesse in Gang zu setzen. Es gilt, die Individualität des Menschen zur Entfaltung zu bringen, entsprechend dem Goetheschen Satz: »... nach dem Gesetz, wonach du angetreten, so mußt du sein, dir kannst du nicht entfliehen.«

Methodische Konsequenzen für die Therapie als verhaltensändernder Veranstaltung sind auf dieser Basis die nicht-lenkende, nicht-kontrollierende, nicht-wertende freundlich-akzeptierende Haltung des Therapeuten. Inhaltliche Veränderungsziele darf es in diesem Konzept nicht geben. Der Patient wird den Weg und das Ziel seiner Veränderung selbst finden. Der Katalog formaler Veränderungsziele lautet auf: Selbstverwirklichung, Selbstaktualisierung, Selbstentdeckung, Selbstverantwortung, Selbst-direktiv-werden, Reife, Selbstentfaltung[140].

So überzeugend das zunächst für viele klingen mag – und das Echo dieser Therapierichtung zeigt das –, hier herrscht ungebrochen ein Konglomerat aus subjektivistischem und biologistischem Menschenbild des Idealismus, pädagogischem Optimismus der zwanziger Jahre und bürgerlich-individualistischem Konzept der älteren immer noch wirksamen Persönlichkeitspsychologie: der Glaube an das innere Entfaltungsgesetz, das aktualisiert werden muß, an Eigenschaften, die im Individuum »stecken« und hervorgelockt, an die inneren Kräfte, die freigelegt werden müssen, an die vitalen Wachstumsimpulse des Individuums, das unter geeigneten Bedingungen seine Probleme selbst lösen kann, weil es eigentlich »reifes« Verhalten als befriedigender erlebt als »unreifes« Verhalten.

Rogers befriedigt sein Verantwortungsgefühl durch seinen methodischen Verzicht auf Macht, Einfluß, Autorität, lenkende verändern-wollende Aktivität. Erst in der »Selbststeuerung« des Menschen sieht er die Gefahr gebannt, sieht er die größere Verläßlichkeit und Absicherung gegen Freiheitseinschränkungen und Spielraumverlust. Interne Kontrolle scheint ihm frei von Restriktionen zu sein, nur weil sie vom Betroffenen gleichsam als sein Eigentum erlebt wird.

Rogers steht mit dieser Ansicht nicht allein. Aktuell nahestehend sind ihm z. B. auch antiautoritäre Verwandte, diejenigen, die entweder aus der vergangenen antiautoritären Phase der Hochschul- und Sozialisationsbewegung der sechziger Jahre nicht herausfinden können, oder diejenigen, die einfach nachträglich antiautoritäres – oft gemischt mit halbverstandenem psychoanalytischem – Gedankengut übernommen haben, ohne seinen Stellenwert im Rahmen eines politischen Prozesses erkannt zu haben. Das ursprüngliche Konzept antiautoritärer Erziehung, das an seinen kleinbürgerlichen Emanzipationsvorstellungen scheiterte, scheiterte damit auch an denjenigen Denkansätzen, die es von den hier angeführten wenig unterscheidet[141]. Erziehung zu unsozialem Verhalten und zu ichzentrierten Orientierungen waren unerwartete und unbeabsichtigte Folgen.

Hier geht es wohlgemerkt nicht darum, die pädagogischen und therapeutischen Effekte und den Wert angst- und zwangfreier Verhaltensbedingungen in Frage zu stellen. Vielmehr geht es darum, auf die idealistische Verkennung und Abstraktion solcher Hochbewertung von »Selbst-Direktiven« hinzuweisen, die die gesellschaftlichen und historischen Verwicklungen des Menschen beiseiteschiebt. Die erreichten Effekte können nicht als Erweis für freigelegte »ursprüngliche Kräfte« dienen, vielmehr sind die gebotenen zwangsfreien Bedingungen externe Einflußgrößen im Sinne vollwertiger Lernbedingungen und nicht nichts.

Individualistische Axiome lassen sich wohl am schlechtesten mit lerntheoretischen Ansätzen vereinbaren. Gleichzeitig können diese, so scheint es, am ehesten von allen psychologieimmanenten Möglichkeiten aus der geschilderten Sackgasse herausführen.

Die lerntheoretischen Modelle, die wohl den relativ höchsten Integrationsgrad und die meisten zusammenhangstiftenden Möglichkeiten zwischen den einzelnen Veränderungstheorien besitzen, scheinen grundsätzlich die potentesten, produktivsten und flexibelsten Ansatzpunkte zu enthalten und sich am ehesten aus den eignen historisch bedingten Beschränkungen befreien zu können, auch wenn die konkreten experimentellen Verfahrensweisen davon noch wenig merken lassen[142].

Gegenwärtig stellen die lerntheoretischen Veränderungsmodelle der westlichen und östlichen Psychologie keineswegs ein geschlossenes theoretisches Gebäude dar[143]. Gemeinsam ist ihnen lediglich der allgemeinste Ausgangspunkt: Menschliches Verhalten ist durch Erfahrungserwerb erlernt und durch Veränderung von Erfahrungsbedingungen veränderbar. Verhaltensänderung heißt Erwerb neuer funktionaler Beziehungen zwischen Umgebungsdaten und Verhaltensdaten[144].

Allgemeinstes und wirkungsvollstes Veränderungspotential wird im Prinzip der sozialen Verstärkung gesehen, d. h. in der differenzierten Rückmeldung, die die soziale Umwelt – Personen, Gruppen, soziale Umstände – dem Verhalten des einzelnen entgegenbringt[145]. Jedoch hat sich die Lernforschung allzu lange fast ausschließlich auf eine einzige Form des Verhaltens-Erwerbs konzentriert, nämlich auf instrumentelles oder operantes Lernen, und hat dabei die Versuchsperson immer als Einzel-»Organismus«, der mit der Umwelt in irgendeiner Form von Korrespondenz bzw. unter Stimulus-Kontrolle steht, konzipiert. Die über Jahrzehnte hinweg unverändert artifiziell bleibenden Versuchsbedingungen des typischen Lernexperiments verhinderten systematisch, daß Lernarten entdeckt und untersucht wurden, die unter jenen Versuchsbedingungen gar nicht provoziert werden konnten und die gerade für soziales Lernen und Verhaltensänderungen im Rahmen sozialer Bedingungen verantwortlich sind.

Wichtige Ergänzungen des zunächst simpel erscheinenden Reinforcement-Prinzips können gesehen werden in zwei neueren Ansätzen, die hier lediglich als Beispiele weiterer Entwicklungs- und Verwendungsmöglichkeiten herausgegriffen werden sollen: So kann das Prinzip des *vicarious reinforcement,* der Verhaltensänderung durch stellvertretende Verhaltensbekräftigung, die alleinige und erstrangige Wirksamkeit individueller Verhaltensverstärker als Grundlage für Verhaltensänderungen widerlegen[146], und das Prinzip des *self-reinforcement,* der Verhaltensänderung durch Selbstbekräftigung, Möglichkeiten der »Selbststeuerung« in einem andern als im zuvor zitierten Sinne aufzeigen[147].

Verhalten kann sich verändern, ohne daß es direkt und gezielt gerichtet auf das Individuum, das es ausübt, verstärkt wird. Die Verhaltensverstärkung, Grundprinzip des Lernens, muß nicht persönlich adressiert sein. Vielmehr können gleichwertige und nicht weniger effektive Lernakte erfolgen über die Beobachtung andrer, die direkte Verhaltensverstärkungen erfahren, ohne daß der Beobachtende irgendwelche Verhaltensweisen seines Modells mit vollführt. Dabei kommt es auf die Menge, nicht aber auf die Menge der *individuell* empfangenen positiven Bekräftigungen an[148].

Dieser Erweis der Wirksamkeit *kollektiver* Bekräftigungen kann einen wichtigen Beitrag zu der oben geführten Diskussion liefern; er muß weiterhin zur Modifikation der rigiden Forschungspraxis der Lernpsychologie verhelfen; schließlich könnte er zu einer bisher nicht existierenden Integration von Theorien der Lern- und Veränderungsprozesse durch Gruppeninteraktion führen, zu einer geschlossenen Veränderungstheorie in einem Bereich, in dem es nicht viel mehr als Fragmente gibt aus Lerntheorien, Rollentheorie, Gruppendynamik und praktischen Erfahrungen der klinischen Psychologie, Erziehung, Sozialarbeit etc.[149]. Der begründete Verzicht auf das Primat individueller Bekräftigung könnte außerdem konkrete Auswirkungen auf Anwendungsformen haben, nicht nur auf die bisherige Individualtherapie und -pädagogik, sondern allgemeiner auf alle Bereiche, in denen es um die »Planung« von Lernprozessen geht.

Das gleiche gilt für die zweite relativ neu entdeckte Form des Lernens und der Verhaltensänderung, die Selbst-Bekräftigung. Mit diesem Prinzip kann denjenigen entgegnet werden, die mit dem Stichwort Lernforschung sofort manipulative Außensteuerung assoziieren. Der Nachweis der »Selbststeuerung« durch eignen Eingriff in die eignen – als bekannt vorausgesetzten – Verhaltensbedingungen ist bisher vor allem im Rahmen der therapeutischen Anwendung lerntheoretischer Positionen geführt worden[150]. Das Individuum lernt Bedingungselemente seines Verhaltens kennen und daraufhin selber zu setzen und wird damit innerhalb bestimmter Grenzen vom Betroffenen zum Planer, vom Patient zum eignen Therapeuten, vom Objekt zum Regisseur, von der Versuchsperson zum Experimentator.

Die Selbstbekräftigung ist eine im bisherigen üblichen Lernexperiment nicht berücksichtigte Variable[151]. Ihre Wirksamkeit jedoch kann sogar größer sein als die für allein wirksam gehaltenen regulären Versuchsbedingungen[152]. Rückschläge und Enttäuschungen bei der Anwendung simpler lernexperimenteller Ergebnisse auf außerexperimentelle Situationen könnten durch die Einbeziehung dieser Einflußquelle gemindert werden, was allerdings sehr einschneidende Veränderungen der konventionellen Forschungspraxis verlangen würde.

Voraussetzung der Selbstbekräftigung als Veränderungsinstrument – und gleichzeitig wohl das Hauptproblem dieses Prinzips – ist die Aufklärung des Betroffenen über die sein Verhalten determinierenden Variablen seiner Umwelt. Erst auf der Grundlage dieses Wissens kann er sich ihnen entziehen oder aussetzen, kann er bewußt auswählen und entscheiden[153]. Wenn der Betroffene also, um den Eingriff in eigene Verhaltensdeterminanten gleichsam selbst vornehmen zu können, den Entwicklungsgang seiner Verhaltensgeschichte, die Faktoren, die es aufrechterhalten, und die Bedingungen, unter denen es veränderbar ist, grundsätzlich kennen muß, dann liegt das Problem bei der Auswahl der Informationen, die er zur Beantwortung dieser Fragen erhält. Welcher Art Wissen und Kenntnisse werden ihm vermittelt? Welcher Art Aufklärung, Schulung und Präparierung findet statt? Welche Folgen z. B. hat eine »Aufklärung« für die Verhaltensänderung des Betroffenen, wenn er ein deterministisches Glaubensbekenntnis mit auf den Weg bekommt in der Art, daß er sein Verhalten kausal bestimmt sieht »wie den Lauf einer Billardkugel oder einer Ozeanströmung[154]«? Wo werden die relevanten verhaltensdeterminierenden Variablen der Umwelt gesehen? Welcher Art inhaltlicher Antwort kann die Wissenschaft dazu liefern, diejenige, die zu ihren Ergebnissen unter den gegenwärtigen Bedingungen gelangt? Welche Antworten kann sie vermitteln und welche sind ihr zu vermitteln gestattet?

Diese Fragen, die nicht beantwortet werden können im Rahmen der genannten Theorien oder ihrer Ergänzungen, führen zurück zu den Ausgangsfragen dieses Artikels.

## IV. *Auswahl der Texte*

Die auf den vorigen Seiten angesprochene Kritik an psychologischen Veränderungskonzepten soll mit Hilfe der Texte dieses Bandes nachgeprüft, belegt oder widerlegt werden können. Die Problematik, auf die die Einführung hinzuweisen versucht, soll also mit den Texten als konkrete Exempel gezeigt und nicht umgangen werden. Diese Textsammlung ist damit, wie schon eingangs erwähnt, ohne kritische Leser sinnlos, verfehlt und würde zu Schlüssen führen, zu denen sie gerade nicht führen sollte.

Die Beschränkungen auf Beiträge aus der bürgerlichen westlichen Psychologie ist Absicht. Ihr liegt die Auffassung zugrunde, daß eine Kritik psychologischer Ansätze nicht einfach dazu führen kann, sie auf Grund ihrer Kurzschlüsse und Kurzsichtigkeiten aus der Psychologie eliminieren zu wollen; vielmehr daß eine Veränderung dieser Ansätze nur erreicht werden kann, wenn ihre Einschränkungen, Mängel und Verzerrungen als Produkt ihrer eignen historisch-gesellschaftlichen Bedingtheit erkannt und analysiert werden können. Wir können nicht abstrahieren von unserer eignen gesellschaftlichen Situation, in der diese Psychologie entstanden ist und sich weiterentwickelt und in der ihre Anwendung praktiziert wird. Wir können nicht einfach einen ganz neuen Ansatz finden wollen. Es wäre ein unhistorisches und romantisches Vorgehen, wollte man in den Veränderungsvorstellungen diesem Fach gegenüber den gegenwärtigen Stand der Psychologie in theoretischer und methodologischer Hinsicht nicht berücksichtigen[155].

Die Auswahl dieses Bandes geht nach den folgenden Richtlinien vor sich:

Erstens beschränkt sie sich auf vier theoretische Ansätze.

Beiträge zum Thema Verhaltensänderung finden sich in der Psychologie ungleichmäßig verstreut über verschiedene Disziplinen und Praxisfelder. Eine geschlossene psychologische Theorie menschlicher Veränderungsprozesse existiert nicht. Vielmehr gibt es Serien von Fragmenten und Ansätzen aus allen psychologischen Teilgebieten und aus der psychologischen Praxis, aus Klinik, Beratung, Erziehung, Fürsorge, Gruppenarbeit etc., alle auf der Basis spezifischer und unterschiedlicher anthropologischer und methodologischer Konzeptionen und ideologischer Vorgaben. Darunter gibt es eine Fülle theorieloser empirischer Einzeluntersuchungen, in denen plan- und konzeptionslos Daten gesammelt werden, die mit keiner übergeordneten Theorie in Zusammenhang gebracht werden können und die den desintegrierten Forschungsstil vieler sozialwissenschaftlicher Erhebungen spiegeln. Das trifft besonders auf Untersuchungen zu, die sich mit sogenannten ungeplanten Verhaltensänderungen beschäftigen, die sich im Lebensablauf, im Gruppenkontext wie Familien etc. einstellen, ohne daß über die Veränderungsdeterminanten klare Hypothesen formuliert werden[156]. Um eine wahllose und zufällige Auswahl der verstreuten und häufig zusammenhanglosen Texte zu vermeiden, die eine Orientierung im Fragenkreis des Themas unmöglich machen würde, wurde eine Auswahl und Gliederung nach vier theoretischen Schwerpunkten versucht. Es handelt sich um den lerntheoretischen, den konsistenztheoretischen, den rollentheoretischen und den gruppentheoretischen Ansatz.

Außer acht gelassen wurden also dabei einmal weitere Veränderungstheorien und -modelle, die nicht oder nur indirekt unter den hier ausgewählten subsummiert werden können, weiterhin alle andern möglichen Auswahlgesichtspunkte, die einen andern als theoriebezogenen Maßstab zugrunde legen, so etwa eine Auswahl unter dem Aspekt der Veränderungsinduktion durch psychologische und physiologische Bedingungen wie pharmakologische Einwirkungen, Deprivationsbedingungen, Indoktrination, psychotherapeutische Verfahren, Lehr- und Lernprogramme, spezielle Erziehungs- und Resozialisierungstechniken etc.

Mit Hilfe der vorliegenden Einteilung sollen verschiedene traditionelle Zugänge zum Thema exemplarisch gezeigt werden. Die Abgrenzung der Ansätze voneinander stammt aus ihrer eigenen wissenschaftlichen Vorgeschichte und ist konventionalisiert. Systematisch ist sie jedoch kaum aufrechtzuerhalten. Überschneidungen zwischen den Ansätzen werden z. B. deutlich bei der Frage nach den jeweiligen Veränderungsagenten. So die Abgrenzungsschwierigkeit zwischen lerntheoretischem und konsistenztheoretischem Ansatz, wenn man fragt, ob das Bedürfnis nach Dissonanzreduktion und Konfliktglättung ein erlerntes Bedürfnis ist und Menschen sich in Übereinstimmung mit bestimmten Gruppen[157], Personen[158] oder eignen Bewußtseinsinhalten[159] zu verhalten suchen, weil dieses Verhalten von Beginn ihres sozialen Lernprozesses an bekräftigt wurde. Die gleiche Frage gilt analog für den rollen- und gruppentheoretischen Ansatz. Die Beziehung zwischen diesen Ansätzen hinsichtlich ihrer Veränderungsauffassungen ist jedoch bisher noch nicht untersucht, und ein systematischer Vergleich steht noch aus.

Die Auswahl beschränkt sich zweitens auf amerikanische Beiträge.

Dieser Ausschnitt wurde deswegen gewählt, weil psychologische Veränderungsmodelle vor allem im Rahmen der Lernforschung und der Sozialpsychologie zu finden sind und damit direkt zur neueren amerikanischen Psychologie hinführen. Beide Disziplinen haben in der deutschen Psychologie eine schwache Tradition. Sie hat sich bisher hier bestenfalls reproduktiv und nachlernend wenn nicht ignorierend verhalten und ist kaum selbst forschungsinitiativ geworden.

Wenn jedoch Arbeiten vorliegen, sind sie so speziell und setzen sie so viel an Vorkenntnissen voraus, daß sie für einen einführenden Reader ganz ungeeignet gewesen wären. Außerdem hätte Übersichtlichkeit und Stringenz der Auswahl noch schlechter erreicht werden können, wenn man verschiedene Forschungskreise mit ihren unterschiedlichen Umfeldbedingungen miteinander vermischt hätte. Schließlich sind wesentliche Einflüsse auf die weitere Entwicklung von Theorien und Ergebnissen der menschlichen Verhaltensänderung von seiten der amerikanischen Forschung zu erwarten, einfach schon angesichts ihrer quantitativen Überlegenheit: Ca. 92% der gegenwärtigen westlichen Forschungsaktivität der Psychologie entfällt auf diejenige der USA.

Die ausgewählten Arbeiten spiegeln nicht alle den allerletzten Forschungsstand, sondern sie entstammen dem Zeitraum der letzten 20 Jahre. Ausgewählt wurden solche Arbeiten, die in ihrer Fragestellung und methodischen Anlage exemplarisch für den jeweiligen Forschungsansatz zu sein scheinen, ohne daß zu ihrem Verständnis detailliertes Vorwissen notwendig wäre.

Die Texte bestehen schließlich überwiegend aus empirischen Untersuchungen, nicht aus theoretischen, programmatischen oder zusammenfassenden Darstellungen. Begründet ist diese weitere Einschränkung damit, daß anhand dieser konkreten empirischen Beiträge, die Grundlage und Beleg für die jeweilige Theoriebildung darstellen, das Vorgehen besser durchschaut und die Kritik leichter überprüft und nachvollzogen werden kann. Der Band soll Material zur kritischen Diskussion liefern und dafür das konkrete empirische Vorgehen einbeziehen können. Die Auswahl empirischer Beiträge wurde wiederum dadurch eingeengt, daß überwiegend methodenzentrierte Untersuchungen, die einen großen Teil der sozialpsychologischen Forschung der sechziger Jahre beherrschen, zurückgestellt wurden. Die verwendeten experimentalpsychologischen Methoden sollten nicht zu kompliziert und speziell ausfallen, um die Verständlichkeit auch für Laien in psychologischer Methodenlehre zu gewährleisten.

Viele der Untersuchungen werfen mehr Fragen auf als sie Antworten geben. Manche sind ganz besonders für den nicht-professionellen Leser oder für denjenigen, der erst anfängt, sich mit Psychologie zu beschäftigen, und der sich noch nicht an die reale Lage der Psychologie gewöhnt hat, enttäuschend oder ärgerlich. Er erwartet interessantere und inhaltlich relevantere Fragestellungen, konkretere und anwendbare Ergebnisse und klare Folgerungen. Er überblickt noch zu wenig die Schwierigkeit, die durch die Komplexheit der untersuchten Fragen und durch die Variablenfülle der untersuchten Situation für die experimentelle Anordnung entsteht. Vor allem erwartet er, daß die Forschung sich direkt auf Verhaltensänderungen und deren qualitative Endprodukte, die inhaltliche Veränderung selbst, konzentriert. Demgegenüber aber werden meist Veränderungsphänomene von Versuchspersonen paradigmatisch benutzt, um grundlegende Prozesse und Abhängigkeiten zwischen Situationsdaten und Verhaltensdaten zu studieren, wobei dann der Veränderungseffekt nur noch formal interessiert. Dementsprechend fällt auch dessen Banalität und Belanglosigkeit für den Experimentator wohl gar nicht ins Gewicht und ändert nach seiner Sicht der Dinge an der »inneren Relevanz«[160] des Ergebnisses offenbar nichts.

Die Untersuchungen spiegeln mehr oder weniger deutlich Charakteristika des psychologischen Forschens wider, ihre Neigung zu Fragmentierung, Überspezialisierung, Methodenzentrierung, zur Ignorierung der »äußeren Relevanz«, zur inhaltlichen Bedeutungsentleerung. Sie lassen auch den Vorwurf der Fachkollegenzentriertheit der Publikationen nachvollziehen – »scientists write for each other«[161] – und das »unglückliche Gefühl«, das einen überkommt, wenn man psychologische Fachzeitschriften durchliest und feststellt, wie die Autoren in ihrem Forschungsstil und -design, ihrer Art der Problemsicht, ihrer Sprache, ihren verabredeten Rigiditäten in einer Rille laufen[162]; wie hier eine Generation zu Wort kommt, die sich sich selbst überläßt und unter sich bleibt.

Gerade Untersuchungen im Themenbereich »Verhaltensänderung« können einige allgemeine Situationsmerkmale der Misere moderner empirischer Psychologie und gleichzeitig Merkmale einer von bürgerlichem Bewußtsein geprägten Psychologie ganz besonders einleuchtend und für jeden nachvollziehbar werden lassen. Das ist vor allem die Konzipierung der »Versuchsperson« unter den Bedingungen des typischen Laboratoriums-Experiments und das Verhalten des experimentierenden Psychologen seiner Forschungsmaterie gegenüber.

Versuchspersonen als Forschungsgegenstand im Laboratoriumsexperiment werden (in Analogie zum Tierexperiment)[163] immer noch häufig so konzipiert, als sei ihr Versuchsverhalten allein Reaktion auf die gesetzten externen Bedingungen des Experiments. Die Veränderung von Verhaltenselementen als resultierendem Effekt wird zurückgeführt auf die wenigen allein sichtbaren, bekannten und für alle geltenden Bedingungen der Versuchsanordnung. Der Lern- und Veränderungsprozeß wird in einer Weise simplifiziert, die immer noch das Weiterwirken ganz früher behavioristischer Denkansätze erweist und deren Konzeption vom reagierenden Organismus. Die Annahme, Verhaltensänderungen allein als Effekt der induzierten Versuchsbedingungen zu verstehen, läßt alle diejenigen Einflußgrößen und Verhaltensbedingungen außer acht, die die Versuchsperson als Nicht-nur-Organismus, sondern als gesellschaftliches Wesen in den Versuch einbringt.

Es wird unterstellt, daß die Stimuli des Versuchs auf seine Teilnehmer gleiche Wirkungen ausüben müssen, so z. B., daß das »Hmm, hmm« des Versuchsleiters in verbalen Konditionierungsexperimenten wirklich für alle positiv verstärkende Funktion habe[164]. Nicht gefragt wird, inwieweit dieses »Hmm, hmm« für Versuchspersonen je nach mitgebrachtem Wahrnehmungsmuster vielleicht auch lächerlich, verunsichernd und gerade nicht unterstützend wirken könnte, es wird nicht gefragt, welchen subjektiven Verstärkerwert die im Versuch gewährte Verstärkung für die Versuchsperson je nach ihrem Verhältnis zu dieser Verstärkung hat, z. B. der Gewinn in Dollar[165]. Es wird auch nicht gefragt, inwieweit die gesamte für die Versuchsperson im allgemeinen undurchschaubare und geheimnisvolle Versuchsanordnung, deren Intentionen sie zunächst nicht überblicken kann und darf, sie verärgert und ihren Widerstand auslöst. Es wird nicht gefragt, wie die Versuchsperson selbst steht zu dem im Versuch angezielten Veränderungseffekt, z. B. dem Gebrauch emotionaler Worte in der Darstellung einer Geschichte, einem Effekt, dessen Sinn sie nicht verstehen kann, weil er ihr nicht erklärt wurde, den sie vielleicht bei sich selbst gar nicht akzeptiert, weil er ihrem Selbstbild zuwiderlaufen könnte, u. a. m.[166]. Es wird auch nicht gefragt, wie Versuchspersonen zu den Inhalten stehen, die als Mittel zum Zweck der Untersuchung gewählt wurden und an deren Maßstab Veränderungen von Einstellungen gemessen werden sollen, d. h. ob sie diese Inhalte wichtig oder unwichtig, interessant oder belanglos finden wie etwa die Diskussion von Curricula im Studium, die Sauberkeitserziehung bei Kleinkindern, die zu erwartende Anzahl von Autos oder der Fleischbedarf der USA in einem Jahr[167].

Es wird nicht berücksichtigt, daß Menschen verschiedenes zur gleichen Zeit tun und denken können, wovon nur ein Teil beobachtbar sein muß und damit der Untersuchung zugänglich wird. Es wird nicht für wichtig befunden, daß Versuchspersonen während des Versuchs an gestern und morgen denken können, und daß solche Denkvorgänge mit zu den Versuchsstimuli zu rechnen sind und in die Ergebnisse als Verhaltensdeterminanten eingehen. Es wird nicht davon ausgegangen, daß die Versuchsperson prinzipiell in der Lage ist, ihre Einstellung gegenüber dem Versuch abweichend zu der geplanten und erwarteten zu verändern, daß sie die Versuchsbedingungen anders sehen kann, als der Experimentator annimmt, daß sie sie sehen muß, und daß damit die Versuchsstimuli auch andre als die erwarteten Effekte erzielen müssen. Es wird auch nicht gefragt, inwieweit bei solchen Ausgangsbedingungen des Experiments Beiträge zu Theorien menschlicher Veränderungsprozesse oder Grundlagen solcher Theorien gefunden werden können, bzw. welcher Art dieser Beitrag sein kann. Können die gewählten Versuchsbedingungen die außerexperimentellen »natürlichen« Bedingungen der Veränderung von Verhalten simulieren? Ist die Auswahl isolierter, reduzierter und restriktiver Bedingungen geeignet, reale Veränderungsbedingungen zu repräsentieren und zu studieren, oder sind es nicht ganz andere Bedingungen, auf die Menschen mit Veränderung ihres Verhaltens antworten?

Die Versuchsperson reagiert unter den reduzierten, sterilen und ihr inadäquaten Versuchs-Umständen eben diesen Umständen gemäß. Sie reagiert mitunter tatsächlich tierähnlich.[168] Sie zeigt z. B. in verbalen Konditionierungsversuchen Lernkurven, die von entsprechenden Lernkurven bei Tauben oder Ratten kaum zu unterscheiden sind. Die menschliche Versuchsperson reagiert so auch ohne Veränderungsabsicht, sie ist so, wie der Experimentator sie in seinem Versuch konzipiert hat.

Das zeigt zwar die Abhängigkeit des aktuellen Verhaltens von den aktuellen Bedingungen des Umfeldes, ebenfalls die Geprägtheit der Versuchsperson von ihren eignen gesellschaftlich determinierten Erwartungen ihren eignen Veränderungsmöglichkeiten bzw. denjenigen der vorgefundenen Versuchsumständen gegenüber. Es besagt aber kaum etwas über Gesetzmäßigkeiten der Verhaltensänderung, wie es etwa im biologischen oder physikalischen Experiment unter entsprechenden Bedingungen der Fall wäre. Und wenn die Versuchsperson sich in ihrer Änderungsabstinenz also tatsächlich als Produkt ihrer Gesellschaft zeigt, so ist das ein unfreiwilliger und gleichzeitig ein uninterpretierter Ertrag solcher Untersuchungen. Die Grundhaltung des Experimentators ist nicht anders als diejenige seiner Versuchspersonen. Das Verhältnis des Psychologen seinem Forschungsgegenstand gegenüber ist reproduktiv. Untersucht werden Versuchspersonen als Exemplare einer biologischen Gattung, deren Welt naturhaft gegeben ist. Diese Naturwüchsigkeit der Realität gilt es zu untersuchen, ihrer Wirkungsweise muß auf die Spur zu kommen sein. So versteht sich der Psychologe als Instrument, ahistorische Naturgesetze über menschliches Verhalten finden zu müssen. Diese vorgefundene Dingwelt wird nicht zum Gegenstand der Veränderung, sondern nur zum Gegenstand der Untersuchung. Wie schon zu Beginn dieses letzten Abschnitts bemerkt, kann die Akzentuierung dieses Negativkatalogs nicht zu der Konsequenz führen, die kritisierten Ansätze ad acta zu legen und sich nicht mehr mit ihnen zu beschäftigen. Wir können uns weder damit begnügen, Methoden und Ergebnisse der vorliegenden psychologischen Beiträge als gültige, richtige, einfach erlernbare zur Kenntnis zu nehmen, noch sie nicht mehr zur Kenntnis zu nehmen als Produkte bürgerlicher Interessen und Denkorientierungen und den ihnen entsprechenden spezifischen methodologischen und ideologischen Einschränkungen und Vorbelastungen. Mißtrauen in die Zuverlässigkeit und in den Wahrheitsgehalt der wissenschaftlichen Aussagen, die die Arbeiten unter diesen Voraussetzungen begründen sollen, kann nicht einfach dazu führen, sie pauschal zu verwerfen. Im Gegenteil. Kritische Maßstäbe kann man nur gewinnen durch die Konfrontation mit dem Vorgehen, das zu modifizieren ist. Konkrete Wege der Neuformulierung und Alternativenfindung sind nur möglich über die detaillierte Kenntnis und die sorgfältige Analyse typischer Ansätze der gegenwärtigen wissenschaftlichen Vorgehensweisen in der gegenwärtigen gesellschaftlichen Situation. Nicht möglich sind sie unter Abstraktion vom Vorhandenen. Bewegung und Situationsveränderung scheint nur denkbar, wenn eine Sondierung erhaltenswerter, veränderungsbedürftiger und unsinniger wissenschaftlicher Ergebnisse und Ansätze vor dem Hintergrund der gegenwärtigen gesellschaftlichen Realität und in Einschätzung wissenschaftlicher Fortschrittsmöglichkeiten, die die gegenwärtige Gesellschaft zu tragen bereit ist, einsetzt. Ein solcher Prozeß ereignet sich jedoch nicht von allein, vielmehr wird er gemacht, gehemmt oder vorangetrieben von allen, die sich mit der Materie beschäftigen.

## *Anmerkungen*

1 Siehe z. B. in: Lewin, K., *Feldtheorie in den Sozialwissenschaften,* Bern, Stuttgart 1963; Zapf, W. (Hrsg.), *Theorien des sozialen Wandels,* Köln, Berlin 1969; Hellpach, W., *Sozialpsychologie,* Stuttgart 1951; ders., *Kulturpsychologie,* Stuttgart 1953; Bitter, W. (Hrsg.), *Vorträge über die Wandlungen des Menschen in Seelsorge und Psychotherapie,* Göttingen 1956; Birnbaum, F., Über den Strukturwandel der Persönlichkeit, *Internationale Zeitschrift für Individualpsychologie,* 1951, Heft 20; Schwung, H., Charakterwandel im Spiegel der Handschrift, *Psychologische Rundschau,* 1953, Heft 4.

2 Cartwright, D., Achieving change in people: Some applications of group dynamics theory, *Human relations,* 1951, 4, S. 381–392; siehe in diesem Band S. 248.

3 »Verhalten« wird hier nicht im verengten Sinne des frühen Behaviorismus gebraucht. Vielmehr umfaßt »Verhalten« die Gesamtheit aller wahrnehmbaren Aktivierungen des menschlichen »Organismus« sich selbst und seiner Umwelt gegenüber und damit auch die Interessen, Erwartungen, Aufmerksamkeitsrichtungen, Wahrnehmungen, Vorstellungen, Einstellungen des Individuums als intervenierende Variablen. Dieser neuere Verhaltensbegriff ist damit frei von der ehemals üblichen polaren Gegenüberstellung von Verhalten auf der einen und Erleben auf der andern Seite, eine Trennung, die gerade überwunden werden soll. Der Verhaltensbegriff setzt das Individuum im Sinne des Sich-Verhaltens immer in ein Verhältnis zu etwas. Er impliziert die Situationsdeterminiertheit und Umweltbezogenheit von »Verhalten« von vornherein. Er thematisiert die Beziehungen des Organismus zur physischen, biologischen und sozialen Umwelt. Die Trennung von »Persönlichkeitsveränderung« und Verhaltensänderung entfällt damit. Verhaltensänderung wird außerdem zum Überbegriff von »Einstellungsänderungen«, »Meinungsänderungen«, »Rollenänderungen« etc. Siehe dazu: Miller, G. A., Galanter, E., Pribram, K. H., *Plans and structure of behavior,* New York 1960; Tolman, E. C., *Behavior and psychological man,* Berkeley 1961; Hilgard, E. R., *Introduction to psychology,* New York, 3./1962; Graumann, C. F., Subjektiver Behaviorismus?, *Archiv für die gesamte Psychologie,* 1965, 117, S. 240–251.

4 Holt, R. R., Forcible indoctrination and personality change, in: Worchel, P., Byrne, D. (eds.), *Personality change,* New York 1964; S. 289–318; Haggard, E. A., Isolation and personality, in: ebd., S. 433–469; Tow, P. M., *Personality changes following frontal leucotomy*, New York 1955; Schlink, E., Persönlichkeitsänderungen in Bekehrungen und Depressionen, *Archiv für die gesamte Psychologie,* 1929, 70.

5 Hofmann, W., *Universität, Ideologie, Gesellschaft.* Beiträge zur Wissenschaftssoziologie, Frankfurt a. M. 1968, S. 54.

6 Schneider, K., Die psychopathischen Persönlichkeiten, Wien, 4./1940.

7 Adorno, Th. W., *Kritik.* Kleine Schriften zur Gesellschaft, Frankfurt a. M., 1971, S. 10–19.

8 Hentig, v. H., *Cuernavaca oder: Alternativen zur Schule?* München 1971, S. 123.

9 Ebd., S. 118.

10 Winckler, L., *Studie zur gesellschaftlichen Funktion faschistischer Sprache,* Frankfurt a. M., 1970.
11 Dahrendorf, R., *Bildung ist Bürgerrecht,* Hamburg 1965.
12 Hoffman, K. (Hrsg.), *Macht und Ohnmacht der Intellektuellen,* Hamburg 1968.
13 Chomsky, N., *Die Verantwortlichkeit des Intellektuellen,* Frankfurt a. M. 1971.
14 Jaeggi, U., *Macht und Herrschaft in der Bundesrepublik,* Frankfurt a. M. 1968, S. 184–195; Adorno, Th. W., a. a. O.
15 Fischer, E., Ohnmacht und Macht der Intellektuellen in der sozialistischen Welt, in: Hoffman, K., a. a. O., S. 61–75.
16 Chomsky, N., a. a. O., S. 19.
17 Ebd., S. 20, 150.
18 Ebd., S. 9.
19 Ebd., S. 9, 45 f.; Holzkamp, K., *Kritische Psychologie,* Frankfurt a. M. 1972, S. 35 ff.
20 Irle, M. (Hrsg.), *Bericht über den 26. Kongreß der deutschen Gesellschaft für Psychologie Tübingen 1968,* Göttingen 1969.
21 Fischer, E., a. a. O., S. 61.
22 Jaeggi, U., *Literatur und Politik,* Frankfurt a. M. 1972, S. 125.
23 Siehe z. B. Rohracher, H., Kleine Charakterkunde, Wien, Innsbruck 11./1965; Strunz, K., Das Problem der Persönlichkeitstypen, in: Lersch, Ph., Thomae, H. (Hrsg.), *Persönlichkeitsforschung und -theorie,* Handbuch der Psychologie, Band 4, Göttingen 1960, S. 155–221; Undeutsch, U., Gestalterlebnistypologie und Integrationstypologie, *Archiv für die gesamte Psychologie* 1940, 105; Guilford, J. P., *Persönlichkeit,* Weinheim 1964; Arnold, W., *Person, Charakter, Persönlichkeit,* Göttingen 1962; Wellek, A., *Polarität im Aufbau des Charakters,* Bern, München, 3./1966; Heiss, R., *Die Lehre vom Charakter,* Berlin 1949; Hofstätter, P. R., Tiefenpsychologische Persönlichkeitstheorien, in: Lersch, Ph., Thomae, H. (Hrsg.), a. a. O., S. 542–586.
24 Siehe z. B. in: Heiss, R. (Hrsg.), *Psychologische Diagnostik,* Handbuch der Psychologie, Band 6, Göttingen 1964. Darin die Beiträge von: Michel, L., Allgemeine Grundlagen psychometrischer Tests, S. 19–70; Mittenecker, E., Subjektive Tests zur Messung der Persönlichkeit, S. 461–487; Fahrenberg, J., Objektive Tests zur Messung der Persönlichkeit, S. 488–532; Schick, C. P., Konstitutionelle Diagnostik, S. 837–867; Heiss, R., Über den Begriff des Verhaltens und das Modell der Persönlichkeit in der diagnostischen Psychologie, S. 960–974.
25 Siehe z. B. in: Hare, A. P., *Handbook of small group research,* Glencoe 1962, p. 272–290; Hare, A. P., Borgatta, E. F., Bales, R. F., *Small groups, studies in social interaction,* New York 1962, S. 345–574; McGrath, J. E., Altman, I., *Small group research:* A synthesis and critique of the field, New York 1966.
26 Siehe z. B. in: Biddle, B. J., Thomas, E. J. (Hrsg.), *Role theory: concepts and research,* New York 1966, bes. Oeser, O. A., Harary, F., Role structures: A description in terms of graph theory, p. 92–102; Hare, A. P., a. a. O., S. 101–125.
27 Lersch, Ph., *Seele und Welt,* München 1941; ders., *Aufbau der Person,* 7./1956.

28 Ebd., S. 25.

29 Thomae, H., Das Problem der Persönlichkeitsveränderung, in: Bracken, v. H., David, H. P., *Perspektiven der Persönlichkeitstheorie,* Bern, Stuttgart 1959, S. 203.

30 Murphy, L. B., Coping methods, in: David, H., Brengelmann, J. (Hrsg.), *Perspectives in personality research,* New York 1960, p. 254–257; Yarrow, C. J., Yarrow, M. R., Personality continuity and change in the family context, in: Worchel, P., Byrne, D., a. a. O., p. 489–523.

31 Gendlin, E. T., A theory of personality change, in: Worchel, P., Byrne, D., a. a. O., p. 101 f.

32 Brentano, v. M., Wissenschaftspluralismus, in: *Das Argument, 66.* Jahrgang 13, 1971, S. 493.

33 Cartwright, D., The nature of group cohesiveness, in: Cartwright, D., Zander, A., *Group dynamics,* New York, 3./1968, p. 91–109; Lott, A. J., Lott, B. E., Group cohesiveness as interpersonal attraction: A review of relationships with antecedent and consequent variables, *Psychological bulletin,* 1965, 64, p. 259–309; Thibaut, J. W., Kelley, H. H., *The social psychology of groups,* New York 1959.

34 Siehe z. B. Shaw, M., Communication networks, in: Berkowitz, L. (ed.), *Advances in experimental social psychology,* Vol. I, New York 1964, p. 111–147; Bavelas, A., Communication patterns in task-oriented groups, in: Lerner, D., Lasswell, H. D. (eds.), *The politicy sciences,* Stanford, Cal., 1951; Bovard, E., Group structure and perception, *Journal of abnormal and social psychology* 1951, 46, p. 389–405; Cartwright, D., Zander, A., a. a. O., darin: The structural properties of groups, p. 485–568; Harary, F., Norman, R. Z., Cartwright, D., *Structural models, an introduction to the theory of directed graphs,* New York 1965; Dahrendorf, R., Zu einer Theorie des sozialen Konflikts, *Hamburger Jahrbuch für Wirtschafts- und Gesellschaftspolitik* 1958, 3, 76–92.

35 Claessens, D., *Rolle und Macht,* 2./1970, S. 145.

36 Ebd., S. 144.

37 Siehe z. B. in: Thomae, H. (Hrsg.), *Entwicklungspsychologie,* Handbuch der Psychologie, Band 3, Göttingen 1959, darin: Undeutsch, U., Entwicklung und Wachstum, S. 79–103; Bergius, R., Entwicklung als Stufenfolge, S. 104–195; Lehr, U., Entwicklung und Periodizität, S. 196–219; Bühler, Ch., *Der menschliche Lebenslauf als psychologisches Problem,* Leipzig 1933; Bühler, Ch., *Die geistige Entwicklung des Kindes,* Jena 1930; Bühler, Ch., Zur Psychologie des menschlichen Lebenslaufs, *Psychologische Rundschau* 1957, 8.

38 Bornemann, E., Persönlichkeitsbildung, in: Hetzer, H. (Hrsg.), *Pädagogische Psychologie,* Handbuch der Psychologie, Band 10, Göttingen 1959, S. 129–143.

39 Bühler, Ch., Hetzer, H., *Kleinkindertests,* Entwicklungstests vom 1. bis 6. Lebensjahr, München 1932; Reinert, G., Entwicklungstests, in: Heiss, R. (Hrsg.), a. a. O., S. 280–351, und: Wewetzer, K. H., Intelligenztests für Kinder, S. 200–225.

40 Z. B. Bühler, Ch., *Psychologie im Leben unsrer Zeit,* Zürich 1962.

41 Baldwin, A. L., Differences in parent behavior toward three- and nine-year old children, *Journal of personality* 1946, 15, p. 145–165; Lasco,

J. K., Parent behavior toward first and second children, *Genetic psychological monographs* 1954, 49, p. 97–137; Schaefer, E. S., Bayley, N., Consistency of material behavior from infancy to preadolescence, *Journal of abnormal and social psychology,* 1960, 61, p. 1–6.

42 Spearman, C., *The ability of man,* London 1927; Hofstätter, F. R., Tatsachen und Probleme einer Psychologie des Lebenslaufs, *Zeitschrift für angewandte Psychologie und Charakterkunde,* 1938, 5/6; Schenk-Danzinger, L., Begabung und Entwicklung, in: Thomae, H. (Hrsg.), *Entwicklungspsychologie,* a. a. O., S. 358–403.

43 Kuhlen, R. E., Personality change with age, in: Worchel, P., Byrne, D., a. a. O., S. 524–555.

44 Thomae, H., Entwicklungsbegriff und Entwicklungstheorie, in: Thomae, H. (Hrsg.), a. a. O., S. 385; Thomae, H., *Das Individuum und seine Welt,* Göttingen 1968.

45 Löwe, H., *Lernpsychologie,* Berlin 1971; Bergler, R., *Psychologie stereotyper Systeme,* Bern, Stuttgart 1966; Köhler, U., Aspekt der Entwicklung und Lehre von der Verfestigung in der Persönlichkeitspsychologie, *Probleme und Ergebnisse der Psychologie* 1964, 10, S. 49.

46 Adorno, Th. W., Zum Verhältnis von Soziologie und Psychologie, in: *Sociologica,* Frankfurter Beiträge zur Soziologie, 1955, Bd. 1.

47 Brehm, J., Post-decision changes in desirability of alternatives. *Journal of abnormal and social psychology* 1956, 52, p. 384–389.

48 Backman, C. W., Secord, P. F., Pierce, J. R., Resistance of change in the self-concept as a function of consensus among significant others, in: Backman, C. W., Secord, P. F. (eds.), *Problems in social psychology,* New York 1966, p. 462–467; dt. in diesem Band S. 165.

49 Aronson, E., Carlsmith, J. M., The effect of the severity of threat on the devaluation of forbidden behavior, *Journal* of *abnormal and social psychology* 1963, 66, p. 584–588.

50 Janis, I. L., King, B. T., The influence of role playing on opinion change, *Journal of abnormal and social psychology* 1954, 49, p. 211–218; dt. in diesem Band S. 216.

51 Hovland, C. I., Janis, I. L., Kelley, H. H., *Communication and persuasion: psychological studies of opinion change,* New Haven 1953, dt. in: Irle, M. (Hrsg.), *Texte aus der experimentellen Sozialpsychologie,* Neuwied, Berlin 1969, S. 282–309.

52 Ebd., S. 305.

53 Festinger, L., *A theory of cognitive dissonance,* Stanford 1957; Festinger, L., Freedman, J. L., Dissonance reduction and moral value, in: Worchel, P., Byrne, D., a. a. O., p. 220–244.

54 Heider, F., *The psychology of interpersonal relations,* New York 1958; ders., Attitudes and cognitive organization, *Journal of psychology* 1946, 21, p. 107–112.

55 Newcomb, T. M., An approach to the study of communicative acts, *Psychological review* 1953, 60, p. 393–404; ders., The prediction of interpersonal attraction, *American psychologist,* 1956, 11, p. 575–586; ders., Individual systems of orientation, in: Koch, S. (ed.), *Psychology: a study of a science,* Vol. 3, New York 1959, p. 384–422.

56 Osgood, C. E., Tannenbaum, P. H., The principle of congruity in the prediction of attitude change, *Psychological review,* 1955, 62, p. 42–55.

57 Secord, P. F., Backman, C. W., Personality theory and the problem of stability and change in individual behavior, *Psychological review* 1961, 68, p. 21–32; dies., Interpersonal congruency, perceived similarity, and friendship, *Sociometry* 1964, 27, p. 115–127.

58 McGuire, W., Cognitive consistency and attitude change, *Journal of abnormal and social psychology,* 1960, 60, p. 345–353; ders., Direct and indirect persuasive effects of dissonance-producing messages, *Journal of abnormal and social psychology,* 1960, 60, 354–358.

59 Rosenberg, M., Abelson, R. P., An analysis of cognitive balancing, in: Hovland, C., Rosenberg, M. (eds.), *Attitude organization and change,* New Haven 1960, p. 112–163.

60 Rokeach, M., Rothman, G., The principle of belief congruence and the congruity principle as models of cognitive interaction, *Psychological review,* 1965, 72, p. 128–172; Rokeach, M., Long-range experimental modification of values, attitudes, and behavior, *American psychologist,* 1971, 26, p. 453–459.

61 Bales, R. F., *Interaction process analysis,* Cambridge, Mass., 1950; ders., The equilibrium problem in small groups, in: Parsons, T., Bales, R. F., Shils, E. A., *Working papers in the theory of action,* New York 1953, p. 111–161.

62 Siehe in: Biddle, B. J., Thomas, E. J. (eds.), *Role theory: concepts and research,* New York 1966; Kahn, R. L., Wolfe, D. M., Quinn, R. P., Studies in role conflict and ambiguity, New York 1964. Sarbin, T. R., Allen, V. L., Role theory, in: Lindzey, E., Aronson, E. (eds.), *Handbook of social psychology,* Vol. I, Cambridge, Mass., 2./1969; Sarbin, T. R., Role theoretical interpretation of psychological change, in: Worchel, P., Byrne, D., a. a. O., p. 176–219.

63 Harvey, O. J., Beverly, G. D., Some personality correlates of concept change through role playing, *Journal of abnormal and social psychology,* 1961, 63, p. 125–130, dt. in diesem Band S. 178; Janis, I. L., King, B. T., a. a. O., dt. in diesem Band S. 216; Sarbin, T. R., Allen, V. L., Role enactment, audience feedback and attitude change, *Sociometry,* 1964, 27, p. 183–194, dt. in diesem Band S. 234.

64 Backman, C. W., Secord, P. F., Pierce, J. R., a. a. O., dt. in diesem Band S. 165; Secord, P. F., Backman, C. W., Personality theory and the problem of stability and change in individual behavior, *Psychological review,* 1961, 68, p. 21–32.

65 Rokeach, M., Long-range experimental modification of values, attitudes, and behavior, *American psychologist,* 1971, 26, p. 453–459.

66 Löwith, K., *Das Individuum in der Rolle des Mitmenschen,* München 1928, Nachdruck Darmstadt 1962; Pirandello, L., *Sechs Personen suchen einen Autor,* Berlin 1926.

67 Asch, S. E., *Social psychology,* Englewood Cliffs, N. Y., 7./1962, S. 129; Holzkamp, K., *Theorie und Experiment in der Psychologie,* Berlin 1964, S. 66.

68 Turner, R. H., Role-taking, role standpoint, and reference-group behavior, in: Biddle, B. J./Thomas, E. J., a. a. O., S. 151–159.

69 Gross, N., McEachern, A. W., Mason, W. S., Role conflict and its resolution, in: Biddle, B. J., Thomas, E. J., a. a. O., S. 287–296; Kahn, R. L., Wolfe, D. M., Quinn, R. P., a. a. O.

70 Sader, M., Rollentheorie, in: Graumann, C. F. (Hrsg.), *Sozialpsychologie,* Handbuch der Psychologie, Band 7, Göttingen 1969, S. 223.

71 Sarbin, T. R., Allen, V. L., a. a. O.

72 Parsons, T., Bales, R. F., *Family, socialization and interaction process,* New York 4./1964.

73 Turner, R. A., a. a. O.

74 Zajonc, R. B., Balance, congruity, and dissonance, *Public opinion quarterly,* 1960, 24, S. 280–296; Zastrow, C. H., The theory of cognitive dissonance, *Psychological records,* 1969, 19, S. 391–399; Tedeschi, J. T., Schlenker, B. R., Bonoma, T. V., Cognitive dissonance: Private ratiocination or public spectacle? *American psychologist,* 1971, 26, S. 685–695; Zimbardo, P., Ebbesen, E. E., *Influencing attitudes and changing behavior,* Reading, Mass. 1970; Chapanis, N. P., Chapanis, A., Cognitive dissonance: five years later, *Psychological bulletin,* 1964, 61, S. 1–22.

75 Frey, D., Der augenblickliche Stand der *»forced-compliance«-Forschung, Zeitschrift für Sozialpsychologie,* 1971, 2, S. 323–342.

76 Festinger, L., Freedman, L., Dissonance reduction and moral values, in: Worche, P., Byrne, D., a. a. O., S. 222.

77 Zajonc, R. B., a. a. O.

78 Siehe z. B. in diesem Band: Backman, C. W., Secord, P. F., S. 165, Harvey, O. J., Beverly, G. D., S. 178, Janis, I. L., King, B. T., S. 216, Sarbin, T. R., Allen, V. L., S. 234.

79 Siehe in diesem Band: Maccobi, E. E., Maccobi, N., Romney, A. K., Adams, J. S., S. 149.

80 Riesman, D., *Die einsame Masse,* Darmstadt 1956.

81 Dahrendorf, R., *Die angewandte Aufklärung,* Frankfurt a. M. 1968, S. 94.

82 Ebd.

83 Dahrendorf, R., Homo sociologicus, in: Pfade aus Utopia, München 1967, S. 83.

84 Siehe in: Biddle, B. J., Thomas, E. J., a. a. O.

85 Irle, M. (Hrsg.), a. a. O., S. 192.

86 Z. B. Mead, G. H., *Mind, self, and society,* Chicago 1934; Allport, G. W., *Personality,* New York 1937, dt. *Persönlichkeit,* Meisenheim 1959; ders., *Werden der Persönlichkeit,* Bern 1958; siehe auch Scharmann, T., *Persönlichkeit und Gesellschaft,* Göttingen 1966.

87 Siehe z. B. Wellek, A., *Die Polarität im Aufbau des Charakters,* Bern, 3./1966, S. 102–126; Hofstätter, P. R., Zur Frage der Intuition in der Psychodiagnostik, *Studium Generale* 1956, 9, S. 527–537; Wellek, A., Mathematik, Intuition und Raten, ebd., S. 537–555.

88 Schraml, W., Selg, H., Verhaltenstherapie und Psychoanalyse, *Psyche* 1966, 20; Rogers, C. R., Skinner, B. F., Some issues concerning the control of human behavior, in: Ulrich, R., Stachnik, T., Marby, J. (eds.), *Control of human behavior,* Glenview 1966, S. 301–316.

89 Rogers, C. R., Skinner, B. F., a. a. O., siehe auch in: Tausch, R., Erziehungspsychologie, Göttingen, 1963.

90 Riesman, D., a. a. O., Ortega y Gasset, J., *Der Aufstand der Massen,* Hamburg 1956; De Man, H., *Vermassung und Kulturverfall,* München 1951.

91 Pongratz L., *Problemgeschichte der Psychologie,* Bern, München 1967, S. 107 ff.
92 Bergson, H., *Zeit und Freiheit,* 3./1949.
93 Furth, P., Nachträgliche Warnung vor dem Rollenbegriff, *Das Argument,* 1971, 66, 13; Krappmann, L., *Soziologische Dimensionen der Identität,* Phil. Diss. FU Berlin 1969.
94 Turner, R. H., a. a. O.
95 Mitscherlich, A., Das soziale und das persönliche Ich, *Kölner Zeitschrift für Soziologie und Sozialpsychologie,* 1966, 18, S. 25.
96 Ebd.
97 Ebd., S. 23 ff.
98 Dahrendorf, R., Homo sociologicus, in: Pfade aus Utopia, München 1967, S. 187.
99 Sader, M., a. a. O.
100 Claessens, D., *Rolle und Macht,* München, 2./1970, S. 215.
101 Sader, M., a. a. O., S. 215.
102 Ebd., S. 216.
103 Furth, P., a. a. O., S. 497.
104 Tenbruck, F. H., Zur deutschen Rezeption der Rollentheorie, *Kölner Zeitschrift für Soziologie und Sozialpsychologie,* 1961, 13, S. 1–40.
105 Sarbin, T. R., Allen, V. L., a. a. O.
106 Tenbruck, F. H., a. a. O., S. 3.
107 Watson, J. B., *Behaviorismus,* Köln, Berlin 1968, S. 295.
108 Moreno, J. L., *Gruppenpsychotherapie und Psychodrama,* Stuttgart 1959; siehe auch Wolpe, J., Lazarus, A. A., *Behavior therapy techniques,* Oxford 1966.
109 Corsini, R. J., Shaw, M., Blake, R. R., *Role playing in business and industry,* New York 1961.
110 Hovland, C. I., Janis, I. L., Kelley, H. H., Überzeugung durch aktive Beteiligung, in: Irle, M. (Hrsg.), a. a. O., S. 305.
111 Ebd., S. 307.
112 Dahrendorf, R., *Für eine Erneuerung der Demokratie in der Bundesrepublik,* München 1968, S. 106–118.
113 Sader, M., a. a. O., S. 226.
114 Mitscherlich, A., a. a. O., S. 22.
115 Kongreßbericht noch nicht veröffentlicht.
116 Oppenheimer, J. R., Analogie der Wissenschaften, in: Sanford, F. H., Capaldi, E. J. (Hrsg.), *Moderne psychologische Forschung* 1, Weinheim, Berlin, Basel 1971, S. 71.
117 Miller, G. A., Psychology as a means of promoting human welfare, *American psychologist,* 1969, 24, S. 1066.
118 Ebd., S. 1075.
119 Skinner, B. F., Freedom and the control of men, in: Ulrich, R., Stachnik, T., Marby, J., a. a. O., S. 11; Krasner, L., Behavior control and social responsibility, *American psychologist,* 1964, 17, S. 199–204.
120 Lowe, C. M., Value orientations: An ethical dilemma. *American psychologist,* 1959, 14, S. 687–693.
121 Skinner, B. F., The design of cultures, in: Ulrich, R., Stachnik, T., Marby, J., a. a. O., S. 338.
122 Bandura, A., Psychotherapy as a learning process, *Psychological bulle-*

*tin* 1961, 58, S. 143–159, dt. in diesem Band S. 88; Breger, L., McGaugh, J. L., Critique and reformulation of »learning theory« approachs to psychotherapy and neurosis, *Psychological bulletin,* 1965, 63, S. 338–358; Rachman, S., Eysenck, H. J., Reply to a critique and reformulation of behavior therapy, *Psychological bulletin,* 1966, 65, S. 165–169; Breger, L., McGaugh, J. L., Learning theory and behavior therapy: an reply to Rachman and Eysenck, *Psychological bulletin,* 1966, 65, S. 170–173; Colby, K. M., Psychotherapeutic processes, *Annual review,* 1964, 15, S. 347–370; Murray, E. J., Learning theory and psychotherapy, *Journal of counseling psychology,* 1963, 10, S. 250–255; Shoben, E. J., Some observations on psychotherapy and the learning process, in: Mowrer, O. H. (ed.), *Psychotherapy: theory and research,* New York 1953, S. 120 ff., Rogers, C. R., Persons or science: A philosophical question, *American psychologist,* 1955, 10, S. 267–278.

123 Phillips, E. L., Wiener, D. N., *Short-term psychotherapy and structural behavior change,* New York 1966, S. 71.

124 Krasner, L., The therapist as a social reinforcement machine, in: Strupp, H. H., Luborsky, L. (eds.), *Research in psychotherapy,* Vol. 2, Washington 1962.

125 Krasner, L., Behavior control and social responsibility, a. a. O.

126 Schraml, W., Selg, H., a. a. O.

127 Bandura, A., a. a. O., Grossberg, J. M., Behavior therapy: a review, *Psychological bulletin,* 1964, 62, S. 73–88.

128 Rosenthal, D., Changes in some moral values following psychotherapy, *Journal of consulting psychology,* 1955, 19, S. 431–436.

129 Rogers, C. R., *Client centered Therapy,* Boston 1951; ders., *On becoming a person,* Boston 1961.

130 Skinner, B. F., *Behavior of organisms,* New York 1938; ders., *Verbal behavior,* New York 1957; ders., *Science and human behavior,* New York 1953.

131 Skinner, B. F., in: Rogers, C. R., Skinner, B. F., Some issues concerning the control of human behavior, a. a. O., S. 306.

132 Skinner, B. F., Freedom and the control of men, a. a. O., S. 14.

133 Ebd., S. 15.

134 Skinner, B. F., *Walden two,* New York 1948, dt. *Futurum zwei,* Hamburg 1970.

135 Chomsky, N., a. a. O., S. 144; Steinbuch, K., *Falsch programmiert,* Stuttgart, 1968.

136 Skinner, B. F., Freedom and the control of men, a. a. O.

137 Rogers, C. R., Skinner, B. F., Some issues concerning the control of human behavior, a. a. O., S. 309; Maslow, H. A., Toward a humanistic biology, *American psychologist,* 1969, 24, S. 724–735; Miller, G. A., a. a. O., Oppenheimer, J. R., a. a. O.

138 Rogers, C. R., In cultural evolution as viewed by psychologists, *Daedalus,* 1961, 90; siehe auch Farber, I. E., in diesem Band S. 59.

139 Rogers, C. R., in: Rogers, C. R., Skinner, B. F., a. a. O., S. 309.

140 Rogers, C. R., Client centered therapy, a. a. O.; ders., On becoming a person, a. a. O., ders., A theory of therapy, personality, and interpersonal relationship as developed in the client-centered framework, in: Koch, S. (ed.), *Psychology: a study of a science,* Vol. 3, New York

1953; Rogers, C. R., Dymond, R. F., *Psychotherapy and personality change,* Chicago 1954; Rogers, C. R., The necessary and sufficient conditions of therapeutic personality change, *Journal of consulting psychology,* 1957, 21, S. 95–103; Tausch, R., *Gesprächspsychotherapie,* Göttingen, 1969; Tausch, R., Tausch, A., *Kinderpsychotherapie im nichtdirektiven Verfahren,* Göttingen 1956; Axline, V. M., *Play therapy,* New York 1947; Slavson, S. R., *Einführung in die Gruppentherapie,* Göttingen 1952.

141 Berliner Autorengruppe, *Kinderläden, Revolution der Erziehung oder Erziehung zur Revolution?* Reinbek 1971, bes. S. 108–126.

142 Siehe z. B. in diesem Band Ullman, L. P., Krasner, L., Collins, B. J., S. 114.

143 Hiebsch, H. (Hrsg.), *Ergebnisse der sowjetischen Psychologie,* Stuttgart 1969.

144 Z. B. Dollard, J., Miller, N. E., *Personality and psychotherapy,* New York 1950; Krasner, L., Ullmann, L. P. (eds.), *Research in behavior modification,* New York 1965; Ullmann, L. P., Krasner, L. (eds.), *Case studies in behavior modification,* New York 1965, bes. S. 1–63. Ullmann, L. P., Krasner, L., *A psychological approach to abnormal behavior,* New Jersey 1969; Ulrich, R., Stachnik, T., Marby, J., *Control of human behavior,* Glenview 1966; Bandura, A., *Principles of behavior modification,* New York 1969; Bandura, A., Walters, R. H., *Social learning and personality development,* New York 1963; Löwe, H., a. a. O.

145 Miller, G. A., a. a. O., Krasner, L., Behavior control and social responsibility, a. a. O.

146 Bandura, A., Vicarious processes: A case of no-trial learning, in: Berkowitz, L. (ed.), *Advances in experimental social psychology,* Vol. 2, New York 1965, S. 1–55; Bandura, A., Huston, A. C., Identification as a process of incidental learning, *Journal of abnormal and social psychology,* 1961, 63, S. 311–318; Bandura, A., Influence of models' reinforcement contingencies on the acquisition of imitative responses, *Journal of personality and social psychology,* 1965, 1, S. 589–595; ders., Social learning through imitation, in: Jones, M. R. (ed.), *Nebraska symposium on motivation,* Lincoln 1962, S. 211–269; Kanfer, F. H., Vicarious human reinforcement: A glimpse into the black box, in: Krasner, L., Ullmann, L. P., Research in behavior modification, New York 1968, S. 244–267; Kanfer, F. H., Marston, A. R., Human reinforcement: vicarious and direct, *Journal of experimental psychology,* 1963, 65, S. 292–296; Miller, N. E., Dollard, J., *Social learning and imitation,* New Haven 1941.

147 Goldiamond, I., Self-control procedures in personal behavior problems, in: Ulrich, R. Stachnik, T., Marby, J. (eds.), a. a. O., S. 115–127; Skinner, B. F., *Science and human behavior,* New York 1953; Kanfer, F. H., a. a. O., S. 256 ff.; Kanfer, F. H., Marston, A. R., Determinants of self-reinforcement in human learning, *Journal of experimental psychology,* 1963, 66, S. 245–254.

148 Kanfer, F. H., Vicarious reinforcement: A glimpse into the black box, a. a. O., S. 261.

149 Hare, P., Borgatta, E. F., Bales, R. F. (eds.), *Small groups, studies in so-*

*cial interaction,* New York 1962; Berrien, F. K., Homeostasis theory of groups, in: Petrullo, L., Bass, B. M. (eds.), *Leadership and interpersonal behavior,* New York 1961; Petrullo, L., Small group research, in: Bachrach, A. J. (ed.), *Experimental foundations of clinical psychology,* New York 1962.

150 Goldiamond, I., a. a. O.

151 Siehe z. B. in diesem Band Ullmann, L. P., Krasner, L., Collins, B. J., S. 114.

152 Kanfer, F. H., a. a. O., S. 256.

153 Dollard, J., Miller, N. E., a. a. O., Goldiamond, I., a. a. O., Wolpe, J., Lazarus A. A., a. a. O.

154 Wolpe, J., Lazarus, A. A., a. a. O.

155 Holzkamp, K., Kritische Psychologie, a. a. O., S. 65.

156 Kuhlen, R. G., a. a. O., Yarrow, L. J., Yarrow, M. R., a. a. O.

157 Siehe z. B. in diesem Band: Siegel, A. E., Siegel, S., S. 265; Baur, E. J., S. 276.

158 Siehe z. B. in diesem Band: Backman, C. W., Secord, P. F., S. 165; Maccobi, E. E., Maccobi, N., Romney, A. K., Adams, J. S., S. 149.

159 Siehe z. B. in diesem Band: Festinger, L., Aronson, E., S. 125.

160 Holzkamp, K., Zum Problem der Relevanz psychologischer Forschung für die Praxis, *Psychologische Rundschau,* 1970, 21, S. 1–23.

161 Sanford, N., Will psychology study human problems? *American psychologist,* 1965, 20, S. 192–202, S. 194.

162 Sanford, N., ebd., S. 192.

163 Kanfer, F. H., a. a. O., S. 248.

164 Ullmann, L. P., Krasner, L., Collins, B. J., a. a. O., Sapolsky, A., Effect of interpersonal relationships upon verbal conditioning, *Journal of abnormal and social psychology,* 1960, 60, S. 241–246.

165 Scott, W. A., a. a. O.

166 Ullmann, L. P., Krasner, L., Collins, B. J., a. a. O.

167 Scott, W. A., a. a. O., Maccoby, E. E., Maccoby, N., Romney, A. K., Adams, J. S., a. a. O., Janis, I. L., King, B. T., a. a. O.

168 Kanfer, F. H., a. a. O., S. 250.

# I Lerntheoretische Ansätze

## I. E. FARBER

## Persönlichkeitsforschung im Rahmen der Verhaltenswissenschaft

Vor fast einem halben Jahrhundert definierte Watson (1919) u. a. Persönlichkeit wie folgt:

> Unter dem Begriff Persönlichkeit verstehen wir das gesamte »Haben«* und »Soll« (aktuell und potentiell), welches sich in den Reaktionen des Individuums zeigt. Unter »Haben« verstehen wir erstens die vielen organisierten Gewohnheiten, die sozialisierten und regulierten Instinkte, die sozialisierten und überformten Emotionen, sowie deren Korrelationen und Interrelationen; zweitens hohe Plastizitätskoeffizienten (d. h. die Fähigkeit, neue Gewohnheiten zu bilden oder alte zu ändern) und Retentionskoeffizienten (d. h. die Fertigkeit, eingeschliffene Gewohnheiten auch bei Nichtgebrauch funktionsfähig zu erhalten). Anders betrachtet ist »Haben« der Teil der Ausstattung eines Menschen, der für seine Anpassung und für sein Gleichgewicht in seiner gegenwärtigen Umgebung sorgt, sowie für die Wiederherstellung seiner Anpassung, wenn sich die Umwelt verändert.
>
> Mit »Soll« meinen wir ganz ähnlich jenen Teil der Ausstattung eines Menschen, der in der gegenwärtigen Umgebung nicht funktioniert, sowie die potentiellen oder möglichen Faktoren, die es verhindern, daß er sich mit einer veränderten Umgebung auseinandersetzt (S. 397).

Und weiter:

> Während des gesamten menschlichen Entwicklungsprozesses von der Kindheit bis zum hohen Alter ... findet nicht nur ein Prozeß des Erwerbs von Gewohnheiten und eine Veränderung ererbter Reaktionen statt, sondern auch, was ebenso wichtig ist, ein Prozeß der Eliminierung von Reaktionssystemen, die nur bis zu einem bestimmten Alter sinnvoll sind. Alte Situationen machen neuen Platz, und so, wie die Situationen wechseln, sollten alte Reaktionsweisen abgelegt und neue gebildet werden (S. 415).

---

Originaltitel: »A framework for the study of personality as a behavioral science. In: P. Worchd/D. Byrne, *Personality change,* New York, 1964, 3–24. Wiedergegeben mit Genehmigung des Verlags John Wiley & Sons, Inc. New York.

Deutsche Übersetzung von Gudrun Löffler.

Meiner Meinung nach ist der Standpunkt, der aus diesen Abschnitten hervorgeht, weder tendenziös noch veraltet. Er betont unter anderem die Bedeutung zweier neuer Aspekte der Persönlichkeitsanalyse: Persönlichkeit als Produkt oder Struktur, den Status in jedem beliebigen Moment des unaufhörlichen Stromes von Prozessen und Aktivitäten, welche das Verhalten ausmachen; und Persönlichkeit als Prozeß, Veränderung, Entwicklung. Persönlichkeit kann in ihren sich überschneidenden Aspekten nur dann ganz verstanden werden, wenn wir die Beschaffenheit der Ereignisse und Umstände kennen, deren Ergebnis sie ist, und sie kann in ihrer Entwicklung nur verstanden werden, wenn wir die verschiedenen Verhaltensweisen oder Prozesse kennen, die verändert wurden.

Aber dieser Ansatz geht über die genaue Beschreibung der Zusammensetzung von Reaktionssystemen und deren Modulatoren hinaus: Er beschäftigt sich ebenso mit den fundamentalen Merkmalen der Persönlichkeit, nämlich mit der Wahrscheinlichkeit oder dem Empfindlichkeitsgrad der verschiedenen Systeme, sich auf bestimmte Art und Weise und in bestimmtem Ausmaß unter gegebenen Bedingungen zu verändern. Soweit Persönlichkeit so beschrieben wird, ist es unnötig und sogar mißverständlich, zwischen dem Konzept der Persönlichkeit und dem der Persönlichkeitsveränderung zu unterscheiden.

Das beschriebene Persönlichkeitsmodell unterscheidet sich selbstverständlich von anderen – wie auch andere gegenwärtige Ansätze voneinander verschieden sind – im Hinblick auf die Begriffsbestimmung der Systeme und Prozesse, die der Veränderung unterliegen, und der Dimensionen, durch die Veränderung beschrieben werden kann. Gleichzeitig zeigt diese Formulierung, wenn sie erst einmal von metaphysischen Implikationen und Verpflichtungen gegenüber besonderen Hypothesen über die Determinanten des Verhaltens befreit ist, gewisse Übereinstimmungen mit einer ganzen Anzahl anderer Formulierungen, die häufig als »dynamisch« bezeichnet werden in mehr als einer Bedeutung dieses oft mißbrauchten Begriffes. So gesehen kann man den Ansatz, wegen seiner offensichtlichen Beziehung zum Verhalten und zum Lernprozeß, etwas genauer als verhaltens- oder lerntheoretisch definieren. Obwohl ich mich mit diesen Bezeichnungen zufriedengeben sollte, wird möglicherweise von jenen die Ettikettierung »Verhaltenswissenschaft« oder »behavioristischer Ansatz« vorgezogen, die das Adjektiv »theoretisch« als ungerechtfertigt ansehen. Keiner dieser Begriffe ist vollkommen einwandfrei, aber soweit sie sich auf Versuche zur systematischen Formulierung der Determinanten des Erwerbs, des Erhaltens und der Eliminierung bestimmter Verhaltensweisen oder -tendenzen beziehen, können sie dazu dienen, die Absicht des vorliegenden Aufsatzes deutlich zu machen.

## *Verhaltenstheorien und Persönlichkeitstheorien*

Ob ein System oder eine Theorie des Verhaltens zugleich umfassend und detailliert genug sein kann, um das Mysterium der Persönlichkeit und der Persönlichkeitsveränderung zu umfassen, ist noch eine offene Frage. Der Grund für die Skepsis einiger Psychologen liegt darin, daß solche Formulierungen sich überhaupt nicht auf eine bestimmte Gruppe von Konzepten oder Phänomenen, genannt »Persönlichkeit«, beziehen, sondern vielmehr auf das Verhalten im allgemeinen oder auf Prädispositionen, die aus dem Verhalten im allgemeinen folgen. Ich glaube, daß diese Beobachtung sehr richtig ist. Verhaltenstheoretiker unterscheiden gewöhnlich nicht zwischen der Aufgabe, Persönlichkeit zu erklären oder vorherzusagen, und derjenigen, Verhalten zu erklären oder vorherzusagen. Zwar werden sie bei der Diskussion der Persönlichkeit wahrscheinlich bestimmte Prozesse oder Begriffe wie Lernen und Motivation hervorheben, aber das ist allgemein charakteristisch für ihren psychologischen Ansatz. Aus ihrer Sicht ist das Studium der Persönlichkeit im wesentlichen gleichbedeutend mit dem Studium des Verhaltens.

Ich muß gewisse Unklarheiten bei einigen anderen Ansätzen in der Persönlichkeitsforschung zugeben, vor allem im Hinblick auf die Unterscheidungen zwischen Verhaltensweisen oder -prozessen, von denen man annimmt, daß sie die Persönlichkeit umfassen oder reflektieren, und solchen, bei denen das nicht der Fall ist. Behauptungen wie: »Persönlichkeit ist das, was der Mensch wirklich ist«, helfen uns nicht weiter, da jede Verhaltensweise oder hypothetische Variable, die Verhalten sinnvoll erklären kann, wie Gewohnheit, Libido, Trieb oder positive Selbsteinschätzung, gleiche Berechtigung hat. Auch die folgende Erweiterung des Begriffes scheint wenig befriedigend: »Persönlichkeit ist die dynamische Ordnung derjenigen psychophysischen Systeme im Individuum, die seine einzigartige Anpassung an die Umwelt ermöglichen« (Allport, 1937, S. 48). Abgesehen von dem Begriff »einzigartig«, der eher zur Beruhigung als zur Aufklärung dient (vgl. Eysenck, 1952; Meehl, 1954), scheint diese Feststellung keinen Aspekt des Verhaltens und keine einzige Variable, deren Funktion Verhalten im allgemeinen sein könnte, von der Überlegung auszuschließen. Mit dem Risiko, beide Seiten zu verärgern, müßte man sogar darauf hinweisen, daß die beiden Definitionen von Watson und von Allport sich eher ähneln als unterscheiden.

Bis jetzt schließen Diskussionen über die Persönlichkeit in der Regel noch nicht jeden Aspekt des Verhaltens ein, obwohl einige, sogar von der nicht-behavioristischen Seite (z. B. Murphy, 1947), dem recht nahekommen. Meistens konzentrieren sie sich auf Motivationsvariablen, d. h. auf das, was gewöhnlich zur Erklärung der offenbar zweckbetonten, zielgerichteten Aspekte des Verhaltens dient, wie Hall und Lindzey (1957) in ihrem ausgezeichneten Beitrag bemerken. Somit kann die Leistung in einem Intelligenztest nicht als ein Index der Persönlichkeit betrachtet werden, wenn nicht Grund zu der Annahme besteht, daß sie durch Variablen wie Langeweile, Leistungsehrgeiz, Angst oder Feindseligkeit gegenüber dem Testleiter beeinflußt wird. Da jede Art von Verhalten – Durchführung eines Intelligenztests oder Teilnahme an einem 100-m-Rennen inbegriffen – deutlich von solchen Variablen beeinflußt werden kann, scheint keine richtige Basis vorhanden zu sein, irgendeine Verhaltensweise von der Betrachtung auszuschließen.

Ich würde daher auf der Behauptung bestehen, daß jede umfassende Verhaltenstheorie, vor allem, wenn sie Motivationsvariablen einschließt, sich als Persönlichkeitstheorie qualifiziert. Die relative Angemessenheit der verschiedenen behavioristischen Ansätze zur Erklärung der Vielfalt menschlichen Verhaltens ist allerdings ein anderes Problem.

## *Voraussetzungen und Annahmen*

Wenn Verhaltenstheorien, wenigstens im Prinzip, gleich den Persönlichkeitstheorien die Mannigfaltigkeit und Verflochtenheit der Variablen betonen, welche das Verhalten beeinflussen, vor allem der Motivationsvariablen, wie unterscheiden sie sich dann von Persönlichkeitstheorien? Oder, um die Frage anders zu formulieren: Was haben die besonders hinsichtlich der Deutung der Motivation oft recht divergenten Verhaltenstheorien gemeinsam und wodurch unterscheiden sie sich?

Die Antwort auf diese Fragen ist nicht einfach zu finden und wirkt auf den, dem sie einfach scheint, leicht banal oder oberflächlich. Sie liegt meiner Meinung nach nicht in einer sichtbaren Übereinstimmung in wesentlichen oder systematischen Punkten, etwa welche Variable welches Verhalten unter welchen Bedingungen bestimmt, sondern eher in bestimmten charakteristischen Ansichten über die Wissenschaft und die wissenschaftliche Methode und deren Platz in der Psychologie. Die Übereinstimmung unter den Verhaltensforschern und ihre Gegensätze zu anderen Formulierungen betreffen hauptsächlich das Gebiet der Metatheorie, d. h. ihre methodologischen Annahmen, oder, wenn man so will, Orientierungen.

Ich fühle mich nicht ganz kompetent, diese Punkte zu behandeln, die recht kompliziert sind und sogar zu Unstimmigkeiten zwischen hochqualifizierten Wissenschaftstheoretikern geführt haben. Zum Glück sind viele Punkte an anderer Stelle im Kontext allgemeiner psychologischer Theorie angemessen behandelt worden (z. B. Bergmann, 1943, 1951, 1953, 1956; Bergmann und Spence, 1944, 1948, 1956, 1957); so wird im folgenden, ohne technische Ausarbeitung, lediglich auf einige Voraussetzungen von Verhaltensforschern hingewiesen, die meiner Meinung nach ihrem Ansatz zur Persönlichkeitstheorie zugrunde liegen. Einigen der Experimentalpsychologen mag die ausdrückliche Aufstellung etlicher dieser Annahmen und Meinungen überflüssig erscheinen. Sie werden jedoch keinesfalls von allen Persönlichkeitsforschern als selbstverständlich betrachtet, möglicherweise, weil »der Positivismus den Persönlichkeitspsychologen wesentlich stärker beeinflußt hat als den Experimentalpsychologen« (S. 7), wie Hall und Lindzey (1957) annehmen.

## *Gesetzmäßigkeit, Freiheit und die Analyse von Denkinhalten*

Die Grundannahme der Verhaltensforscher ist, daß Verhalten eine Funktion seiner Antezedenten ist. Diese Antezedenten sind natürliche Ereignisse in einer natürlichen Welt, und die Gesetze, die Verhalten auf seine Antezedenten beziehen, können, wie in den Naturwissenschaften, durch Beobachtung und Analyse empirischer Ereignisse erschlossen werden. Diese Gesetze des Verhaltens sind, zumindest im Prinzip, aufdeckbar. Es werden aber sicherlich nicht alle zu einem bestimmten Zeitpunkt bekannt sein, da sie außerordentlich komplex sind und neue Erkenntnisse, auch neue Verflechtungen aufzudecken pflegen. Aber damit sind lediglich die pragmatischen Schwierigkeiten benannt. Weder soll aus der Unverständlichkeit eine Tugend gemacht werden, noch soll die Unkenntnis der letzten Ursachen zum wissenschaftlichen Prinzip erhoben werden; sind erst einmal die Gesetze des Verhaltens bekannt, zumindest in der Mehrzahl, kann das Verhalten vorhergesagt werden. Und wenn die Determinanten, zumindest in genügender Anzahl, manipulierbar sind, dann kann Verhalten kontrolliert werden.

Man könnte annehmen, daß diese Voraussetzungen, die wenig mehr als die Verneinung transzendenter oder übernatürlicher Ursachen beinhalten, als selbstverständlich akzeptiert werden, aber sie scheinen statt dessen starke Unzufriedenheit hervorzurufen. Ein Grund dafür ist, daß für einige Menschen Gesetzmäßigkeit Fatalismus impliziert, und ein zweiter Grund liegt darin, daß für einige (und gewöhnlich sind es dieselben) jede Gesetzmäßigkeit Einschränkungen mit sich bringt.

Diese Einwände werden gewöhnlich nicht von Psychologen geäußert und sind für jeden schnell verfügbar. Nach fatalistischer Ansicht sind bestimmte Konsequenzen unvermeidbar, unabhängig von den vorausgehenden Bedingungen. Diese mögen sich ändern, aber nicht die Konsequenzen. Das ist natürlich genau das Gegenteil einer deterministischen Sichtweise, die die Konsequenzen als eine Funktion der Antezedenten ansieht, d. h. wenn sich die Antezedenten ändern, ändern sich auch die Konsequenzen. Aus der einen Sichtweise ist Verhalten gesetzmäßig, aus der anderen ohne Gesetz.

Die Vorstellung wissenschaftlicher Gesetzmäßigkeiten als Zwang oder Einschränkung resultiert aus der Verwechslung wissenschaftlicher Gesetze mit juristischen oder legislativen Gesetzen. Wenn man einem juristischen Gesetz nicht gehorcht, wird man bestraft, wenn man hingegen einem wissenschaftlichen Gesetz nicht folgt, ist das Gesetz ungenau und muß geändert werden. Wissenschaftliche Gesetze greifen nicht in das Geschehen ein. Sie sind nur eine Feststellung dessen, was unter bestimmten Bedingungen geschieht. Natürliche Phänomene sind nicht abhängig von wissenschaftlichen Gesetzen; es stimmt vielmehr das Gegenteil: die Aufstellung des Gesetzes hängt von der Beschaffenheit der beobachteten Phänomene ab.

Obwohl Psychologen sich gewöhnlich nicht aus den oben genannten Gründen gegen den Determinismus wenden, stimmen viele aus ähnlichem Grund den Einwänden der Humanisten zu, daß der Determinismus den Menschen auf das Niveau eines Roboters, einer gefühllosen und ziellosen Maschine degradiert, die auf jede zufällige Veränderung in der äußeren oder inneren Umwelt reagiert. Sie bestehen statt dessen darauf, daß der Mensch aktiv die Umweltveränderungen auswählt, auf die er reagiert, und aktiv über seine Reaktionen entscheidet.

Diese Meinung besitzt sicherlich eine starke emotionale Anziehungskraft, wie es der Proteststurm gegen Watson und Freud beweist, der sich teilweise deshalb erhob, weil beide auf einem durchgehenden Determinismus bestanden. Die meisten Menschen wollen nicht nur nicht glauben, daß sie lediglich Roboter sind, sie fühlen sich auch nicht als solche. Es bleibt zu überlegen, ob dieses Selbstbild von einem gewissen Autismus zeugt. Praktisch würde jeder, der sich selbst als eine Maschine betrachtet, einer psychotherapeutischen Behandlung bedürfen mit dem Ziel, diese Ansicht zu ändern. Die normale phänomenologische Erfahrung läuft zweifellos der Erkenntnis entgegen, daß der Mensch eine hilflose Beute unerbittlicher Umstände ist. Rogers (siehe Murray et al., 1961) hat kürzlich sowohl seine Übereinstimmung mit dieser Position als auch seine Überzeugung von ihrer Unhaltbarkeit versichert: »Ich halte es für das beste, sich mit dem Paradoxon abzufinden ... daß wir in unserem Streben nach Wissenschaft Narren sind, wenn wir nicht einsehen, daß alles, was geschieht, Teil einer Ursache-Wirkungs-Sequenz ist, und daß nichts außerhalb dessen geschieht. Ich habe aber auch das Empfinden, daß, wenn wir als Menschen diesen Standpunkt für unser Leben akzeptieren, diese Annahme in unserer Konfrontation mit dem Leben den Tod bedeuten würde« (S. 575).

Diese Behauptung scheint mir eine weitverbreitete Haltung wiederzugeben, nämlich daß die Regeln des wissenschaftlichen Spiels sehr gut anwendbar sind auf dem experimentellen Spielfeld – im Laboratorium im Umgang mit gefühllosen Objekten –, aber auf das Studium realer Menschen in der realen Welt nicht zutreffen. Statt dessen bestehen die Behavioristen auf dem Versuch, diese Regeln unter allen Bedingungen anzuwenden, selbst angesichts der Komplexität der menschlichen Persönlichkeit.

An dieser Stelle ist es wichtig, zwischen dem Beharren auf einer phänomenologischen Grundlage, womit Verhalten als nicht gesetzmäßig erklärt wird, und auf der anderen Seite der möglichen theoriebildenden Rolle einer Analyse psychischer Vorgänge zu unterscheiden. Soviel ich weiß, leugnet heute niemand die Existenz psychischer Vorgänge. Watson tat dies gelegentlich; Bergmann jedoch betont: »Watsons besonderer Fehler war, daß er, um die Hypothese aufzustellen, daß es keine sich wechselseitig beeinflussenden psychischen Inhalte gibt, für nötig hielt zu behaupten, daß es überhaupt keine psychischen Inhalte gibt, was nicht nur falsch ist, sondern auch töricht« (1956, S. 266). Bergmanns Analyse zufolge zweifelt niemand daran, daß es solche Phänomene wie psychische Inhalte, Bewußtheit, Kognition, Perzeption usw. gibt. Man kann jedoch jeder Behauptung, die solche Begriffe enthält, wenigstens im Prinzip eine andere zuordnen,

»... die nur behavioristische, physiologische und Umwelt-Begriffe zuläßt, in der Art, daß entweder beide richtig oder beide falsch sind. Sonst müßte man behaupten, daß wir, nicht metaphorisch, sondern direkt im Sinne des Wortes, den psychischen Zustand anderer Menschen beobachten können« (S. 270). Psychische Vorgänge existieren also, und unser Common sense sagt uns auch, was wir damit meinen; es ist jedoch unnötig, sich in einer tiefschürfenden Darstellung des Verhaltens auf sie zu beziehen.

So weit ich diese Ansicht verstehe, schließt sie nicht die Möglichkeit aus, daß einige systematische Analysen psychischer Inhalte, d. h. Inhalte beobachtbarer Anzeichen oder Schilderungen psychischer Zustände, bei der Aufdeckung von Gesetzmäßigkeiten des Verhaltens zweckdienlich sein können. Es trifft zweifellos zu, daß die Beschäftigung der Psychologen mit solchen Analysen seit dem Höhepunkt der Strukturpsychologie abgenommen hat. Ich bezweifle aber, daß dies, wie Koch (1959) andeutet, auf den gefährlichen Einfluß der behavioristischen Erkenntnistheorie zurückzuführen ist. Meiner Meinung nach geschah es, weil die einzelnen Inhalte, die aus den Analysen der Strukturalisten hervorgingen, einfach ungeeignet zur Klassifizierung der psychologischen Phänomene waren, für die sich die meisten Psychologen nun interessierten. Wie McClelland (1955) und Koch (1959) behaupten, dürfte es für Psychologen allgemein an der Zeit sein, zu erkennen, daß eine andere Art der experimentellen Analysen der psychologischen Wissenschaft dienlich sein kann. Gegen Kochs (1959) Schlußfolgerung läßt sich einwenden, daß gegenwärtige theoretische Formulierungen einen Trend in diese Richtung zeigen, weil viele der zitierten Autoren niemals davon überzeugt waren, daß wichtige psychologische Gesetze nur durch die Methode der Analyse psychischer Inhalte entdeckt werden können. Aber das ist letztlich irrelevant; solange sich solche Analysen mit der Formulierung psychologischer Gesetze beschäftigen, einschließlich derer, die experimentelle Daten mit Verhalten verknüpfen, widersprechen sie einer deterministischen Sicht des Verhaltens nicht, sondern unterstützen sie eher.

Es ist eine merkwürdige Tatsache, daß die Forderungen der phänomenologischen Erfahrung offenbar immer noch einige Psychologen, die sonst Watson konträr gegenüberstehen, genau zu seiner falschen Schlußfolgerung führen, daß es von Nachteil für die Vorstellung einer Gesetzmäßigkeit ist, die Existenz privater Erfahrungen einzuräumen. Eine Überprüfung sowohl der methodologischen Positionen (vgl. Skinner, 1953, S. 257 ff.) als auch der Forschungsstrategien derer, die sich im behavioristischen Lager befinden, zeigt kein Widerstreben gegen die Anwendung introspektiver Berichte oder irgendwelcher anderer beobachtbarer Anzeichen, die psychischen Vorgängen zugeordnet sein könnten. Tatsächlich sind solche Ereignisse, soweit das Konzept vermittelnder Prozesse auf sie anwendbar ist, schon seit einer ganzen Weile berücksichtigt worden (siehe Goss, 1961). Und ihre gegenwärtige Verwendung innerhalb der Verhaltenstheorie in der Erforschung solcher Probleme wie Reizäquivalenz und -unterscheidung (z. B. Spiker, 1962), Konzeptbildung (z. B. Kendler und Kendler, 1962) und operanter Konditionierung beim Menschen (z. B. Farber, 1963), spricht für sich. Es stimmt, daß diese Formulierungen sich häufig auf die Sprache beziehen, jedoch ist es, wie die Kendlers (1962) deutlich ausführen, weder notwendig noch wünschenswert, vermittelnde Ereignisse mit einem bestimmten Prozeß gleichzusetzen. Es genügt völlig zu zeigen, daß solche Konzepte nützliche Elemente für das Verständnis und die Vorhersage des Verhaltens sind.

## *Ursache, Finalismus und erläuternde Fiktionen*

Die bevorzugte Beschäftigung der Persönlichkeitstheoretiker mit der Motivation, den offenbar zweckbetonten und zielgerichteten Aspekten des Verhaltens, auf die wir uns früher bezogen haben, führte manchmal zur Annahme einer finalistischen oder teleologischen Sicht des Verhaltens. Das biologische Gegenstück dieser Ansicht wurde von Simpson (1950) zusammengefaßt:

> Der überzeugte Finalist glaubt an ein Fortschreiten auf ein Ziel oder Ende zu. Er glaubt, daß dieses Ende nicht aufgrund des Vorausgegangenen erreicht wird, sondern daß das Vorausgegangene nur ein Mittel zur Erreichung des Zieles ist. So ist das Ende, obwohl es zeitlich später liegt, die Ursache, und der vorhergehende Ablauf der Geschichte ist die Wirkung. Die Lebensgeschichte ist somit zweckbetont, und (dies ist fast selbstverständlich) die Finalisten betrachten den Menschen als den entscheidenden Merkmalsträger seiner Lebenszwecke (S. 126–127).

Die Überzeugung, mit der diese Meinung von einigen Theoretikern aufrechterhalten wurde, zeigt sich in dem folgenden Zitat von Adler aus einem Kapitel seiner »Psychologie« (1930):

> Die Individualpsychologie besteht absolut auf der Unentbehrlichkeit des Finalismus für das Verständnis aller psychologischen Phänomene. Ursachen, Kräfte, Instinkte, Impulse usw. können nicht als Erklärungsprinzipien dienen. Das letzte Ziel allein kann das Verhalten des Menschen erklären (S. 400).

Dem typischen Nichtwissenschaftler und Durchschnittsbürger

scheint diese Ansicht nicht nur vernünftig, sondern selbstverständlich. Wenn man ihn fragt, warum eine in den Boden gesteckte Eichel so wächst, wie sie es tut, wird er wahrscheinlich antworten »damit es eine Eiche werden kann«. Oder wenn man jemanden, der den Vorzug einer liberalen Erziehung genossen hat, fragt, warum der Mensch schläft, wird er möglicherweise antworten »um die Homöostase wiederherzustellen«. Selbst Psychologen, die es besser wissen, verfallen der Gewohnheit, die eine oder andere Verhaltensweise zu erklären, indem sie auf das zu erreichende Ziel verweisen.

Ganz abgesehen von der Umkehrung der Reihenfolge von materieller Ursache und Wirkung, haben solche Erklärungen eine Tendenz, entweder zu viel oder zu wenig auszusagen. Sie erklären zu wenig, wenn das erwartete Ziel nicht erreicht wird. Nicht aus allen Eicheln werden Eichen. Einige verderben, und andere werden von Schweinen gefressen. Menschen und Tiere, die eine Verletzung des vorderen Teiles des Hypothalamus erlitten haben, können vielleicht nicht schlafen. Und allzu häufig scheitern Menschen beim Erreichen ihrer Ziele, oder sie erreichen sie durch die verschiedensten Mittel. Solche Erklärungen sind zu umfassend, wenn sie dazu dienen sollen, alle erdenklichen Möglichkeiten zu erklären. Der Versuch, das ganze Verhalten in Begriffen der Anpassung oder Befriedigung des Lusttriebes verständlich zu machen, erklärt überhaupt nichts, weil man immer noch die einzelnen Verhaltensweisen erklären muß.

Wie ich zugeben muß, glaube ich, daß einige Auffassungen vom Konzept der Selbstverwirklichung, welches in der einen oder der anderen Form weitverbreitet in der Persönlichkeitstheorie zu sein scheint, unter diesem Mangel leiden. Rogers z. B. schreibt dem Menschen nur ein einziges Motiv zu, die Tendenz zur Selbstverwirklichung. »Es ist die inhärente Tendenz des Organismus, alle seine Kapazitäten in einer Weise zu entwickeln, die der Erhaltung oder Erweiterung des Organismus dient« (1959, S. 196). Inbegriffen sind die Konzepte der Spannungsreduktion, der Wachstumsmotivation, der Differenzierung von Organen und Funktionen und, soweit ich das sagen kann, fast jede Prädisposition, von der man sich vorstellen kann, daß sie sich in einer größeren Wirksamkeit des Organismus äußert. Das entspricht der Behauptung, daß der Organismus unter allen Bedingungen dazu tendiert, die Dinge zu tun, die »gut« für ihn sind, in einem unbestimmten Sinne des Wortes »gut«. Selbst wenn man diese optimistische Sicht des Menschen übernimmt, weiß man leider noch nicht, was ein bestimmtes Individuum tun wird oder warum es sich von einem anderen Individuum unterscheidet. Um das zu wissen, müßte man die besonderen Faktoren feststellen, seien diese nun anlage- oder umweltbedingt, die verschiedenes Verhalten hervorrufen. Das soll nicht heißen, daß die geforderten Korrelate der Selbstverwirklichungstendenz, z. B. Originalität, Kreativität und Spontaneität Fiktionen sind oder keine Bedeutung haben. Im Gegenteil, gerade weil sie bedeutend sind, sollte eine Verhaltenswissenschaft angemessen sein, um sie vorherzusagen und zu erklären. Und das kann nicht geleistet werden, indem man sie als kumulierende Aspekte eines universalen »élan vital« definiert, sondern indem man ihre besonderen Determinanten aufdeckt. Nach augenblicklicher Einsicht würden wir auf ein solch übergreifendes Konzept wie die Selbstverwirklichung verzichten können, wenn wir die voneinander unabhängigen Variablen kennen würden, von denen solche Verhaltensweisen oder Verhaltensmerkmale abhängen.

Es ist interessant, die Vielzahl von Konzepten zu betrachten, auf die man in der Psychologie verzichten könnte, wenn wir nur mehr über die Determinanten bestimmter Verhaltensweisen wüßten. So sprechen Verhaltenstheoretiker, wie jeder andere auch, gelegentlich über das Phänomen des »Wählens«. Man muß jedoch bedenken, daß der Begriff »Wahl« sich gewöhnlich auf nichts anderes als die deskriptive Tatsache bezieht, daß ein Organismus eher auf die eine als auf die andere Art reagiert. Angenommen, wir wissen, daß jemand einen Ton gehört hat, kurz bevor ein Luftzug die Hornhaut seines Auges traf. Wenn wir dann feststellen, daß er zwinkert, wenn der Ton dargeboten wird, fügen wir unserer Erklärung nichts hinzu, wenn wir sagen, daß er das Zwinkern wählt. Ebenso trivial ist es, wenn nach langem Nahrungsentzug jemand in einem mehrdeutigen Bild eher ein Steak als etwas anderes erkennt, zu sagen, daß es sich so verhält, weil er sich dafür entschied, »Steak« zu sagen. Da der Beweis für die Entscheidung das Verhalten selbst ist, ist es genau so nützlich, das Verhalten unter diesen Umständen einer Wahl zuzuschreiben, wie es auf das Einwirken von Dämonen zurückzuführen. Man achte auf die Einschränkung »unter diesen Umständen«. Wenn nämlich die Definition der Wahl unabhängig von dem Verhalten gemacht wird, das sie erklären soll, könnte dieses Konzept natürlich nützlich sein.

Im allgemeinen ist die Häufigkeit, mit der wir uns auf solche erklärenden Fiktionen berufen, ein Zeichen unserer Unkenntnis der Antezedenten der betrachteten Phänomene. Viel zu häufig ist das Verhalten der einzige Beweis für die zugrundeliegende Ursache, durch die es erklärt werden soll. So hat Skinner bemerkt, daß es sinnlos ist zu sagen, daß Lebensformen überdauern, weil sie einen Überlebenswert besaßen, wenn wir nur von ihnen wissen, daß sie überdauert haben. Und es ist sinnlos, zu argumentieren, daß der Mensch sich an seine Umwelt anpaßt aufgrund einiger spezieller Fähigkeiten, wie z. B. Intelligenz, wenn diese im Hinblick auf ihren Anpassungswert bestimmt werden.

Gleichermaßen scheinen wir uns auf Ursachen zu beziehen, wenn wir sagen, daß der Mensch ißt, weil er hungrig ist, viel raucht, weil er ein leidenschaftlicher Raucher ist, kämpft wegen seines kämpferischen Instinktes, sich hervorragend verhält aufgrund seiner Intelligenz oder gut Klavier spielt, weil er musikalisch ist. Aber bei näherer Nachforschung erweisen sich diese Sätze nur als redundante Beschreibungen (Skinner, 1953, S. 31).

## *Die Kontrolle des Verhaltens*

Es wurde bereits festgestellt, daß eine Verhaltenskontrolle möglich wäre, wenn die Determinanten des Verhaltens bekannt und in genügender Anzahl einer Manipulation zugänglich wären. Auch wurde erwähnt, daß diese Behauptung bei vielen größten Ärger und Angst hervorruft, Psychologen inbegriffen, die aus gutem Grund die Vorstellung einer allumfassenden Technokratie verabscheuen (Bergmann, 1956). Oberflächlich gesehen kann man leicht verstehen, warum die Begriffe »Kontrolle« und »Despotismus« manchmal gleichgesetzt werden. Wenn Verhalten tatsächlich durch die Manipulation seiner Determinanten kontrolliert werden kann, würde derjenige, der die erforderliche Kenntnis hat, diese Kontrolle ausüben. Unter diesem Aspekt muß jede deterministische Sicht des Verhaltens suspekt erscheinen. So wurde z. B. die psychoanalytische Theorie, die sich aus anderen Gründen nicht unbedingt als behavioristischer Ansatz eignet, aufgrund ihres durchgehenden Determinismus beschuldigt, Unrecht und Ausbeutung zu unterstützen.

Die Reaktion gegen die Behauptung, daß Verhalten einer Manipulation unterliegt, scheint zwei verschiedene und ziemlich gegensätzliche Formen anzunehmen. Das eine Extrem zeigt sich als klare Verleugnung – nicht ohne Absicht wurde der Freudsche Begriff eingesetzt –, daß Verhalten, vor allen Dingen impliziertes Verhalten, kontrollierbar oder sogar voraussagbar ist. Dieser Ansicht nach ist die deterministische These, auf menschliches Verhalten angewendet, einfach falsch. Das andere Extrem besteht aus der Verurteilung und Verbannung aller Versuche, die Gesetze des Verhaltens zu erforschen.

Der letzteren Ansicht nach ist Verhalten nicht nur gesetzmäßig und vorhersagbar, sondern die Gesetze sind bereits wohlbekannt, und die Verfahren, sie wirkungsvoll anzuwenden, sind nur allzuleicht verfügbar. Weniger überspitzt ausgedrückt, erscheinen diese beiden Argumente – so eigenartig es ist – oft im gleichen Zusammenhang, ohne daß ihre Unvereinbarkeit erkannt wird.

Auf einige Aspekte des ersten Einwandes, der sich auf die generelle Unvorhersagbarkeit des Verhaltens bezieht, wurde bereits hingewiesen. Die Überzeugung vom Gegenteil beruht auf philosophischen Voraussetzungen, die einem empirischen Beweis nicht zugänglich sind. Hierzu möchte ich, nicht nur im Scherz, bemerken, daß derjenige, der ernsthaft und grundsätzlich glaubt, daß Verhalten ohne Gesetz und nicht vorhersagbar ist, sich darüber beschweren müßte, daß seine Steuergelder unter anderem für den Bau von Schulen und psychiatrischen Kliniken verwendet werden, die man doch in der Annahme errichtet, daß wenigstens einige Verhaltensweisen der Kontrolle zugänglich sind.

Die zweite Position, daß die Gesetze des Verhaltens wohlbekannt sind und schon in dem einen oder anderen Programm zur Ausbeutung von Menschen angewandt werden, ist trotz der Behauptung der Bestsellerlisten nicht durch Tatsachen bewiesen. Tatsache ist vielmehr, daß gegenwärtig viele menschliche Verhaltensweisen unvorhersagbar sind, weil ihre Gesetze zwar aufdeckbar, aber zum größten Teil bis jetzt unbekannt sind. Für den Informierten ist das nicht gerade neu, und es liefert Psychologen kaum eine Basis, sich selbst zu beglückwünschen. Das mag für diejenigen, die die Aneignung und Anwendung psychologischen Wissens als eine Bedrohung des menschlichen Wohles ansehen, ein Trost sein, einschließlich, so paradox es klingen mag, einiger Psychologen, die im Voranschreiten der Verhaltenswissenschaft nur die düstere Aussicht auf 1984 sehen. Skinner (1955) bemerkt:

> Solche Voraussagen der Verheerungen, die durch Anwendung der Wissenschaft auf die menschlichen Belange entstehen, werden gewöhnlich mit erstaunlicher Überzeugung gemacht. Sie zeigen nicht nur ein Vertrauen auf die Ordnung menschlichen Verhaltens; sie setzen einen etablierten Wissensbestand voraus, mit dessen Hilfe man sicher behaupten kann, daß die Veränderungen, die die Wissenschaftler in Gang zu bringen beabsichtigen, ganz bestimmte Ergebnisse haben – wenn auch nicht die Ergebnisse, welche sie vorhersehen (S. 61).

Das wesentliche Fazit aus dieser Betrachtungsweise ist ein Mißtrauen der Wissenschaft gegenüber. Diejenigen, die sich beklagen, daß wir zu wenig über die Faktoren wissen, welche intersoziale und interpersonelle Beziehungen lenken, sind häufig dieselben, die die Anwendung der Verfahren verdammen, die am ehesten dazu führen, sich dieses Wissen zu verschaffen, nämlich der wissenschaftlichen Methoden. Nähmen wir das Gesagte ernst, so würde daraus folgern: Selbst wenn wir wüßten, wie wir unser Erziehungssystem wirksamer machen könnten und welche Bedingungen zu Hause die Wahrscheinlichkeit erhöhen würden, daß unsere Kinder verantwortungsvolle und nützliche Bürger werden, müßten wir uns doch weigern, solche Bedingungen zu schaffen, weil das eine unerwünschte Kontrolle darstellen würde. Selbst wenn wir wüßten, wie man dieses Mißtrauen ausräumen kann und wie die Motive und kognitiven Strukturen des Menschen zu ändern sind, die unser Land mit Rassenunruhen oder die Welt mit nuklearem Elend bedrohen, dürften wir doch nicht handeln, weil das die Freiheit des Menschen verletzen würde.

Gewiß würden nur wenige Menschen auf die Idee kommen, die Argumente für die Unverletzlichkeit des Menschen so weit zu treiben. Dennoch ist das Problem nicht einfach und gewiß nicht hier zu lösen. Ich möchte lediglich auf die Unlogik hinweisen, einen Plan automatisch zurückzuweisen, der dazu ausersehen ist, auf der Basis wissenschaftlicher Erkenntnisse das Verhalten eines Individuums oder einer Gesellschaft zu verändern.

Andererseits müssen wir berücksichtigen, daß verschiedene Gesellschaften und verschiedene Individuen unterschiedliche Ziele haben. Was für die einen Ziel oder Bekräftigung ist, kann von den anderen als Frustration oder Strafe aufgefaßt werden. Wir unterliegen nur zu leicht der Täuschung, unsere eigenen Ziele für die einzig vernünftigen zu halten. So appelliere ich, wenn ich das Verhalten oder die Einstellung eines Menschen zu ändern versuche, an seine bessere Einsicht; wenn ich selbst so etwas tue, ist das Beeinflussung, macht es hingegen ein anderer, dann ist es Gehirnwäsche. Um die Dinge weiter zu komplizieren, erstreckt sich diese Vielfalt von Motiven und Zielen auch auf die innermenschliche Sphäre. Das Verhalten, das der Befriedigung des einen Motives dient, kann die Befriedigung eines anderen frustrieren.

Andererseits sollte unsere Achtung vor den Rechten der anderen auf ihre bestimmten Ziele und Mittel zur Erreichung derselben nicht zu der romantischen Täuschung führen, daß diese spontane Produkte einer unbeeinflußten Wahl sind. Niemand entkommt der Kontrolle durch die physikalische Umwelt, es sei denn durch den Tod, und niemand entflieht der Kontrolle durch die soziale Umwelt, außer durch vollständige Isolierung. Fast die ganze Kindheit dient dem Erwerb neuer Verhaltensweisen, Ziele und Motive unter der Anleitung von Eltern, Familie und Lehrern. Ob nun klug oder unklug, beabsichtigt, impulsiv oder unbewußt, hat solch eine Leitung auf jeden Fall ihre Konsequenzen. Es ist wirklich schwer, sich eine soziale Interaktion vorzustellen, die absolut keine Auswirkung auf das Verhalten hat. Daß die Konsequenzen unbeabsichtigt oder ungewollt sind, widerlegt sie nicht. Wenn unter den Lesern gängiger Beiträge über Persuationstechniken auch eine gewisse Einsicht besteht, daß offenes Eingehen auf offen darliegende Motive wie Hunger und Durst zu tolerieren ist, so gilt verstecktes und subtiles Eingehen auf versteckte und vielleicht sogar verrufene Motive wie Sexualität oder Dominanzstreben als unzulässig. Diese Reaktion resultiert möglicherweise aus dem Glauben, daß Verhaltensweisen, die sich auf die erste Klasse von Motiven beziehen, mehr der Selbstkontrolle als der Fremdkontrolle unterworfen sind. Das ist jedoch äußerst zweifelhaft. In jedem Fall sind diejenigen, die es ablehnen, solche Verfahren anzuwenden, weil sie eine ungerechtfertigte Kontrolle darstellen, gewöhnlich nicht annähernd so beunruhigt über die ethischen Implikationen ihres eigenen Vorgehens, die Einstellungen und Verhaltensweisen anderer zu kontrollieren. Tatsächlich dient die verstockte Weigerung aus ethischen oder moralischen Gründen, Umstände herbeizuführen, um andere zu beeinflussen, nur als Maske für Unentschiedenheit und Scheu vor Verantwortung. Ferner ignoriert diese Weigerung die offenkundige Tatsache, daß wir andere unbeabsichtigt und ungewollt beeinflussen.

Sogar nicht-direktive Psychotherapeuten setzen ihre Verfahren in der Annahme ein, daß sie gewisse Konsequenzen auf das Verhalten haben. Wenn die Weigerung, etwas zu sagen oder zu tun, bestimmte Wirkungen hervorruft, stellt das keine geringere Kontrolle dar als aktives Eingreifen. Welche dieser Antezedenten eine engere Verbindung zu dem gewünschten Verhalten hat, ist ein empirisches Problem, das man nicht auf einer a priori philosophischen Ebene entscheiden kann. Befürworter solcher psychologischer Ansätze, die Interventionen ablehnen, sind sich dessen selbstverständlich bewußt, da sie häufig empirische Beweise dafür anführen, daß ihre Verfahren wirksamer sind als andere.

Mir scheint, daß eine viel größere Übereinstimmung darüber herrscht, wie sich die meisten von uns die Welt und die Menschen darin wünschen, als die Diskussionen darüber vermuten lassen. Die mangelnde Übereinstimmung zwischen den Sozialwissenschaftlern, oder speziell zwischen Sozialwissenschaftlern und Humanisten, bezieht sich nicht so sehr auf die Ziele als auf die Mittel, durch die sie am besten erreicht werden können. So deutete z. B. Rogers kürzlich in einem Symposion an (Murray et al., 1961), daß eine Alternative zur Kontrolle die Anregung von Möglichkeiten und Fähigkeiten ist, die zu einem Verhalten führen »... das variabler, spontaner, kreativer und daher in seiner Eigenart unvorhersagbarer ist« (S. 575). Niemand würde die Erwünschtheit eines solchen Verhaltens in Frage stellen. Wir könnten fragen, ob die optimalen Bedingungen für Kreativität oder Spontaneität die des laisser-faire oder die des Zufalls sind. Und wir könnten fragen, ob solche Bedingungen tatsächlich eine Alternative zur Kontrolle darstellen, da einige Arten der Kontrolle durch Eltern, Lehrer und viele andere Menschen und Institutionen unvermeidbar sind. Ob solche zufälligen Kontrollen Kreativität eher unterstützen oder unterdrücken, muß erforscht und nicht als selbstverständlich angenommen werden.

Es mag einige geben, die die Erwünschtheit solcher empirischer Nachforschungen zu leugnen für nötig halten, vermutlich aus dem Prinzip, daß Unwissenheit selig macht. Wenn aber als Ergebnis solcher Untersuchungen, wie Rogers sie selbst anregte, ein guter Grund zur Annahme bestünde, daß bestimmte Bedingungen eher als andere ein Verhalten zur Folge haben, über dessen Wert fast alle übereinstimmen können, dann bezweifle ich, daß man aus ethischen Gründen vernünftige Einwendungen gegen die überlegte Einsetzung solcher Bedingungen anführen könnte. Wir wissen nicht viel über die bestehenden Kontrollen, wir können nur sicher sein, daß sie vom Menschen geschaffen und weit davon entfernt sind vollkommen zu sein. Es scheint unbegreiflich und sogar widersprüchlich anzunehmen, daß Kontrollen, die auf wissenschaftlichen Erkenntnissen basieren, schlechter wären. Leider scheinen einflußreiche Autoren, einschließlich einiger Psychologen auf dem Gebiet der Persönlichkeitsforschung, anderer Ansicht zu sein.

## *Vorhersage und Verstehen*

Vielleicht haben wir einen Strohmann aufgebaut, da nur wenige Menschen unserer Zeit das Studium und die Anwendung empirischen Wissens verurteilen würden; trotzdem bekam vor nicht allzu vielen Jahren ein Kongreß-Komitee, das die Sozialwissenschaften untersuchte, solche Beschwerden zu hören. Abgesehen davon gibt es sicher unterschiedliche Auffassungen über die Kriterien zur Verifikation von Wissen. Unter einem Aspekt beziehen sie sich auf die vorangehende Erörterung über Vorhersagen und Kontrolle. So vertritt Maslow in dem zuvor erwähnten Symposion (Murray et al., 1961) den Standpunkt, daß die Prüfung wissenschaftlicher Hypothesen in Beziehung auf Vorhersage und Kontrolle eine »übertriebene und störende Konzeption der Wissenschaft« beinhaltet (S. 572). Er zieht eine Konzeption vor, deren »wesentliche Merkmale Aufgeschlossenheit dem Wissen gegenüber, ... Verstehen als Hauptziel der Wissenschaft statt Vorhersage und Kontrolle, ... freiere Verwendung der Intuition, des Einfühlungsvermögens und der Identifikation in bezug auf das Untersuchungsobjekt, eine größere Betonung des experimentellen Wissens und eine weniger pragmatische Einstellung« sind (S. 572).

Diese Feststellung bezieht sich auf voneinander unabhängige Probleme, die leicht verwechselt werden können. Das eine hat mit Techniken oder Verfahren zum Wissenserwerb zu tun, das andere mit Verfahren, Wissen zu verifizieren.

Zum ersten könnte man anmerken, daß wir häufig nicht die Umstände kennen, die brauchbare Vermutungen hinsichtlich der Determinanten des Verhaltens in bestimmten Situationen liefern. »The context of discovery is uncertain«, um Reichenbachs (1938) hervorragende Formulierung zu benutzen. Das ist nicht so, weil die Determinanten brauchbarer Vermutungen grundsätzlich unerkennbar sind, sondern weil wir bis jetzt relativ wenig über sie wissen. Wir wissen, daß viele Annahmen, einschließlich der von Psychologen vertretenen, sich als fehlerhaft herausstellen. Indem er die Schlußfolgerungen eines Forschers zitiert, daß Nicht-Psychologen andere Menschen genauer beurteilen können als klinische Psychologen, deutet Allport an, daß die augenblickliche Ausbildung der Psychologen »... sie nur zu einem *Wissen über* die statt zu einer *Bekanntschaft mit* der menschlichen Natur in ihren konkreten Manifestationen führt« (1961, S. 543). So könnte es sich verhalten, und es kann sein, daß wir unsere Studenten schlecht ausbilden. Das sollte nicht überraschen, da Psychologen, wie andere Erzieher, weniger als sie eigentlich sollten, über die Bedingungen einer effektiven Ausbildung für verschiedene Zwecke wissen. Obwohl ich sehr stark anzweifle, daß psychologisches Studium im allgemeinen die Fähigkeit verringert, andere zu beurteilen, ist es fraglos wahr, daß unter gewissen Bedingungen andere besser als der Psychologe Verhalten vorhersagen können.

Manchmal liegen die Gründe dafür auf der Hand. Gelegentlich kann mein Nachbar, der Zahnarzt ist, das Verhalten meines Hundes – seine Persönlichkeit, wenn man damit seine Verhaltenstendenzen meint – wesentlich besser als ich vorhersagen, weil sich der Hund aus gutem Grund häufig in seinem Garten und bei seinen Mülltonnen aufhält. Andererseits kann ich gelegentlich über den Zustand der Zähne meiner Kinder bessere Voraussagen treffen als er, weil ich leichter als er in der Lage bin, ihre Vorliebe für Süßigkeiten zu kontrollieren. In diesen Fällen, wie in anderen, hängt erfolgreiche Vorhersage von der Menge und Art der verfügbaren Informationen ab. Psychologen, einschließlich der Persönlichkeitsforscher, sagen nicht einfach Verhalten im allgemeinen voraus. Sie können nur sagen, daß sich unter diesen oder jenen Bedingungen ein bestimmtes Verhalten ergeben kann. Wie Dollard und Miller (1950) sehr treffend über kulturelle Determinanten des Verhaltens äußerten, können sie nicht immer erkennen, welche Bedingungen auf bestimmte Fälle zutreffen.

In dieser Hinsicht werden wir häufig durch den Spürsinn von Politikern, Kaufleuten und Dompteuren beeindruckt. Viele der höher Gebildeten in unserer Gesellschaft werden wahrscheinlich mehr noch durch das Einfühlungsvermögen von Schriftstellern, Dichtern, Biographen und der großen religiösen und sozialen Essayisten beeindruckt, die so gut und so klug über die Natur und die Beschaffenheit des Menschen geschrieben haben. Wir sollten sicherlich die Einsichten dieser Leute nicht herabsetzen. Psychologen haben kein Zugangsmonopol zu den Dingen, die als Basis zur erfolgreichen Voraussage und Einschätzung des Verhaltens dienen können.

Aber diese Einsicht in die Vielfalt der Quellen möglichen Wissens, d. h. in die wechselnden Zusammenhänge, in denen Erkenntnisse gewonnen werden, sollte uns nicht dem zweiten Problem gegenüber blind machen, nämlich der Notwendigkeit Wissen zu verifizieren. Damit entstehen eigene, unumgängliche Forderungen (Reichenbach, 1938). Die Genauigkeit der Behauptungen derer, die in ihren Schriften die Weisheit von Jahrhunderten zu verkörpern scheinen, muß, wie bei Dentisten und Psychologen, im Lichte ihres Vorhersagewertes beurteilt werden.

Die Unzulänglichkeiten der spekulativen Weisheit, wie der Intuition und des einfühlenden Verstehens, liegen nicht in ihrer Ungenauigkeit. Sie mag relativ genau sein, aber ihr Fehler ist, daß sie keine adäquate Basis für die Erkenntnis liefert, ob sie nun genau ist oder nicht. Wie Campbell (1959) beobachtete, hat die spekulative Weisheit der Jahrhunderte oft widersprüchliche Lösungen des gleichen Problemes angeboten. Die Einsichten klassischer Weisheit sind im Gegensatz zu wissenschaftlichen Erkenntnissen bekanntlich zweideutig und nicht kumulativ. Der Grund dafür ist, daß die Wissenschaft darauf besteht, daß Einsichten und Hypothesen überprüft werden, und zu diesem

Zweck eine ganze Maschinerie in Bewegung setzt, wogegen klassische Weisheit sich allein mit der Erfahrung der Gewißheit zufriedengibt. Sogar die vermeintliche Weisheit von Allports allgemeinverständlicher, schlichter Philosophie muß überprüft werden, denn sonst könnten wir nie wissen, wann sie wirklich weise ist und wann sie wie alle anderen, nur Opfer einer undisziplinierten Überzeugung ist.

### *Zur Bedeutung psychologischer Konzepte*

Man mag der Ansicht zustimmen, daß die Persönlichkeit und ihre Veränderungen Gesetzen gehorchen, daß ihre Antezedenten durch naturwissenschaftliche Methoden aufdeckbar sind, daß Behauptungen über Beziehungen zwischen Persönlichkeits-Variablen und ihren Antezedenten durch Vorhersagetests verifiziert werden müssen, und daß das verfügbare Wissen aus diesen Gesetzen zum Nutzen des Einzelnen und der Gesellschaft angewendet werden muß. Wenn das alles zutrifft, kann man das ganze Unternehmen in seinem gegenwärtigen Stadium als phantastisches Netzwerk von Trivialitäten betrachten. Wir ringen verzweifelt um Lösung der sozialen und politischen Probleme unserer Zeit; währenddessen beschäftigt sich der Verhaltensforscher mit den Variablen, die die Geschwindigkeit einer Ratte bestimmen, wenn sie einen geraden Gang entlangläuft, mit der Anzahl von Hebel-Betätigungen in einer Skinner-Box und mit dem Lidreflex. Und vielleicht beschäftigen sie sich, wenn man die mangelnde Übereinstimmung selbst bei so einfachen Problemen in Betracht zieht, nicht einmal sehr erfolgreich damit.

Eine Rechtfertigung solcher Interessen mag demjenigen nicht einsichtig sein, der sich mit der Bedrohung durch eine thermonukleare Kriegsführung auseinandersetzt, oder wie viele Persönlichkeitsforscher, mit dem Problem der Geisteskrankheit, Erziehung oder Gruppenproduktivität. Wenn Verhaltenswissenschaft nicht mehr leisten kann, sind viele der Meinung, daß die ganze betrübliche Angelegenheit lieber aufgegeben werden sollte.

Es wäre unsinnig anzunehmen, daß die Verhaltenswissenschaft in absehbarer Zeit eine Lösung unserer sozialen und persönlichen Probleme verspricht. Viele Verhaltenswissenschaftler würden die Forderung, daß ihre Tätigkeit aus diesem Grunde gerechtfertigt sein müßte, als impertinent und beleidigend ansehen. Sie würden wohl eher erklären, daß die Beschäftigung mit solchen Problemen, selbst durch die am wesentlichsten davon Betroffenen, nicht notwendig die beste

Garantie, nicht einmal eine gute Garantie für ihre Lösung ist. Die Wissenschaft unterscheidet sich von spekulativer Weisheit durch ihre kumulative Beschaffenheit. Jeder Fortschritt beruht auf der breiten Struktur dessen, was bereits bekannt ist, und ohne diese Substruktur ist weiterer Fortschritt häufig unmöglich. So hat Campbell (1959) geschrieben: »Die Wissenschaft hat bedeutende Probleme gelöst, aber diese Endleistung sollte nicht die Bescheidenheit und Behutsamkeit der Anfangsschritte vergessen lassen.« Diese Anfangsschritte sind gewöhnlich auch nicht auf die Probleme gerichtet, zu deren Lösung sie führen können. Wir können ganz sicher sein, daß Rutherford, als er 1912 die Ablenkung von Alpha-Partikeln durch Goldfolie maß, nicht an die Wasserstoffbombe dachte. Dennoch führte diese Arbeit nach der Meinung von Physikhistorikern (Condon, 1955) direkt zum nuklearen Atommodell, welches die Basis aller weiteren physikalischen Arbeiten darstellt.

Spence (1956) wies auf zwei wesentliche Argumente gegen die Einsetzung einer wissenschaftlichen Gesamtgrundlage psychologischen Wissens hin:

> Das erste (Gegenargument) ... zeigt sich in ... der Tendenz, die theoretischen Konzepte dieses Bereichs als zu elementaristisch, zu mechanistisch und als ungeeignet zu kritisieren, um die tatsächliche Beschaffenheit menschlichen Verhaltens zu umreißen. Insbesondere hat diese Kritik die Künstlichkeit der objektiven Konzepte beklagt, wie sie von behavioristischen Psychologen angeboten werden (S. 20).
>
> Der zweite Faktor ist die Tendenz, die Bedeutsamkeit psychologischer Konzepte und Forschung im Hinblick auf ihre Anwendbarkeit auf vordringliche praktische und technologische Probleme einzuschätzen, statt nach dem Ausmaß, in dem sie zur Entwicklung eines Gerüstes gesetzmäßiger Beziehungen beitragen ... (S. 21).

Die Vorstellung, daß Verhaltensforscher nur das verfolgen, was genau ist, auf Kosten dessen, was wichtig ist, scheint eine jener Einsichten zu sein, die von Anhängern der spekulativen Weisheit so hoch bewertet werden. Ich zweifle jedoch daran, daß die aus verhaltenstheoretischen Ansätzen abgeleiteten Prinzipien für das Verständnis komplexerer sozialer Probleme nachweisbar weniger brauchbar sind als die Prinzipien aus anderen Ansätzen. Was aber noch wichtiger ist: die Ansicht, daß Genauigkeit Trivialität beinhaltet, mißversteht die Beschaffenheit wissenschaftlicher Gesetze und Theorien.

Ein Konzept ist nur dann trivial, wenn es isoliert ist, d. h. wenn es nicht in einem System ineinandergreifender Gesetze enthalten ist. Anders ausgedrückt: ein Konzept kann nur dann als bedeutsam angesehen werden, wenn es in ein solches nomologisches Netzwerk (Cronbach und Meehl, 1955) eingeht. In der Physik z. B. kann die Überprüfung der Genauigkeit von Theorien großer Reichweite an die Messung von Phänomenen gebunden sein, die in sich selbst relativ inkonsequent sind. Sicherlich ist Präzision nicht gleich Bedeutsamkeit. Andererseits ist es unwahrscheinlich, daß hochgradig ungenaue Konzepte eine nützliche Funktion in der Entwicklung eines systematischen Gerüstes gesetzmäßiger Verbindungen haben. Solche Konzepte sind, wie tiefgründig und zwingend sie auch erscheinen, wirklich trivial. Ein wichtiger Teil der Geschichte der Physik und sogar der Verhaltenswissenschaften, beschäftigt sich mit dem Verzicht auf derartig verführerische Konzepte.

Die Arbeit der Verhaltenswissenschaft oder jeder Wissenschaft überhaupt, mag sehr alltäglich und gar nicht auf Menschen mit großen Visionen und extravaganter Ausdrucksweise zugeschnitten sein. Jedoch dürfte die Feststellung nicht über das Ziel hinausschießen, daß es in dreitausend Jahren spekulativer Weisheit den größten Geistern der Jahrhunderte nicht gelungen ist, die Probleme des Verhaltens weitgehend zu erhellen (vgl. Campbell, 1959). Spence (1956) legt dar:

> Der wissenschaftsorientierte Psychologe bemüht sich nur darum, daß man ihm die gleiche Gelegenheit gibt, seine Phänomene wissenschaftlich zu erklären, wie sie seine Kollegen auf physikalischem und biologischem Gebiet bereits hatten. Wenn es Aspekte des menschlichen Verhaltens gibt, die niemals auf diese Art und Weise erklärt werden können, gibt es, soweit ich weiß, kein Mittel, dies ohne einen Versuch herauszufinden (S. 20–21).

### *Informationsquellen über die Determinanten des Verhaltens*

Wir wissen selbstverständlich, daß es viele Variablen gibt, die das Verhalten beeinflussen, und daß ihre Interaktionen außerordentlich komplex sind. Wenn man daher wissen möchte, ob ein bestimmtes Verhalten Funktion einer Variablen, oder was häufiger der Fall ist, einer begrenzten Anzahl dieser Variablen ist, muß man entweder Situationen konstruieren oder finden, in denen die Wirkung der einen Variablen oder der bestimmten Reihe von Variablen isoliert werden kann. Das macht man, indem man die anderen relevanten Variablen eliminiert, konstant hält, oder auf irgendeine Art und Weise ihre Wirkung mißt.

Hierin ist nicht die Erwartung eingeschlossen, daß bei anderen Kombinationen die betreffende Variable das Verhalten unverändert in Bahnen lenkt, die durch ihre relativ isolierte Wirkung auf das Verhalten klar erkennbar sind. Vorausgesetzt wird nur, daß die Untersuchung der Wirkung einer begrenzten Reihe von Variablen auf das Verhalten von relativ einfachen Organismen zu brauchbaren Hypothesen über ihre Wirkung bei komplexeren Kombinationen und Organismen führen kann. Diese wissenschaftliche Methode ist gewöhnlich notwendig, weil »es selten möglich ist, direkt auf komplexe Fälle überzugehen. Wir beginnen mit dem Einfachen und arbeiten uns schrittweise bis zum Komplexen vor« (Skinner, 1953, S. 204).

Es ist jedoch eine gesicherte Tatsache, daß Beziehungen, die aus so einfachen Beispielen entwickelt werden, sich manchmal, wenn nicht sogar gewöhnlich, nicht auf komplexe Beispiele übertragen lassen. Man kann nicht leugnen, daß Veränderungen in der Kombination von Variablen das Verhalten beeinflussen können. Wenn man nicht ziemlich genaue Vorstellungen über die Bedingungen hat, unter welchen ein bestimmtes Verhalten auftritt, scheint es ausgesprochen unwahrscheinlich, daß man mit einiger Gewißheit entscheiden kann, welche bestimmten Aspekte verschiedener oder komplexerer Bedingungen für die Veränderung dieses Verhaltens verantwortlich sind.

### *Übertragung vom Laboratorium auf die Realsituation*

Wer behauptet, daß die Verhaltensbeobachtung unter den künstlichen und in hohem Maße kontrollierten Bedingungen des Laboratoriums keinen Vorhersagewert für das Verhalten im »täglichen Leben« hat, scheint manchmal nicht die Notwendigkeit zu verstehen, daß man mehr tun muß, als nur auf die Veränderung als solche hinzuweisen. Wir möchten vor allem die Beschaffenheit der Variablen kennenlernen, deren Funktion diese Veränderung ist. Jedenfalls besteht in einem Punkt allgemeine Übereinstimmung: bevor man von Verhaltensbeobachtungen im Laboratorium auf Realsituationen verallgemeinert, sollte man zunächst sehr sorgfältig die Unterschiede zwischen den Laboratoriumsbedingungen und der Realsituation in Betracht ziehen.

Angesichts dieser Erkenntnis der Notwendigkeit, die beteiligten Variablen zu berücksichtigen, ist es erstaunlich, daß jemand, der gegen die Verallgemeinerung von Laboratoriumsbedingungen Einwände erhebt, es als angemessen betrachten kann, vom Verhalten in einer komplexen, unkontrollierten Situation auf das Verhalten in einer anderen Situation zu generalisieren. Sicherlich verändern sich die Umstände von einer unkontrollierten Situation zur nächsten. Wenn man nicht weiß, welche Variablen sich verändert haben, sind Übertragungen von einer Realsituation auf eine andere zumindest genauso unsicher wie die von experimentellen Situationen auf Realsituationen. Ein zusätzlicher Nachteil liegt in der relativ größeren Schwierigkeit, die verschiedenen Variablen zu entwirren, die sich verändert haben. Das ist nicht leicht, ob man es nun mit kontrollierten oder unkontrollierten Bedingungen zu tun hat; aber unter allen Umständen kann man mangelnde Kontrolle oder Information hinsichtlich der Wirkung bestimmter Variabler kaum als eine positive Hilfe zum Verständnis und zur Vorhersage ansehen.

### *Übertragung vom Tier auf den Menschen*

Angesichts der wohlbekannten Unterschiede zwischen Ratten, die ohne Gesellschaftsstruktur und Sprache leben, und Menschen, für die beides gerade eine besonders große Rolle spielt, ist es nicht überraschend, daß beträchtliche Skepsis herrscht über die Anwendbarkeit von Verhaltengesetzen der Ratte auf das menschliche Verhalten. Gelegentlich hat eine solche Kritik autistische Züge. Einige Menschen betrachten es als degradierend, mit Ratten verglichen zu werden, wie sie es ebenso beleidigend finden, mit Kindern verglichen zu werden wie in der psychoanalytischen Theorie. Die meisten kritischen Anmerkungen dieser Art basieren auf der objektiven Tatsache, daß Ratten und Menschen sich in vielen und möglicherweise entscheidenden Aspekten unterscheiden. Koch (1956) hat ausführlich und detailliert seine Zweifel an der Möglichkeit ausgedrückt, wesentliche Gesetze menschlichen Verhaltens aus Ratten-Versuchen abzuleiten. Seiner Meinung nach ist man nicht einmal in der Lage, leidlich gute Gesetze über Ratten durch die Beobachtung von Ratten zu gewinnen, vor allem, wenn sie in verschiedenen Laboratorien leben.

Hinsichtlich der letzteren Bemerkung, daß man von Ratten nicht ohne weiteres auf Ratten generalisieren kann, kann man nur der Forderung zustimmen, daß Tier-Experimentatoren ihre Versuchsbedingungen adäquater beschreiben sollten oder sich mehr Mühe geben sollten, jene Bedingungen zu entdecken, deren Variation verantwortlich für die geschilderten Inkonsistenzen ist. Ich glaube nicht, daß Tierpsychologen im allgemeinen als ungewöhnlich nachlässig in der Beschreibung der ihnen bekannten Variablen, oder in ihrem Eifer, die ihnen unbekannten Variablen aufzudecken, angesehen werden. Aber vielleicht sollten sie doch etwas gewissenhafter arbeiten. Wichtig ist der Hinweis, daß mehr analytische Genauigkeit notwendig ist und nicht weniger.

Im Hinblick auf die frühere Bemerkung, daß man nicht von Ratten auf Menschen verallgemeinern kann, muß gerechterweise betont werden, daß man häufig auch nicht von Menschen auf Menschen generalisieren kann. Koch (1956) z. B. stellt anhand der Schilderung seines eigenen »B-Zustandes«, d. h. seiner Erfahrungen, während er in seine Arbeit vertieft war, die Behauptung auf, daß trotz der Bedeutung eines solchen Zustandes und trotz der Beschreibung des Verhaltens in höchst organisierter, konzentrierter und motivierter Form, die gängigen psychologischen Theorien zur Erkenntnis und vor allem zur Erklärung solcher Zustände ungeeignet sind. »Sorgfältige und planvolle Deskriptionen des B-Zustandes benötigt die Wissenschaft dringend – aber nicht von Individuen, deren Produkte im B-Zustand nur durch extravagante Redewendungen ›kreativ‹ wirken« (S. 68). Was man auch von diesen Äußerungen hält, es ist sicher, daß B-Zustände nicht bei Ratten beobachtet werden können, und unwahrscheinlich, daß sie auch nur zum Teil im Sinne von Prinzipien erklärt werden können, die auf dem Verhalten von Ratten beruhen. Wie Koch aber selbst in seinem Zitat bemerkt, wäre es voreilig anzunehmen, daß alle Menschen diese Erfahrung teilen. Und in Anbetracht der dem Menschen auferlegten Beschränkungen können nur wenige, die diese Erfahrungen gemacht haben, sie zu kommunizieren versuchen. Damit soll nicht gesagt werden, daß B-Zustände nicht existierten, noch daß sie unwichtig seien. Vielmehr wird die Unzuverlässigkeit des Versuchs deutlich, von den Erkenntnissen aus Kochs B-Zustand auf die Erfahrungen von Menschen zu verallgemeinern, deren Beschreibungen vielleicht auf eine Redensart wie »das ist toll!« beschränkt sind. Wenn wichtige Variablen verschieden sind, ist die Generalisierung sowohl bei Ratten als auch bei Menschen sehr riskant.

Trotz dieser Warnungen halte ich es für richtig, auf einige Beispiele erfolgreicher Generalisierung von tierischem als auch menschlichem Verhalten hinzuweisen, d. h. auf Hypothesen, die sich als ergiebig erwiesen. Daher möchte ich über ein »Aha«-Erlebnis berichten, das ich kürzlich hatte, als ich hörte, wie Frank A. Logan einige seiner Tierexperimente in Yale beschrieb, in welchen eine Verzögerung der Belohnung in Einfachwahlsituationen mit einer Veränderung der Höhe der Belohnung verglichen wurde. Die experimentellen Ergebnisse zeigten, daß innerhalb bestimmter Grenzen die Ratten eine längere Verzögerung mit entsprechend großer Belohnung einer kürzeren Verzögerung mit geringerer Belohnung vorziehen. Mir war, vermutlich weil ich gar nicht daran dachte, nie zuvor so klar geworden, daß die Moral der Menschen, die die Freuden dieser Welt zugunsten ewiger Seligkeit aufgeben, etwas mit der Moral der Ratten zu tun haben könnte, die auf eine sofortige Verstärkung zugunsten einer späteren größeren Belohnung verzichten. Natürlich ist das höchstens eine scheinbare Analogie. Sie vernachlässigt die vielen Unterschiede in den beiden Beispielen und mag äußerst töricht sein. Aber bis das bewiesen ist, erklärt sie einige, wenn auch längst nicht alle Variablen, von denen sogar solch sublime Gefühle abhängig sein können. Wie befremdlich diese Vorstellung auch sein mag, es ist zweifellos klar, daß sie ihre wissenschaftliche Rechtfertigung finden muß.

Die Abneigung einiger Psychologen gegen Tierexperimente erstreckt sich häufig z. T. deshalb auch auf Konditionierungsversuche, weil der konditionierte Reflex als ein Merkmal »subhumanen« oder »subnormalen« Verhaltens gilt. Hier könnten wir wieder den Versuch machen, zu zeigen, wie die Konditionierungsgesetze als Basis zur Vorhersage einiger relativ komplexer menschlicher Tätigkeiten, wie z. B. sprachgebundenen Lernens, verwendet wurden. Dazu können wir auf eine merkwürdige Inkonsequenz in unserer Behandlung solcher Konzepte hinweisen. Nach den früheren Gestaltpsychologen ist Einsicht oder Wahrnehmung von Relationen ein ganz ursprünglicher Prozeß, der ebenfalls für Tiere charakteristisch ist. Dennoch hört man selten das Argument, daß dieses Konzept deshalb zum Verständnis menschlichen Verhaltens nutzlos sei. Leider werden Urteile über das, was wissenschaftlich brauchbar ist, allzuoft mit Urteilen über das, was gut oder schlecht ist, verwechselt. So sind die erfolgreichen Bemühungen von Kommunisten, Meinungen und Handlungen zu verändern, wahrscheinlich der Anwendung der Pawlowschen Konditionierungsverfahren zuzuschreiben, die nur dann funktionieren, wenn der Mensch auf die Ebene geistloser Automaten reduziert wird (vgl. Farber, Harlow und West, 1957); unsere eigenen erfolgreichen Bemühungen hingegen werden dann wahrscheinlich Methoden zugeschrieben, die höhere geistige Prozesse beanspruchen. Scheint es nicht möglich zu sein, daß in beiden Beispielen viele gleiche Determinanten wirksam sind?

Verfechter der Verhaltenstheorie werden diese Frage vermutlich bejahen, weil sie den Lehren des Emergentismus meistenteils mißtrauen. Obwohl die das tierische Verhalten beeinflussenden Variablen gewiß anders und weniger komplex sind als diejenigen, die menschliches Verhalten beeinflussen, ziehen es die meisten Verhaltenstheoretiker vor, nach Kontinuität in den zugrundeliegenden Erklärungsprinzipien zu suchen. Ebenso achten sie auf Kontinuität zwischen den Gesetzmäßigkeiten des Verhaltens von Kindern und Erwachsenen, zwischen sozialem und nicht-sozialem Verhalten und zwischen normalem und abnormalem Verhalten. Ob diese Suche sinnvoll ist, bleibt fraglich. Zum augenblicklichen Zeitpunkt scheint es keine Möglichkeit zu geben, darüber zu allgemeiner Zufriedenheit zu entscheiden.

### *Allgemeine Gesetzmäßigkeiten und der individuelle Fall*

Die vorhergehende Diskussion hat sich mit zwei anscheinend widersprüchlichen Prinzipien beschäftigt. Das eine betont die Notwendigkeit einer gewissen Vorsicht bei der Generalisierung von einer Gegebenheit auf eine andere, angesichts der unvermeidbaren Verschiedenheiten der wesentlichen Variablen. Das zweite Prinzip vertritt den optimistischen Glauben, daß Generalisierungen häufig möglich sind, sogar in Anbetracht der Veränderung einiger der Variablen, die das Verhalten beeinflussen. Verhaltenswissenschaftler unterscheiden sich, wie andere Wissenschaftler auch, in der Betonung dieser zwei Prinzipien, die zum Teil von der relativen Stärke ihrer empirischen oder theoretischen Neigungen abhängt; sie werden aber wahrscheinlich darin übereinstimmen, daß die Frage, ob man erfolgreich von einem Kontext auf einen anderen generalisieren kann, nur durch eine empirische Prüfung zu beantworten ist.

Einige Persönlichkeitstheoretiker halten das jedoch eher für eine methodologische als für eine empirische Frage. Sie können z. B. sogar die Möglichkeit der Anwendung allgemeiner Gesetze auf die Vorhersage von individuellem Verhalten leugnen. Wenn, wie sie argumentieren, die Variablen, die das Verhalten eines bestimmten Menschen beeinflussen, für einen anderen Menschen nicht genau duplizierbar sind, und wenn diese Variablen sich unentwirrbar gegenseitig beeinflussen, ist es einfach nicht möglich, irgend etwas über einen Menschen auszusagen aufgrund von Gesetzen, die auf der Beobachtung anderer beruhen. Da jedes Individuum einzigartig ist, müssen die einzig legitimen Voraussagen über einen bestimmten Menschen sich auf das beziehen, was wir über diesen Menschen wissen. Seltsamerweise wird diese Beweisführung gewöhnlich nicht auf den intra-individuellen Fall ausgedehnt. Wäre dem so, dann müßten wir sogar die Möglichkeit leugnen, das Verhalten eines Menschen auf der Basis dessen, was wir bereits über ihn wissen, vorherzusagen, weil die Variablen, die sein Verhalten einmal beeinflußt haben, niemals mehr exakt duplizierbar sind. Zumindest unterscheidet sich in verschiedenen Situationen der Stellenwert der Variablen.

Die meisten Verhaltenswissenschaftler glauben, daß allgemeine Gesetzmäßigkeiten vernünftig und sinnvoll auf Individuen angewendet werden können (Eysenck, 1952; Meehl, 1954). Gleichzeitig können sie ohne weiteres darin übereinstimmen, daß Vorhersagen über ein bestimmtes Individuum in der Mehrzahl der Fälle genauer sind, wenn sie sich auf die Beobachtung seines eigenen vergangenen Verhaltens stützen. Der Hauptgrund dafür ist vielleicht, daß viele wichtige Determinanten seines vergangenen Verhaltens wahrscheinlich als Determinanten seines zukünftigen Verhaltens bestehenbleiben. Das Individuum trägt sozusagen diese Determinanten in Form seiner erlebten und erlernten Prädispositionen mit sich herum. Wenn jedoch Grund zu der Annahme besteht, daß sich die gegenwärtigen Bedingungen von denjenigen der Vorgeschichte eines Individuums grundlegend unterscheiden, dann sind Voraussagen wahrscheinlich erfolgreicher, wenn sie auf dem Verhalten anderer beruhen, für die diese Bedingungen zutrafen. Diese Behauptung scheint nicht ganz gerechtfertigt, soll jedoch nur aussagen, daß es sinnvoller ist, bei der Vorhersage der Auswirkungen des Alterns auf einen bestimmten Menschen alte Menschen zum Vergleich heranzuziehen als denselben Menschen im Alter von 2 Jahren. Genauso kann es sinnvoller sein, für die Vorhersage der Wirkung einer bestimmten Droge auf das Verhalten eines Menschen, andere in berauschtem, als denselben Menschen in nüchternem Zustand zu beobachten. Je ähnlicher die Bezugsgruppe und das betreffende Individuum sind, um so genauer ist natürlich die Vorhersage. Das bedeutet lediglich, daß die Wahrscheinlichkeit, erfolgreich von einem Beispiel auf ein anderes zu schließen, eine positive Funktion gemeinsamer Verhaltensbedingungen ist (vgl. Meehl, 1954).

Wir sollten beachten, daß diese Formulierung des Problems nichts aussagt über die empirische Frage, ob allgemeine Gesetze gegenwärtig sinnvoll auf ein bestimmtes Individuum unter spezifischen Bedingungen angewandt werden können. Die schwere Aufgabe muß noch gelöst werden zu ermitteln, welches in einem gegebenen Kontext die wichtigen Variablen sind und wann die Veränderung einer Variablen die Bedeutung einer anderen ändert. Darüber können wir noch beliebig viele Hypothesen aufstellen. Aber wir sollten nicht die Hypothese, wie nachdrücklich sie auch vertreten wird, fälschlich für einen empirischen Beweis halten.

# LITERATUR


Adler, A.: Individual psychology. In C. Murchison (Ed.), *Psychologies of 1930*. Worcester, Mass.: Clark University Press, 1930. Pp. 395–405

Allport, G. W.: *Personality*. New York: Henry Holt, 1937

Bergmann, G.: Psychoanalysis and experimental psychology: A review from the standpoint of scientific empiricism. *Mind,* 1943, 52, 122–140

Bergmann, G.: The logic of psychological concepts. *Phil. Sci.,* 1951, 18, 93–110

Bergmann, G.: Theoretical psychology. In C. P. Stone (Ed.), *Annual review of psychology*. Stanford, Calif.: Annual Reviews 1953. Pp. 435–458

Bergmann, G.: The contribution of John B. Watson. *Psychol. Rev.,* 1956, 63, 265–276.

Bergmann, G., & Spence, K. W.: Operationism and theory in psychology. *Psychol. Rev.*, 1941, 48, 1–14

Brown, J. S.: *The motivation of behavior*. New York: McGraw-Hill, 1961

Campbell, D. T.: Lectures in social psychology. Unpublished manuscript, 1959

Condon, E. V.: Physics. In J. R. Newman (Ed.), *What ist science?* New York: Simon and Shuster, 1955. Pp. 102–149

Cronbach, L. J., & Meehl, P. E.: Construct validity in psychological tests. *Psychol. Bull.,* 1955, 52, 281–302

Dollard, J., & Miller, N. E.: *Personality and psychotherapy*. New York: McGraw-Hill, 1950

Eysenck, H. J.: *The scientific study of personality*. London: Routledge & Kegan Paul, 1952

Farber, I. E.: The things people say to themselves. *Amer. Psychologist,* 1963, 18, 185–197

Farber, I. E., Harlow, H. F., & West, L. J.: Brainwashing, conditioning and *DDD* (debility, dependency, and dread). *Sociometry,* 1957, 20, 271–285

Goss, A. E.: Early behaviorism and verbal mediating responses. *Amer. Psychologist,* 1961, 16, 285–298

Hall, C. S., & Lindzey, G.: *Theories of personality*. New York: Wiley, 1957

Kendler, H. H., & Kendler, Tracy S.: Vertical and horizontal processes in problem solving. *Psychol. Rev.*, 1962, 69, 1–16

Koch, S.: Bahavior as "intrinsically" regulated: Work notes towards a pretheory of phenomena called "motivational". In M. R. Jones (Ed.), *Nebraska symposium on motivation.* Lincoln, Neb.: University of Nebraska Press, 1956. Pp. 42–86

Koch, S.: Epilogue. In S. Koch (Ed.), *Psychology: A study of a science.* Vol. 3. *Formulations of the person and the social context.* New York: McGraw-Hill, 1959. Pp. 729–788

McClelland, D. C.: The psychology of mental content reconsidered. *Psychol. Rev.*, 1955, 62, 297–302

Meehl, P. E.: *Clinical vs. statistical prediction.* Minneapolis: University of Minnesota Press, 1954

Murphy, G.: *Personality*. New York: Harper & Bros., 1947

Murray, H. A., Skinner, B. F., Maslow, A. H., Rogers, L. R., Frank, L. K., Rapaport, A., & Hoffmann, H.: Cultural evolution as viewed by psychologists. *Daedalus,* 1961, 90, 570–586

Reichenbach, H.: *Experience and prediction.* Chicago: University of Chicago Press, 1938

Rogers, C. R.: A theory of therapy, personality, and interpersonal relationships as developed in the client-centered framework. In S. Koch (Ed.), *Psychology: A study of a science,* Vol. III. *Formulations of the person and the social context.* New York: McGraw-Hill, 1959, Pp. 184–256 (*b*)

Simpson, G. G.: *The meaning of evolution.* New Haven: Yale University Press, 1950

Skinner, B. F.: *Science and human behavior.* New York: Macmillan, 1953

Skinner, B. F.: Freedom and the control of men. *Amer. Scholar,* 1955–56, 25, 47–65

Skinner, B. F.: The design of cultures. *Daedalus,* 1961, 90, 534–546

Spence, K. W.: The nature of theory construction in contemporary psychology. *Psychol. Rev.,* 1944, 51, 47–68

Spence, K. W.: The postulates and methods of behaviorism. *Psychol. Rev.,* 1948, 55, 67–78

Spence, K. W.: *Behavior theory and conditioning.* New Haven: Yale University Press, 1956

Spence, K. W.: The empirical basis and theoretical structure of psychology. *Philos. Sci.,* 1957, 24, 97–108

Spiker, C. C.: Verbal factors in the discrimination learning of children. *Child Develpm. Monogr.,* 1962, 28, 53–71

Watson, J. B.: *Psychology from the standpoint of a behaviorist.* Philadelphia: Lippincott. 1919

A. BANDURA

# Psychotherapie als Lernprozeß

Psychotherapie wird gewöhnlich als Lernprozeß verstanden. Wenige Therapeuten jedoch akzeptieren die Folgerungen aus dieser Position vollständig. Das läßt sich am besten an den Ausführungen der Lerntheoretiker selbst verdeutlichen. Die meisten gegenwärtig in der Psychotherapie angewandten Methoden stellen eine Aneinanderreihung von mehr oder weniger unkontrollierten klinischen Versuchen dar. Häufig haben diejenigen, die über Psychotherapie in lerntheoretischer Sprache geschrieben haben, lediglich ein neues Vokabular eingesetzt; die Praxis bleibt im wesentlichen unverändert (Dollard, Auld und White, 1954; Dollard und Miller, 1950; Shoben, 1949).

Wenn man ernsthaft die Ansicht vertritt, daß Psychotherapie ein Lernprozeß ist, sollten die Behandlungsmethoden aus unserem Wissen über Lernen und Motivation abgeleitet werden. Solch eine Orientierung erfordert vermutlich neue Behandlungstechniken, die sich in vielen Aspekten von den gegenwärtigen Verfahren unterscheiden.

Psychotherapie basiert auf der sehr einfachen, aber fundamentalen Annahme: menschliches Verhalten ist durch psychologische Verfahren modifizierbar. Wenn Skeptiker die Frage stellen: »Hat Psychotherapie überhaupt einen Sinn?«, beziehen sie sich wohl teilweise auf den Mystizismus, der sich um diesen Begriff rankt. Die viel wichtigere Frage, die zugleich die überflüssigen Implikationen des Begriffes »Psychotherapie« vermeidet, lautet: Kann menschliches Verhalten durch psychologische Mittel modifiziert werden, und wenn ja, welches sind die Lernmechanismen, die eine Verhaltensänderung zustande bringen?

Im folgenden werden einige dieser Lernmechanismen diskutiert und Untersuchungen kritisch besprochen, in denen systematisch ver-

---

Originaltitel: Psychotherapy as a learning process. In: *Psychological Bulletin,* 1961, 58, 143–159.  Deutsche Übersetzung von Gudrun Löffler.

sucht wurde, diese Lernprinzipien auf das Gebiet der Psychotherapie zu übertragen. Da die Lerntheorie selbst noch etwas unvollständig ist, kann weder die Liste der psychologischen Prozesse, durch die Verhaltensänderungen entstehen können, als vollständig betrachtet, noch können Überschneidungen ausgeschlossen werden.

### *Gegenkonditionierung*

Von den verschiedenen Verfahrensweisen, die sich aus der Lerntheorie herleiten, sind diejenigen, die auf der Gegenkonditionierung basieren, am sorgfältigsten ausgearbeitet worden. Wolpe (1954, 1958, 1959) berichtet über diese Methode ausführlich, und zusätzliche Beispiele derart behandelter Fälle findet man bei Jones (1956), Lazarus und Rachman (1957), Meyer (1957) und Rachman (1959). Kurz zusammengefaßt sieht die Grundüberlegung folgendermaßen aus: wenn starke Reaktionen, die unvereinbar (inkompatibel) sind mit Angstreaktionen, in Gegenwart von angsterzeugenden Reizen hervorgerufen werden können, dann werden die inkompatiblen Reaktionen auf diese Reize fixiert und vermindern damit die Angstreaktion oder löschen sie.

Über die erste psychotherapeutische Anwendung dieser Methode wurde von Jones (1924b) berichtet: die Behandlung Peters, eines Jungen, der starke phobische Reaktionen gegenüber Tieren, Pelzen, Baumwolle, Haaren und mechanischem Spielzeug zeigte. Gegenkonditionierung wurde erreicht, indem das Kind in Gegenwart von anfangs kleinen, aber ständig zunehmenden angstauslösenden Reizen gefüttert wurde. Ein Kaninchen im Käfig wurde in einiger Entfernung zu ihm aufgestellt, so daß es ihn nicht beim Essen störte. Jeden Tag wurde das Kaninchen näher an den Tisch gerückt und schließlich aus dem Käfig freigelassen. In der Schlußphase der Behandlung wurde das Kaninchen auf den Eßtisch und sogar auf Peters Schoß gesetzt. Generalisationstests zeigten, daß die Angstreaktionen nicht nur gegenüber diesem Kaninchen, sondern auch gegenüber den zuvor gefürchteten pelzigen Objekten wirksam eliminiert waren.

In diesem Zusammenhang wäre es interessant, Spekulationen über die Diagnose und Behandlung Peters anzustellen, wenn er nicht Mary Cover Jones, sondern Melanie Klein (1949) vorgestellt worden wäre!

Es ist bemerkenswert, daß sowohl Shoben (1949) als auch Wolpe (1958) eine Therapie fordern, die auf den Prinzipien der Gegenkonditionierung basiert, ihre Behandlungsmethoden sich jedoch grundlegend voneinander unterscheiden. Nach Shoben diskutiert und denkt der Patient über angstauslösende Reizsituationen nach, während er sich in einer interpersonellen Situation befindet, die gleichzeitig positive affektive Reaktionen beim Patienten hervorruft. Der therapeutische Prozeß besteht in der Verbindung von angstauslösenden Reizen, die symbolisch reproduziert werden, mit der in der therapeutischen Situation hervorgerufenen Entspannungsreaktion. Shobens Aufsatz vertritt in erster Linie eine Interpretation der Verhaltensänderung durch Gegenkonditionierung, wie sie bereits durch konventionelle Formen der Psychotherapie erreicht wurde; außer der Hervorhebung der Bedeutung der positiven emotionalen Reaktionen im Behandlungsverfahren werden keine neuen Techniken angeboten, die bewußt darauf abzielen, Wiedererlernen durch Gegenkonditionierung zu erleichtern.

Bei Wolpe, der sich radikal von der Tradition gelöst hat, verhält es sich anders. In seiner Behandlungsmethode, die er reziproke Hemmung nennt, verwendet er systematisch drei Reaktionstypen, die der Angst entgegenwirken und sie hemmen. Diese sind: positive oder Annäherungsreaktionen, sexuelle Reaktionen und Entspannungsreaktionen.

Von anamnestischen Informationen, Explorationsdaten und psychologischen Testergebnissen ausgehend, baut der Therapeut eine Angsthierarchie auf, d. h. eine Rangordnung von Reizen, auf die der Patient mit Angst reagiert. Bei der auf Entspannung basierenden Desensitivierung wird der Patient in seinem Bewußtsein ganz auf den körperlichen Entspannungsvorgang eingeengt und erhält Relaxationshilfen. Dann wird er aufgefordert, sich eine Szene vorzustellen, die das schwächste Item der Angsthierarchie darstellt; hält die Entspannung unvermindert an, folgt das nächste Item der Liste, usw. Auf diese Weise werden die Angstreize von Sitzung zu Sitzung gesteigert, bis der letzte phobische Reiz vorgestellt werden kann, ohne daß sich der Entspannungszustand vermindert. Auf diese Weise werden die Entspannungsreaktionen schließlich an die angstauslösenden Reize fixiert.

Wolpe berichtet über erhebliche therapeutische Erfolge bei einem breiten Spektrum neurotischer Reaktionen, die er nach dieser Gegenkonditionierungsmethode behandelte. Er behauptet ferner, daß die positiven Ergebnisse konventionellerer psychotherapeutischer Methoden aus der reziproken Hemmung der Angst durch starke positive Reaktionen aufgrund der Patient-Therapeut-Beziehung resultieren.

Obwohl diese Methode der Gegenkonditionierung vor allem angewandt wurde, um angstmotivierte Vermeidungsreaktionen und Hemmungen zu eliminieren, wurde sie auch mit gewissem Erfolg zur Reduktion fehlangepaßter Annäherungsreaktionen benutzt. In diesem Fall wird das Zielobjekt wiederholt mit einem aversiven Reiz gekoppelt.

Raymond (1956) verwendete z. B. Übelkeit als Aversionserfahrung bei der Behandlung eines Patienten, der einen Fetisch für Handtaschen und Kinderwagen hatte, durch den er schon häufig mit dem Gesetz in Konflikt gekommen war, weil er immer wieder Schleim auf Damenhandtaschen schmierte und Kinderwagen zerstörte, indem er mit dem Motorrad hineinfuhr. Obwohl sich der Patient einer psychoanalytischen Behandlung unterzogen hatte und sich des Ursprungs und der sexuellen Bedeutung seines Verhaltens voll bewußt war, bestand der Fetischismus noch immer. Die Behandlung bestand darin, dem Patienten, kurz bevor die durch eine Apomorhininjektion hervorgerufene Übelkeit begann, eine Kollektion von Handtaschen, Kinderwagen und bunten Illustrationen zu zeigen. Die Konditionierung wurde eine Woche lang Tag und Nacht alle zwei Stunden wiederholt; zusätzliche Sitzungen erfolgten acht Tage und zwei Monate später.

Raymond berichtet, daß nicht nur der Fetischismus erfolgreich eliminiert wurde, sondern auch der Patient in seinem sozialen und legalen Verhalten erhebliche Verbesserungen zeigte; er wurde in seiner Arbeitsstelle befördert, erhielt eine verantwortlichere Position und bedurfte nicht länger seiner fetischistischen Phantasien, um Geschlechtsverkehr ausüben zu können.

Übelkeiterregende Drogen, vor allem Emetin, wurden auch als unkonditionierter Reiz in der Aversionsbehandlung von Alkoholikern verwandt (Thirman, 1949; Thompson und Bielinski, 1953; Voegtlen, 1940; Wallace, 1949). Gewöhnlich genügen acht bis zehn Behandlungen, in denen der Anblick, der Geruch und der Geschmack von Alkohol mit dem Beginn von Übelkeit assoziiert werden, um Abstinenz zu erzielen. Von 1000 und mehr Fällen, über die brauchbare katamnestische Daten vorliegen, sind etwa 60% der Patienten nach der Behandlung völlig abstinent geworden. Voegtlen (1940) behauptet, daß einige präventive Behandlungen im Intervall von sechs Monaten die Ergebnisse dieser Methode noch verbessern könnten.

Trotz dieser ermutigenden Resultate lassen sich die meisten Psychotherapeuten nicht beeindrucken, da ihrer Meinung nach die zugrundeliegenden Motive für den Alkoholismus durch das Konditionierungsverfahren keineswegs geändert worden sind und die reine Behebung des Alkoholismus eine Symptomverschiebung oder andere nachteilige Effekte zur Folge hätte. Eine umfassende Diskussion dieses Beitrags wird noch folgen. In diesem besonderen Zusammenhang sind jedoch einige Aspekte der Daten von Thompson und Bielinski (1953) erwähnenswert. Unter den behandelten Alkoholikern »litten sechs an einer psychischen Störung, die nicht dem Alkohol oder damit verbundenen Abbauerscheinungen zuzuschreiben war«. Von den Autoren war geplant, der Aversionsbehandlung eine Psychotherapie für die zugrundeliegende Psychose folgen zu lassen. Das erwies sich jedoch als unnötig, da sich bei allen Patienten (außer bei einem Fall mit chronischem Intelligenzabbau) eine deutliche Besserung zeigte.

Max (1935) verwandte in der Behandlung eines Patienten, der Tendenzen zu homosexuellem Verhalten bei Darbietung eines fetischistischen Reizes zeigte, einen starken Elektroschock als Aversionsreiz. Sowohl die Fixierung an den Fetisch als auch das homosexuelle Verhalten wurden durch eine Serie von Vermeidungskonditionierungen gelöscht, in denen der Patient in Gegenwart des Fetischs Elektroschocks erhielt.

Auch Wolpe (1958) berichtet über positive Ergebnisse einer ähnlichen Behandlungsmethode bei einem Fall von Verfolgungswahn. Eine weitere Variante der Gegenkonditionierung wurde von Mowrer und Mowrer (1938) für enuretische Patienten entwickelt. Das Gerät dafür besteht aus einem Bettpfosten, der mit elektrischem Kabel umwickelt ist und einen lauten Summton von sich gibt, der das Kind bei Beginn des Einnässens weckt. Dadurch wird der Spannungszustand der Blase zu einem Weckreiz, dem wiederum eine Schließmuskelkontraktion folgt. Wird erst einmal der Druck auf die Blase ein Reiz für die weitaus schwächere Schließmuskelkontrolle, ist das Kind auch imstande, für relativ lange Zeit ohne Erwachen trocken zu bleiben.

Mowrer und Mowrer (1938) berichten über einen vollständigen Erfolg bei 30 Kindern, die mit dieser Methode behandelt wurden. Eine ähnlich hohe Erfolgsquote erzielten Davidson und Douglass (1950) bei 20 enuretischen Kindern (15 geheilt, 5 wesentlich gebessert); von 5 Kindern, die von Morgan und Witmer (1939) behandelt wurden, erreichten 4 nicht nur eine vollständige Kontrolle des Schließmuskels, sondern machten auch in ihrem Sozialverhalten deutliche Fortschritte. Bei dem einen Kind, bei dem die Konditionierung mißlang, stellten sich später Blasenkomplikationen heraus, die einer ärztlichen Behandlung bedurften.

Zusätzliche Bestätigung dieser Methode erfolgte durch Martin und Kubly (1955), denen 118 von 220 Eltern, die ihre Kinder zu Hause mit diesem Konditionierungsgerät behandelt hatten, katamnestische

Informationen lieferten. Bei 74 % der Fälle war, den Berichten der Eltern zufolge, die Behandlung erfolgreich.

### *Extinktion*

»Wenn eine gelernte Reaktion wiederholt ohne Verstärkung erfolgt, nimmt die Stärke der Tendenz, diese Reaktion auszuführen, fortlaufend ab.« (Dollard und Miller, 1950.) Extinktion umfaßt die Entwicklung eines hemmenden Potentials, das aus zwei Komponenten besteht. Die Erzeugung einer Reaktion bewirkt eine reaktive Hemmung ($I_r$), die sich vermutlich mit der Zeit verliert. Wenn die reaktive Hemmung (Ermüdung usw.) einen Höhepunkt erreicht, schwächt der Ruhezustand diese negative Motivation, und alle Reize, die mit dem Reaktionsstillstand verbunden sind, werden konditionierte Hemmungsfaktoren ($_sI_r$).

Ein Faktor, der offenbar das Ausmaß der Extinktion fehlangepaßten und angstmotivierten Verhaltens beeinflußt, ist das Intervall zwischen den Extinktionsversuchen. Im allgemeinen ist die Verringerung der Stärke angstmotivierten Verhaltens niedrig, wenn die Extinktionsversuche weit verteilt sind, während bei massierten Versuchen die reaktive Hemmung schnell entsteht und folglich die Extinktion beschleunigt wird (Calvin, Clifford, Bolden und Harvey, 1956; Edmonson und Amsel, 1954).

Yates (1958) illustriert die Anwendung dieses Prinzips durch die Behandlung von Tics. Er demonstriert in Übereinstimmung mit den Ergebnissen aus Laboratoriumsuntersuchungen zur Extinktion unter massiertem und verteiltem Üben, daß massierte Sitzungen, in denen der Patient freiwillig Tics vorführte, gefolgt von einer längeren Pause, um die Auflösung der reaktiven Hemmung zu erreichen, das wirksamste Verfahren sei, Tics zu eliminieren.

Erwähnenswert ist, daß das Extinktionsverfahren, welches Yates anwandte, Dunlops Methode der negativen Übung ähnelt, bei der die Versuchsperson freiwillig, ohne Verstärkung, negative Verhaltensweisen reproduziert (Dunlap, 1932; Lehner, 1954). Diese Methode wurde häufig, mit wechselndem Erfolg, bei der Behandlung von Sprachstörungen angewandt (Fishman, 1937; Meissner, 1946; Rutherford, 1940; Sheehan, 1951; Sheehan und Voas, 1957). Wenn die Effektivität dieses psychotherapeutischen Verfahrens primär auf Extinktion beruht, wie die Untersuchung von Yates nahelegt, würde die übliche Praxis, eine Sitzung zu beenden, bevor die Versuchsperson ermüdet ist (Lehner, 1954), den Effekt haben, die Extinktion zu reduzieren, und könnte somit zum Teil für die unterschiedlichen Ergebnisse dieser Methode verantwortlich sein. Weitere Beispiele der therapeutischen Anwendung des Extinktionsverfahrens geben Jones (1955) und C. D. Williams (1959).

Die meisten konventionellen Formen der Psychotherapie beruhen großenteils auf Extinktionseffekten, obwohl der Therapeut sie nicht als solche bezeichnen würde. Z. B. betrachten viele Therapeuten die *permissive Situation* als notwendige Voraussetzung für therapeutische Veränderungen (Alexander, 1956; Dollard und Miller, 1950; Rogers, 1951).

Wenn ein Patient vorgestellte Gefühle äußert, die Angst oder Schuld hervorrufen und der Therapeut weder mißbilligt noch kritisiert noch Desinteresse zeigt, kann man erwarten, daß die Angst oder die Schuldgefühle allmählich schwächer werden oder verschwinden. Es ist anzunehmen, daß der Extinktionseffekt sich ebenso auf die Vorstellung verwandter Themen, die ursprünglich gehemmt waren, wie auf verbale und physische Verhaltensformen überträgt (Dollard und Miller, 1950).

Aus zwei Untersuchungen, über die kürzlich von Dittes (1957a, 1957b) berichtet wurde, kann man die Beziehung zwischen Permissivität und Extinktion der Angst entnehmen. In einer Untersuchung (1957b), die eine Analyse von Patient-Therapeut-Interaktionssequenzen beinhaltete, fand Dittes, daß permissiven Reaktionen von seiten des Therapeuten eine entsprechende Minderung der Angst des Patienten (gemessen mit dem PGR) und das Auftreten von Vermeidungen folgten. Eine nachfolgende Analyse der therapeutischen Sitzungen (Dittes, 1957b) erbrachte, daß zu Beginn der Behandlung sexuelle Äußerungen von starken Angstreaktionen begleitet waren. Unter der sich verstärkenden Wirkung der Permissivität verschwand die Angst nach und nach.

Im Gegensatz zur Gegenkonditionierung ist die Extinktion wahrscheinlich eine weniger wirksame und zeitaufwendigere Methode, um fehlangepaßtes Verhalten zu eliminieren (Jones, 1924a; Dollard und Miller, 1950). Bei den konventionellen Gesprächstherapien werden die relativ langen Intervalle zwischen den einzelnen Sitzungen und das rituelle Festhalten an der 50-Minuten-Stunde mögliche Extinktionseffekte weitgehend reduzieren.

Menschliches Handeln wäre äußerst schwierig und uneffizient, wenn der Mensch für jede einzelne Situation, der er begegnet, ein entsprechendes Verhalten erlernen müßte. Zum Glück sind Verhaltensmuster, die man in einer Situation erworben hat, auf andere ähnliche Situationen übertragbar oder generalisierbar. Wenn man andererseits von einer Situation auf eine andere übergeneralisiert oder wenn die Übertragung auf oberflächlichen oder irrelevanten Reizen basiert, wird das Verhalten unangemessen und fehlangepaßt.

In den meisten Theorien der Psychotherapie wird daher das Diskriminationslernen betont, das, wie man meint, durch Bewußtheit und Einsicht erreicht wird (Dollard und Miller, 1950; Fenichel, 1941; Rogers, 1951; Sullivan, 1953). Im allgemeinen wird angenommen, daß ein Patient, der sich der Reize, die sein Verhalten hervorrufen, der Reaktionen, die er zeigt, und der Gründe, warum er so reagiert, bewußt ist, in seinem Verhalten verbalvermittelter Kontrolle zugänglicher wird. Bewußtsein führt dazu, daß die automatischen übergeneralisierten Reaktionen durch diskriminatives Verhalten ersetzt werden.

Während diese Ansicht weitgehend akzeptiert wird, wie man dem fast ausschließlichen Vertrauen auf Explorationsverfahren und auf interpretative Techniken entnehmen kann, haben einige Therapeuten (Alexander und French, 1946) die Bedeutung der Bewußtheit beim Produzieren von Verhaltensänderungen in Frage gestellt. Während die meisten Psychoanalytiker (Fenichel, 1941) als auch Therapeuten, die andere Standpunkte vertreten (Fromm-Reichmann, 1950; Sullivan, 1953), Einsicht als eine Voraussetzung zur Verhaltensänderung betrachten, halten Alexander und French Einsicht oder Bewußtheit für ein Ergebnis der Änderung und nicht für ihre Ursache; d. h. während die Ängste des Patienten schrittweise durch die permissiven Bedingungen der Behandlung reduziert werden, werden zuvor gehemmte Gedanken nach und nach bewußt gemacht.

Kontrollierte Laboratoriumsversuche, die den Wert der Einsicht in einer Steigerung der Präzision der Diskrimination nachweisen sollten, waren bislang weitgehend erfolglos oder doch zumindest umstritten (Adams, 1957; Erikson, 1958; Razran, 1949). Eine Untersuchung von Lacy und Smith (1954), in der sie herausfanden, daß bewußte Versuchspersonen Angstreaktionen weniger ausgedehnt generalisierten als Versuchspersonen, die kein Bewußtsein vom konditionierten Reiz besaßen, liefert den Beweis, daß Bewußtsein die Diskrimination fördern kann. Andere Aspekte ihrer Ergebnisse jedoch (z. B. waren die Angstreaktionen auf Generalisationsreize größer als auf den konditionierten Reiz selbst) zeigen, daß diese einer Überprüfung bedürfen.

Wenn die weiteren Forschungsergebnisse darauf hinweisen, daß Bewußtheit nur geringen Einfluß auf Erwerb, Generalisation und Modifikation von Verhaltensweisen ausübt, würden ernsthafte Zweifel am Wert der gegenwärtig populären psychotherapeutischen Verfahren aufgeworfen, deren primäres Ziel es ist, Einsicht zu entwickeln.

### *Belohnungsmethoden*

Die meisten Theorien der Psychotherapie basieren auf der Annahme, daß der Patient über ein Repertoire zuvor erlernter positiver Mechanismen verfügt, daß diese angepaßten Verhaltensmuster aber durch zusätzliche angst- oder schuldmotivierte Reaktionen gehemmt oder blockiert werden. Ziel der Therapie ist es dann, die Stärke der inneren hemmenden Kontrollen zu reduzieren und damit zu ermöglichen, daß gesunde Verhaltensmuster hervortreten. Bisher besteht die Rolle des Therapeuten darin, permissive Bedingungen zu schaffen, unter denen die »normalen Wachstumspotentiale« des Patienten freigesetzt werden können (Rogers, 1951). Die Tatsache, daß die meisten gegenwärtigen Persönlichkeitstheorien und therapeutischen Verfahren vorwiegend aus der Arbeit mit übersozialisierten neurotischen Patienten entwickelt wurden, kann zum Teil die Verbreitung dieser Ansicht erklären. Es gibt eine große Gruppe von Störungen (die untersozialisierten, dissozialen Persönlichkeiten, deren Verhalten ein Versagen des Sozialisationsprozesses widerspiegelt), für die dieses Persönlichkeitsmodell und die dazugehörigen Behandlungsmethoden gänzlich ungeeignet sind (Bandura und Walters, 1959; Schmidberg, 1959). Diese dissozialen Persönlichkeiten zeigen *Lerndefizite,* folglich ist das Ziel der Therapie der Erwerb einer sekundären Motivation und die Entwicklung innerer Kontrollmechanismen. In einer Reihe von Untersuchungen, in denen in einer Behandlung verbliebene Patienten mit solchen verglichen wurden, die eine Behandlung vorzeitig abgebrochen hatten (Rubenstein und Lorr, 1956), wurde demonstriert, daß dissoziale Patienten nicht auf psychotherapeutische Methoden ansprechen, die für die Behandlung übersozialisierter Neurotiker entwickelt wurden. Gerade für diese Gruppe von Patienten ist die Abkehr von traditionellen Behandlungsmethoden am wichtigsten.

Während Gegenkonditionierung, Extinktion und Diskriminationslernen wirksame Mittel sind, eine neurotische Hemmung zu lösen, dürften sie für die Entwicklung neuer positiver Mechanismen nur geringen Wert besitzen. Primäre und sekundäre Belohnungen in Form von Interesse und Zustimmung des Therapeuten können im Behandlungsablauf eine wichtige, wenn nicht gar unentbehrliche Rolle spielen. Hat der Patient erst einmal gelernt, sich das Interesse und die Zustimmung des Therapeuten zu wünschen, können diese Belohnungen dazu verwendet werden, den Erwerb neuer Verhaltensmuster zu fördern. Für bestimmte Patientengruppen, wie etwa Schizophrene (Atkinson, 1957; Peters, 1953; Robinson, 1957) und Verwahrloste (Cairns, 1959), die entweder nicht auf soziale Belohnungen reagieren oder Angst davor haben, muß sich der Therapeut zu Beginn des Behandlungsprozesses auf primäre Belohnungen verlassen.

Eine klug angelegte Untersuchung von Peters und Jenkins (1954) illustriert die Anwendung dieses Prinzips bei der Behandlung schizophrener Patienten. Dauerpatienten einer geschlossenen Abteilung erhielten Insulininjektionen unterhalb der Schockschwelle, um einen Hungerzustand zu erzeugen. Danach wurden die Patienten aufgefordert, eine Anzahl im Schwierigkeitsgrad abgestufter Problemaufgaben zu lösen, wobei sie Süßigkeiten als Belohnung erhielten. Dieses Programm wurde über drei Monate an fünf Tagen wöchentlich fortgesetzt.

Anfangs beinhalteten die Aufgaben einfache Labyrinth- und Hindernisprobleme, für die die Patienten direkt nach richtiger Lösung des Problems die wohlschmeckende Belohnung erhielten. Danach folgten Aufgaben mit stufenweise steigender Schwierigkeit (Multiple-Choice und Verbal-Reasoning), bei denen der Versuchsleiter persönlich die primäre Belohnung übermittelte. Nach einigen Wochen fortgesetzter Problemlösungsversuche wurden die Insulininjektionen abgesetzt. Jetzt wurden soziale Belohnungen, die inzwischen wirksamer geworden waren, verwandt, um zwischenmenschliche Probleme zu lösen, die die Patienten in ihrem täglichen Leben sowohl innerhalb als auch außerhalb der Klinik vermutlich beschäftigten.

Ein Vergleich der Experimentalgruppe mit Kontrollgruppen, der die Wirkungen des Insulin und der besonderen Aufmerksamkeit isolieren sollte, ergab, daß die Patienten der Experimentalgruppe in ihren sozialen Beziehungen in der Klinik signifikant besser geworden waren, während die Patienten der Kontrollgruppe keine solche Veränderung zeigten.

King und Armitage (1958) berichteten über eine ähnliche Untersuchung, in der autistische schizophrene Patienten mit operanten Konditionierungsmethoden behandelt wurden. Süßigkeiten und Zigaretten dienten dabei als primäre Belohnungen für das Entstehen und Aufrechterhalten zunehmend komplexer Verhaltensformen, d. h. psychomotorischer, verbaler und interpersoneller Reaktionen. Entgegen der Untersuchung von Peters und Jenkins wurde hier kein Versuch gemacht, die primäre Motivation zu manipulieren

Ein interessanter Aspekt des Versuchsplanes ergab sich aus der Einbeziehung einer Patientengruppe, die mit konventioneller Gesprächstherapie behandelt wurde, einer Patientengruppe, die mit einer Spieltherapie behandelt wurde, und einer nicht-therapierten Kontrollgruppe. Es stellte sich heraus, daß die Experimentalgruppe im Vergleich zu ähnlichen Patienten in den drei Kontrollgruppen eine signifikant größere klinische Besserung zeigte.

Skinner (1956b), Lindsley (1956) und Ferster (1959) haben bei der Arbeit mit erwachsenen Psychotikern bzw. mit autistischen Kindern durch die Verwendung des Belohnungsprinzips einen wesentlichen Bestand realitätsgebundenen Verhaltens bei ihren Patienten entwikkelt. Ihre Arbeit bezog sich primär auf die Auswirkung von Verstärkungs-Plänen auf die Entwicklung einfacher unpersönlicher Reaktionen. Vieles weist jedoch darauf hin, daß durch Variation der Umstände, die zur Belohnung führen (es muß z. B. in bestimmter Art und Weise auf das Verhalten einer anderen Person reagiert werden, um die Belohnung zu erhalten), auch angepaßtes interpersonelles Verhalten entwickelt werden kann (Azran und Lindsley, 1956).

Die Wirksamkeit sozialer Verstärker für die Änderung des Verhaltens wurde wiederholt durch verbale Konditionierungsexperimente demonstriert (Krasner, 1958; Salzinger, 1959). Ermutigt durch diese Ergebnisse begannen einige Therapeuten mit operantem Konditionieren als selbständiger Behandlungsmethode zu experimentieren (Tilton, 1956; Ullman, Krasner und Collins, im Druck; R. I. Williams, 1959). Die Untersuchungen zur operanten Konditionierung, die bereits zuvor zitiert wurden, zeigen ebenfalls diesen Trend.

Bis jetzt hat die Erforschung von Übertragung und Beständigkeit von Verhaltensänderungen durch operante Konditionierungsmethoden relativ wenig Beachtung gefunden, und die nur spärlich vorhandenen Daten sind wenig gesichert (Rogers, 1960; Sarason, 1957; Weide, 1959). Der Mangel an Konsistenz bei den Ergebnissen ist kaum überraschend, wenn man bedenkt, daß die experimentelle Anordnung in vielen Konditionierungsuntersuchungen kaum genügt, um Konditionierungseffekte zu demonstrieren, geschweige denn eine

Übertragung von Veränderungen auf neue Situationen. Andererseits haben Forscher, die intensivere Verstärkungssituationen geschaffen haben, um die Wirksamkeit der operanten Konditionierungsmethoden als therapeutische Technik zu überprüfen, signifikante Veränderungen im interpersonellen Verhalten der Patienten in außer-experimentellen Situationen gefunden (King und Armitage, 1958; Peters und Jenkins, 1954; Ullman et al., im Druck). Diese Ergebnisse sind besonders erwähnenswert, da sie ähnliche Reaktionsklassen enthalten, wie sie hauptsächlich von Psychotherapeuten bei der Behandlung in Gesprächsform verwendet werden. Wenn die günstigen Ergebnisse dieser Untersuchungen durch zukünftige Untersuchungen bestätigt werden, kann man im Laufe der nächsten Jahre ein wachsendes Zutrauen zu den Konditionierungsverfahren der Psychotherapie erwarten, vor allem bei der Behandlung von psychotischen Patienten.

In diesem Zusammenhang ist noch bemerkenswert, daß Inhaltsanalysen psychotherapeutischer Gespräche übereinstimmend mit den Ergebnissen verbaler Konditionierungsexperimente (Bandura, Lipsher und Miller, 1960; Murray, 1956) die Annahme nahelegen, daß viele der in der Psychotherapie beobachteten Veränderungen, zumindest soweit das verbale Verhalten der Patienten betroffen ist, ihren Ursprung in der direkten, allerdings normalerweise unbewußten, Belohnung und Bestrafung des Patienten durch den Therapeuten haben.

## *Bestrafung*

Während positive Gewohnheiten leicht durch Belohnung entwickelt werden können, stellt die Eliminierung sozial unerwünschter Gewohnheiten, die ein wichtiger Punkt in der Behandlung dissozialer Persönlichkeiten ist, ein weitaus komplexeres Problem dar.

Zur Eliminierung sozial unerwünschter Verhaltensweisen gibt es verschiedene Wege. Sie können ständig unbelohnt bleiben und damit gelöscht werden. Dissoziales Verhalten hingegen, vor allem in seiner extremen Form, kann nicht einfach ignoriert werden in der Hoffnung, daß es nach und nach gelöscht wird. Da zudem die erfolgreiche Ausführung dissozialer Handlungen erhebliche materielle Vorteile und auch die Zustimmung und Bewunderung Verbündeter erbringen kann, ist es äußerst unwahrscheinlich, daß solch ein Verhalten jemals gelöscht werden kann.

Obwohl eine Bestrafung zu einem schnellen Verschwinden sozial unerwünschten Verhaltens führen kann, sind die Auswirkungen weit komplexer (Estes, 1954; Solomon, Kamin und Wynne, 1953). Wenn jemand für ein sozial unerwünschtes Verhalten bestraft wird, wird der Impuls diese Handlung auszuführen, durch die Verbindung mit der Bestrafung ein Angstreiz. Diese Angst führt zu Reaktionen, die bei hinreichender Stärke das Auftreten des unerwünschten Verhaltens verhindern oder hemmen. Gehemmte Reaktionen verlieren jedoch hierdurch nicht unbedingt an Stärke und können in Situationen, in denen die Strafandrohung schwächer ist, wieder erscheinen. Strafe kann sogar die Extinktion einer Verhaltensweise verhindern. Wenn ein Verhalten nur gehemmt, nicht aber gelöscht ist und damit nicht mehr in Erscheinung tritt, nimmt man sich die Möglichkeit, durch Methoden, wie z. B. Ausbleiben der Belohnung, dieses Verhalten löschen zu können.

Auch einige andere Faktoren weisen auf die Nutzlosigkeit der Bestrafung als Mittel zur Korrektur vieler dissozialer Verhaltensmuster hin. Die Androhung einer Strafe wird wahrscheinlich Konformität hervorrufen; vermutlich wird der Patient dem nachkommen, was man ihm sagt, um augenblickliche Schwierigkeiten zu vermeiden. Das bedeutet jedoch nicht, daß er Richtlinien erworben hat, derer er sich auch außerhalb der Behandlungssituation bedienen wird. Tatsächlich führen solche Methoden eher dazu, von äußeren Kontrollen abhängig zu werden als innere Kontrollinstanzen aufzubauen. Zudem wird die Mehrzahl der Patienten unter diesen Bedingungen die Einstellung entwickeln, nur das zu tun, was ihnen gesagt wird – und dann häufig auch nur halben Herzens –, während sie, sobald sie nicht mehr der Supervision des Therapeuten unterstehen, tun werden, was ihnen behagt (Bandura und Walters, 1959).

Außerdem führt Strafe nur dazu, Feindseligkeiten und andere negative Motivationen zu intensivieren, und könnte somit dissoziale Personen weiter anreizen, gerade die Verhaltensweisen zu betonen, die durch Bestrafung unter Kontrolle gebracht werden sollten.

Schwache aversive Reize wurden bei der Behandlung von freiwilligen Patienten verwendet, die sich dadurch von bestimmten Leiden befreien wollten.

Liversedge und Sylvester (1955) z. B. behandelten mit Erfolg sieben Patienten, die an Schreibkrampf litten, durch ein Übungsverfahren, das Elektroschocks verwendete. Um das Zittern, eine Komponente der motorischen Störung, zu beseitigen, mußten die Patienten einen Stift in eine Reihe von immer kleiner werdenden Löchern hineinstecken; jedesmal, wenn der Stift den Rand eines Loches berührte, erhielten die Patienten einen leichten Schock. Die Aufhebung der

Krampf-Komponente der Störung wurde auf zweierlei Weise erreicht. Zunächst zeichneten die Patienten mit einem Stift auf einer Metallplatte verschiedene lineare Muster nach (analog der Schreibbewegung), und jede Abweichung von der Linie hatte einen Schock zur Folge. Nach dem Training an diesem Apparat erhielten die Patienten einen elektrifizierten Füllfederhalter, der jedesmal einen elektrischen Schock abgab, wenn ein sehr starker Daumendruck ausgeübt wurde.

Liversedge und Sylvester berichten, daß die Patienten nach diesem Übungsprogramm in der Lage waren, ihre Arbeit wieder aufzunehmen; eine katamnestische Untersuchung einige Monate später ergab, daß die Besserung angehalten hatte.

Die aversiven Therapieformen, die im Abschnitt über Gegenkonditionierungsverfahren beschrieben wurden, wenden ebenfalls leichte Bestrafungen an.

## *Soziale Imitation*

Obwohl Lernen bis zu einem gewissen Grad durch direktes Training und durch Belohnung erfolgt, dürfte ein großer Teil des Verhaltensrepertoires eines Menschen durch Imitation dessen, was er bei anderen beobachtet, erworben werden. Unter diesen Voraussetzungen kann die soziale Imitation als wirksames Mittel für die Übertragung von sozialen Verhaltensmustern bei der Behandlung von dissozialen Patienten dienen.

Jedoch ist es nicht ausreichend, nur ein Imitations-Modell anzubieten. Auch wenn der Therapeut selbst diejenigen Verhaltensweisen zeigt, die der Patient erlernen soll, wird das wahrscheinlich nur einen geringen Einfluß auf ihn haben, wenn er den Therapeuten als Modell ablehnt. Man nimmt an, daß das Entstehen affektiver Bindungen eine wichtige Voraussetzung für Imitationslernen darstellt, da affektive Belohnungen die sekundären Verstärkungsmöglichkeiten des Modells vergrößern und so den Imitator in die Lage versetzen, sein Verhalten nach dem der belohnenden Person auszurichten (Mowrer, 1950; Sears, 1957; Whiting, 1954). Einen positiven Nachweis für den Einfluß sozialer Belohnungen auf die Imitation finden Bandura und Huston (im Druck) in einer neueren Untersuchung zur Identifikation als Prozeß unbewußter (inzidenteller) Nachahmung.

In dieser Untersuchung wurde Vorschulkindern eine Orientierungsaufgabe gegeben, aber im Gegensatz zu den meisten Untersuchungen über inzidentelles Lernen führte der Versuchsleiter die ablenkende

Aufgabe selbst durch, und es wurde das Ausmaß festgestellt, in dem die Versuchspersonen ihr Verhalten nach dem des Versuchsleiters ausrichteten.

Eine Zweifachwahl-Diskriminationsaufgabe, wie sie in ähnlicher Form von Miller und Dollard (1941) in ihren Versuchen zur sozialen Imitation verwendet wurde, diente als ablenkende Aufgabe. Bei jedem Versuch wurde einer von zwei Kästen mit zwei Belohnungen gefüllt (kleinen Farbphotos von Tieren), und es ging darum, zu raten, welcher der beiden Kästen die Bilder enthielt. Der Versuchsleiter, der als Modell (M) fungierte, begann jeweils mit dem Spiel und wählte jedesmal den Kasten mit den Belohnungen. Während M's Versuch verblieb die Vp am Ausgangspunkt, von wo sie M's Verhalten beobachten konnte. Bei jedem Diskriminationsversuch zeigte M gewisse verbale, motorische und aggressive Verhaltensmuster, die völlig irrelevant für die Aufgabe waren, auf die sich die Aufmerksamkeit der Vp richtete. Am Ausgangspunkt z. B. machte M eine verbale Äußerung und ging dann langsam auf den Kasten zu, der die Bilder enthielt, indem er wiederholte: »Marsch, marsch, marsch.« Auf dem Deckel jedes Kastens war eine Gummipuppe befestigt, die M aggressiv herunterstieß, wenn er den betreffenden Kasten erreicht hatte. Dann machte er eine kurze Pause, sagte: »Öffne den Kasten«, nahm eines der Bilder heraus und klebte es auf ein großes Bild, das an der Wand direkt hinter den Kästen hing. Danach kamen die Vpn an die Reihe, und die Anzahl der von M gezeigten Verhaltensweisen, die nun von den Vpn wiederholt wurden, wurde registriert.

Eine Kontrollgruppe wurde einbezogen, um 1. feststellen zu können, ob das Verhalten der Vpn echtes nachahmendes Lernen darstellte oder lediglich ein zufälliges Auftreten von Verhaltensweisen mit hohem Stellenwert in der Reaktionshierarchie der Vp, und um 2. zu entscheiden, ob die Vpn bestimmte Aspekte von M's Verhalten annehmen würden, die eine beträchtliche Verzögerung der Belohnung bedeuteten. Deshalb ging M mit der Kontrollgruppe über einen großen Umweg entlang der Wand des Testraumes zu dem Kasten; anstatt gegen die Puppe aggressiv zu werden, nahm er diese sanft vom Kasten herunter.

Die Ergebnisse dieser Untersuchung zeigen, daß bei Vorschulkindern ein hoher Anteil inzidenteller Imitation der von einem erwachsenen Modell gezeigten Verhaltensweisen auftritt. Von den Vpn der Experimentalgruppe übernahmen 88% M's aggressives Verhalten, 44% imitierten den Gang, und 28% reproduzierten M's Ausdrücke. Im Gegensatz dazu verhielt sich keine der Vpn der Kontrollgruppe aggressiv, marschierte oder sprach, während 75% den Umweg zu den Kästen imitierten.

Um die Hypothese zu überprüfen, daß sich Kinder, die zu einem Erwachsenen eine Bindung aufbauen, die positiv verstärkt wird, mehr durch das Verhalten des Modells beeinflussen lassen als Kinder, die eine relativ kühle und distanzierte Beziehung entwickeln, bekam die Hälfte der Vpn in diesem Experiment eine intensive Zuwendung, während die andere Hälfte ohne besondere Zuwendung belassen wurde. Während der Kontaktsituation, die dem inzidentellen Lernen vorausging, spielte M mit den Vpn, reagierte bereitwillig auf Bitten um Aufmerksamkeit von seiten der Vp und förderte auch auf andere Weise eine beständig warme und belohnende Interaktion mit dem Kind. Im Gegensatz dazu spielte die Vp in den Sitzungen ohne besondere Zuwendung allein, während M sich an einem Pult in einer entfernten Ecke des Zimmers mit Schreibarbeiten beschäftigte.

Übereinstimmend mit der Hypothese stellte sich heraus, daß die Vpn, deren Interaktionen mit M belohnt wurden, signifikant mehr von M's Verhalten annahmen als die Vpn, denen der enge Kontakt vorenthalten wurde.

Ein noch entscheidenderer Beweis für die Übermittlung von Verhaltensmustern durch den Prozeß der sozialen Imitation ist die spätere Übertragung von imitativen Reaktionen auf neue Situationen, bei denen das Modell fehlt. Eine gerade beendete Untersuchung dazu beweist eindeutig, daß die Beobachtung der Reize, die durch das Verhalten anderer hervorgerufen werden, ein wirksames Mittel ist, um Reaktionen hervorzurufen, für die die ursprüngliche Wahrscheinlichkeit sehr niedrig ist (Bandura, Ross und Ross, im Druck).

Empirische Untersuchungen der Korrelate starker oder schwacher Identifikation mit den Eltern unterstützen die Theorie, daß Belohnungen imitatives Lernen fördern. Jungen von in hohem Maße belohnenden und liebevollen Vätern übernahmen die Vaterrolle im Puppenspiel (Sears, 1953), zeigten Übereinstimmung mit dem Vater bei der Beantwortung von Items eines Persönlichkeitsfragebogens (Payne und Mussen, 1956) und tendierten zu männlichen Verhaltensweisen (Mussen und Distler, 1959, 1960) in einem größeren Ausmaß als Jungen, deren Väter relativ kalt und nicht-belohnend waren.

Die Behandlung von älteren unsozialisierten Delinquenten ist eine schwierige Aufgabe, da diese weitgehend auf sich selbst bezogen sind und nicht so leicht Beziehungen zu einem Therapeuten suchen. In vielen Fällen kann die Sozialisation nur durch eine stationäre Behandlung erreicht werden. In der Anstalt kann der Therapeut persönlich viele der primären Belohnungen geben und zwischen den Bedürfnissen und deren Befriedigung vermitteln. Durch die wiederholte Assoziation mit Belohnungserfahrungen erhalten viele Haltungen und Verhaltensweisen des Therapeuten für den Patienten sekundären Belohnungswert, und somit wird er motiviert, diese Haltungen und Verhaltensweisen selbst zu zeigen. Wenn erst einmal Haltungen und Werte auf diese Art angenommen worden sind, wird die Hemmung antisozialer Tendenzen des Patienten unabhängig vom Therapeuten funktionieren.

Die Behandlung durch soziale Imitation wurde bisher nur als Methode zur Änderung dissozialer Verhaltensweisen vorgeschlagen; man kann sie jedoch auch als ein wirksames Verfahren zur Behandlung anderer Störungsformen anwenden. So fand z. B. Jones (1924a), daß das soziale Beispiel eines Kindes, das normal auf diejenigen Reize reagierte, auf die ein anderes Kind mit Angst reagierte, in einigen Fällen tatsächlich diese phobischen Reaktionen zum Verschwinden brachte.

Tatsächlich erwies sich die Methode der sozialen Imitation neben der Gegenkonditionierung als die wirksamste Methode, unangemessene Furcht zu beseitigen.

Vieles deutet darauf hin, daß durch ein Modell mit hohem Prestige und somit größerem Verstärkungswert diese Methode zur Förderung günstiger, angepaßter Verhaltensmuster noch wirksamer gemacht werden kann (Jones, 1924a; Mausner, 1953; Miller und Dollard, 1941).

Im Verlauf einer konventionellen Psychotherapie ist der Patient vielen inzidentellen Reizen ausgesetzt, die durch die Werte, Haltungen und Verhaltensmuster des Therapeuten gesetzt werden. Sie sind nur deshalb inzidentell, weil sie gewöhnlich als sekundär oder irrelevant für die Aufgabe betrachtet werden, die Probleme des Patienten zu lösen. Dennoch ist es möglich, daß einige Veränderungen, die im Verhalten des Patienten beobachtet werden, nicht so sehr aus der beabsichtigten Interaktion zwischen Patient und Therapeut resultieren, sondern eher daraus, daß der Patient aktiv Einstellungen und Werthaltungen des Therapeuten lernt, die dieser niemals direkt zu übermitteln versucht. Dies wird teilweise durch Rosenthal (1959) erhärtet, der herausfand, daß trotz der üblichen Vorsichtsmaßnahmen, die vom Therapeuten getroffen werden, um das Übertragen einer Wertvorstellung auf die Patienten zu vermeiden, diejenigen Patienten die größte Verbesserung zeigten, die ihre moralischen Wertvorstellungen (auf den Gebieten der Sexualität, der Aggression und der Autorität) in Richtung auf die Werte ihrer Therapeuten änderten; hingegen näherten sich Patienten, die ohne Besserung blieben, den Werten des Therapeuten weniger.

### *Integrationsschwierigkeiten*

Bei einer Übersicht über die Literatur zur Psychotherapie wird deutlich, daß Lerntheorie und allgemeine Psychologie einen bemerkenswert geringen Einfluß auf die Praxis der Psychotherapie ausgeübt haben, und daß – abgesehen vom Interesse an Skinners operanten Konditionierungsmethoden in der letzten Zeit (Krasner, 1955; Skinner, 1953) – die meisten ernsthaften Versuche, Lernprinzipien auf die klinische Praxis anzuwenden, von europäischen Therapeuten gemacht wurden (Jones, 1956; Lazarus und Rachman, 1957; Liversedge und Sylvester, 1955; Meyer, 1957; Rachman, 1959; Ramond, 1956; Wolpe, 1958; Yates, 1958). Diese Trennung der Behandlungsmethoden von unserem Wissen um Lernen und Motivation wird auch noch für einige Zeit bestehenbleiben, da es einige weitverbreitete Einstellungen gibt, die eine adäquate Integration verhindern.

Vor allem bedeutet für die meisten Psychotherapeuten der bewußte Einsatz der Lernprinzipien zur Veränderung menschlichen Verhaltens eine Manipulation und Kontrolle des Patienten, und Kontrolle wird von ihnen als inhuman und deshalb als schlecht betrachtet. Daher wird den Verteidigern des lerntheoretischen Ansatzes in der Psychotherapie häufig vorgeworfen, daß sie Menschen wie Ratten oder Tauben behandelten, und daß sie sich auf dem Weg zu Orwells 1984 befänden.

Das bedeutet nicht, daß Psychotherapeuten das Verhalten ihrer Patienten nicht beeinflussen oder kontrollieren. Im Gegenteil, in jeder interpersonellen Interaktion – und die Psychotherapie bildet da keine Ausnahme – findet wechselseitige Kontrolle und Beeinflussung statt (Frank, 1959; Skinner, 1956a). Obwohl die Kontrolle des Patienten über den Therapeuten bis jetzt noch nicht untersucht worden ist (eine solche Kontrolle wird deutlich, wenn die Patienten so klug sind, den Therapeuten mit interessantem historischem Material zu versehen und dadurch die Diskussion ihrer gegenwärtigen interpersonellen Probleme umgehen), gibt es doch etliche Hinweise dafür, daß der Therapeut eine persönliche Kontrolle über seine Patienten ausübt. Eine kurze Prüfung der Gesprächsprotokolle von Patienten, die von Therapeuten verschiedener theoretischer Orientierungen behandelt wurden, zeigt ganz deutlich, daß die Patienten vollkommen in der höchst eigenen Sprache des Therapeuten konditioniert wurden. Nach der Klient-zentrierten Methode behandelte Patienten neigen z. B. dazu, die entsprechende Terminologie, Theorie und Ziele zu produzieren, und ihre Gesprächsinhalte zeigen nur wenig oder gar keine Ähnlichkeit mit denen von Patienten in der Psychoanalyse, die wiederum dazu neigen, die Sprache der psychoanalytischen Theorie zu sprechen (Heine, 1950). Noch deutlicher wird der kontrollierende Einfluß des Therapeuten in Untersuchungen von Patient-Therapeut-Interaktionen (Bandura et al. 1960; Murray, 1956; Rogers, 1960). Die Ergebnisse dieser Untersuchungen zeigen, daß der Therapeut den Patienten nicht nur kontrolliert, indem er ihn mit Interesse und Zustimmung belohnt, wenn sich der Patient so verhält, wie es der Therapeut wünscht, sondern daß er auch durch Bestrafung in Form von leichter Mißbilligung und Entzug des Interesses kontrolliert, wenn sich der Patient in einer Art und Weise verhält, die den Therapeuten bedroht oder seinen Absichten entgegenläuft.

Es erschwert das Verständnis für Veränderungen, die im Verlaufe einer Psychotherapie entstehen, daß die unabhängige Variable, d. h. das Verhalten des Therapeuten, häufig nur vage oder nur teilweise definiert ist. In dem Bemühen, den direktiven Einfluß des Therapeuten auf den Patienten zu bagatellisieren oder zu verleugnen, wird der Therapeut bezeichnenderweise als »Katalysator« beschrieben, der auf eine geheimnisvolle Art und Weise positive angepaßte Verhaltensschemata freilegt oder ähnliche Errungenschaften, die gewöhnlich in ganz allgemeinen und sozial besonders erwünschten Begriffen umschrieben werden.

In den vorangehenden Abschnitten wurde behauptet, daß viele der in der Psychotherapie stattfindenden Veränderungen sich aus der unbewußten Anwendung wohlbekannter Lernprinzipien entwickeln. Die notwendigen Voraussetzungen für das Lernen entstehen jedoch mehr zufällig als durch Absicht, und vielleicht würde eine vorsätzliche Anwendung unserer Kenntnis des Lernprozesses in der Psychotherapie weit wirksamere Resultate erbringen.

Der vorherrschende Ansatz zur Entwicklung psychotherapeutischer Verfahren war bislang die Gründung einer »Schule«. Ein ähnlicher Trend läßt sich auch bei den Behandlungsmethoden feststellen, die sich aus der Lerntheorie ableiten. Wolpe z. B. wählte das Prinzip der Gegenkonditionierung aus und baute darauf eine Psychotherapie-»Schule« auf; Dollard und Miller haben sich auf die Extinktion und auf das Diskriminationslernen konzentriert; die Nachfolger von Skinner verlassen sich fast ganz auf die Belohnungsmethoden. Diese Hervorhebung einiger weniger Lernprinzipien auf Kosten anderer relevanter Prinzipien wird letzten Endes nur dazu dienen, die Effektivität einer solchen Psychotherapie zu begrenzen.

Als zweiten Faktor könnte man für den fehlenden Zusammenhang zwischen allgemeiner Psychologie und psychotherapeutischer Praxis verantwortlich machen, daß das von den meisten Psychotherapeuten anerkannte Persönlichkeitsmodell nicht ganz mit den gegenwärtig entwickelten Verhaltensprinzipien übereinstimmt.

In ihrer Definition der Persönlichkeit beziehen sich die Psychotherapeuten meist auf eine Vielzahl erklärender innerer Prozesse. Im Gegensatz dazu sehen die Lerntheoretiker den Organismus als ein mehr mechanisches und einfacheres System und neigen folglich dazu, sich hauptsächlich in Begriffen von Ursache-Wirkungs-Verbindungen ohne Bezug auf den inneren Zustand auszudrücken.

Symptome sind gelernte S–R-Verbindungen; sind sie gelöscht oder dekonditioniert, ist die Behandlung beendet. Eine solche Behandlung basiert ausschließlich auf gegenwärtigen Faktoren; sie ist, wie die Theorie von Lewin, unhistorisch. Nicht-verbale Methoden werden verbalen Methoden vorgezogen, nur für die verbalen Methoden der Extinktion und der Rekonditionierung bleibt ein kleiner Raum. Das Hauptinteresse gilt der Funktion, nicht dem Inhalt. Der wesentliche Unterschied zwischen den beiden Theorien liegt in der Frage der »symptomatischen« Behandlung. Nach der orthodoxen Theorie ist diese nutzlos, wenn nicht die zugrundeliegenden Komplexe angegangen werden. Nach der gegenwärtigen Theorie gibt es keinen Beweis für diese vermeintlichen Komplexe, und eine symptomatische Behandlung erfüllt alle Ansprüche (Eysenck, 1957, S. 267–268).

Verhaltensänderungen, die durch Methoden wie Gegenkonditionierung entstehen, werden von den »dynamisch-orientierten« Therapeuten als nicht nur oberflächliche »symptomatische« Behandlung betrachtet, bei welcher die wesentlichen zugrundeliegenden Auslöser des Verhaltens unverändert bleiben, sondern auch als potentiell gefährlich, da die direkte Eliminierung eines Symptoms ein noch ernsthafter gestörtes Verhalten herbeiführen könnte.

Diese Annahme läßt sich jedoch kaum durch die in dieser Arbeit zitierten Untersuchungen belegen, deren Ergebnisse im allgemeinen recht günstig sind. In den meisten Fällen, in denen katamnestische Daten über den Langzeiteffekt der Therapie vorhanden waren, haben sich viele Patienten, die zuvor ohne großen Erfolg mit konventionellen Methoden behandelt worden waren, ganz offensichtlich in ihrem sozialen, beruflichen und psychosexuellen Verhalten beträchtlich gebessert. Trotz möglicher Fehlerquellen dürfte alles in allem der Beweis erbracht sein, daß – wo auch immer die Ursachen fehlangepaßten Verhaltens liegen mögen – eine Veränderung des Verhaltens durch Lernvorgänge allen Erfordernissen zur Behebung der meisten emotionalen Strömungen nachkommt.

Wie Mowrer (1950) sehr treffend bemerkt, stellt »die Gegenüberstellung von Symptom und zugrundeliegender Ursache« eine unangemessene medizinische Analogiebildung dar. Ob ein Verhalten als normal oder als Symptom einer zugrundeliegenden Störung betrachtet wird, hängt davon ab, ob jemand gegen dieses Verhalten Einspruch erhebt oder nicht. So kann z. B. Aggressivität bei Kindern von den Eltern als ein Zeichen gesunder Entwicklung verstärkt werden, während dasselbe Verhalten von der Schule und von der Gesellschaft als Symptom einer Persönlichkeitsstörung angesehen wird (Bandura und Walters, 1959). Ferner kann ein Verhalten, das in einem Entwicklungsstadium als normal betrachtet wird, in einer späteren Periode als »Symptom einer gestörten Persönlichkeit« betrachtet werden. In diesem Zusammenhang ist es angemessen, Mowrers (1950) Frage zu wiederholen: »Und wann hört ein solches persistierendes Verhalten plötzlich auf, normal zu sein, und wird zum Symptom?« (S. 474).

Während hohes Fieber im allgemeinen als Zeichen eines zugrundeliegenden Krankheitsprozesses betrachtet wird, unabhängig davon, wann und wo es auftritt, hängt die Einstufung eines bestimmten Verhaltens als normal oder als Symptom einer zugrundeliegenden Krankheit davon ab, von wem es beurteilt wird, in welchem Zusammenhang es steht, wie alt der Betreffende ist, und noch von vielen anderen Faktoren mehr.

Ein weiterer Unterschied zwischen medizinischer Pathologie und Verhaltenspathologie, der gewöhnlich übersehen wird, ist, daß bei den meisten Verhaltensstörungen nicht die zugrundeliegenden Motivationen geändert oder ersetzt werden müssen, sondern die Art und Weise, in der der Patient gelernt hat, seine Bedürfnisse zu befriedigen (Rotter, 1954). So ist z. B. bei einem Patienten, der ein abweichendes sexuelles Verhalten zeigt, nicht die Entfernung der zugrundeliegenden Ursache, d. h. der sexuellen Motivation das Ziel, sondern die Ersetzung durch sozial eher erwünschte Mittel und Ziele der Befriedigung.

Man sollte auch nicht übersehen, daß der Therapeut in der gegenwärtig populären Form der Psychotherapie aus seiner Rolle eine Menge direkter oder eingebildeter persönlicher Befriedigung zieht. Im Verlaufe der Behandlung kann der Patient erhebliche Zuneigung und Bewunderung für den Therapeuten ausdrücken, er kann den Therapeuten für allwissend halten, und die Rekonstruktion der Geschichte des Patienten kann eine intellektuell anregende Beschäftigung sein. Andererseits schreiben die Methoden, die von der Lerntheorie abgeleitet sind, dem Therapeuten eine weniger glanzvolle Rolle zu; auch das dürfte schon Widerstände bei den Psychotherapeuten erzeugen, von den gebräuchlichen Methoden Abstand zu nehmen.

Welches der beiden Persönlichkeitskonzepte – die psychodynamische oder die soziale Lerntheorie – für die Entwicklung wirksamer Verfahren zur Modifikation menschlichen Verhaltens brauchbarer ist, bleibt noch nachzuweisen. Da es möglich ist, logische Argumente und eindrucksvolles klinisches Material für die Effektivität beider Ansätze zu liefern, wird das beste Beweisfeld das Laboratorium sein.

Zur Bewertung psychotherapeutischer Methoden ist es allgemein üblich, Veränderungen in einer behandelten Gruppe mit denen einer nichtbehandelten Kontrollgruppe zu vergleichen. Ein Nachteil dieses Ansatzes ist, daß zwar die Frage beantwortet wird, ob eine bestimmte Behandlungsmethode wirksamer (oder nicht) ist als keine Behandlung, um spezifische Persönlichkeitszüge bei bestimmten Patientengruppen zu verändern, man aber dadurch keine Information über die relative Wirksamkeit alternativer Psychotherapieformen gewinnen kann.

Es wäre weitaus informativer, wenn bei zukünftiger Psychotherapieforschung vollkommen verschiedene Behandlungsformen verglichen würden (King und Armitage, 1958; Rogers, 1959), denn dieses Vorgehen könnte viel schneller zu einem Ablassen von jenen so geschätzten psychotherapeutischen Ritualen führen, die sich für die erfolgreiche Behandlung emotionaler Störungen als unwirksam oder als Hindernis erwiesen haben.

## LITERATUR


Adams, J. K.: Laboratory studies of behavior without awareness. *Psychol. Bull.*, 1957, 54, 393–405

Alexander, F.; *Psychoanalysis and psychotherapy*. New York, Norton, 1956

Alexander, F., and French, M. T.; *Psychoanalytic therapy*. New York, Ronald 1946

Atkinson, R. L.: Paired-associate learning by schizophrenic and normal subjects under conditions of verbal reward and verbal punishment. Unpublished doctoral dissertation, Indiana University, 1957

Azran, N. H., and Lindsley, O. R.: The reinforcement of cooperation between children. *J. abnorm. soc. Psychol.*, 1956, 52, 100–102

Bandura, A., and Huston A. C.: Identification as a process of incidental learning. *J. abnorm. soc. Psychol.*, in press

Bandura, A., Lipsher, D. H., and Miller, P. E.: Psychotherapists approach-avoidance reactions to patients' expressions of hostility. *J. consult. Psychol.*, 1960, 24, 1–8

Bandura, A., Ross, D. and Ross, S. A.: Transmission of aggression through imitation of aggressive models. *J. abnorm. soc. Psychol.*, in press

Bandura, A., and Walters, R. H.: *Adolescent aggression.* New York, Ronald, 1959

Cairns, R. B.: The influence of dependency-anxiety on the effectiveness of social reinforcers. Unpublished doctoral dissertation, Stanford University, 1959

Calvin, A. D., Clifford, L. T., Clifford, B., Bolden, L., and Harvey, J.: Experimental validation of conditioned inhibition. *Psychol. Rep.*, 1956, 2, 51–56.

Davidson, J. R., and Douglass, E.: Nocturnal enuresis: A special approach to treatment. *British med. J.*, 1950, 1345–1347.

Dittes, J. E.: Extiniction during psychotherapy of GSR accompanying »embarrassing« statements. *J. abnorm. soc. Psychol.*, 1957, 54, 187–191 (a)

Dittes, J. E.: Galvanic skin responses as a measure of patient's reaction to therapist's permissiveness. *J. abnorm. soc. Psychol.*, 1957, 55, 295–303 (b)

Dollard, J., Auld, F., and White, A. M.: *Steps in psychotherapy.* New York, Macmillan, 1954

Dollard, J. and Miller, N. E.: *Personality and psychotherapy.* New York, McGraw-Hill, 1950

Dunlap, K.: *Habits, their making and unmaking.* New York, Liveright, 1932

Edmonson, B. W., and Amsel, A.: The effects of massing and distribution of extinction trials on the persistence of a fear-motivated instrumental response. *J. comp. physiol. Psychol.*, 1954, 47, 117–123

Erikson, C. W.: Unconscious processes. In M. R. Jones (Ed.), *Nebraska symposium on motivation.* Lincoln, Univer. Nebraska Press, 1958

Estes, W. K.: An experimental study of punishment. *Psychol. Monogr.*, 1944, 57 (3, Whole No. 363)

Eysenck, H. J.: *The dynamics of anxiety and hysteria.* New York, Praeger, 1957

Fenichel, O.: *Problems of psychoanalytic technique.* (Trans. by D. Brunswick) New York, Psychoanalytic Quarterly, 1941

Ferster, C. B.: Development of normal behavioral processes in autistic children. *Res. relat. Child.*, 1959, No. 9, 30 (Abstract)

Fishman, H. C.; A study of the efficiency of negative practice as a corrective for stammering. *J. speech Dis.*, 1937, 2, 67–72

Frank, J. D.: The dynamics of the psychotherapeutic relationship. *Psychiatry*, 1959, 22, 17–39

Fromm-Reichmann, F.: *Principle of intensive psychotherapy.* Chicago, Univer. Chicago Press, 1950

Heine, R. W.: An investigation of the relationship between change in personality from psychotherapy as reported by patients and the factors seen by patients as producing change. Unpublished doctoral dissertation, University of Chicago, 1950

Jones, E. L.: Exploration of experimental extinction and spontaneous recovery in stuttering. In W. Johnson (Ed.), *Stuttering in children and adults.* Minneapolis, Univer. Minnesota Press, 1955

Jones, H. G.: The application of conditioning and learning techniques to the

treatment of a psychiatric patient. *J. Abnorm. soc. Psychol.*, 1956, 52, 414–419
Jones, M. C.: The elimination of children's fears. *J. exp. Psychol.*, 1924, 7, 382–390 (a)
Jones, M. C.: A laboratory study of fear: The case of Peter. *J. genet. Psychol.*, 1924, 31, 308–315 (b)
King, G. F., and Armitage, S. G.: An operant-interpersonal therapeutic approach to schizophrenics of extreme pathology. *Amer. Psychologist*, 1958, 13, 358 (Abstract)
Klein, M.: *The psycho-analysis of children.* London, Hogarth 1949
Krasner, L.: The use of generalized reinforcers in psychotherapy research. *Psychol. Rep.*, 1955, 1, 19–25
Krasner, L.: Studies of the conditioning of verbal behavior. *Psychol. Bull.*, 1958, 55, 148–170
Lacey, J. I., and Smith, R. I.: Conditioning and generalization of unconscious anxiety. *Science*, 1954, 120, 1–8
Lazarus, A. A., and Rachman, S.: The use of systematic desensitization in psychotherapy. *S. Afr. med. J.*, 1957, 32, 934–937
Lehner, G. F. J.: Negative practice as a psychotherapeutic technique. *J. gen. Psychol.*, 1954, 51, 69–82
Lindsley, O. R.: Operant conditioning methods applied to research in chronic schizophrenia. *Psychiat. res. Rep.*, 1956, 5, 118–138
Liversedge, L. A., and Sylvester, J. D.: Conditioning techniques in the treatment of writer's cramp. *Lancet*, 1955, 1, 1147–1149
Martin, B., and Kubly, D.: Results of treatment of enuresis by a conditioned response method. *J. consult. Psychol.*, 1955, 19, 71–73
Mausner, B.: Studies in social interaction: III. The effect of variation in one partner's prestige on the interaction of observer pairs. *J. appl. Psychol.*, 1953, 37, 391–393
Mausner, B.: The effect of the partner's success in a relevant task on the interaction of observer pairs. *J. abnorm. soc. Psychol.*, 1954, 49, 557–560
Max, L. W.: Breaking up a homosexual fixation by the conditioned reaction technique: A case study. *Psychol. Bull.*, 1935, 32, 734
Meissner, J. H.: The relationship between voluntary nonfluency and stuttering. *J. speech Dis.*, 1946, 11, 13–33
Meyer, V.: The treatment of two phobic patients on the basis of learning principles: Case report. *J. abnorm. soc. Psychol.*, 1957, 55, 261–266.
Miller, N. E. and Dollard, J.: *Social learning and imitation.* New Haven, Yale Univer. Press. 1941
Morgan, J. J. B. and Witmer, F. J.: The treatment of enuresis by the conditioned reaction technique. *J. genet. Psychol.*, 1939, 55, 59–65
Mowrer, O. H.: *Learning theory and personality dynamcis.* New York, Ronald, 1950
Mowrer, O. H., and Mowrer, W. M.: Enuresis – a method for its study and treatment. *Amer. J. Orthopsychiat.*, 1938, 8, 436–459
Murray, E. J.: The content-analysis method of studying psychotherapy. *Psychol. Monogr.*, 1956, 70 (13, Whole No. 420)
Mussen, P., and Distler, L. M.: Masculinity, identification, and father-son relationships. *J. abnorm. soc. Psychol.*, 1959, 59, 350–356

Mussen, P., and Distler, L. M.: Child-rearing antecedents of masculine identification in kindergarten bays. Child Develpm., 1960, 31, 89–100

Payne, D. E., and Mussen, P. H.: Parent-child relationships and father identification among adolescent boys. *J. abnorm. soc. Psychol.*, 1956, 52, 358–362

Peters, H. N.: Multiple choice learning in the chronic schizophrenic. *J. clin. Psychol.*, 1953, 9, 328–333

Peters, H. N., and Jenkins, R. L.: Improvement of chronic schizophrenic patients with guided problem-solving motivated by hunger. *Psychiat. Quart. Suppl.*, 1954, 28, 84–101

Rachman, S.: The treatment of anxiety and phobic reactions by systematic desentitization psychotherapy. *J. abnomr. soc. Psychol.*, 1959, 58, 259 bis 263

Raymond, M. S.: Case of fetishism treated by aversion therapy. *Brit. med. G.*, 1956, 2, 854–857

Razran, G.: Stimulus generalization of conditioned responses. *Psychol. Bull.*, 1949, 46, 337–365

Robinson, N. M.: Paired-associate learning by schizophrenic subjects under conditions of personal and impersonal reward and punishment. Unpublished doctoral dissertation, Stanford University, 1957.

Rogers, C. R.: *Client-centered therapy*. Boston, Houghton Mifflin, 1951

Rogers, C. R.: Group discussion: Problems of controls. In E. H. Rubinstein and M. B. Parloff (Eds.), *Research in psychotherapy*. Washington, D. C., American Psychological Association, 1959

Rogers, J. M.: Operant conditioning in a quasi-therapy setting. *J. abnorm. soc. Psychol.*, 1960, 60, 247–252

Rosenthal, D.: Changes in some moral values following psychotherapy. *J. consult. Psychol.*, 1955, 19, 431–436

Rotter, J. B.: *Social learning and clinical psychology*. Englewood Cliffs, N. J., Prentice-Hall, 1954

Rubenstein, E. A., and Lorr, M.: A comparison of terminators and remainers in outpatient psychotherapy. *J. clin. Psychol.*, 1956, 12, 345–349

Rutherford, B. R.: The use of negative practice in speech therapy with children handicapped by cerebral palsy, athetoid type. *J. speech Dis.*, 1940, 5, 259–264

Salzinger, K.: Experimental manipulation of verbal behavior: A review. *J. gen. Psychol.*, 1959, 61, 65–94

Sarason, B. R.: The effects of verbally conditioned response classes on post-conditioning tasks. *Dissertation Abstr.*, 1957, 12, 679

Schmidberg, M.: Psychotherapy of juvenile delinquents. *Int. ment. hlth. res. Newsltr.*, 1959, 1, 1–2

Sears, P. S.: Child-rearing factors related to playing of sex-typed roles. *Amer. Psychologist*, 1953, 8, 431 (Abstract)

Sears, R. R.: Identification as a form of behavioral development. In D. B. Harris (Ed.), *The concept of development: An issue in the study of human behavior*. Minneapolis, Univer. Minnesota Press, 1957

Sheehan, J. G.: The modification of stuttering through non-reinforcement. *J. abnorm. soc. Psychol.*, 1951, 46, 51–63

Sheehan, J. G., and Voas, R. B.: Stuttering as conflict: I. Comparison of therapy techniques involving approach and avoidance. *J. speech. Dis.*, 1957, 22, 714–723

Shoben, E. J.: Psychotherapy as a problem in learning theory. *Psychol. Bull.*, 1949, 46, 366–392

Skinner, B. F.: *Science and human behavoir.* New York, Macmillan, 1953

Skinner, B. F.: Some issues concerning the control of human behavior. *Science,* 1956, 124, 1057–1066 (a)

Skinner, B. F.: What is psychotic behavior? In, *Theory and treatment of psychosis: Some newer aspects.* St. Louis, Washington Univer. Stud. 1956 (b)

Solomon, R. L., Kamin, L. J., and Wynne, L. C.: Traumatic avoidance learning: The outcomes of several extinction procedures with dogs. *abnorm, soc. Psychol.*, 1953, 48, 291–302

Sullivan, H. S.: *The interpersonal theory of psychiatry.* New York, Norton, 1953.

Thirman, J.: Conditioned-reflex treatment of alcoholism. *New Engl., J. Med.,* 1949, 241, 368–370, 406–410

Thompson, G. N., and Bielinski, B.: Improvement in psychosis following conditioned reflex treatment in alcoholism. *J. nerv. ment. Dis.*, 1953, 117, 537–543

Tilton, J. R.: The use of instrumental motor and verbal learning techniques in the treatment of chronic schizophrenics. Unpublished doctoral dissertation, Michigan State University, 1956

Ullman, L. P., Krasner, L., and Collins B. J.: Modification of behavior in group therapy associated with verbal conditioning. *J. abnorm. soc. Psychol.*, in press

Voegtlen, W. L.: The treatment of alcoholism by establishing a conditioned reflex. *Amer. J. med. Sci.*, 1940, 119, 802–810

Wallace, J. A.: The treatment of alcoholics by the conditioned reflex method. *J. Tenn. Med. Ass.*, 1949, 42, 125–128

Weide, T. N.: Conditioning and generalization of the use of affect-relevant words. Unpublished doctoral dissertation, Stanford University, 1959

Whiting, J. W. M.: The research program of the Laboratory of Human Development: The development of-self-control. Cambridge: Harvard University, 1954 (Mimeo)

Williams, C. D.: The elimination of tantrum behaviors by extinction procedures. *J. abnorm, soc. Psychol.*, 1959, 59, 269

Williams, R. I.: Verbal conditioning in psychotherapy. *Amer. Psychologist,* 1959, 14, 388 (Abstract)

Wolpe, J.: Reciprocal inhibition as the main basis of psychotherapeutic effects. *AMA Arch. Neurol. Psychiat.*, 1954, 72, 205–226

Wolpe, J.: *Psychotherapy by reciprocal inhibition.* Stanford, Stanford Univer. Press, 1958

Wolpe, J.: Psychotherapy based on the principle of reciprocal inhibition. In A. Burton (Ed.), *Case studies in counseling and psychotherapy.* Englewood Cliffs, N. J., Prentice-Hall, 1959

Yates, A. J.: The application of learning theory to the treatment of tics. *j. abnorm. soc. Psychol.*, 1958, 56, 175–182

LEONARD P. ULLMANN / LEONARD KRASNER /
BEVERLY J. COLLINS

# Verhaltensmodifikation durch verbale Konditionierung: Auswirkungen im Rahmen der Gruppentherapie[1]

Eine Tagung zur Psychotherapieforschung (Rubinstein & Parloff, 1959) machte unlängst die Schwierigkeiten deutlich, die bei der Validierung von Psychotherapieleistungen auftreten, wenn man die gängigen Methoden des Einschätzens von Verhaltensänderungen anwendet. Bei einer solchen Zahl relevanter Variablen in der Therapiesituation kann selbst bei zufälliger Verteilung der Fälle auf Behandlungs- und Nichtbehandlungsgruppen (Fairweather, Simon, Gebhard, Weingarten, Holland, Sanders, Stone & Reahl, 1960; Rogers & Dymond, 1954) nicht garantiert werden, ob sich die ergebenden Unterschiede auf die *Behandlungs*form, wie sie der *Praktiker* unterscheidet, zurückführen lassen oder aber mit der spezifischen Interaktion der Variablen in der Situation zu tun haben. Anstatt den Wert der gesamten Therapiesituation einschätzen zu wollen, dürfte es sinnvoller sein, zunächst das für die Therapiesituation charakteristische Verhalten von Therapeut und Patient isoliert zu erfassen. Nun können diese charakteristischen Verhaltensweisen in Hinblick auf die Prüfung der Hypothesen über den psychotherapeutischen Prozeß manipuliert werden. Einige dieser Hypothesen lauten: (a) daß eine Person das Verhalten einer anderen in vorhersagbarer Richtung beeinflussen kann; (b) daß diese Veränderung eine erwünschte Wirkung auf das Verhalten in einer anderen, der Kriteriumssituation hat; und (c) daß das veränderte Verhalten in der Kriteriumssituation so weit wie möglich mit spezifischen Merkmalen des bereits beschriebenen Versuchsleiterverhaltens in Beziehung gesetzt werden kann.

Der erste Punkt, nach dem eine Person das verbale Verhalten einer anderen Person in bestimmter Weise beeinflussen kann, dürfte durch

---

Originaltitel: Modification of Behaviour through Verbal Conditioning: Effects in Group Therapy, Journal of Abnormal and Social Psychology, 1961, 62.  Deutsche Übersetzung von Brita Heinig.

die von Krasner (1958) und Salzinger (1959) berücksichtigten Untersuchungen zum operanten verbalen Konditionieren als hinreichend gesichert gelten. Unser Artikel bezieht sich vorwiegend auf den zweiten Punkt, die Verhaltensänderung einer Versuchsperson in einer anderen als der experimentellen Situation. Die einschlägigen Untersuchungen, in denen das Verhalten in einer Situation manipuliert und der Effekt dieser Manipulation in einer anderen gemessen wird, können grob in drei Typen gegliedert werden: motorisches operantes Konditionieren, verbales operantes Konditionieren und »Psychotherapie«.

Die Verfahren des motorischen operanten Konditionierens als Mittel gezielter »therapeutischer« Manipulation des Patientenverhaltens wurden in einer Reihe neuerer Untersuchungen angewandt (King, Merell, Lovinger & Denny, 1957; Lindsley & Skinner, 1954; Peters, 1952; Peters & Jenkins, 1954; Tilton, 1957). In diesen Untersuchungen setzte man das motorische operante Konditionieren als therapeutische Technik zur Aktivierung des Realitätskontaktes der Patienten ein.

In der Literatur über verbale Konditionierung sind Berichte über Generalisationseffekte selten. Das gebräuchliche Verfahren bestand darin, eine Reihe testähnlicher Aufgaben vor und unmittelbar nach der verbalen Konditionierungssitzung vorzulegen, um dann Veränderungen in diesen Tests festzustellen. Beispielsweise benutzte Williams (1959) eine »interpersonal check-list« und die Osgood Semantic Differential Scale für die Vor- und Nachmessungen. In einer seiner Versuchsgruppen wurden »Gefühlsäußerungen«, in einer anderen »Nichtgefühlsäußerungen« verstärkt. Den Versuch selbst erläuterte man den Teilnehmern als »Psychotherapie«. Obwohl die verstärkten verbalen Klassen während der Versuchssitzung zunahmen, ergaben sich keine signifikanten Unterschiede der Vor- und Nachtestmessungen zwischen den Gruppen. Auch Rogers (1960), der eine ähnliche Versuchsanordnung benutzte, berichtet über signifikante Konditionierungseffekte, jedoch ebenfalls über das Ausbleiben der Generalisation, gemessen anhand einer Batterie von vier Persönlichkeitstests. Sarason (1957) hingegen spricht von signifikanten Generalisationseffekten, gemessen durch einen »free word naming«-Versuch vor und nach einer verbalen Konditionierungssituation.

Die »Psychotherapie«-Untersuchungen beinhalten in der Regel eine Reihe psychologischer Messungen vor und nach einem bestimmten »Behandlungs«zeitraum (Rogers & Dymond, 1954). Manche Untersuchungen prüfen mit Hilfe einer festgelegten Zahl von Versuchssitzungen die Wirksamkeit einer angewandten therapeutischen Technik. Es gab verschiedene Diskussionen darüber (Berg, 1952; Leary & Harvey, 1956; Miller, 1954), ob die Verwendung von Tests wie projektive Techniken, rating scales und Q-sorts als geeignetes Meßinstrument der therapeutischen Effektivität dienen könne. Bei seiner Arbeit mit »chronischen Anstaltspatienten« verwandte Brown (1957) ein anderes Kriterium, das auch mehr dieser Untersuchung entspricht. Als abhängiges Maß betrachtete er die Ansprechbarkeit auf Vermeidungskonditionierung (gemeinsame Ton- und Lichtreize, abwechselnd verstärkt durch einen schmerzhaften elektrischen Schock). Nach den Vorversuchsmessungen unterzog man die Hälfte der Patienten verschiedenen psychotherapeutischen Manipulationen, hauptsächlich der Gruppentherapie. Die therapierte Gruppe zeigte nach der Therapie signifikant mehr Ansprechbarkeit auf Konditionierung als vorher, während die Kontrollgruppe (keine Therapie) nach dem gleichen Zeitraum keinerlei signifikante Steigerung aufwies.

Während bei Brown die Ansprechbarkeit auf Konditionierung als abhängige Variable galt, betrachtet unsere Untersuchung die Sitzungen des verbalen operanten Konditionierens als unabhängige und das in der Gruppentherapie beobachtete Verhalten als abhängige Variable. Ziel dieses Versuchsplanes war der Versuch, zwei für die Psychotherapie grundlegende Hypothesen zu prüfen: daß interpersonale Interaktion zu einer erwünschten Verhaltensänderung in einer anderen, nicht-experimentellen Situation führen, und daß die beobachtete Veränderung mit einem bestimmten Aspekt des Versuchsleiterverhaltens in Zusammenhang gebracht werden kann.

## *Methode*

Drei Gruppen, jeweils aus 10 ständig behandelten männlichen Patienten einer VA neuropsychiatrischen Klinik bestehend, dienten als Versuchspersonen. Zu Beginn des Versuchs betrug das Durchschnittsalter der Versuchspersonen 35 Jahre (Streuung: 21–48), die durchschnittliche Ausbildungszeit 12 Jahre (Streuung: 7–16 Jahre) und die durchschnittliche Dauer des Klinikaufenthaltes 5 Monate (Streuung: 1–133 Monate). Bei der Einweisung lautete die Diagnose bei 28 Versuchspersonen schizophrene Reaktion, bei einer Vp manisch-depressive und bei einer depressive Reaktion. Jeder Gruppe wurde bei gleicher Versuchsaufgabe eine unterschiedliche Reaktion des Versuchsleiters dargeboten. Alle Versuchspersonen wurden von Gruppentherapeuten vor und nach den Versuchssitzungen beurteilt.

*Versuchsaufgabe:* 2 Wochen lang nahmen die Versuchspersonen an wöchentlich zwei Sitzungen teil. Den Patienten erläuterte man den Versuch als »eine Untersuchung darüber, wie Menschen zu dargebotenen Bildern Geschichten erfinden«. Pro Sitzung legte man den Patienten vier Bilder vor und bat sie, jeweils Geschichten von höchstens 5 Minuten Dauer dazu zu erzählen. Bei zögernder Reaktion half der Versuchsleiter mit den üblichen TAT-Instruktionen und Ermunterungen nach. Als Bildreize verwandte man den Erfahrungen der Krankenhauspatienten gemäße Zeichnungen, wie Krawattenkaufen, Rasenmähen, Fischen, Kinokartenkaufen, Essenbestellen im Restaurant. Man wählte allgemeinvertraute Situationen aus, die keine persönlichen Gefühle ansprechen sollten. Dieses Verfahren verringerte ein unterschiedliches »card-pull« (Gurel & Ullmann, 1958; Ullmann 1957a) und schränkte die Möglichkeit einer Veränderung der verbalen Produktion in einer schizophrenen Stichprobe durch emotional getönte Reize ein (Ullmann, 1958). Der Gebrauch von weniger gezielten Reizen entspricht Krasner und Ullmanns (1958) Anregung, daß man durch ganz unauffällige Äußerungen (z. B. »mmm-hmm«), die die schizophrene Versuchsperson kaum wahrnimmt und nicht als bedrohlich erlebt, eine stärkere Zunahme und Steuerung ihres verbalen Verhaltens erreichen könne als durch offene Reaktionen des Versuchsleiters (z. B. »gut–schlecht«, »richtig–verkehrt«, »wahr–falsch«), die der Schizophrene möglicherweise als Bewertung seines Verhaltens auffaßt.

*Versuchsgruppen:* Jede Vp wurde einer der drei unten beschriebenen Konditionierungsarten zugewiesen. Bei jeder Konditionierungsart wurde das jeweilige Versuchsleiterverhalten in allen vier Geschichtenerzählsitzungen unverändert durchgehalten. Das heißt, das Verstärkungsmodell des Versuchsleiters wirkte vom ersten Versuch der ersten Sitzung an. In der ersten Konditionierungsgruppe der *positiv-persönlichen* Verstärkung zeigte der Versuchsleiter Reaktionen in Form von Kopfnicken und zustimmenden Äußerungen, wie »mmm-hmm«, auf die verbalen Klassen, die dadurch verstärkt wurden. In der zweiten Gruppe der *unpersönlich-unstrukturierten* Verstärkung drückte der Versuchsleiter als Reaktion auf den Knopf eines angeschlossenen elektrischen Zählers, was ein lautes Klicken auslöste. Die Nummernscheibe des Zählers befand sich im Blickfeld des Patienten, der das Ansteigen des Zählerstandes beobachten konnte. Am Ende einer jeden Geschichte stellte man die Zähluhr auf Null zurück. Auf Fragen nach der Bedeutung des Zählers entgegnete man, daß er eine der Versuchsmessungen darstelle. In der dritten, der *nichtverstärkten* Gruppe, zeigte der Versuchsleiter keinerlei Reaktionen auf die von den Vpn erzählten Geschichten.

*Verstärkte verbale Klassen:* Die verstärkte verbale Klasse bestand aus »emotionalen Worten«, wie sie von Ullmann und McFarland (1957) definiert wurden. Es gab zwei Gründe für die Auswahl dieser Art von Worten. Der erste war die Relevanz solcher Worte für Gruppentherapie-ratings. Nach Ullmann (1957b) korreliert die Fähigkeit Gefühle auszudrücken, die durch in einem projektiven Test vorgegebene soziale Situationen entstehen, signifikant mit den Gruppentherapie-scale-ratings. Gleichermaßen fanden auch Ullmann und McFarland (1957), daß die Anzahl emotionaler Worte zu TAT-Tafeln hoch mit den Gruppentherapie-ratings korrelierte. Hinsichtlich der Relevanz stellen also emotionale Worte das in der Therapie entstehende Material dar, das für den Psychotherapeuten besonders interessant ist. Ein vermehrter Gebrauch emotionaler Worte im Versuch kann bereits therapeutisch wirken, oder anders gesagt, die Übung dieser Worte während der Versuchssitzungen kann zu ihrer gesteigerten Anwendung in der Gruppentherapie führen. Eine Verbesserung der Gruppentherapie-ratings ergibt sich also in jedem Fall, mag es sich um eine oder um beide dieser Möglichkeiten handeln.

Ein zweiter Grund für den Gebrauch emotionaler Worte war die hohe Reliabilität der Beurteiler, wie sie bei dieser Art verbalen Verhaltens bis dahin erzielt wurde. In der ursprünglichen Arbeit mit TAT-Protokollen (Ullmann & McFarland, 1957) betrug die Reliabilität der Beurteiler .92. Schon bei der Auswertung eines einzigen »hearings« von 16 nichtverstärkten 4-Minuten-Tonbändern von Collegestudenten erreichten drei Beurteiler (unter ihnen der Versuchsleiter dieser Untersuchung) einen Konkordanzkoeffizienten, der signifikant unter dem .001-Niveau lag (‹eiss, Krasner Ullmann, 1960).

*Die Messung abhängiger Kriterien:* Dafür benutzte man die Palo Alto Group Therapy Scale (GTS) (Finney, 1954). Die GTS ist eine 88-Item-Skala, mit der die Therapeuten das Verhalten der Patienten in den letzten vier Therapiesitzungen einstuften. Finney (1954) berichtete, daß bei 18 Gruppen in einem neuro-psychiatrischen Krankenhaus eine mittlere Rangkorrelation von .84 zwischen den Skalenmaßen und den globalen Beurteilungen der Patienten durch die Gruppenleiter erzielt wurde. In der gleichen Untersuchung errechnete man eine durchschnittliche Rangkorrelation von .80 zwischen den durchschnittlichen ratings von 10 Krankenhausmitarbeitern und den GTS-scores der Patienten hinsichtlich der Angemessenheit zwischenmenschlicher Beziehungen im Krankenhaus.

In der vorliegenden Untersuchung füllten fünf Gruppentherapeuten auf zwei Stationen GTS-Formulare über ihre Patienten aus. Zwar wußten die Therapeuten, daß eine Reihe von Bedingungen im Versuch eine Rolle spielten, jedoch nicht, welchen dieser Bedingungen der einzelne Patient zugeordnet war. Einer der Autoren wertete die ratings aus und wies dann die Patienten den drei Versuchsgruppen zu. Als Einschränkung einer absolut zufälligen Einteilung der Patienten wirkte sich aus, daß man Mittelwerte und Standardabweichungen der Vor-ratings so gleich wie möglich hielt. Ein weiterer Autor (BJC) wirkte in allen Fällen als Versuchsleiter, ohne jedoch die GTS-scores der Vpn zu kennen. Unmittelbar nach der letzten Sitzung wurde der Patient vom Gruppentherapeuten erneut beurteilt.[3] In allen Fällen führte der gleiche Therapeut sowohl die Vor- als auch die Nach-GTS-ratings durch.

## *Ergebnisse*

Die wichtigsten Ergebnisse des Versuchs sind dargestellt in Tabelle 1. Mittelwerte und Standardabweichungen der Gruppen vor dem Versuch zeigen keine signifikanten Unterschiede. Der durchschnittliche Zuwachs ($X_1$–$X_2$) betrug 5.70 GTS-Punkte für die Gruppe mit positiv-persönlicher Verstärkung, 1.00 GTS Punkte für die Gruppe mit unpersönlich-unstrukturierter Verstärkung und 0.50 GTS-Punkte für die nichtverstärkte Gruppe. Die Veränderung der Eigenkontrolle entsprach bei der positiv-persönlich verstärkten Gruppe ($t = 1.83$) dem 0.05-Niveau (einseitiger Test), war aber bei den anderen beiden Gruppen nicht signifikant ($t = 0.34$ und 0.15).

In klinischer Hinsicht können diese Ergebnisse so dargestellt werden: Aus der Gruppe mit positiv-persönlicher Verstärkung zeigten 5 der 10 Vpn einen Zuwachs von 10 oder mehr GTS-Punkten; aus der Gruppe mit unpersönlich-unstrukturierter Verstärkung waren es nur 2 und aus derjenigen ohne Verstärkung nur eine von jeweils 10 Vpn, die um 10 oder mehr GTS-Punkte zunahmen.

## *Diskussion*

Die Ergebnisse dieser Untersuchung sollen in Hinblick auf die Hypothesen diskutiert werden, die grundlegend sind für die Interpretation psychotherapeutischer Interaktionen. Eine dieser Hypothesen lautet, daß der Effekt einer solchen Interaktion in einer unabhängigen Kriteriumssituation meßbar sei. Bereits vor diesem Versuch ist gezeigt worden (Ullmann & McFarland, 1957), daß die Häufigkeit des Gebrauchs der hier in projektiven Situationen konditionierten verbalen Klasse der emotionalen Worte signifikant mit GTS-Werten korreliert. Da die emotionalen Worte bei der Gruppentherapieauswertung eine so große Rolle spielen, wird klar, warum in diesem Versuch so positive Ergebnisse zustande kamen. Der Wert des Kriteriums als Maß für die Wirksamkeit interpersonaler Interaktionen wird dadurch vergrößert, daß die Validität des in dieser Untersuchung verwandten Kriteriums (Finney, 1954) auf der Hand liegt und daß die Beurteilungen sich auf wirkliches interpersonales Verhalten stützen.

Betrachtet man das Ausmaß der Veränderungen, so ist die relativ kurze Versuchsdauer (80 Minuten) bemerkenswert. Darüber hinaus erzielte man diese Ergebnisse im Rahmen eines fortlaufenden stationären Behandlungsprogrammes, was durchaus die Varianz innerhalb der Gruppen vergrößert haben mag.[4] Trotz dieser Evidenz der therapeutischen Effektivität des verbalen Konditionierens gibt es Überlegungen, welche die möglichen Verallgemeinerungen hieraus begrenzen. Auf der einen Seite eignet sich diese Technik nicht für regredierte Patienten, die keine Geschichten erzählen können. Für solche Patienten dürften sich die motorischen operanten Konditionierungsverfahren besser eignen (King et al., 1957; Lindsley & Skinner, 1954). Für verbal starke oder »normalere« Versuchspersonen – z. B. Collegestudenten – kann angenommen werden, daß ihr Sprachgebrauch im allgemeinen und emotionale Worte im besonderen weniger effektiv sind, weil diese Versuchspersonen ein geringeres Bedürfnis nach zusätzlichen emotionalen Äußerungen haben. So ergibt sich die Hypothese, daß die Effektivität verbalen Konditionierens als eine »therapeutische« Technik nur für Menschen eines besonderen Abschnittes des Kontinuums geistiger Gesundheit brauchbar ist.

Die Ergebnisse dieses Versuches unterstützen außerdem die Annahme, daß die der Psychotherapie zugeschriebenen Veränderungen der Kriterienmaße mit dem spezifizierbaren Verhalten des Therapeuten zusammenhängen. Die Evidenz dieser Ansicht wird durch die drei Versuchsgruppen gestützt. Sowohl in der Gruppe ohne als auch in der mit unpersönlich-unstrukturierter Verstärkung entsprach die Anzahl zusätzlicher persönlicher Kontakte mit den Patienten der der positiv-persönlich verstärkten Gruppe. Die Benutzung des Klick-Zählers in der Gruppe mit unpersönlich-unstrukturierter Verstärkung war der vermehrten Aufmerksamkeit gegenüber emotionalen Worten vergleichbar. Diese zusätzlichen Reize führten als solche jedoch noch nicht zu einem signifikanten Ansteigen der Gruppentherapie-scale-ratings. Innerhalb der Grenzen des vorliegenden Versuchsplanes ist daher evident, daß das positiv-persönlich verstärkende Verhalten des Versuchsleiters ein wichtiger Faktor für die signifikanten Veränderungen der Gruppentherapie-scores war.

Man kann also annehmen, daß Stärke und Richtung der durch das Kriterium gemessenen Veränderung positiv mit der unterschiedlichen Verwendung verstärkter verbaler Klassen im Versuch korrelieren. Mit der vorliegenden Versuchsanordnung konnte diese Hypothese nicht geprüft werden. Da man alle Versuchsschritte verstärkte, gab es somit keine nichtverstärkten operanten Versuche. Auf diese Weise versuchte man den Extinktionseffekt nichtverstärkter Teilversuche auf Schizophrene zu vermeiden, der die Chance einer Veränderung der abhängigen Größen gemindert hätte. Weitere Gründe für die hier getroffene Entscheidung waren der Fehlschlag von Rogers (1960) und Williams (1959), Generalisationseffekte nach vorgenommener signifikanter Konditionierung zu erzielen sowie der Versuch, ein Analogon zur Psychotherapie herstellen zu wollen, der es dem Therapeuten ermöglichen sollte, die ersten Anzeichen eines erwünschten verbalen Verhaltens eines Patienten unmittelbar zu verstärken. Auch mag die Hypothese zu stark vereinfacht sein, nach der die Veränderungen der in den Versuchen benutzten verbalen Klassen und des Kriteriums positiv korrelieren. Die wichtigste Erkenntnis dürfte sein, daß nicht so sehr ein längerer Gebrauch der emotionalen Worte in einer interpersonalen Situation von Bedeutung ist, sondern vielmehr die Zulässigkeit ihrer spontanen Anwendung selbst.

*Tabelle 1*

Mittelwerte und Standardabweichungen von Gruppentherapie-Ratings vor und nach dem Erzählen von Geschichten unter drei verschiedenen Verstärkungsbedingungen

| | | Vor-Versuch | | Nach-Versuch | | | | |
|---|---|---|---|---|---|---|---|---|
| Art der Verstärkung | N | $\bar{x}_1$ | 1 | $\bar{x}_2$ | 2 | $r_{12}$ | $\bar{x}_1 - \bar{x}_2$ | –f |
| positiv-persönlich | 10 | 58.2 | 20.6 | 63.9 | 25.5 | .94 | 5.70 | 1.83 |
| unpersönlich-unstrukturiert | 10 | 56.8 | 18.4 | 57.8 | 21.1 | .91 | 1.00 | 0.43 |
| nicht-verstärkt | 10 | 61.0 | 20.0 | 61.5 | 21.1 | .89 | 0.50 | 0.15 |

Unabhängig von den spezifischen der Psychotherapie zugrundeliegenden Hypothesen illustriert die vorliegende Untersuchung das verbale Konditionieren als eine Miniatursituation zum Studium des interpersonalen Verhaltens (Krasner, 1955). Verbales Konditionieren kann sowohl als abhängige Variable zur Messung der Effekte verschiedener Versuchsanordnungen zur Ansprechbarkeit auf Verstärkung eingesetzt werden, oder – wie hier – als die unabhängige Variable. In beiden Fällen können durch das verbale Konditionieren interpersonale Variablen reduziert und isoliert werden, wodurch sich mehr Möglichkeiten ihrer systematischen Untersuchung ergeben.

## *Zusammenfassung*

Diese Untersuchung benutzte das verbale Konditionieren zur Prüfung relevanter Hypothesen über psychotherapeutische Interaktionen. Neuropsychiatrische Patienten, welche Gruppentherapie erhielten, erzählten in vier Sitzungen Geschichten, bei denen die emotionalen Worte auf eine der folgenden drei Arten verstärkt wurden: positiv-persönliche, unpersönlich-unstrukturierte und gar keine Verstärkung. Die von den Gruppentherapeuten vor und nach den Sitzungen gemachten ratings zeigten in der Gruppe der positiv-persönlichen Verstärkung einen Zuwachs adäquater interpersonaler Beziehungen in der Gruppentherapie an. Für die anderen Gruppen ergab sich keine signifikante Zunahme dieser Kriteriumsmaße. Die Ergebnisse stützen die Hypothese, daß eine Person eine andere in positiver Weise beeinflussen kann und daß diese Veränderung in einer unabhängigen Kriteriumssituation meßbar ist. Weiterhin kann man zeigen, daß die Veränderung im Patientenverhalten mit einem bestimmten Verhalten des Versuchsleiters in Zusammenhang steht.

## *Anmerkungen*

1 Aus dem psychologischen Forschungslaboratorium des Veteran Administration Hospital, Palo Alto, Kalifornien. Diese Untersuchung wurde z. T. durch die Research Grant M–2458, National Institute of Mental Health, United States Public Health Service unterstützt.

2 Die Autoren danken hiermit George Hairweather, Ben Finney, Ralph Forsyth, Sidney Gelfand und Donald Lim für das Kriteriumrating.

3 Die Zeit zwischen Vor- und Nachratings betrug im Durchschnitt 14.80 Tage mit einer Standardabweichung von 3.31 Tagen.

4 Eine Vorstellung davon, wie stark ein fortlaufendes Behandlungsprogramm unkontrollierten Veränderungen ausgesetzt sein kann, erhält man bei Betrachtung derjenigen Vpn, die den Versuch nicht beendeten, obwohl bereits Vor-ratings mit ihnen gemacht worden waren: 8 fehlten entweder bei den Sitzungen oder waren beim Erzählen nicht kooperativ; 4 zogen auf andere Stationen um; 3 verließen die Klinik; 2 Patienten unterzogen sich längeren und schmerzhaften Zahnbehandlungen, was sich auf die Geschichtenerzählungen störend auswirkte; 2 schieden für die Untersuchung aus, als die Gruppentherapeuten auf eine andere Station umzogen, und bei einem Patienten konnte der Versuch deshalb nicht beendet werden, weil die Versuchsleiterin sich ein Bein brach. Hinsichtlich des Kriteriums der Vor-ratings unterschieden sich diese 20 Vpn nicht signifikant von den 30, die den Versuch durchführten. Das durchschnittliche GTS-rating der 20 Vpn, die den Versuch nicht beendeten, betrug 61.4 bei einer Standardabweichung von 20.9.

## *Literatur*


Berg, I.: Measures before and after therapy. *J. clin. Psychol.*, 1952, 8, 46–50

Brown, C. C.: Changes in avoidance conditioning following psychotherapeutic treatment. *J. nerv. ment. Dis.*, 1957, 125, 487–489

Fairweather, G. W., Simon, R., Gebhard, M. E., Weingarten, E., Holland, J. L., Sanders, R. Stone G. B., & Reahl, J.: Relative effectiveness of psychotherapeutic programs: A multicriteria comparison of four programs for three different patients groups. *Psychol. Monogr.*, 1960, 74 (5, Whole No. 492)

Finney, B. C.: A scale to measure interpersonal relationships in group therapy. *Group Psychother.*, 1954, 7, 52–66

Grossman, D.: An experimental investigation of a psychotherapeutic technique. *J. consult. Psychol.*, 1952, 16, 325–331

Gurel, L., & Ullmann, L. P.: Quantitative differences in response to TAT cards: The relationship between transcendence score and number of emotional words. *J. proj. Tech.*, 1958, 22, 399–401

Keet, C. D.: Two verbal techniques in a miniature counseling situation. *Psychol. Monogr.*, 1948, 62 (7, Whole No. 294)

King, G. F., Merrell, D. W., Lovinger, E., & Denny, M. R.: Operant motor behavior in acute schizophrenics. *J. Pers.*, 1957, 25, 317–326

Krasner, L.: The use of generalized reinforcers in psychotherapy research. *Psychol. Rep.*, 1955, 1, 19–25

Krasner, L.: Studies of the conditioning of verbal behavior. *Psychol. Bull.*, 1958, 55, 148–170

Krasner, L., & Ullmann, L. P.: Variables in the verbal conditioning of schizophrenic subjects. *Amer. Psychologist*, 1958, 13, 358. (Abstract)

Leary, T., & Harvey, Joan S.: A methodology for measuring personality changes in psychotherapy. *J. clin. Psychol.*, 1956, 12, 123–132

Lindsley, O. R., & Skinner, B. F.: A method for the experimental analysis of the behavior of psychotic patients. *Amer. Psychologist*, 1954, 9, 419–420. (Abstract)

Miller, J. G.: Criteria and measurement of change during psychiatric treatment. *Bull. Menninger Clin.*, 1954, 18, 130–137

Peters, H. N.: An experimental evaluation of learning vs. therapy in schizophrenia. *Amer. Psychologist,* 1952, 7, 354. (Abstract)

Peters, H. N., & Jenkins, R. L.: Improvement of chronic schizophrenic patients with guided problem-solving motivated by hunger. *Psychiat. Quart. Suppl.,* 1954, 28, 84–101

Rogers, C. R., & Dymond, Rosalind F. (Eds.): *Psychotherapy and personality change.* Chicago: Univer. Chicago Press, 1954

Rogers, J. M.: Operant conditioning in a quasi-therapy setting. *J. abnorm. soc. Psychol.,* 1960, 60, 247–252

Rubinstein, E. A., & Parloff, M. B. (Eds.): *Research in psychotherapy.* Washington, D. C.: American Psychological Association, 1959

Salzinger, K.: Experimental manipulation of verbal behavior: A review. *J. gen. Psychol.,* 1959, 61, 65–94

Sarason, Barbara R.: The effects of verbally conditioned response classes on post-conditioning tasks. *Dissertation Abstr.,* 1957, 12, 679. (Abstract)

Tilton, J. R.: The use of instrumental motor and verbal learning techniques in the treatment of chronic schizophrenics. Unpublished doctoral dissertation, Michigan State University, 1957

Ullmann, L. P.: Productivity and the clinical use of TAT cards. *J. proj. Tech.,* 1957, 21, 399–403. (a)

Ullmann, L. P.: Selection of neuropsychiatric patients for group psychotherapy. *J. consult. Psychol.,* 1957, 21, 277–280. (b)

Ullmann, L. P.: Clinical correlates of facilitation and inhibition of response to emotional stimuli. *J. proj. Tech.,* 1958, 22, 341–347

Ullmann, L. P., & McFarland, R. L.: Productivity as a variable in TAT protocols: A methodological study. *J. proj. Tech.,* 1957, 21, 80–87

Weiss, R. L., Krasner, L., & Ullmann, L. P.: Responsivity to verbal conditioning as a function of emotional atmosphere and pattern of reinforcement. *Psychol. Rep.,* 1960, 6, 415–426

Williams, R. I.: Verbal conditioning in psychotherapy. *Amer. Psychologist,* 1959, 14, 388. (Abstract)

# II Kognitionstheoretische Ansätze

LEON FESTINGER / ELLIOT ARONSON

## Stiftung und Minderung von Dissonanz in sozialen Situationen

Die Dissonanztheorie beschäftigt sich mit psychologischen Prozessen, die sich sozusagen innerhalb des einzelnen Organismus abspielen. Die Grundannahmen dieser Theorie sind außerordentlich einfach. Es wird angenommen, daß das gleichzeitige Bestehen von Bewußtseinsinhalten (cognitions), die nicht miteinander vereinbar sind (Dissonanz), zu dem Bemühen der Person führt, diese Unstimmigkeit abzubauen (Dissonanzminderung).

Damit nun diese Ausgangsthese einer empirischen Überprüfung zugänglich gemacht werden kann und aus ihr Vorhersagen abgeleitet werden können, muß man genau die Bedingungen angeben, unter denen Dissonanz auftritt; man muß die Wege, die zur Dissonanzminderung führen können, und die beobachtbaren Erscheinungsformen des Versuches zur Dissonanzminderung beschreiben.

Wir können in diesem Artikel diese Aspekte nicht ausführlich behandeln. Eine detaillierte und mehr formale Würdigung der Theorie und der auf sie bezogenen Forschung kann anderswo gefunden werden (9). Wir wollen uns hier darauf beschränken, die Bedeutung zu schildern, die diese auf das psychologische Geschehen im Individuum gerichtete Theorie für soziales Verhalten des einzelnen und von Gruppen hat, und feststellen, welche Voraussagen sie über dieses Verhalten erlaubt.

Der Artikel gliedert sich in 3 Teile: (a) Zur Einführung soll einiges Material dem Leser einen Eindruck von der Reichweite der Theorie geben und zeigen, welche Verhaltensweisen zur Dissonanzminderung beitragen. (b) Darauf folgen Überlegungen über die Gruppe als eine Quelle für das Entstehen von Dissonanzen und (c) als Hilfe für die Dissonanzminderung.

---

Originaltitel: Arousal and reduction of dissonanz in social contexts. In: D. Cartwright / A. Zander, *Group dynamics, research and theory*. 3. New York 1968, 125–138. Wiedergegeben mit Genehmigung des Verlages Harper & Row, New York. Deutsche Übersetzung von Peter Heinrich.

Während der ganzen Abhandlung wollen wir versuchen, die Theorie immer nur in Verbindung mit empirischen Ergebnissen zu besprechen, die überwiegend jüngeren Datums sind, d. h. die seit der Publikation der Theorie gesammelt wurden (9).

### *Einige Schlußfolgerungen aus der Dissonanztheorie*

Obwohl die Theorie in ihrem wesentlichen Kern sehr einfach ist, erlaubt sie Vorhersagen über einen weiten Bereich menschlichen Verhaltens. Einige der Grenzen dieser Theorie werden unten besprochen. Es muß betont werden, daß in der Mehrzahl der Experimente, auf die später eingegangen werden soll, nur jeweils ein Weg zur Dissonanzminderung untersucht worden ist. Das soll nun aber nicht bedeuten, daß in einer bestimmten Situation immer nur eine Möglichkeit zur Dissonanzminderung gegeben ist. Vielmehr stehen in unkontrollierbaren Situationen im allgemeinen viele Möglichkeiten zur Dissonanzminderung zur Verfügung.

Man nimmt beispielsweise an, ein Mensch vertrete die Ansicht, daß der demokratische Präsidentschaftskandidat für diese Position am ehesten qualifiziert sei. Aus irgendwelchen Gründen jedoch wählt er den republikanischen Kandidaten. Seine Meinung über die höhere Qualifikation des demokratischen Kandidaten steht nun in Dissonanz zu dem Wissen um die Tatsache, für den republikanischen Kandidaten gestimmt zu haben. Dieser Mensch kann die entstandene Dissonanz nun dadurch zu vermindern suchen, daß er sich einredet, der republikanische Kandidat sei besser, als er es zuerst vermutet habe, oder aber der demokratische Kandidat sei weniger gut. Diese Veränderung in seiner Meinung würde zu einer Vereinbarkeit mit dem Wissen führen, für den Republikaner gestimmt zu haben.

Dabei können folgende Verhaltensweisen eine Rolle spielen: (a) Das Abonnieren einer republikanischen Zeitung (in der man mit Sicherheit Aussagen lesen wird, die den republikanischen Kandidaten unterstützen, den demokratischen Kandidaten aber abwerten); (b) Versuche, mit Republikanern zusammenzutreffen und Demokraten zu meiden; (c) das Bemühen, in den Reden des republikanischen Kandidaten kluge Argumente zu entdecken, die man vorher nicht bemerkt hat, usw.

Bei der Auswahl der Experimente für die folgende Diskussion haben wir uns bemüht, nicht nur die Vielfalt von Situationen zu illustrieren, die zu Dissonanz führen, sondern auch die Breite der Möglichkeiten zu zeigen, durch die eine Dissonanzreduktion erfolgen kann.

## Dissonanz als eine Folge von Entscheidungen

Wenn sich ein Individuum für eine von mehreren möglichen Handlungsweisen entscheidet, so wird es meistens Dissonanz erfahren, da sich die gewählte Alternative selten als ganz und gar positiv und die nicht gewählte Alternative selten als ganz und gar negativ darstellt. Sein Wissen um einige negative Seiten der gewählten Alternative steht in Dissonanz zu der Tatsache, daß er sie gewählt hat. Entsprechend besteht eine Dissonanz zwischen seinem Wissen um einige positive Seiten der nicht gewählten Alternative und der Tatsache, daß er diese Alternative zurückgewiesen hat. Daraus kann gefolgert werden, daß die Dissonanz um so größer sein wird, je größer die Attraktivität der zurückgewiesenen Alternative gemessen an der gewählten Alternative ist.

Die Dissonanztheorie sagt vorher, daß man nach einer Entscheidung versuchen wird, sich selbst davon zu überzeugen, daß die gewählte Alternative (im Verhältnis zur Nichtgewählten) noch attraktiver ist, als man ursprünglich dachte.

Brehm (4) wies nach, daß es eine allgemeine Tendenz gibt, nach einer Entscheidung zwischen zwei Alternativen die gewählte Alternative noch etwas attraktiver zu beurteilen, als man dies zunächst getan hatte, und die zurückgewiesene Alternative etwas weniger attraktiv zu beurteilen, als dies ursprünglich geschehen ist. Brehm fand darüber hinaus, daß dieser beobachtete Effekt um so eindeutiger war, je ähnlicher sich die Alternativen ursprünglich in ihrer Attraktivität waren. Mit anderen Worten: Die Dissonanzminderung trat auf als Folge einer Entscheidung, und das Ausmaß der Dissonanzminderung hing von der Größe der Dissonanz ab, die durch diese Entscheidung entstanden war.

In einem anschließenden Experiment prüften Brehm und Cohen (6) zwei weitere Annahmen, die sich auf entscheidungsbedingte Dissonanz (post-decision dissonance) beziehen:

1. Je größer die Zahl der Alternativen ist, zwischen denen eine Person sich entscheiden muß, desto größer wird die auf diese Entscheidung folgende Dissonanz sein. Je mehr Alternativen zurückgewiesen werden müssen, um so mehr wächst das Wissen um günstige Eigenschaften solcher zurückgewiesenen Alternativen. Dieses Wissen steht in Dissonanz zu dem Gedanken an die tatsächlich gewählte Alternative.

2. Je größer die qualitative Unähnlichkeit zwischen den Alternativen ist, unter denen eine Person zu wählen hat, desto größer wird die entscheidungsbedingte Dissonanz sein (vorausgesetzt, daß die relative Attraktivität der Alternativen konstant gehalten wird). Dies folgt aus der Tatsache, daß ähnliche Alternativen viele gemeinsame Charakteristika haben, so daß einige der positiven Eigenschaften der zurückgewiesenen Alternativen ebenso positive Eigenschaften der gewählten Alternative sind. Das Wissen um diese die Ähnlichkeit begründenden Aspekte wird demnach nicht zu der auf die Wahl folgenden Dissonanz beitragen.

Brehm und Cohen forderten Kinder auf anzugeben, wie sehr sie verschiedene Spiele liebten. Die Vl erklärten, daß sie von Spielzeugherstellern beauftragt worden seien, herauszufinden, welche Arten von Spielen Menschen mögen. Eine Woche später suchten sie die Kinder wieder auf und boten ihnen an, eines der Spiele auszusuchen als Dank dafür, daß sie an dem Versuch teilgenommen hatten. Die Kinder sollten dann noch einmal ihre Beurteilung der einzelnen Spiele wiederholen.

In diesem Experiment wurden zwei Variablen manipuliert:

(a) Die Anzahl der Alternativen: Einige Kinder sollten zwischen vier verschiedenen Spielen wählen, für andre standen dagegen nur zwei Spiele zur Auswahl. (b) Die qualitative Ähnlichkeit der einzelnen Spiele: Einige Kinder hatten ihre Wahl zwischen gleichartigem Spielzeug zu treffen, beispielsweise zwischen Schwimmflossen und Schwimmasken. Andere Kinder hatten dagegen zwischen verschiedenartigem Spielzeug zu wählen, z. B. zwischen Schwimmflossen und einer Ausrüstung zum Bogenschießen.

Die Ergebnisse bestätigten beide Hypothesen. Unabhängig von der qualitativen Ähnlichkeit der Spielzeuge wuchs die Sympathie für das gewählte Spielzeug mit der Anzahl der Alternativen, die Sympathie für das nichtgewählte Spielzeug nahm entsprechend ab. Analog dazu war – unabhängig von der Anzahl der Alternativen – die zu beobachtende Änderung der Attraktivität der Spielzeuge in Richtung einer Dissonanzminderung um so größer, je unähnlicher sich die Alternativen untereinander waren.

### Dissonanz als Folge einer Versuchung

Wenn ein Individuum eine Handlung begeht, die es als einen unmoralischen Weg zur Erreichung eines Ziels betrachtet, so steht das Bewußtsein, daß es sich um eine unmoralische Handlung handelt, in Dissonanz zu dem Wissen, sie begangen zu haben. Ein Weg zur Dis-

sonanzminderung würde darin bestehen, seine Einstellungen hinsichtlich der moralischen Qualifikation der Handlung zu ändern, d. h. sich selbst einzureden, die Handlung sei nicht sehr unmoralisch. Die Dissonanztheorie sagt also voraus, daß man eine unmoralische Handlung, nachdem man sie begangen hat, milder beurteilt als zuvor.

Wenn auf der anderen Seite jemand der Versuchung widersteht und die betreffende Handlung nicht begeht, so stehen seine Einstellungen gegenüber den Zielen, die er aufgegeben hat, in Dissonanz zu seiner Beurteilung der betreffenden Handlung. Wiederum kann er die Dissonanz durch eine Änderung seiner Einstellungen gegenüber der Sittlichkeit der Handlung mindern. Für diesen Fall sagt die Theorie voraus, daß man, nachdem man der Versuchung, eine unsittliche Handlung zu begehen, widerstanden hat, strengere Einstellungen in bezug auf die Sittlichkeit dieser Handlung vertreten wird, als man dies vorher getan hat. Diese Tatsache würde die Dissonanz mindern, indem sie dazu verhilft, das Aufgeben der Ziele zu rechtfertigen. Das Ausmaß der empfundenen Dissonanz wird bei einer Person, die eine unmoralische Handlung begeht, natürlich um so größer sein, je geringer der Gewinn ist, den die Handlung einbringt. Umgekehrt wird die Dissonanz für eine Person, die der Durchführung einer unmoralischen Handlung widersteht, um so größer sein, je größer der Gewinn ist, den sie dadurch aufgibt.

Diese Hypothesen wurden von Mills (15) in einem Experiment mit Schülern der 6. Klasse geprüft. Nachdem der Versuchsleiter die Einstellungen seiner Versuchspersonen gegenüber dem Betrügen gemessen hatte, ließ er sie an einem Wettkampf teilnehmen, für den Preise ausgesetzt waren. In einigen Klassen wurden kleine Preise ausgesetzt, in anderen große. Während des Wettkampfes bestand für die Vpn die Möglichkeit zu betrügen. Wie man erwarten mag, machten einige Schüler von dieser Möglichkeit Gebrauch, andere dagegen nicht.

Einen Tag später bekamen die Vpn wiederum die Aufgabe, ihre Einstellungen gegenüber dem Betrügen anzugeben. Die Ergebnisse bestätigen die Hypothese. Im allgemeinen entwickelten jene Kinder, die betrogen hatten, eine mildere Einstellung gegenüber dem Betrügen, während diejenigen, die nicht betrogen hatten, strenger über das Betrügen urteilten. Wiederum war die Größe dieses Effektes abhängig von dem Ausmaß der experimentell erzeugten Dissonanz. Diejenigen Kinder, die für einen kleinen Preis betrogen hatten, änderten ihre Einstellung gegenüber dem Betrügen in Richtung einer milderen Beurteilung noch mehr als diejenigen, die um eines wertvollen Preises willen betrogen hatten. Von den Kindern, die nicht betrogen hatten, zeigten

diejenigen eine größere Änderung in Richtung einer strengeren Beurteilung des Betrügens, die auf einen wertvollen Preis verzichtet hatten, indem sie nicht betrogen, als diejenigen, die nur auf einen einfachen Preis verzichten mußten.

Dissonanz als Ergebnis von Bemühungen

Wenn sich ein Individuum in einer Situation befindet, in der es sich ständig bemüht, ein Ziel zu erreichen, dieses Ziel tatsächlich aber nicht erreicht, so wird es Dissonanz empfinden. Das Wissen um das eigene Bemühen steht in Dissonanz zu der Erfahrung, dafür nicht belohnt zu werden. Ein Weg für die Minderung der Dissonanz könnte darin bestehen, der Situation einen Aspekt abzugewinnen, den man als lohnend empfinden könnte. So könnte ein erfolgloser Goldschürfer seine Dissonanz mindern, indem er die wunderbare Schönheit der ihn umgebenden Landschaft bewundert; ein Fischer, der keinen Erfolg hatte, kann auf seine braune Haut stolz sein, die beim Waten durch das Wasser gleichsam gegerbt wurde, oder er kann sich für die Technik begeistern, die für das Auswerfen der Angel benötigt wird.

Aronson prüfte in einem Laboratoriumsversuch diese Annahmen, die sich aus der Dissonanztheorie ableiten lassen. Seine Vpn bekamen eine Aufgabe, die sie erfüllen mußten, um eine bestimmte Belohnung zu erhalten. Jede Vp wurde bei etwa einem Drittel ihrer Versuche belohnt. Für einen Teil der Vpn erforderte die Aufgabe praktisch keine Anstrengung, während die anderen reichlich Mühe und Energie aufwenden mußten. Bei allen Vpn unterschieden sich die Stimuli, die das Ende eines Versuches ohne Belohnung anzeigten, von denjenigen, die das Ende eines Versuches ohne Belohnung anzeigten; und zwar erhielten die Vpn am Ende eines Belohnungsversuches einen roten Behälter, der Geld enthielt, und am Ende eines belohnungsfreien Versuches einen grünen und leeren Behälter. Die Vpn sollten sowohl vor als auch nach dem Experiment die relative Attraktivität der beiden Farben beurteilen.

Die Vorhersage lautete, daß in der *Effortful*-Bedingung (hohe Anstrengung) die nicht mit einer Belohnung verbundene Farbe mehr an Attraktivität zunehmen würde als in der *Easy*-Bedingung (geringe Anstrengung). Gemäß der Theorie mußte für die Vpn unter der *Effortful*-Bedingung immer dann, wenn sie einen Behälter ohne Belohnung öffneten, eine Dissonanz entstehen zwischen der Tatsache, daß der Behälter leer war, und dem Gedanken an die Anstrengung, die notwendig war, ihn zu erhalten. Es wurde vorhergesagt, daß die Vpn um der Dissonanzminderung willen der belohnungsfreien Farbe einen

Wert beimessen würden. Sie konnten auf diese Weise ihren Einsatz an Anstrengung rechtfertigen, indem sie sich selbst davon überzeugten, daß allein die Farbe des Behälters es wert war, sich für ihn anzustrengen, auch wenn er kein Geld enthielt. In der *Easy*-Bedingung entstand wenig Dissonanz, da kaum eine Anstrengung erforderlich war. Man brauchte daher nicht damit zu rechnen, daß die belohnungsfreie Farbe mit einer positiven Bewertung belegt würde.

Die Ergebnisse entsprechen den aus der Theorie abgeleiteten Erwartungen. Die *Easy*-Bedingung, wo bei den belohnungsfreien Versuchen nur eine geringe oder keine Dissonanz erzeugt wurde, bietet eine Ausgangsbasis, von der aus Veränderungen der Farbpräferenz zu beurteilen sind. Tatsächlich war in der *Easy*-Bedingung ein deutlicher Wechsel der Präferenz in Richtung der mit der Belohnung gekoppelten Farbe zu finden. Unter der *Effortful*-Bedingung, wo bei nichtbelohnten Versuchen eine Dissonanz bestand, verkehrten die Wirkungen der Dissonanzminderung diesen Effekt ins Gegenteil. Zwischen den Bedingungen mit und ohne Dissonanz bestand ein großer und eindeutiger Unterschied hinsichtlich der relativen Bevorzugung einer der beiden Farben.

### Dissonanz aufgrund eines Fait accompli

Sehr oft befinden sich Menschen in der Lage, eine unangenehme Situation durchstehen zu müssen. Der Gedanke, daß diese Situation unangenehm ist oder werden wird, steht in Dissonanz mit dem Wissen darum, daß man sie durchstehen muß. Eine Möglichkeit zur Minderung dieser Dissonanz besteht darin, daß man sich selbst davon überzeugt, daß die Situation nicht so unangenehm sei, wie es zunächst schien. Brehm (5) brachte Kinder einer 8. Klasse dazu, in der Schule ein Gemüse zu essen, das sie nicht mochten, indem er ihnen eine kleine Belohnung dafür anbot. Während des Essens erzählte man den Kindern der Experimentalgruppe, daß ihre Eltern darüber informiert würden, welches Gemüse sie gegessen hätten; das hieß mit Sicherheit, daß man von ihnen erwartete, auch zu Hause von diesem Gemüse mehr zu essen. Den Kindern der Kontrollgruppe wurde nichts erzählt. Alle Vpn sollten vor und nach dem Experiment angeben, in welchem Ausmaß sie das Gemüse mochten. Diejenigen Vpn, die man vermuten ließ, daß sie zu Hause mehr von dem Gemüse essen müßten, zeigten eine signifikant größere Zunahme in ihrer Vorliebe für das Gemüse, als es die Vpn unter der Kontrollbedingung taten.

Auf den vorangegangenen Seiten haben wir eine sehr kurze Beschreibung der Dissonanztheorie und verschiedene Beispiele für experimentelle Arbeiten vorgestellt, die sich in verschiedenen Zusammenhängen mit der Reduktion von Dissonanz beschäftigen. Die theoretischen Aussagen sind nicht als eine vollständige formale Präsentation der Theorie gedacht, und ebensowenig sollen die vorgestellten Arbeiten einen angemessenen Überblick über die einschlägigen empirischen Befunde bieten. Es bestand vielmehr die Absicht, in erreichbarer Kürze einen allgemeinen Überblick über die Dissonanztheorie zu bieten, über die dissonanzstiftenden Situationen und über die unterschiedlichen Wirkungen, die man als Ergebnisse von Dissonanzminderung vermuten kann. Durch die bisherige Diskussion ist gezeigt worden, daß ein Individuum Dissonanz erfahren und mindern kann als Resultat seines eigenen Handelns. An diesem Prozeß müssen nicht unbedingt andere Menschen beteiligt sein. Andererseits können Interaktionen mit anderen Menschen als solche eine Quelle von Dissonanz sein, und ebenso kann ein Individuum seine Beziehungen zu anderen Menschen als ein Mittel zur Reduktion von Dissonanz benutzen. In den folgenden zwei Kapiteln werden wir mehr empirisches Material vorstellen und besprechen, das sich auf das Entstehen und den Abbau von Dissonanz in primär sozialen Situationen bezieht. Es muß aber betont werden, daß der soziale Kontext in keiner Weise etwas qualitativ Neues in dem Prozeß der Stiftung und Minderung von Dissonanz einbringt. Soziale Zusammenhänge zeigen manchmal einen höheren Grad von Komplexität; in einer sozialen Situation kann es für eine Person manchmal schwierig oder gar unmöglich sein, das Entstehen kognitiver Dissonanz zu vermeiden, und in manchen Fällen vermag ein sozialer Kontext die Dissonanzreduktion in auffälliger Weise zu erleichtern.

Diese eben genannten Aspekte von Dissonanzstiftung und -minderung in sozialen Situationen sollen im folgenden ausführlich behandelt werden. Der Leser sollte aber die grundsätzliche Ähnlichkeit zwischen den bisher besprochenen und den im folgenden zu diskutierenden Experimenten erkennen.

## *Die Interaktion in Gruppen als eine Quelle von Dissonanz*

### Dissonanz als Folge fehlerhafter Vermutung über die soziale Umgebung

Gewöhnlich hat der einzelne keine vollständige Kontrolle über seine soziale Umgebung. Eine Form, in der sich diese Tatsache äußert, ist zum Teil seine Unfähigkeit, den Charakter derjenigen Gruppen vorherzubestimmen, zu denen er eine Beziehung aufnehmen wird. Zum Beispiel mag jemand eine Verabredung mit einem ihm Unbekannten haben, er mag einen Club aufsuchen oder eine Einladung zu einer Cocktail-Party annehmen – nur um die getroffenen Menschen dann weniger vergnüglich zu finden, als er vermutet hatte. Er wird nur geringe oder keine Dissonanz erfahren, wenn er keine Zeit und keine Mühen aufgewandt hat, um mit diesen Menschen zusammenzukommen. Hat er aber einiges investiert, um mit ihnen zusammenzutreffen – nehmen wir an, er sei 50 Meilen gefahren, um seine Verabredung einzuhalten, er habe eine beträchtliche Aufnahmegebühr bezahlt, um in den Club zu gelangen, oder er habe seine Examensvorbereitung zugunsten der Cocktail-Party vernachlässigt –, so wird er Dissonanz erfahren. Sein Wissen um die Aufwendungen an Zeit und Anstrengung würde in Dissonanz stehen zu seinem Erlebnis der negativen Aspekte der Gruppe.

Eine Person, die sich in dieser Situation befindet, hat mindestens zwei Möglichkeiten, die Dissonanz zu mindern: (a) Sie kann den Aufwand an Einsatz unterbewerten, d. h. sich selbst einreden, Anstrengung und Kosten seien im Grunde unbedeutend, (b) oder sie kann die Gruppe überbewerten, indem sie ihre positiven Seiten lobt und die negativen ausblendet.

Eine solche Situation wurde in einem Laboratoriumsexperiment von Aronson und Mills (2a) gestaltet. In diesem Experiment waren Studentinnen bereit, sich einer Gruppe anzuschließen, um jeweils an einer Serie von Diskussionen über die Psychologie der Sexualität teilzunehmen. Die Vpn wurden nach dem Zufall auf 3 experimentelle Bedingungen verteilt: mit strenger Eintrittsbedingung, mit milder Eintrittsbedingung und ohne Eintrittsbedingung. In den Gruppen mit strenger und milder Eintrittsbedingung wurde jeder Vp mitgeteilt, daß sie, um Mitglied der Gruppe werden zu können, beweisen müsse, daß sie aufgeklärt genug sei, offen und ohne Hemmungen an einer sexuell orientierten Diskussion teilzunehmen. Daraufhin wurde ein *Verlegenheits-Test* durchgeführt, in dem die Vp sexuell orientiertes Material in der Anwesenheit des männlichen Versuchsleiters laut vorzulesen hatte. Zur Erläuterung erklärte der Vl, er würde aufgrund ihrer Testleistung beurteilen, ob sie hinreichend qualifiziert sei, einer Gruppe zugeordnet zu werden. Bei der strengen Bedingung bestand der *Verlegenheits-Test* aus dem Rezitieren einer Reihe von obszönen Wörtern sowie einiger vulgärer sexueller Passagen aus zeitgenössischen Romanen. Bei der *milden Bedingung* sollten die Vpn einfach eine kurze Liste von eher vornehmen sexuell getönten Wörtern vortragen. Die Vpn, die *keine Eintrittsbedingung* zu erfüllen hatten, konnten ohne irgendein besonderes Verfahren Mitglied der Gruppe werden.

Alle Vpn hörten dann die gleiche Tonbandaufnahme einer Gruppendiskussion, von der sie glaubten, sie habe sich tatsächlich in der Gruppe abgespielt, deren Mitglied sie geworden waren. Das Tonband enthielt eine recht matte, banale und bedeutungslose Diskussion des sekundären Geschlechtsverhaltens niederer Tiere.

Die Teilnehmer sprachen langweilig, unartikuliert und ohne Begeisterung. Unmittelbar im Anschluß an das Abhören des Tonbandes hatte jede Vp den Auftrag, die Diskussion und die Mitglieder der Gruppe auf verschiedenen Bewertungsskalen zu beurteilen, z. B. lahm – interessant, intelligent – unintelligent usw.

Die Autoren nahmen an, daß die Vpn mit *strenger Aufnahmebedingung* Dissonanz erfahren würden. Die Tatsache, daß sie eine sehr peinliche Situation auf sich genommen hatten, um Mitglied der Gruppe zu werden, würde in Dissonanz zu ihrem negativen Eindruck in der Gruppe stehen. Diese Dissonanz würden sie ändern können, indem sie ihre Beurteilung der Diskussion in positiver Richtung abfälschten. Die Vpn *ohne* oder mit *milden Aufnahmebedingungen* konnten dagegen mit relativ wenig Einsatz in die Gruppe eintreten, und es war deshalb unwahrscheinlich, daß sie eine große Dissonanz empfanden. Es wurde daher angenommen, daß die Vpn der *strengen Bedingung* die Gruppe als attraktiver einstufen würden, als es die Vpn mit *milder* oder *ohne Aufnahmebedingung* tun würden. Die Ergebnisse stützten voll und ganz die Vorhersagen. Die Vpn, die *keine* oder eine *milde Aufnahmebedingung* zu erfüllen hatten, waren generell unbeeindruckt durch die Diskussion. Dagegen empfanden diejenigen mit *strenger Bedingung* die Diskussion als interessant und intelligent geführt. Ebenso zeigten sie mehr Sympathie für die anderen Gruppenmitglieder.

### Dissonanz aufgrund von Uneinigkeit mit anderen

Wenn ein Mensch damit konfrontiert wird, daß andere, die ihm ähnlich sind, eine Meinung vertreten, die im Widerspruch zu seiner eigenen steht, so erlebt er Dissonanz. Das Wissen um die eigene Meinung steht in Dissonanz zu der Erfahrung, daß diese anderen Menschen eine andere Meinung vertreten. Es ist gänzlich unmöglich, das Auftreten von solcher Dissonanz zu vermeiden, es sei denn, man weiche jeglichem sozialen Kontakt aus. Man mag von einem anderen Menschen oder von einer Gruppe von Leuten wegen gemeinsamer Interessen und auch wegen gemeinsamer Meinungen sehr angezogen sein; dennoch wird es unausweichlich sein, daß bei einigen Ansichten eine Uneinigkeit bestehenbleibt.

Aus Laboratoriumsuntersuchungen kann mit einer beachtlichen Sicherheit geschlossen werden, daß folgende Faktoren für die Größe einer auf diese Art entstandenen Dissonanz verantwortlich sind: (a) die Bedeutung der Person oder Gruppe, die die widersprechende Meinung äußert (3, 8), und (b) die Bedeutung, die das Thema, das die Uneinigkeit begründet, für den einzelnen hat (16). Ebenso kann mit einiger Sicherheit angegeben werden, auf welche Weise jemand versuchen wird, eine solche Dissonanz zu mindern. Im allgemeinen wird er versuchen, sich selbst davon zu überzeugen, daß der Gegenstand, über den eine Uneinigkeit besteht, relativ unwichtig sei; er mag versuchen, die Bedeutung desjenigen Menschen oder der Gruppe herabzuspielen, mit der die Uneinigkeit besteht; er kann versuchen, die Uneinigkeit dadurch zu beseitigen, daß er entweder seine eigene Meinung ändert oder versucht, den Andersdenkenden zu einem Meinungswechsel zu bewegen; und schließlich mag er sich um zusätzliche Unterstützung seiner eigenen Meinung bemühen, indem er z. B. neue Elemente zusammenträgt, die in Übereinstimmung zu seiner eigenen Meinung stehen.

In diesem Zusammenhang gibt es hauptsächlich zwei theoretische Probleme, für deren Lösung bisher noch nicht genügend experimentelle Ergebnisse vorliegen.

Das eine Problem betrifft den Zusammenhang zwischen dem Ausmaß der Nichtübereinstimmung und der Höhe der Dissonanz, die dieser Nichtübereinstimmung entspringt. Das andere Problem bezieht sich auf die Bedingungen, unter denen die Dissonanz hauptsächlich durch das Abwerten der andersdenkenden Person oder durch den Versuch zur Verringerung oder Auslöschung der Widersprüchlichkeit reduziert wird. Wir werden diese beiden Fragen zusammen behandeln, da beide, wie zu sehen sein wird, aufs engste miteinander verbunden sind.

Aus rein theoretischen Betrachtungen könnte man folgern, daß die Höhe der Dissonanz mit dem Ausmaß der Nichtübereinstimmung mit jemand anderem zunimmt. Stellen wir uns z. B. einen Menschen vor, der die Ansicht vertritt, Milch sei sehr gut für Erwachsene, und jedermann sollte mindestens 1 l Milch pro Tag trinken. Nehmen wir weiter an, dieser Mensch stelle fest, daß ein Freund von ihm die Meinung vertritt, Milch sei für Erwachsene ein schädliches Getränk, und sie sollten daher niemals Milch trinken. Dies würde mehr Dissonanz bewirken, als wenn sein Freund lediglich annähme, daß 1 l pro Tag zu viel und daher schädlich sei, und daß Erwachsene daher pro Tag lediglich ein oder zwei Tassen Milch trinken sollten. Wenn ein größeres Ausmaß an Nichtübereinstimmung eine größere Dissonanz nach sich zieht, dann sollte man ein um so stärkeres Bemühen um Resonanz-Reduktion beobachten, je mehr das Ausmaß an Nichtübereinstimmung zunimmt. Da Meinungsänderung eine Möglichkeit der Reduktion von Resonanz darstellt, sollte man erwarten, daß mit dem Ausmaß der Nichtübereinstimmung auch das Ausmaß der folgenden Meinungsänderung zunehmen müsse.

Die experimentellen Erhebungen über die Beziehung zwischen dem Ausmaß der Nichtübereinstimmung und der Größe der Meinungsänderung haben aber keine konsistenten Ergebnisse erbracht (13, 14). Große Diskrepanz scheint in einigen Fällen zu einer großen Meinungsänderung zu führen, in anderen Fällen dagegen nur zu einer geringen. Für die Uneinheitlichkeit dieser Ergebnisse gibt es zwei mögliche Erklärungen: Es ist denkbar, daß die entstehende Dissonanz nahezu unbedeutend ist, wenn die Unvereinbarkeit zu extrem ist, d. h. wenn die abweichende Meinung außerhalb derjenigen Grenzen liegt, die die Person noch als vertretbare Positionen ansieht. Eine andere Erklärung kann darin gesehen werden, daß die Tendenz zur Dissonanzminderung durch Abwertung der andersdenkenden Person mit dem Ausmaß der Meinungsdiskrepanz zunimmt. Wenn dies zuträfe, dann müßte ein Experiment, das nur die Meinungsänderung mißt und nicht die Möglichkeit zur Abwertung der andersdenkenden Person berücksichtigt, tatsächlich uneinheitliche Ergebnisse liefern, denn es handelt sich bei diesen beiden Methoden um alternative Methoden der Dissonanzminderung.

Zimbardo (17) führte ein Experiment durch, dessen Ergebnisse es ermöglichen sollten, zwischen den beiden genannten Interpretationen zu entscheiden. Er versuchte in seiner Arbeit die Möglichkeit einer Abwertung der andersdenkenden Person zum Zwecke der Dissonanzminderung dadurch gering zu halten, daß die abweichende Meinung jeweils von einem sehr engen Freund vertreten wurde. Achtzig Studentinnen äußerten privat ihre Meinung hinsichtlich der Schuldfrage bei einem hypothetischen Problem jugendlicher Kriminalität. Jede dieser Versuchspersonen wurde anschließend mit der angeblichen Meinung eines engen Freundes konfrontiert, der zur gleichen Zeit wie sie mit dem Problem bekannt gemacht worden war. Kurze Zeit später wurde jede Versuchsperson aufgefordert, ihre Meinungsäußerung zu wiederholen.

Zwei Variablen wurden manipuliert: das Ausmaß der inneren Beteiligung am Problem und das Ausmaß der Diskrepanz der Meinungen. Der einen Hälfte der Versuchspersonen wurde gesagt, daß ihre Meinung über den Fall außerordentlich wichtig sei, da sie einen interessanten Hinweis auf ihre Persönlichkeit gebe usw. (hohe innere Beteiligung). Der anderen Hälfte der Versuchspersonen wurde gesagt, daß ihre Meinung über den betreffenden Fall ohne irgendwelche Konsequenzen sei (niedrige innere Beteiligung). Gleichzeitig wurde je eine Hälfte der Versuchspersonen zu der Annahme gebracht, die Meinung ihres Freundes sei extrem diskrepant von der eigenen, während der anderen Hälfte der Versuchspersonen der Eindruck vermittelt wurde, es bestehe nur ein geringer Unterschied zwischen beiden Meinungen. »Extrem diskrepant« bedeutet in dieser Arbeit: in einem Bereich liegend, den die Versuchsperson vorher als undenkbar und unvertretbar bezeichnet hat.

Aufgrund der Vermutung, daß eine Abwertung des engen Freundes nicht stattfinden dürfte, wurde als Anzeichen für Dissonanzminderung die Änderung der Meinung verwandt. Die Ergebnisse zeigten, (a) daß eine Versuchsperson um so mehr dazu tendierte, ihre Meinung in Richtung derjenigen ihres Freundes zu verändern, je mehr sie innerlich beteiligt war; (b) daß eine Versuchsperson um so mehr ihre Meinung in Richtung derjenigen ihres Freundes änderte, je größer die Diskrepanz zwischen ihrer Meinung und der des Freundes war.

Das Experiment von Zimbardo macht also kurzgesagt evident, daß die Stärke einer Dissonanz, die durch die Nichtübereinstimmung mit der anderen Person entstanden ist, mit dem Ausmaß dieser Nichtübereinstimmung zunimmt, und dies selbst dann, wenn die andersdenkende Person eine Meinung vertritt, die außerhalb desjenigen Bereiches liegt, der als akzeptabel und überlegenswert betrachtet wird. Wenn andere Möglichkeiten der Dissonanzminderung wie die Herabwürdigung der Quelle der Meinungsverschiedenheit nicht zur Verfügung stehen, dann kann die Wirkung einer größeren Dissonanz an der Änderung der Meinung gemessen werden.

Um diese Interpretation noch mehr zu sichern, muß ein weiterer Aspekt betrachtet werden. Es muß nämlich nachgewiesen werden, daß die Herabwürdigung der Quelle der Unstimmigkeit, wenn sie nicht als Möglichkeit ausgeschlossen ist, als Methode der Dissonanzminderung um so mehr bevorzugt wird, je größer die Diskrepanz ist. Bedauerlicherweise gibt es zu dieser Frage kein kontrolliertes Experiment. Einige Informationen lassen sich immerhin der Feldstudie von Adams et al. (1) entnehmen, in der die Tendenz zur Abwertung des

Andersdenkenden und die Tendenz zur Änderung der eigenen Einstellung in Richtung derjenigen des Andersdenkenden gleichzeitig als alternative Ausdrucksformen wachsender Dissonanz untersucht wurden. In dieser Arbeit wurden verheiratete Frauen hinsichtlich ihrer Einstellungen zum richtigen Zeitpunkt für den Beginn der Sauberkeitserziehung befragt. Zwei Wochen später kamen die Interviewer wieder und baten die Versuchspersonen, eine kurze und einigermaßen glaubwürdig geschriebene Broschüre zu lesen, die entschieden dafür eintrat, die Sauberkeitserziehung erst zu beginnen, wenn das Kind vierundzwanzig Monate alt ist. Unmittelbar darauf wurden die Versuchspersonen wiederum hinsichtlich ihrer Einstellung gegenüber der Sauberkeitserziehung befragt und ebenso nach ihrer Meinung über die Broschüre.

Die Forscher verglichen anschließend die Antworten derjenigen Vpn, deren Ansicht von der in der Broschüre vertretenen weit abwich, mit den Antworten derjenigen Vpn, deren Ansicht von der in der Broschüre vertretenen nur gering abwich.

Die Ergebnisse zeigen recht deutlich, daß beide Wege der Dissonanz-Reduktion gleichzeitig wirksam waren. Diejenigen, für die durch die Broschüre keine große Dissonanz entstand, tendierten nicht dazu, sie abzuwerten. Nur 19% von ihnen vertraten die Ansicht, die Broschüre sei unfair, einseitig usw. Der vergleichbare Wert für diejenigen, die durch die Broschüre eine beträchtliche Dissonanz erfuhren, betrug 59%. Offensichtlich nahm die Tendenz zur Abwertung der Schrift mit dem Ausmaß der eingetretenen Dissonanz zu. Darüber hinaus fand sich nur relativ wenig Meinungsänderung bei denjenigen, die die Broschüre abgewertet hatten. Eine beachtliche Meinungsänderung zeigte sich dagegen bei denjenigen, die die Broschüre nicht negativ beurteilten, und das Ausmaß der Meinungsänderung wuchs mit der Größe der entstandenen Dissonanz. Dieser letzte Punkt bestätigt im übrigen das Ergebnis des Experimentes von Zimbardo.

### Dissonanz als Folge einer erzwungenen öffentlichen Zustimmung

Es gibt viele Gelegenheiten, bei denen eine Gruppe eine Person dazu zwingt, sich öffentlich in einer Art und Weise zu verhalten, die ihren eigenen Überzeugungen zuwiderläuft. Wenn dies geschieht, erlebt diese Person Dissonanz: Ihr Wissen um diese öffentliche Handlungsweise steht in Dissonanz zu ihren Meinungen und Überzeugungen. Eine Möglichkeit zur Reduktion ihrer Dissonanz besteht für diese Person in der Änderung ihrer Überzeugungen, um diese mit ihrem öffentlichen Handeln in Einklang zu bringen.

Unter welchen Bedingungen wird eine solche Dissonanz am größten sein? Nehmen wir an, es sei eine große Mühe aufgebracht worden, jemanden dazu zu bringen, öffentlich etwas zu äußern, das mit seiner eigenen privaten Meinung nicht übereinstimmt; beispielsweise sei ihm eine große Belohnung versprochen worden, wenn er diese Stellungnahme abgibt. Die Höhe der Belohnung fungiert als Rechtfertigung für die Äußerung. Das Wissen, daß die öffentliche Äußerung gut belohnt wird, steht in Konsonanz mit der Tatsache, daß man diese Äußerung abgibt. Je größer die Belohnung ist, desto größer ist auch die Konsonanz, und entsprechend kleiner ist die insgesamt bestehende Dissonanz. Wenn umgekehrt eine Person ein öffentliches statement abgibt, das in Dissonanz zu ihrer Überzeugung steht, um damit eine geringe Belohnung zu erhalten, so hat sie wenig Rechtfertigung dafür, das statement abgegeben zu haben. Die insgesamt bestehende Dissonanz wird größer sein, da nur eine geringe Konsonanz besteht zwischen der Tatsache, das statement abgegeben zu haben, und der zweiten Tatsache, nur eine geringe Belohnung zu erhalten. Die Dissonanztheorie führt demnach zu folgender Vorhersage: Wenn jemand um der Erreichung einer geringen Belohnung willen öffentlich eine Erklärung abgibt, die er selbst für falsch hält, so wird er seine persönliche Überzeugung in der Richtung der öffentlichen Erklärung ändern; ein Anwachsen der Höhe der Belohnung wird das Ausmaß verringern, in dem der Betreffende seine persönliche Meinung ändern wird.

Diese Vorhersage wurde in einer Untersuchung von Festinger & Carlsmith (10) geprüft. In diesem Experiment waren die Versuchspersonen für eine Stunde mit einer Reihe von außerordentlich langweiligen und ermüdenden Aufgaben beschäftigt. Nachdem sie die Arbeit beendet hatten, »erklärte« ihnen der Versuchsleiter die Absicht des Experimentes. Den Versuchspersonen wurde gesagt, das Ziel des Experimentes läge in der Untersuchung, ob Menschen eine bessere Leistung zeigten, wenn ihnen zuvor gesagt würde, daß die Aufgaben interessant seien und Spaß machten, als wenn ihnen nichts gesagt wurde. Jeder Versuchsperson wurde gesagt, daß sie sich in der Kontrollgruppe befunden habe, d. h. daß ihnen am Anfang nichts über die Aufgaben gesagt wurde. Der Versuchsleiter erklärte weiter, daß sich bei der Experimental-Bedingung ein Vertrauensmann als Versuchsperson, die eben das Experiment beendet hat, ausgibt und den wartenden Vpn erzählt, daß die Aufgaben sehr viel Spaß machen. Der Versuchsleiter gab sich dann etwas verlegen und erklärte, daß im Moment ein Mädchen darauf warte, getestet zu werden, und daß der Vertrauensmann sich bisher noch nicht gezeigt habe. Er fragte dann die Versuchsperson, ob sie ihm einen Gefallen tun wolle, d. h. ob sie für den Vertrauensmann einspringen und der wartenden Versuchsperson erzählen wolle, daß die Aufgaben sehr interessant und spaßig seien. Er bot an, daß er die Versuchsperson dafür bezahlen wolle, wenn sie dies tue und wenn sie auch in zukünftigen Notfällen bereit sei, als Vertrauensmann einzuspringen.

Die Versuchspersonen wurden einer von drei Bedingungen zugeordnet:

(a) die 1-Dollar-Bedingung, in der die Versuchspersonen einen Dollar für ihr Einspringen als Vertrauensmann erhielten;
(b) eine 20-Dollar-Bedingung, in der der Versuchsperson für die gleiche Tätigkeit zwanzig Dollar bezahlt wurden; und
(c) eine Kontroll-Bedingung, in der die Versuchspersonen nicht darum gebeten wurden, eine wartende Versuchsperson zu belügen.

Jeder Versuchsteilnehmer wurde dann von einem anderen Versuchsleiter um die Angabe gebeten, für wie lustig er die Aufgaben halte. Die Ergebnisse entsprachen den aus der Theorie abgeleiteten Vorhersagen. Die Vpn der Kontroll-Bedingung und der 20-Dollar-Bedingung beurteilten die Aufgaben als eher unerfreulich; zwischen den Versuchspersonen dieser beiden Bedingungen gab es keine unterschiedliche Beurteilung. Die Versuchspersonen der 1-Dollar-Bedingung beurteilten dagegen die Aufgaben als eher erfreulich. Die Beurteilung der Aufgaben der Versuchspersonen in der 1-Dollar-Bedingung waren signifikant positiver als diejenigen der 20-Dollar-Bedingung und der Kontroll-Bedingung. Kurz wiederholt bedeutet dies: Zwingt man eine Person dazu, öffentlich eine Äußerung abzugeben, die der privaten Meinung widerspricht, so führt dies zu einer beträchtlichen Dissonanz, wenn die Belohnung, die man für die öffentliche Äußerung anbietet, gering ist. Unter diesen Bedingungen reduziert diese Person die Dissonanz, indem sie ihre eigene Meinung ändert, so daß eine geringere Diskrepanz besteht zwischen dem, was sie privat glaubt, und dem, was sie öffentlich gesagt hat. Wenn sehr viel geboten wird, um die öffentliche Äußerung zu erreichen, ist die entstehende Dissonanz vergleichsweise gering, und eine Änderung der persönlichen Meinung tritt nicht ein.

In den vorangegangenen Abschnitten haben wir versucht, einige der unterschiedlichen Möglichkeiten zu beschreiben, in der Gruppen oder andere Personen in einem Individuum Dissonanz erzeugen können, und ebenso die Wege, auf denen eine solche Dissonanz im allgemeinen reduziert wird. Wir haben drei Beispiele gebracht, und zwar (a) Dissonanz, entstanden durch das Verhalten anderer, indem es den

Erwartungen des Individuums widerspricht, (b) Dissonanz, hervorgerufen durch ausdrückliche Nichtübereinstimmung, und (c) Dissonanz, die entsteht, wenn andere ein Individuum dazu bringen, sich in einer Weise zu verhalten, die der eigenen Überzeugung widerspricht.

Die Interaktion mit anderen Menschen und die Mitgliedschaft in Gruppen dürfen aber nicht nur als potentielle Quellen von Dissonanz betrachtet werden: Es ist auch die Kehrseite zu berücksichtigen. Andere Menschen und Gruppen können und werden auch sehr wirksam im Dienste der Reduktion einer auf welche Weise auch immer entstandenen Dissonanz benutzt. Wir werden daher im nächsten Kapitel zu der Diskussion dieses Aspektes zwischenmenschlicher Aktion übergehen.

### Gruppeninteraktion als eine Hilfe für die Dissonanzminderung

Wenn jemand Dissonanz empfindet, so kann er seine Interaktionen mit anderen Menschen in den Dienst der Dissonanzminderung stellen. Dabei können im allgemeinen zwei Prozesse unterschieden werden:

1. Man kann dadurch Dissonanzreduktion erreichen, daß man von Leuten Unterstützung erhält, die das, wovon man sich selbst überzeugen möchte, bereits glauben.
2. Man kann eine Dissonanzreduktion erreichen, indem man andere dazu überredet, auch das zu glauben, wovon man sich selbst überzeugen möchte.

Diese beiden Methoden können gleichzeitig angewandt werden, und dies geschieht auch. Aber andererseits kann man auch einiges über die Bedingungen sagen, unter denen jeweils eine der beiden Methoden bevorzugt verwandt wird. Wenn jemandes Ansichten zu einem bestimmten Thema weitgehend konsistent sind, bis er jemandem begegnet, der nicht mit ihm übereinstimmt, dann bildet dieser Andersdenkende für ihn die hauptsächliche Quelle der Dissonanz. In einer solchen Situation würde man erwarten, daß er versuchen würde, eine Dissonanzminderung zu erreichen, indem er sich bemüht, den anderen Menschen von der Notwendigkeit einer Meinungsänderung zu überzeugen. Nehmen wir andererseits an, jemand wird mit einer Gewißheit konfrontiert, die mit seiner eigenen Meinung unvereinbar ist; trifft dieser Mensch dann auf einen anderen, der seine Meinung nicht teilt, so wird durch diese Tatsache zur gesamten bestehenden Dissonanz nur wenig hinzugefügt werden. Er mag zwar versuchen, den Andersdenkenden zu einem Umdenken zu bewegen; wenn aber der Andersdenkende nicht die hauptsächliche Quelle der Dissonanz ist, so würde ein Einfluß auf ihn nur wenig weiterhelfen. Wahrscheinlicher ist es, daß der die Dissonanz empfindende Mensch versuchen wird, soziale Unterstützung von solchen Menschen zu erhalten, die die gleichen Meinungen vertreten wie er. Solche mit ihm übereinstimmenden Menschen werden höchstwahrscheinlich dazu verhelfen können, seine Dissonanz zu mindern, indem sie neue Informationen und neue Argumente beibringen, die seine Meinung bestätigen, und indem sie die der eigenen Meinung widersprechenden Argumente entkräften.

Diese Unterscheidung kann durch den Vergleich zweier Experimente illustriert werden. In einem Experiment von Festinger & Thibaut (12) wurde Studenten in kleinen Gruppen ein Problem gestellt, das sie zu diskutieren hatten. Das Problem war speziell so ausgesucht, daß es einen weiten Bereich von Meinungen auslöste. Jedes Gruppenmitglied wurde aufgefordert, seine Meinung hinsichtlich der besten Lösung des Problems anzugeben. Dies geschah durch die Markierung eines Punktes auf einer Sieben-Punkte-Skala, die die Breite der möglichen Lösungen repräsentierte. Der die Meinung der einzelnen Versuchspersonen repräsentierende Skalenwert wurde auf einer weißen Karte so vor ihr aufgestellt, daß alle anderen Mitglieder der Gruppe ihn sehen konnten. Die Versuchsteilnehmer erhielten daraufhin die Möglichkeit, über das Problem zu »diskutieren«, indem sie sich während zwanzig Minuten gegenseitig Notizen schreiben konnten. Jede Notiz, die eine Versuchsperson schrieb, konnte nur zu einer einzigen anderen Person geschickt werden.

Was würde man in einer solchen Situation hinsichtlich des Kommunikationsmusters vermuten? Jede Vp konnte, nachdem sie sich eine Meinung gebildet hatte, feststellen, daß bestimmte andere Gruppenmitglieder mit ihr nicht übereinstimmten. Dadurch wurde bezüglich der Meinung eine Dissonanz eingeführt; und die Dissonanz war um so größer, je extremer die Nichtübereinstimmung war. Man sollte annehmen, daß jeder Teilnehmer die meisten seiner Mitteilungen direkt zu denjenigen Gruppenmitgliedern schickte, deren Meinung am meisten von der seinen abwich. Darüber hinaus sollte man annehmen, daß diese Mitteilungen hauptsächlich den Versuch enthielten, den Partner zu einer Änderung seiner Meinung zu überreden. Die Ergebnisse stimmen mit diesen Überlegungen bestens überein. Die geschriebenen Texte waren überwiegend Versuche, den anderen zu überreden, und 70–90% aller Texte waren an Mitglieder adressiert, deren Meinung extrem von der eigenen abwich.

Im Kontrast hierzu wollen wir nun die Situation untersuchen, die durch ein Experiment von Brodbeck (7) geschaffen wurde. Die Vpn wurden in Gruppen zusammengeführt, und alle wurden aufgefordert, ihre persönliche Meinung hinsichtlich des Abhörens von Telefonen durch staatliche Stellen anzugeben. Dies Thema wurde gewählt, weil es dazu eine beträchtliche Menge unterschiedlicher Meinungen gab. Ebenso hatten die Vpn anzugeben, wie sicher sie ihrer Meinung waren. Die Versuchsteilnehmer hörten dann eine eindrucksvolle Rede über dieses Thema. Bei der einen Hälfte der Gruppen bestand der Inhalt der Rede aus einem entschiedenen Argumentieren zugunsten der Abhörpraxis, während bei der anderen Hälfte der Gruppen die Rede entschieden gegen das Abhören gerichtet war. Auf diese Weise wurden einige Versuchspersonen in jeder Gruppe einer überzeugenden Argumentation ausgesetzt, die nicht mit ihrer eigenen zuvor geäußerten Meinung übereinstimmte, während andere Versuchspersonen in jeder Gruppe sich einer überzeugenden Argumentation gegenübersahen, die die eigene zuvor geäußerte Meinung unterstützte. Nach dem Anhören der Rede erhielt wiederum jede Versuchsperson die Aufgabe anzugeben, ob sie für oder gegen das Abhören sei und wie sicher sie sich ihres Urteils sei.

Auf der Grundlage des bisherigen Vorgehens konnten die Versuchspersonen in drei Klassen geteilt werden: (a) »konsonante« Vpn, deren ursprüngliche Meinung mit der Tendenz der Rede übereinstimmte; (b) »sehr dissonante« Vpn, für die die Rede, mit der sie nicht übereinstimmten, genügend Bedeutung hatte, um die Sicherheit, mit der sie ihre Meinung ursprünglich äußerten, zu verringern; (c) »gering dissonante« Vpn, deren Meinung nicht mit der Aussage der Rede übereinstimmte, die aber nicht ihre Sicherheit verloren, mit der sie ursprünglich ihre Meinung geäußert hatten.

Im zweiten Teil des Experimentes wurden aus jeder Gruppe vier »konsonante« und vier »dissonante« Versuchspersonen ausgewählt, so daß in jeder dieser neuen Gruppen vier Befürworter und vier Ablehner der Abhörpraxis waren. Sie wurden zusammen in einen Raum gesetzt, und jede Versuchsperson hatte vor sich ein deutlich sichtbares Schild, auf dem ihre Meinung wiedergegeben war. Der Versuchsleiter teilte ihnen dann mit, daß die Gruppe sich in einzelne Diskussionspaare aufteilen sollte, und forderte sie auf, jene zwei Gruppenmitglieder aufzuschreiben, mit denen sie das Thema am liebsten diskutieren wollten. Die »sehr dissonanten« Versuchspersonen wünschten häufiger mit solchen Partnern über das Thema zu sprechen, die mit ihnen übereinstimmten, als dies bei den »konsonanten« Versuchspersonen der Fall war. Man kann sagen, daß die Ergebnisse zeigen, daß die »konsonanten« Vpn versuchten, die geringe Dissonanz, die sie empfanden, dadurch zu reduzieren, daß sie diejenigen Leute, die die Dissonanz hervorgerufen hatten, d. h. diejenigen, die nicht mit ihnen übereinstimmten, überzeugten. Sie hatten ein geringes Interesse daran, das Thema mit solchen Partnern zu diskutieren, die mit ihnen die gleiche Meinung hatten. Für die »streng dissonanten« Versuchsteilnehmer bedeutete dagegen die Anwesenheit von andersdenkenden Gruppenmitgliedern eine relativ kleine Dissonanzquelle. Für sie war die Dissonanz hauptsächlich durch die Rede entstanden. Indem sie ihre Meinungen mit Partnern besprachen, die mit ihnen übereinstimmten, bestand für sie eine größere Wahrscheinlichkeit, daß sie in den Informationen die Unterstützung fanden, die sie zur Dissonanzminderung brauchten. Die Ergebnisse der »gering dissonanten« Versuchspersonen lagen zwischen denen der anderen beiden Gruppen.

Die oben angebotene Interpretation kann noch durch weitere Ergebnisse der Arbeit von Brodbeck gestützt werden.

Die »streng dissonanten« Versuchspersonen suchten sich soziale Hilfe bei den mit ihnen übereinstimmenden, um die Dissonanz, die durch die beeinflussenden Reden entstanden war, zu reduzieren. Die aus 8 Versuchspersonen bestehenden Gruppen der zweiten Versuchsphase teilten sich tatsächlich nicht in Paare auf, sondern fuhren fort, das Thema in der gesamten Gruppe zu diskutieren. Nach dieser Diskussion wurden sie noch einmal aufgefordert, ihre Meinung zu dem Problem abzugeben und die Sicherheit dieser ihrer Meinung zu beurteilen.

Es soll noch einmal ausdrücklich darauf hingewiesen werden, daß in jeder Diskussionsgruppe jeweils vier Personen mit positiver und negativer Einstellung zu dem Thema waren. Der Hinweis ist daher interessant, daß im Anschluß an diese Diskussion die »sehr dissonanten« Versuchspersonen im Durchschnitt ihre ursprüngliche Sicherheit bei der Meinungsäußerung wiedergefunden hatten, d. h. die Sicherheit, die sie vor dem Anhören der dissonanzstiftenden Rede hatten. Mit anderen Worten zeigten diese Versuchspersonen durch die Wahl der Partner, mit denen sie das Thema weiter diskutieren wollten, daß sie Unterstützung für ihre ins Wanken geratene Meinung suchten. Sie erhielten eine solche Hilfe und verstärkten ihr Vertrauen sogar in einer Situation, wo die Hälfte der Gruppenmitglieder mit ihnen nicht übereinstimmte. Sicherlich hörten sie genauer oder gewichteten mehr diejenigen Argumente, die in der Diskussion von denen vertreten wurden, die mit ihnen übereinstimmten.

Ein solches Phänomen kann man bei allen Situationen des Alltags klarer und eindrucksvoller sehen, als man erwarten würde. Ein Beispiel dafür kann der Arbeit von Festinger, Riecken & Schachter (11) entnommen werden.

Diese Arbeit beinhaltete die systematische Beobachtung der Verhaltensweise einer Gruppe von Leuten, die fest davon überzeugt waren, daß die Welt an einem bestimmten Tag durch eine Sintflut enden würde, und die ihrem Glauben auf unterschiedliche Weise Ausdruck verliehen hatten.

Die Forscher interessierten sich für die Auswirkung, die das Ausbleiben der prophezeiten Ereignisse auf diese Leute haben würde. Das Wissen um die gewaltigen Opfer, die sie für ihren Glauben gebracht haben, würde in Dissonanz zu der Erfahrung stehen, daß ihre Überzeugung falsch war. Sie konnten diese Dissonanz mindern, indem sie sich selbst einredeten, daß ihre Glaubensvorstellungen richtig waren, obwohl sich die spezifische Prophezeiung nicht erfüllt hatte. Auf mindestens zwei Wegen konnten sie dies erreichen:

1. durch gegenseitige Bekräftigung; d. h. indem sie für das Nichteintreffen ihrer Vorhersage eine Erklärung fanden, deren Richtigkeit sie sich untereinander bestätigten.
2. durch Bekehrung anderer Menschen; wenn sie Außenstehende von der Richtigkeit ihrer Glaubensvorstellungen überzeugten, konnten sie Argumente anhäufen, die mit der Tatsache in Einklang standen, daß sie ihre Überzeugung beibehielten und in der Bewegung blieben.

In der Nacht der erwarteten Sintflut versammelten sich die meisten Gläubigen im Hause eines Mitgliedes in der Erwartung einer fliegenden Untertasse, die sie um Mitternacht erretten sollte. Einige Mitglieder hatten allerdings den Auftrag, in ihren eigenen Häusern zu warten. Als Mitternacht kam und vorüberging, war die Gruppe außerordentlich enttäuscht. Sie konnte zunächst nicht glauben, daß ihre Vorhersage nicht in Erfüllung gegangen war. Als sie sich schließlich zu der Erkenntnis durchrangen, daß die Sintflut nicht mehr eintreffen würde, bemühten sie sich sehr, einen Grund hierfür zu finden. Für einige Stunden hielten sich die Gläubigen daran, sich gegenseitig die Richtigkeit ihrer Bewegung zu beteuern, und sie bestanden untereinander darauf, daß sich ein Erklärung finden lassen würde. Schließlich stellten sie die Begründung auf, die Erde sei gerade wegen ihres Glaubens und ihres Vertrauens nicht zerstört worden. Die Gruppe konnte diese Erklärung annehmen und ihr vertrauen, weil sich die Mitglieder gegenseitig bekräftigen und davon überzeugen konnten, daß diese Erklärung tatsächlich richtig sei. Obwohl die Nichterfüllung momentan ihren Glauben erschüttert hatte, waren die Mitglieder in der Lage, ihre Mitgliedschaft in der Bewegung aufrechtzuhalten, weil sie alle eine gegenseitige soziale Bestätigung erhielten. Darüber hinaus zeigte einige Wochen nach der Nichterfüllung – als die Untersuchung abgeschlossen wurde – die Überzeugung der Mitglieder, die zusammen gewartet hatten, keinerlei Anzeichen von Unsicherheit mehr. Ja, die soziale Bestätigung war sogar so mächtig, daß zwei Mitglieder, die gelegentlich einige geringe Zweifel an einigen der Glaubenssätzen der Bewegung geäußert hatten, jetzt ganz fest an alle von ihnen glaubten. Die Bedeutung der sozialen Bestätigung für die Dissonanzminderung kann darüber hinaus durch den Vergleich mit denjenigen Mitgliedern der Bewegung gezeigt werden, die auf die Erfüllung der Prophetie allein bei sich zu Hause gewartet hatten. Diese Menschen behielten ihre Überzeugungen nicht bei. Ohne die ständige soziale Bestätigung durch ihre Gefährten war für sie die durch die Nichterfüllung entstandene Dissonanz hinreichend groß, um eine Abwendung von ihrem Glauben an die Bewegung zu begründen, obwohl sie sich ihr entschieden verschrieben hatten.

Ein vielleicht noch eindrucksvollerer Aspekt der Wirkungen der Nichterfüllung bezieht sich auf das Bekehrungsverhalten der Gläubigen, die ihren Glauben beibehielten. Vor dem Ausbleiben des vorhergesagten Ereignisses waren die Versuche der Gläubigen, andere Menschen von der Richtigkeit der Bewegung zu überzeugen, eher schwach. Einige Monate vor dieser Zeit schienen sie kaum den Wunsch zu haben, neue Gläubige an sich zu ziehen. Sie nahmen an, daß diejenigen, die für die Rettung erwählt waren, sich von sich aus der Gruppe anschlossen. So wurden Besucher, die ein Interesse an der Bewegung bekundeten, recht lässig behandelt; man bemühte sich nicht, ihnen die Bewegung anzupreisen, man gab ihnen auch nur sehr wenig Informationen. Es gab sogar Zeiten, wo den Mitgliedern ausdrücklich untersagt wurde mit Außenstehenden zu sprechen. Publizität wurde nicht gesucht. Im Gegenteil wurden sogar alle Versuche der Presse, Interviews zu erhalten, zurückgewiesen. Unmittelbar nach der Nichterfüllung änderte sich das Verhalten der Gläubigen drastisch. An vier aufeinander folgenden Tagen gaben sie Pressekonferenzen und längere Interviews und ließen sich fotografieren. Ebenso versuchten sie neue Mitglieder zu werben. Sie luden die Öffentlichkeit und die Presse zu einer Versammlung ein, auf der sie Lieder sangen und die Erscheinung eines Wesens aus dem All erwarteten »who might come«.

Alles in allem waren die Gläubigen durch ständige gegenseitige soziale Bestätigung und die Bekehrung neuer Mitglieder in der Lage, die Dissonanz so weit zu mindern, daß sie es sich selbst ermöglichten, ihre Überzeugung beizubehalten. Diejenigen Gruppenmitglieder, die zum entscheidenden Zeitpunkt von der sozialen Bestätigung ausgeschlossen waren, konnten ihre Überzeugung infolge des Nichterfüllens der Prophezeiung nicht aufrechterhalten.

## LITERATUR


(1) Adams, J. S., et al.: The effects of a persuasive communication on opinion change and rejection of the communication. Unpublished study, Stanford Univ.

(2) Aronson, E.: The effect of effort on the attractiveness of rewarded and unrewarded stimuli. *Journal of abnormal and social Psychology,* 1961, 63, 375–380

(2a) Aronson, E., & Mills, J.: Effect of severity of initiation on liking for a group. *Journal of abnormal and social Psychology,* 1959, 59, 177–181

(3) Back, K.: The exertion of influence through social communication. *Journal of abnormal and social Psychology,* 1951, 46, 9–24

(4) Brehm, J.: Post-decision changes in desirability of alternatives. *Journal of abnormal and social Psychology,* 1956, 52, 384–389

(5) Brehm, J.: Increasing cognitive dissonance by a fait accompli. *Journal of abnormal and social Psychology,* 1959, 58, 379–382

(6) Brehm, J., & Cohen, A. R.: Re-evaluation of choice alternatives as a function of their number and qualitative similarity. *Journal of abnormal and social Psychology,* 1959, 58, 373–378

(7) Brodbeck, M.: The role of small groups in mediating the effects of propaganda. *Journal of abnormal and social Psychology,* 1956, 52, 166–170

(8) Festinger, L.: Informal social communication. *Psychological Review,* 1950, 57, 271–282

(9) Festinger, L.: *Theory of Cognitive Dissonance,* Evanston, Ill.: Row, Peterson, 1957

(10) Festinger, L., & Carlsmith, J.: Cognitive consequences of forced compliance. *Journal of abnormal and social Psychology,* 1959, 58, 203–210

(11) Festinger, L., Riecken, H., & Schachter, S.: *When Prophecy fails,* Minneapolis: Univ. of Minnesota Press, 1956

(12) Festinger, L., & Thibaut, J.: Interpersonal communication in small groups. *Journal of abnormal and social Psychology,* 1951, 46, 92–100

(13) Hovland, C.: Reconciling conflicting results derived from experimental and survey studies of attitude change. *American Psychologist,* 1959, 14, 8–17

(14) Hovland, C., & Pritzker, H.: Extent of opinion change as a function of amount of change advocated. *Journal of abnormal and social Psychology,* 1957, 54, 257–261

(15) Mills, J.: Changes in moral attitudes following temptation. *Journal of Personality,* 1958, 26, 517–531

(16) Schachter, S.: Deviation, rejection and communication. *Journal of abnormal and social Psychology*, 1951, 46, 190–208
(17) Zimbardo, P.: Involvement and communication discrepancy as determinants of opinion change. *Journal of abnormal and social Psychology*, 1960, 60, 86–94

ELEANOR E. MACCOBI / NATHAN MACCOBI /
H. K. ROMNEY / J. STACY ADAMS

# Soziale Verstärkung bei der Veränderung von Einstellungen[2]

Es hat sich gezeigt, daß sich die Effekte einer persuasiven Kommunikation mit der Zeit verändern. In einigen Fällen treten verzögerte Veränderungen in der durch die Kommunikation angestrebten Richtung auf – »sleeper effects« (latente Wirkungen), die in Messungen unmittelbar nach der Kommunikation nicht sichtbar sind. Ferner bleiben einige der sofort nach der Kommunikation auftretenden Effekte relativ stabil, während in anderen Fällen die meisten Effekte im Laufe der Zeit verlorengehen. In ihren wegweisenden Untersuchungen über längerfristige Einstellungsänderungen berichten Hovland, Lumsdaine und Sheffield (1949), daß »sleeper effects« eher bei Versuchspersonen vorkommen, die zunächst der durch die Kommunikation vertretenen Ansicht widersprachen, jedoch einer Gruppe angehörten (z. B. einer Erziehungsgruppe), deren meiste Mitglieder gewöhnlich die von der Kommunikation vertretene Position übernahmen. Für diese Ergebnisse gibt es zwei mögliche Erklärungen: (a) für eine »prädisponierte« Person stimmen andere Einstellungen, die sie schon hat, mit der Aussage der Kommunikation überein und dienen dazu, diese in der der Kommunikation folgenden Zeitspanne zu verstärken, in der die Person die Aussage für sich selbst wiederholt. (b) Nachdem sie einer persuasiven Kommunikation ausgesetzt waren, diskutieren die Versuchspersonen miteinander darüber; »prädisponierte« Personen neigen dabei zu, sich mit Personen zu umgeben, die dem Kommunikationsinhalt zustimmen, und daher pflegt die Konversation diesen im allgemeinen zu verstärken, während »nicht-prädisponiert« Personen während der nachkommunikativen Diskussion gewöhnlich mit gegensätzlichen Standpunkten konfrontiert werden, die die Wirkungen des Kommunikationsinhaltes abschwächen.

---

Originaltitel: »Social Reinforcement in Attitude Change«. Aus: Journal of Abnormal and Social Psychology 1961, 63, S. 109–115. Copyright 1961 by the American Psychological Association. Der Abdruck erfolgt mit Genehmigung der American Psychological Association. Deutsche Übersetzung von Gudrun Eggert.

Die zweite dieser Möglichkeiten dient als Ausgangspunkt für die gegenwärtige Untersuchung, jedoch haben wir diesen Ansatz etwas erweitert. Andere Untersuchungen legen nahe, daß interpersonelle Kommunikation ein in hohem Maße selektiver Sachverhalt ist. Es ist keineswegs von vornherein selbstverständlich, daß jemand, der von Personen umgeben ist, die bei einem bestimmten Thema einen vom eigenen abweichenden Standpunkt vertreten, einerseits diese Tatsache erkennt (s. Allport, 1924, zur pluralistischen Ignoranz), und daß er diese festgestellte Meinungsdifferenz andererseits mit diesen Personen ausdiskutiert (Maccobi, Matthews und Morton, 1954). Er kann mit ihnen einfach ein stillschweigendes Abkommen treffen, über strittige Themen nicht zu diskutieren.

Wir erwarten jedoch, daß es bestimmte Bedingungen gibt, unter denen ein Individuum aktiv eine Konversation mit anderen über eine Kommunikation sucht, mit der es selbst konfrontiert wurde. Unsere Ansicht dazu geht zum Teil auf Festingers (1957) Theorie der kognitiven Dissonanz zurück. Wird eine Person einer persuasiven Kommunikation ausgesetzt, mit der sie nicht übereinstimmt und die durch sie nicht verändert wird, dürfte Dissonanz entstehen und die Versuchsperson eine Reihe von Tricks benutzen, um das Gewicht der Kommunikation zu vermindern und die eigene ursprüngliche Position zu stärken. Ebenso entdeckte Adams (1961) die Tendenz, daß Versuchspersonen nach der Kommunikation Unterstützung für ihre Ausgangsposition suchen. Für Personen, die sich in der von der Kommunikation vertretenen Richtung verändern, bedeutet der Vorgang der Veränderung selbst eine Abschwächung der Dissonanz. Dennoch dürfte sich eine gewisse Dissonanz aus den verbleibenden Elementen der Ausgangsposition der Versuchsperson ergeben. Sie wird versuchen, sich dieser Elemente zu entledigen, indem sie die Konversation mit Personen sucht, von denen sie erwarten kann, daß sie ihr sagen, es sei richtig gewesen, den von der Kommunikation vertretenen Standpunkt einzunehmen, und die ihr helfen werden, die restlichen Elemente ihrer alten Annahmen zu widerlegen. Wenn also eine Person durch eine Kommunikation verändert wurde, dann wird sie sich ganz anders verhalten, als Brodbeck und Adams es berichtet haben: Sie wird eher Unterstützung für ihre *neue* Position suchen als für ihre Ausgangsposition.

Es stimmt zwar, daß Menschen dazu neigen, sich selbst von Diskussionen mit anderen zurückzuziehen, die mit ihnen nicht übereinstimmen, und daß sie Gespräche über ein Thema suchen, das einen bereits vertretenen Standpunkt untermauert (und die Spannungen aufhebt, die sich aus der tatsächlichen oder drohenden Einstellungsänderung ergeben); kann dann aber gesagt werden, daß die soziale Interaktion eine direkte Rolle bei der Einstellungsänderung spielt? Ist die soziale Interaktion, die einer Kommunikation folgt, nur eine Art von Epiphänomen, das zwar sie zur endgültigen Wirkung einer Kommunikation begleitet, sie aber nicht direkt berührt?

Bei der Untersuchung dieser Probleme stellen wir die folgenden spezifischen Fragen:

1. Übt der Inhalt von Nach-Kommunikationsgesprächen zusätzlichen Druck auf das Individuum aus, genauer: die Kommunikation entweder zu akzeptieren oder sie abzuweisen? In welchem Grad werden Menschen in Diskussionen mit gegensätzlichen Standpunkten konfrontiert?
2. Gibt es eine Beziehung zwischen den ursprünglichen Wirkungen einer Kommunikation und den Arten der anschließenden Gespräche?
3. Hängt die reine Veränderung einer Einstellung über eine Zeitspanne hinweg davon ab, ob und wie zwischenzeitlich Gespräche stattfinden?

Einer Reihe von Untersuchungen über Kommunikationen mit Eltern und darauffolgenden Einstellungsänderungen können wir zwei Arbeiten entnehmen, die Daten enthalten, die sich auf diese Fragen beziehen. Für beide Untersuchungen diente als unsere »persuasive« Kommunikation eine illustrierte Broschüre, die für eine spät einsetzende Sauberkeitserziehung eintrat. Diese Broschüre vertrat die Ansicht, daß das Training beginnen sollte, wenn das Kind mindestens zwei Jahre alt ist, und diese Aussage stand in Widerspruch zu der Ausgangsposition der großen Mehrheit unserer Versuchspersonen. Die zwei Untersuchungen unterscheiden sich etwas in Versuchsplan und Stichproben und werden im folgenden kurz beschrieben.

## *Methode*

### Untersuchung in San Franzisko

Die Versuchspersonen dieser Untersuchung waren drei Gruppen von verheirateten Frauen. Die Frauen der ersten Gruppe hatten keine Kinder, die der zweiten Gruppe ein Baby und die der dritten Gruppe nur ältere Kinder. Über den Vergleich dieser drei Gruppen in bezug auf die Einstellungsänderung wurde an anderer Stelle berichtet (Maccobi, Romney, Adams und Maccobi, 1959). Für den vorliegenden Bericht sind diese drei Gruppen zusammengefaßt worden.

Ein Anfangsinterview wurde bei den Befragten zuhause durchgeführt; jede Befragte wurde aufgefordert, ihre Meinung über einige Aspekte der Kindererziehung zu äußern, so auch über das Alter, das für den Beginn des Sauberkeitstrainings als angemessen erschien. Etwa 2 Wochen später übergab ein anderer Interviewer den Befragten die Broschüre über Sauberkeitserziehung und bat sie, sie zu lesen. Direkt danach wurde ein neues Interview durchgeführt, und jede Befragte wurde wiederum aufgefordert, ihre Meinung über das richtige Alter für den Beginn des Sauberkeitstrainings zu äußern. Ein drittes Heiminterview wurde etwa 6 Monate später durchgeführt, das dieselben Fragen über das für das Sauberkeitstraining angemessene Alter beinhaltete und zusätzlich Fragen zu allen Diskussionen, die die Befragten nach dem zweiten Interview über die Broschüre geführt hatten. Jedesmal führte man auch Interviews mit Kontrollgruppen durch, die die Broschüre nicht gelesen hatten; aber für unsere gegenwärtigen Zwecke wurden diese Gruppen ausgelassen, da sie selbstverständlich nicht über die Diskussionen nach dem Lesen der Broschüre befragt werden konnten. Die Stichproben (nur Broschüren-Gruppen) einer jeden Interviewrunde umfaßten:
1. Interview, November 1958, N = 167, 2. Interview, Dezember 1958, N = 151, 3. Interview, Mai 1959, N = 136.

Untersuchung in San Jose
In dieser Untersuchung waren die Versuchspersonen ausschließlich verheiratete Frauen mit einem Baby. Einige von ihnen hatten auch ältere Kinder, einige nicht. Zunächst wurde ein Heiminterview durchgeführt, um ein Anfangsmaß der Meinungen über das Alter für den Beginn des Sauberkeitstrainings und andere Themen aus der Kindererziehung zu erhalten. Dann wurden die Versuchspersonen eingeladen, einige Abendveranstaltungen zu besuchen, während derer u. a. die Broschüre über das Sauberkeitstraining gelesen wurde. Während der Abendveranstaltungen wurde ein Fragebogen zum Ausfüllen ausgegeben, der die Frage nach dem angemessenen Alter für die Sauberkeitserziehung enthielt. Etwa 2 Wochen nach der Abendveranstaltung wurden die Versuchspersonen angerufen und über alle Diskussionen, die sie nach diesen Veranstaltungen hatten, sowie ihre gegenwärtige Meinung zum richtigen Alter für das Sauberkeitstraining befragt. Die Fälle für jeden dieser drei Durchgänge der Datenerfassung betrugen:
Anfanginterview, März 1959, N = 1040, Fragebogen bei Abendveranstaltung Anfang April 1959, N = 228[3], Telefoninterview Ende April 1959, N = 224[3].

Inhalt der Unterhaltungen

Ein großer Teil der Frauen, die unsere Broschüre gelesen hatten, diskutierte anschließend mit irgend jemandem (63% der San-Franzisko-Stichprobe und 68% der San-Jose-Stichprobe). In der San-Franzisko-Stichprobe sprachen die Frauen mit Babys über diese Broschüre eher mit jemandem als die Frauen, die noch kein Baby hatten, oder die Frauen, deren Kinder bereits so alt waren, daß das Sauberkeitstraining für sie kein Problem mehr war. Wir baten die Versuchspersonen, uns die Art der stattgefundenen Unterhaltungen zu beschreiben: ob sie bereits im voraus einschätzen konnten, was die jeweilige Gesprächspartnerin, mit der sie über diese Broschüre gesprochen hatte, darüber denken würde, und vor allem welche Positionen die zwei Parteien in der Konversation – wenn überhaupt – einnahmen. Aus diesen Beschreibungen ergab sich übereinstimmend, daß diese Unterhaltungen im Interesse der Aufrechterhaltung von harmonischen sozialen Beziehungen geführt wurden. Frauen scheinen das Gefühl zu haben, daß ein gut Teil Takt dazu gehört, mit anderen Frauen über Kindererziehung zu sprechen. Sie versuchen einen Rat zu vermeiden, um nicht als zudringlich betrachtet zu werden, und geben manchmal sogar dann keinen Rat, wenn sie direkt danach gefragt werden. Selbst wenn es gar nicht darum geht, einen Rat zu geben, vermeiden sie es, ihre eigene Meinung direkt zu sagen, außer unter sehr günstigen Umständen. Sie neigen dazu, erst den Standpunkt des Gesprächspartners zu erkunden, bevor sie ihren eigenen Standpunkt äußern, und bleiben dann einfach still, wenn sie anderer Meinung sind. Oder auch stellt eine Frau einen Standpunkt so dar, als stamme er von dritter Seite, so daß sie nicht selbst zur Zielscheibe werden kann, wenn dieser Standpunkt angegriffen wird. Das vielleicht häufigste Verfahren zur Vermeidung von Kontroversen besteht darin, bereits im voraus den Standpunkt der anderen Person einzuschätzen und nur dann das Thema aufzunehmen, wenn man ziemlich sicher ist, daß eine Übereinstimmung besteht.

Diese Verfahrensweisen werden durch die folgenden Fakten aus unseren Daten verdeutlicht: In mehr als der Hälfte aller Fälle dachten die Befragten, daß sie bereits im voraus die Reaktion der Gesprächspartner auf die Broschüre kennen. Nach ihren eigenen Berichten erfüllten sich ihre Erwartungen fast immer – von 191 Beispielen, in denen eine Befragte sagte, daß sie eine bestimmte Reaktion von der anderen Person erwarte, gab es nur vier Beispiele einer entgegengesetzten Reaktion. Sicherlich muß man bei den Berichten über diese Erwartungen mit dem Einfluß von Erinnerungsfehlern rechnen. Weiterhin ist es möglich, daß einige der Vorhersagen unserer Befragten den Charakter von self-fullfilling prophecy in dem Sinne besaßen, daß die Personen, mit denen sie sprachen, vielleicht höflich ihren Erwartungen entsprachen und ihre *wirklichen* Meinungen nicht unbedingt erkennen ließen. Nehmen wir dennoch einmal an, daß unsere Befragten tatsächlich etwas von den Meinungen vieler der Leute, mit denen sie sprachen, im voraus wußten. Mit diesem Wissen versehen haben sie häufiger eine Konversation über die Broschüre mit Personen in Gang gebracht, von denen sie annahmen, daß sie mit ihnen übereinstimmten. Denn von ihren Gesprächspartnern berichteten sie, daß unter ihnen doppelt so viele Personen waren, die ein *spätes* Sauberkeitstraining propagierten, wie solche, die nicht mit der Broschüre übereinstimmten und ein *frühes* Training vertraten. Wir wissen von unseren Anfangsinterviews, daß diese Verteilung der Meinungen überhaupt nicht typisch für die Befragten selbst war, bevor sie unsere Broschüre gelesen hatten, noch wahrscheinlich für die Leute typisch ist, zu denen sie im allgemeinen Kontakt haben. Wenn also die Gesprächspartner unsere Befragten ziemlich oft ihre wirkliche Meinung geäußert haben, muß ein selektiver Faktor in der Auswahl der Menschen am Werk gewesen sein, mit denen sie sprachen. Wir werden diesen Punkt unten weiterdiskutieren.

Wir möchten nun zum Charakter der stattgefundenen Gespräche zurückkehren: Unsere Befragten berichteten, daß sie selbst beim Gespräch mit anderen über die Broschüre deren Standpunkt ganz allgemein und einfach beschrieben und dann nach der Meinung der anderen Person gefragt hatten, anstatt ihnen eine eigene Meinung vorzutragen. Und wenn sie eine Meinung anboten, haben sie häufiger die Broschüre unterstützt als angegriffen. In Anbetracht der relativ kleinen Anzahl von Frauen, die während der Unterhaltung offen zeigten, daß sie mit dem Heftchen nicht übereinstimmten, und der relativ kleinen Anzahl solcher Gesprächspartner, die ihrer Nichtübereinstimmung Ausdruck verliehen, würden wir schon kein sehr hohes Niveau von geäußerten Meinungsunterschieden erwarten. Und trotzdem war die Anzahl der Meinungsunterschiede zwischen jeweils zwei Gesprächspartnern weit geringer, als vorherzusagen wäre, wenn die Gesprächspaare nach Zufall ausgesucht worden wären. Tabelle 1 zeigt die Beziehungen der Ansichten zwischen den zwei betroffenen Menschen bei Fällen, in denen beide eine dezidierte Meinung über den Standpunkt der Broschüre äußerten. Für diese Tabelle wurde die Anzahl der Gespräche der beiden Untersuchungen – San Jose und San Franzisko – zusammengefaßt. Es gibt eine enge Beziehung zwischen der Meinung, die unsere Befragten äußerten, und derjenigen Meinung, von der sie angaben, daß ihre Gesprächspartner sie geäußert hätten. In allen Gesprächen, für die relevante Daten vorliegen, gab es nur 18 Fälle, in denen die beiden Gesprächsparteien verschiedene Standpunkte gegenüber der Broschüre einnahmen (siehe Tab. 1).

### *Selektivität in der Gesprächspartnerwahl nach der Einstellungsänderung*

Wir erwähnten bereits eine Vorhersage aus Festingers (1957) Dissonanztheorie: Wenn ein Mensch erst einmal auf eine Kommunikation durch die Übernahme der in ihr vertretenen Position reagiert hat, dann wird er versuchen, jede noch bleibende Dissonanz aus den Resten der früheren Ansichten zu reduzieren, indem er Unterstützung für seine neue Überzeugung sucht. Wir haben bereits gesehen, daß unsere Befragten bei erstaunlich vielen Gesprächen eine Übereinstimmung ihrer Gesprächspartner mit dem Inhalt der Broschüre fanden, und daß dies insgesamt gesehen nicht zufällig war, da die Befragten durch die Übernahme der in ihr vertretenen Position reagiert hat, ten, mit denen sie sprachen. Die Frage, die sich vom Standpunkt der Theorie Festingers aus stellt, ist die folgende: Ist die Suche nach Unterstützung für die Meinung der Broschüre häufiger bei Menschen, die durch sie beeinflußt worden sind, als bei solchen, die nicht beeinflußt wurden? Bei dem Versuch der Beantwortung dieser Frage unterteilten wir unsere Befragten in die folgenden Gruppen: (a) diejenigen, die nur mit Menschen sprachen, die mit der Meinung des Heftchens übereinstimmten; (b) diejenigen, die nur mit Menschen sprachen, die nicht damit übereinstimmten; (c) diejenigen, die mit beiden Gruppen von Menschen sprachen; (d) diejenigen, die nur mit neutralen Personen sprachen – d. h. mit Menschen, die keine Meinung äußerten; (e) diejenigen, die unsere Broschüre nicht diskutierten; und wir verglichen diese Gruppen bezüglich des Ausmaßes, in dem sie von der Broschüre direkt nach dem Lesen beeinflußt worden waren. Unsere Vorhersage aus der Dissonanztheorie besagt, daß diejenigen, deren Argumentation durch die Broschüre in Richtung auf eine Verschiebung des Sauberkeitstrainings verändert worden war, sich gehäuft in Gruppe (a) finden werden, und daß diejenigen, die nicht von der Broschüre beeinflußt wurden, sich vorwiegend in Gruppe (b) finden würden.

Wie Tabelle 2 zeigt, scheint in beiden Gruppen eine gewisse Selektivität in der Wahl der Gesprächspartner stattgefunden zu haben, denn wir finden, daß die Versuchspersonen, die nur mit solchen Gesprächspartnern gesprochen haben, die mit dem Kommunikationsinhalt übereinstimmten, im allgemeinen auch diejenigen waren, die anfangs die größte Veränderung in der Richtung der Meinung des Heftchens durchgemacht hatten, während das Gespräch mit Menschen, die mit der Broschüre nicht übereinstimmten, mehr auf die Leute beschränkt blieb, die zuvor nicht den Standpunkt der Broschüre übernommen hatten. (In San Jose ergaben die Unterschiede einen p-Wert von .12, in San Franzisko von $< .02$, und die kombinierte Zufallswahrscheinlichkeit war $< .01$.[4])

Wir müssen für die Ergebnisse in Tabelle 2 eine alternative Erklärung mitbetrachten. Vielleicht haben unsere Befragten nicht wirklich Leute als Gesprächspartner *ausgesucht,* die zuvor den Standpunkt der Broschüre vertreten hatten, sondern haben statt dessen mit einer unausgewählten Stichprobe von Menschen gesprochen, die sie dazu *geführt haben,* eine höfliche Übereinstimmung auszudrücken, oder von denen sie *empfunden haben,* daß sie Vertreter des späten Sauberkeitstrainings seien, ob sie es nun tatsächlich waren oder nicht. Obwohl diese Erklärung nicht ausgeschlossen werden kann, scheint sie nicht sehr wahrscheinlich zu sein, wenn die Erwartungen unserer Versuchspersonen bezüglich der Meinungen der ausgesuchten Personen getrennt analysiert werden. Wir möchten annehmen, daß dann, wenn unsere Befragten andere Leute *ausgesucht* haben, die ihre neuen Einstellungen unterstützen sollten, sie dies auf der Basis ihrer – richtigen oder falschen – Vermutungen über die Ansichten ihrer Gesprächspartner getan haben müßten. Wenn sie aber andererseits diese Leute eher überredet als nur ausgewählt haben sollten, dann müßte deren Meinung von der neuen Position der Befragten abhängig sein, unabhängig davon, ob die Befragten die Ansicht ihrer Gesprächspartner zuvor schon vermutet hatten oder nicht. In der San-Franzisko-Untersuchung fanden wir, daß bei denjenigen, die nach ihrer Angabe wußten, welche Meinungen sie zu erwarten hätten, die Beziehung zwischen dem Betrag der durch die Broschüre entstandenen Meinungsänderung und den Meinungen, von denen sie *erwarteten,* daß sie sie in ihren Gesprächen nach der Lektüre der Broschüre zu hören bekommen würden, größer war als der in Tab. 2 berichtete Wert ($t = 4.32$), wogegen die Beziehung nicht signifikant war, wenn die Befragten nicht wußten, was sie zu erwarten hatten (wenn sie auch in derselben Richtung lag). In der San-Jose-Untersuchung fand sich die Beziehung aus Tab. 2 im wesentlichen in beiden Teilen der Stichprobe bestätigt, d. h. sowohl bei den Versuchspersonen, die nicht sagten, daß sie wüßten, was zu erwarten sei, als auch bei denjenigen, die dies sagten.

Somit haben wir in einer unserer beiden Untersuchungen einen Nachweis dafür, daß die Veränderungen der Meinung durch diese Broschüre Menschen dazu führte, Gespräche mit anderen Leuten zu suchen, von denen sie erwarten konnten, daß sie ihre neue Position unterstützen würden. In der anderen Untersuchung können wir die Möglichkeit nicht ausschließen, daß die dort gefundene Beziehung zwischen der Meinungsveränderung und dem Typ der Gespräche nach der Lektüre der Broschüre dadurch erzeugt wurde, daß die Befragten die sie unterstützende Meinung eher selbst herbeiführten, als daß sie sie auswählten.

### *Einfluß der Gespräche nach der Lektüre der Broschüre*

Wir haben gesehen, daß Menschen dazu neigen, sich selbst den Ansichten anderer Leute über diese Broschüre nur in einer vorsichtigen und selegierenden Weise auszusetzen. Nur sehr selten entstand eine offene Kontroverse über die diskutierten Fragen. Wenn eine Person eine Meinung ausdrückte, stimmte die andere entweder damit überein oder sie äußerte sich nicht verbindlich. Weiterhin machten die Versuchspersonen häufig Voraussagen über die möglichen Ansichten anderer Menschen, mit denen sie eventuell über die Broschüre sprechen könnten; sie sprachen dann im wesentlichen mit Menschen, von denen sie erwarteten, daß sie mit ihnen übereinstimmen würden. Je mehr die Haltung des Befragten sich während der Lektüre in Richtung des Tenors der Broschüre veränderte, desto mehr war er bemüht, eher unterstützende Meinungen zu suchen. Wir haben bereits früher die Frage gestellt, ob bei all dieser Selektivität und dieser Selbstisolierung vor dem Aufeinandertreffen gegensätzlicher Standpunkte eine Diskussion bei der Erzeugung oder Aufrechterhaltung einer Meinungsänderung überhaupt irgendeine Funktion hat.

Unsere Ansicht ist, daß die Diskussion selbst sehr wohl eine Auswirkung hat. Ihre Hauptfunktion scheint die der *Aufrechterhaltung* der Meinungsänderung zu sein, wenn diese erst einmal zustandegekommen ist, und nicht so sehr die der Erzeugung einer zusätzlichen Veränderung. Eine Analyse in dieser Richtung wird nur für die San-Franzisko-Untersuchung versucht werden, da in San Jose zu wenig »Zurückfallen« stattfand, um die Aufrechterhaltung von Veränderungen zu untersuchen.[5]

In San Franzisko haben wir wiederum unsere Gesamtstichprobe aufgeteilt: In Vpn, die nur mit Menschen sprachen, die mit dem Tenor der Broschüre übereinstimmten; in Vpn, die nur mit Menschen sprachen, die nicht mit ihnen übereinstimmten, usw. Jede dieser Gruppen haben wir daraufhin befragt, ob die anfänglichen Meinungsveränderungen, die dem Lesen dieser Broschüre folgten, über die Zeitspanne von 6 Monaten, die zwischen der 2. und der 3. Befragung lag, aufrechterhalten wurde. Wie Tab. 3 zeigt, neigten die Versuchspersonen, die nur Gesprächspartner hatten, die mit der Position der Broschüre übereinstimmten, dazu, die Ausgangseffekte zumindest teilweise aufrechtzuhalten. Im Gegensatz dazu kehrte die sehr kleine Gruppe, die sich anfangs in Richtung auf den Tenor der Broschüre veränderte, aber dann nur mit Menschen sprach, die damit nicht übereinstimmten, eher zu ihren Ausgangspositionen zurück. Vielleicht ist die Gruppe interessanter, die sich anfangs in der Richtung der vertretenen Position veränderte und dann mit niemandem in den nächsten 6 Monaten über die Broschüre sprach. Diese Versuchspersonen fielen eher auf ihre Ausgangspositionen zurück. Wenn wir Befragte auswählen, die nach dem Lesen ihre Ansicht in Richtung der vertretenen Position geändert hatten, und innerhalb dieser Gruppe dann diejenigen, die nur mit »zustimmenden« anderen gesprochen hatten, mit denen vergleichen, die mit niemandem sprachen, dann ist der Unterschied der Stabilität der Meinungsänderung hochsignifikant – der Chiquadratwert ist 13.61 (df = 1, p = < .001).

Die in Tab. 3 gezeigte Beziehung ist weder ein Artefakt der Gruppenzugehörigkeit, des Grades der Ausgangsveränderung, noch der Ausgangs- oder Schlußposition. Das bedeutet: Zwar stimmt es, daß mehr Frauen mit Babys die Broschüre nur mit »übereinstimmenden« anderen diskutierten und mehr Frauen derselben Gruppe ihre Meinungsänderung auch beibehielten; untersucht man aber die Beziehung zwischen Diskussion und Aufrechterhaltung der geänderten Meinung in jeder dieser 3 Stichprobengruppen, so erhält man in jeder dieser drei Gruppen eine Beziehung in der in Tab. 3 mitgeteilten Richtung. Entsprechend wurde die Tendenz, daß diejenigen, die nur mit »übereinstimmenden« anderen sprachen, ihre geänderte Meinung auch beibehielten, bei Versuchspersonen mit verschiedenen Graden von Ausgangsveränderungen, verschiedenen Ausgangspositionen und verschiedenen Schlußpositionen gefunden. Ein interessanter Aspekt ist die Wirkung von Gesprächen, »steeper effects« hervorzurufen – d. h. eine mit Verzögerung eintretende Veränderung in Richtung der Position des Heftchens. Dies ist das Problem, mit dem sich ursprünglich

Hovland und seine Mitarbeiter (1949) beschäftigten. Wir fanden in unserer Untersuchung keine große Zahl solcher verzögerter Veränderungen.

Aber diejenigen, die wir fanden, fanden sich *nicht* vermehrt bei anfangs »Unveränderten«, die nach Lektüre der Broschüre mit Menschen sprachen, die die Position der Broschüre vertraten. Die Wirkung der Gespräche schien eher in der Aufrechterhaltung der Meinungsänderung zu liegen, wenn eine solche Änderung der Meinung bereits durch das Heftchen entstanden war.

## *Zusammenfassung*

Es wurden zwei Untersuchungen durchgeführt, in denen eine zum Experiment gehörende Information einigen Gruppen von Frauen gegeben wurde. Diese Information trat für ein späteres Sauberkeitstraining ein, als es der ursprünglichen Haltung der meisten dieser Frauen entsprach. Gespräche dieser Frauen, die sie nach der Lektüre mit anderen geführt hatten, wurden dann untersucht. Unsere Hauptergebnisse sind:

1. Die Gespräche waren insofern selektiv, als die von der Information beeinflußten Frauen eher Gespräche mit Menschen führten, die mit ihrer neuen Position übereinstimmten und sie also unterstützten, während die Frauen, die nach wie vor ein frühes Sauberkeitstraining befürworteten, dazu neigten, Gespräche mit Menschen zu führen, die *diese* Position ausdrückten.
2. Der Haupteffekt der Gespräche bestand nicht in der Erzeugung zusätzlicher oder verzögerter Meinungsänderungen, sondern im Verhindern eines »Zurückfallens« derjenigen Befragten, die zunächst von der Information beeinflußt worden waren. Menschen, die in der Zeit nach der Lektüre des Heftchens keine veränderungsunterstützenden Gespräche führten, neigten eher dazu, zu ihrer Ausgangsposition zurückzukehren.

## *Anmerkungen*

1 Seinerzeit Stanford University, jetzt beim Behavioral Research Service, General Electric Company.

2 Diese Untersuchung wurde aus Mitteln des National Institute of Mental Health, Grant No. 3 M-(4)122-C, unterstützt. Das Forschungsprogramm,

von dem diese Untersuchung einen Teil darstellt, steht unter der allgemeinen Leitung von Robert R. Sears und Wilbur Schramm, und wir danken ihnen für ihre Unterstützung bei der Planung dieser Arbeit.

3 Es gab eine zusätzliche Kontrollgruppe von 32 Fällen, die zu den Treffen kamen, die aber nicht die Broschüre zur Sauberkeitserziehung zum Lesen erhielten.

4 Die in Tab. 2 berichteten Ergebnisse sind kein Artefakt der Ausgangs- oder der Schlußposition. D. h. wenn wir die Stichprobe in diejenigen aufteilen, die anfangs ein sehr frühes Training vertraten, und diejenigen, die ein etwas späteres Training vertraten (fast niemand vertrat ein so spätes Training, wie es die Broschüre empfahl), finden wir, daß die Beziehung zwischen dem Betrag der Veränderung nach der Lektüre der Broschüre und den von den Gesprächspartnern eingenommenen Standpunkten weiterbesteht; und dies trifft auch zu, wenn wir die Stichprobe nach der Schlußposition unterteilen.

5 Es gibt eine Anzahl möglicher Gründe, warum die Einstellungsänderungen in der Stichprobe aus San Jose so beständig waren – einmal betrug die Untersuchungszeitspanne für die Veränderung nur zwei Wochen; weiter bestand die Stichprobe nur aus Frauen, die kleine Babys hatten. Der Bezug zum Problem des Sauberkeitstrainings ist für solche Frauen groß genug, um beträchtlichen Widerstand gegen das Zurückfallen auf die Ausgangsmeinung herbeizuführen. Und schließlich waren die Bedingungen der Präsentation der Kommunikation bei den in San Jose durchgeführten Gruppentreffen zweifellos von höherem Prestige als die Heiminterviews in San Franzisko.

## LITERATUR


Adams, J. S.: Reduction of cognitive dissonance by seeking consonant information. *J. abnorm. soc. Psychol.*, 1961, 62, 74–78

Allport, F. H.: *Social psychology*. New York: Houghton Mifflin, 1924

Brodbeck, M.: The role of small groups in mediating the effects of propaganda. *J. abnorm. soc. Psychol.*, 1956, 52, 166–170

Festinger, I.: *A theory of cognitive dissonance.* Chicago: Row, Peterson, 1957

Hovland, C. I., Lumsdaine, A. A., & Sheffield, F. D.: *Experiments on mass communication.* Princeton, N. J.: Princeton Univer. Press 1949

Maccobi, Eleanor E., Matthews, R. E., & Morton, A. S.: Youth and political change. *Publ. opin. Quart.*, 18, 1954, 23–29

Maccobi, N., Romney, A. K., Adams, J. S., & Maccobi, Eleanor E.: »Critical periods« in seeking and accepting information. *Amer. Psychologist*, 1959, 14, 358. (Abstract)

*Tabelle 1*

Beziehung zwischen den jeweiligen Meinungen beider Gesprächspartner (berücksichtigt sind Gespräche, in denen beide Partner dezidierte Meinungen ausdrückten – San Jose und San Franzisko zusammengefaßt)

| Meinung der Person, mit der die Befragte sprach | Meinung über die Broschüre, geäußert von der Befragten im Gespräch – Anzahl der Versuchspersonen[a] Übereinstimmung: Vertritt spätes Sauberkeitstraining | Nicht-Übereinstimmung: Vertritt frühes Sauberkeitstraining |
|---|---|---|
| Übereinstimmung mit der Broschüre | 60 | 5 |
| Nicht-Übereinstimmung mit der Broschüre | 13 | 20 |
| | $\chi^2 = 30.59$ | $p < 0.01$ |

a 293 Versuchspersonen berichteten in den beiden Untersuchungen zumindest ein Gespräch, aber nur 98 Versuchspersonen berichteten ein Gespräch, in dem beide Gesprächsteilnehmer einen dezidierten Standpunkt ausdrückten

*Tabelle 2*

Betrag der direkt nach dem Lesen der Broschüre erfolgenden Meinungs-Änderung der Versuchspersonen über das Alter zu Beginn der Sauberkeitserziehung in Beziehung zum Inhalt der nachfolgenden Gespräche über die Broschüre

| Von den Gesprächspartnern geäußerte Meinung | Keine Änderung oder Änderung in Richtung auf ein früheres Training | Geringe Änderung[a] | Beträchtliche Änderung[a] | |
|---|---|---|---|---|
| *San Jose* | | | | |
| Versuchsperson sprach: | | | | |
| Nur mit Menschen, die mit der Broschüre übereinstimmten | 21 | 21 | 31 | $t^* = 1.57$ |
| Nur mit Menschen, die nicht mit der Broschüre übereinstimmten | 10 | 7 | 7 | |
| Sowohl mit Übereinstimmenden als auch mit Nicht-Übereinstimmenden | 11 | 13 | 7 | |
| Nur mit Neutralen | 9 | 6 | 5 | |
| Diskutierten nicht über die Broschüre | 22 (30%) | 25 (35%) | 21 (30%) | |
| | 73 | 72 | 71 | |

*Tabelle 2 (Fortsetzung)*

| Von den Gesprächspertnern geäußerte Meinung | Keine Änderung oder Änderung in Richtung auf ein früheres Training | Geringe Änderung[a] | Beträchtliche Änderung[a] | |
|---|---|---|---|---|
| *San Franzisko* | | | | |
| Versuchsperson sprach: | | | | |
| Nur mit Menschen, die mit der Broschüre übereinstimmten | 13 | 6 | 23 | t* = 2.71 |
| Nur mit Menschen, die nicht mit der Broschüre übereinstimmten | 12 | 3 | 4 | |
| Sowohl mit Übereinstimmenden als auch mit Nicht-Übereinstimmenden | 6 | 3 | 7 | |
| Nur mit Neutralen | 1 | 3 | 5 | |
| Diskutierten nicht über die Broschüre | 21 (40%) | 10 (52%) | 14 (26%) | |
| | 53 | 25 | 53 | |

a »Geringe Änderung« bedeutet, daß diese Versuchspersonen im Vergleich zu ihrer ersten Befragung ihre Meinung dahin änderten, das Sauberkeitstraining 1–5 Monate später zu beginnen; »Beträchtliche Änderung« bedeutet eine Verschiebung von 6 oder mehr Monaten in dieser Richtung.

* Diese t-Werte wurden berechnet, indem die durchschnittliche Ausgangsveränderung derjenigen, die nur mit Übereinstimmenden sprachen, mit der durchschnittlichen Ausgangsveränderung derer, die nur mit Nicht-Übereinstimmenden sprachen, verglichen wurden. Die für beide Untersuchungen kombinierte Zufallswahrscheinlichkeit dieses Unterschieds ist kleiner als 0.01.

*Tabelle 3*

Beziehung zwischen Gesprächsmustern und der Aufrechterhaltung der Meinungsänderung

| | Befragte sprach zu: (Anzahl der Fälle) | | | | |
|---|---|---|---|---|---|
| | Nur zu Zustimmenden | Nur zu Nicht-Zustimmenden | Beiden oder Neutralen | Diskutierten gar nicht | Gesamt |
| Anfangs in Richtung auf die Broschüre geändert und dann: | | | | | |
| Änderung aufrechterhalten[a] | 25 | 2 | 10 | 8 | 45 |
| Zurückgefallen[b] | 4 | 5 | 7 | 14 | 30 |
| Anfangs nicht geändert in Richtung auf die Broschüre und dann: | | | | | |
| Nichtänderung beibehalten | 9 | 8 | 16 | 19 | 42 |
| Verzögerte Veränderung (»sleepers«) | 4 | 4 | 2 | 4 | 14 |
| N = | 42 | 19 | 25 | 45 | 131 |

a »Änderung aufrechterhalten« bedeutet, daß die Befragte anfangs ihre Ansicht in Richtung auf die Broschüre änderte und innerhalb der 6-Monate-Zeitspanne nicht bis zu oder unter ihre Ausgangsmeinung zurückkehrte. Ein Drittel dieser Gruppe fiel bis um einen gewissen Betrag zurück, aber in keinem Fall ganz.

b »Zurückgefallen« bedeutet, daß die Versuchsperson nach 6 Monaten zu oder unter ihre Ausgangsmeinung zurückgekehrt ist – d.h. sie vertrat ein ebenso frühes oder sogar noch früheres Sauberkeitstraining als in ihrem ersten Interview.

CARL W. BACKMAN / PAUL F. SECORD / JERRY R. PEIRCE

# Veränderungsresistenz des Selbstkonzeptes in Abhängigkeit vom Konsens zwischen mehreren wichtigen Anderen[1]

Das Selbstkonzept stand seit den frühen Arbeiten von James[2], Cooley[3] und Mead[4] im Brennpunkt umfangreicher Forschung und Theoriebildung. Allerdings ist die Forschung sehr häufig ohne festes theoretisches Konzept betrieben worden. Folglich sind die gesammelten Erkenntnisse enttäuschend geblieben[5], während gleichzeitig die Theorie des Selbstkonzepts über einige Ansätze und vage Formulierungen nicht hinauskam. In den letzten Jahren sind jedoch in enger Verbindung mit systematischer Forschung einige kognitive Theorien[6] entwickelt worden, was eine bessere Koordination von Forschung und Theoriebildung auch auf diesem Gebiet erwarten läßt. Diese Theorien beschäftigen sich im allgemeinen mit dem weiteren Problemkreis der Stabilität und Veränderung von Einstellungen. Sie wirken daher auch auf das Selbstkonzept ein. Besonders einer dieser Ansätze – die interpersonale Kongruenztheorie, wenn auch nicht ausschließlich auf das Selbstkonzept bezogen – räumt ihm eine zentrale Stellung ein und definiert die Bedingungen, unter denen das Selbstkonzept stabil bleibt oder sich verändert.

Die interpersonale Kongruenztheorie geht aus von der Annahme, daß die kognitive Organisation eines Individuums auf einen Zustand der Kongruenz zwischen drei Komponenten der sog. interpersonalen Matrix hintendiert. Diese Komponenten sind: erstens ein Aspekt des Selbstkonzepts eines Individuums (I), zweitens I's Interpretation seines für diesen Aspekt relevanten Verhaltens, und drittens I's Wahrnehmung der entsprechenden Aspekte einer anderen Person (P) in der Interaktion. Eine interpersonale Matrix ist also eine periodische, funktionelle Beziehung zwischen den drei Komponenten. I strebt die

---

Originaltitel: »Resistance of change in the self-concept as a function of consensus among signifikant others«. Aus: C. W. Backmann, P. F. Secord, Hrsg., *Problems in social psychology,* selected readings, New York 1966. S. 462–467. Mit Genehmigung der McGraw-Hill Book Company. Deutsche Übersetzung von Albert Pape.

Kongruenz zwischen den Komponenten der Matrix an. Kongruenz ist ein kognitives Phänomen, d. h. jede Komponente erreicht Kongruenz nur durch I's perzeptorisch-kognitive Erfahrung. Die drei Komponenten der Matrix befinden sich in einem *Zustand der Kongruenz, wenn I sein eigenes und das Verhalten P's so wahrnimmt, daß die implizierten Definitionen des Selbst kongruent sind mit den relevanten Aspekten seines Selbstkonzeptes.*

Durch dieses Prinzip beeinflussen Kräfte, die eine der beiden anderen Komponenten der Matrix stabilisieren oder verändern, die Stabilität des Selbst. Verantwortlich für die Stabilität des Verhaltens von I genauso wie P sind u. a. Reste früherer Erfahrungen – erlerntes Antwortverhalten – sowie konstante Bedingungen des Reizumfeldes. Diese Konstanz des Reizfeldes resultiert wiederum nicht nur aus den Erwartungen, die das soziale System konstituieren und das Verhalten von I und P steuern, sondern ebenso aus einer Anzahl von Prozessen, die letztlich auf die Tendenz zur Kongruenz rückführbar sind. Während die Rolle des sozialen Systems von den meisten Theorien anerkannt wird, die das Selbst als Reflex der Ansichten anderer über I ansehen, müssen diese interpersonalen Prozesse näher erläutert werden. Die interpersonale Kongruenztheorie erkennt zwar die Bedeutung des sozialen Systems bei der Formung des Selbst an, sieht aber I in diesem Prozeß nicht als passiv. Sie geht davon aus, daß I seine Beziehungen zu Interaktionspartnern aktiv strukturiert um Kongruenz zu erreichen und aufrechtzuerhalten. Dabei geht I folgendermaßen vor:

Zunächst einmal selegiert I in der Interaktion, er bevorzugt diejenigen, die ihn in Übereinstimmung mit seinem Selbstkonzept behandeln, und meidet jene, die ihm zuwiderhandeln. Ähnlich selektiv schätzt er seine Interaktionspartner nach ihrer Einstellung zu ihm ein. Ihm sind die sympathisch, die sich kongruent (mit seinem Selbstkonzept) verhalten, während die anderen ihm unsympathisch sind. Er maximiert somit den Effekt kongruenter Handlungen und minimiert den Effekt inkongruenter auf sein Selbstkonzept. Ferner wird I möglicherweise die Handlungen anderer mißdeuten im Glauben, sie sähen ihn so, wie er sich sieht, obwohl ihre Ansichten von ihm von seiner eigenen Meinung von sich durchaus abweichen können. Schließlich entwickelt er bestimmte Verhaltensweisen, die bei seinen Interaktionspartnern Reaktionen auslösen sollen, die sich mit seinem Selbstkonzept decken. Dazu gehören nicht nur die auf kongruente Reaktionen kalkulierten Verhaltensweisen, sondern auch andauernde Handlungen, die seine Partner dazu bringen, I kongruent zu seinem Selbstkonzept zu behandeln.

Eine letzte Quelle der Stabilität oder Veränderung ist die Art und Weise der Beziehung zwischen verschiedenen Matrizen. Eine gegebene Matrix ist *relevant* für die Matrizen, die eine oder mehrere derselben oder ähnlicher Komponenten enthalten wie die gegebene. Zum Beispiel könnte ein Individuum, das sich als intelligent betrachtet, in verschiedenen Situationen gewisse Verhaltensweisen zeigen, die von ihm als kongruent oder inkongruent mit seiner Überzeugung, er sei intelligent, beurteilt werden. So könnte I z. B. sehr gute Schulleistungen aufweisen, ausgezeichnet Schach spielen, aber ein schwacher Bridge-Spieler sein. Im Hinblick auf die auf andere Personen bezogene Komponente der Matrix könnten andere ihn um Hilfe bei der Lösung von Aufgaben bitten, I könnte jedes Rededuell für sich entscheiden, und trotzdem könnte sein Vater seine intellektuellen Leistungen kritisieren. Matrizen ohne gemeinsame Komponenten betrachten wir als irrelevant und ohne Einfluß aufeinander.

Matrizen variieren hinsichtlich ihrer *Zentrizität*. Die Zentrizität einer Matrix ist eine Funktion einerseits der Anzahl relevanter anderer Matrizen, die in verstärkender Beziehung zu ihr stehen, andererseits des Wertes der *P-Komponenten* in diesen Matrizen. Der Begriff Zentrizität ist in Abhebung von den Begriffen ›Bedeutung‹ und ›Zentralität‹ gewählt worden, da die letzteren schon vorbelastet sind. Je größer die Zentrizität einer Matrix, desto veränderungsresistenter ist sie, und – sollte sie sich verändern – desto stärker sind die Auswirkungen auf andere Matrizen. Die vorliegende Untersuchung befaßt sich mit einem Aspekt der Zentrizität, nämlich der relativen Anzahl der *P-Komponenten* in kongruenter Beziehung zu einem gegebenen Aspekt des Selbstkonzeptes. Der Beitrag von I's *Verhaltenskomponenten* an der Zentrizität ist für die Zwecke der vorliegenden Untersuchung nicht berücksichtigt. Die dieser Arbeit zugrundeliegenden Überlegungen lassen sich wie folgt kurz zusammenfassen: Wenn I mehrere ›wichtige Andere‹ wahrnimmt, die übereinstimmend eine Meinung über I äußern, die mit seinem Selbstkonzept kongruent ist, so bestärken diese Ansichten sich gegenseitig und bekräftigen sein Selbstkonzept. Halten diese Bedingungen länger vor, würde man vermuten, daß dieser spezifische Aspekt des Selbstkonzeptes veränderungsresistenter wäre, als wenn I eine geringere Übereinstimmung zwischen den ›wichtigen Anderen‹ wahrgenommen hätte. Somit läßt die Haupthypothese der vorliegenden Arbeit sich wie folgt formulieren:

*Je größer die Anzahl der ›wichtigen Anderen‹, die nach Ansicht eines Individuums einen Aspekt seines Selbstkonzeptes kongruent mit seiner Meinung beurteilen, desto veränderungsresistenter ist dieser Aspekt des Selbstkonzeptes.*

Die Hypothese wurde folgendermaßen geprüft: Für jede Versuchsperson wurde ein von ihr selbst bestimmter Charakterzug gewählt, wobei I große Übereinstimmung zwischen fünf ›wichtigen Anderen‹ erfuhr. Zum Vergleich diente ein Charakterzug, bei dem die wahrgenommene Übereinstimmung gering war. Die Vpn wurden anschließend starkem Druck ausgesetzt, um ihre Ansicht über diese Charakterzüge zu verändern. Der Druck wurde geschaffen durch eine höchst glaubwürdige aber fingierte Persönlichkeitsbeurteilung. Das Ausmaß der Veränderung unter den Bedingungen hohe bzw. geringe Übereinstimmung wurde miteinander verglichen.

## *Methode*

Um möglichst starken Druck zur Veränderung bestimmter Selbstbeurteilungen ausüben zu können, war äußerst glaubwürdige Persönlichkeitsbeurteilung notwendig. Das wurde erreicht durch die ausschließliche Verwendung von Vpn, die freiwillig an zwei Samstagvormittagen an einem Projekt zur Persönlichkeitsbeurteilung teilgenommen hatten. Den Vpn wurde als Belohnung für ihre Teilnahme an den Versuchen eine Persönlichkeitsbeurteilung versprochen. Auf diese Weise würden nur solche Vpn weitere Verwendung finden, die wahrscheinlich von der Validität der Persönlichkeitstests überzeugt waren. Zusätzlich wurde die Glaubwürdigkeit gesteigert durch eine Erklärung, die sich auf hochangesehene Quellen berief und die große Bedeutung des Projektes betonte: die Untersuchung wurde vorgestellt als Teil eines Forschungsprogramms unter der Schirmherrschaft des ›National Institute of Mental Health‹ vom Öffentlichen Gesundheitsdienst der USA. unter Beteiligung der ›University of Nevada‹. Es wurde erwähnt, daß einige Soziologen und Psychologen der ›University of Nevada‹ an dem Forschungsprogramm beteiligt wären. Angebliches Ziel der Untersuchung sollte sein, Aufschluß darüber zu gewinnen, wie groß die Einsicht der Menschen in ihre eigene Persönlichkeit ist.

Als Versuchspersonen dienten Studenten aus Einführungskursen mehrerer Studiengänge. Insgesamt beteiligten sich 40 Studenten an den beiden Versuchsdurchgängen, die mit einwöchigem Abstand durchgeführt wurden.

*Diagnostische Verfahren:* Die verschiedenen Einschätzungs- und

Beurteilungsbögen basierten auf den 15 Bedürfnissen, die im »Edwards Personal Preference Schedule« (EPPS)[7] gemessen werden. Diese Bögen enthielten 15 kurze Behauptungen, die jede ein Bedürfnis charakterisierte, und die in Anlehnung an die Beschreibung der Bedürfnisse im ›EPPS‹-Manual formuliert waren. Zum Beispiel war das Bedürfnis »Für andere zu sorgen« charakterisiert durch die Behauptung »Diese Person freut sich anderen zu helfen«, und das Bedürfnis »sozialer Mittelpunkt zu sein« war dargestellt durch die Behauptung »diese Person mag es, wenn sie die Aufmerksamkeit anderer erregt; sie liebt es, Mittelpunkt des Interesses zu sein«.

Im ersten Durchgang wurden folgende Verfahren verwandt:

1. ein Fragebogen zur Erfassung des Selbstkonzeptes als Reflex der Meinung anderer. Die Vp wurde aufgefordert, die Namen von fünf Freunden oder Verwandten anzugeben, die sie hochschätzte. Für jeden dieser fünf Namen erhielt sie einen Fragebogen mit der Aufforderung, auf jedem Bogen die fünf Bedürfnisse anzukreuzen, mit denen der betreffende die Vp wahrscheinlich charakterisieren würde. Nach der Beendigung dieser Aufgabe gab es eine Pause von 20 Minuten.
2. Selbstbeurteilungs-Bögen. Jede Vp schätzte sich selbst von 1 bis 15 anhand der 15 abgekürzten Bedürfnisse, beginnend mit denen, die sie am treffendsten charakterisierten.
3. »Edwards Personal Preference Schedule« und »Gordon Personality Profile«[8]. Diese Standard-Tests wurden verwendet, um die Glaubwürdigkeit des angeblichen Untersuchungszieles zu sichern. Der ›EPPS‹ wurde ausgewertet, und nach dem Abschluß unserer Untersuchung wurden die Profile verteilt mit einer Erklärung über ihren eigentlichen Zweck.

Im zweiten Durchgang bekam jede Vp einen Profilbogen mit der Rangfolge der sie angeblich kennzeichnenden 15 Bedürfnisse. Obwohl den Vpn erklärt wurde, das Profil sei von professionellen Psychologen erstellt worden nach einer sorgfältigen Analyse der Persönlichkeitstests und der anderen, von den Vpn ausgefüllten Formulare, war die Rangfolge tatsächlich identisch mit der anfänglich von den Vpn erstellten. Nur zwei der fünf am höchsten eingestuften Bedürfnisse waren um 8 Rangplätze niedriger eingestuft worden. Ein Psychologe beschrieb ausführlich die Merkmale auf dem Profil, während der Vp Gelegenheit gegeben wurde, das Profil zu studieren. Schließlich wurden die Profile unter die Stühle der Vpn gelegt, und sie wurden aufgefordert, sich noch einmal anhand der 15 Bedürfnisse bzw. Merkmale zu beurteilen.

Die zwei Merkmale jeder Vp, deren Rangplätze verändert wurden, ermittelten wir wie folgt: Für jedes der fünf am höchsten eingestuften Merkmale der ursprünglichen Rangfolge bestimmten wir den Grad der Übereinstimmung anhand der Selbstbeurteilungen durch fünf ›wichtige Andere‹. Das Maß der Übereinstimmung reichte von 0 bis fünf, je nach der Anzahl der ›wichtigen Anderen‹, die nach Ansicht der Vp ihr das betreffende Merkmal zuschreiben würden. Folgende Kriterien dienten zur Auswahl der zu manipulierenden zwei Merkmale: a) sie mußten zu den fünf obersten Rangplätzen gehören, b) eins mußte eine relativ hohe, das andere eine relativ geringe Übereinstimmung aufweisen, c) sie mußten benachbarte Rangplätze einnehmen, und d) die Merkmale mußten von gleicher Bedeutung für die Vp sein.

Je höher der Rangplatz des Merkmals in der Selbstbeurteilungsliste, desto bedeutender (für die Vp) ist es, und – wahrscheinlich – desto resistenter gegen Veränderungen. Aber Merkmale mit hohem Rangplatz weisen auch eher ein hohes Maß an Übereinstimmung auf, verglichen mit niedriger eingestuften Merkmalen. Um den Einfluß unterschiedlicher Bedeutung auszugleichen, wurden die Vpn in zwei Gruppen aufgeteilt und die zu manipulierenden Merkmale mit Hilfe des folgenden, ausgleichenden Designs bestimmt:

| Art des Merkmals | Gruppe I | Gruppe II |
|---|---|---|
| Merkmal mit hoher Übereinstimmung | große Bedeutung | geringe Bedeutung |
| Merkmal mit geringer Übereinstimmung | geringe Bedeutung | große Bedeutung |

Zusätzlich wurde die Größe der Übereinstimmungsdifferenz des Bedürfnispaares jeder Vp aus Gruppe I der Größe der Übereinstimmungsdifferenz des Bedürfnispaares einer Vp aus Gruppe II angepaßt. Somit können die im Ausmaß der Manipulierbarkeit aufgetretenen Unterschiede von Merkmalen mit hoher und geringer Übereinstimmung berechtigterweise ausschließlich dem unterschiedlichen Grad der Übereinstimmung und nicht der verschiedenen Bedeutung zugeschrieben werden.

Mehrere Anzeichen deuten auf eine erfolgreiche Manipulation der gewählten Merkmale. Die große Mehrheit der Vpn (30 bei dem Merkmal mit hoher, 26 bei dem mit geringer Übereinstimmung) stufte die manipulierten Merkmale nach der Kenntnis der fingierten Persönlichkeitsbeurteilung niedriger ein. Darüber hinaus brachten die meisten Vpn auf einem Fragebogen, den sie nach Abschluß des Versuches ausfüllten, ihre Überraschung über das Beurteilungsprofil zum Ausdruck. Sie betonten dabei, daß besonders die Position bestimmter Merkmale sie erstaunt hätte. Andererseits stellten nur wenige Vpn fest, daß sie an der Richtigkeit der Position einiger Merkmale in dem Profil gezweifelt hätten: Die Beurteilung erschien ihnen glaubwürdig, obwohl die Position einiger Merkmale sie überraschte. Nicht in voller Übereinstimmung mit diesem Befund steht die Tatsache, daß die Vpn sich im allgemeinen der Veränderungen nicht bewußt waren, die sie im Anschluß an die Manipulation an ihren Selbstbeurteilungen vornahmen. Allerdings wurde der Erfolg der experimentellen Manipulation auch deutlich an den erleichterten Seufzern, als die Vpn erfuhren, daß sie mit den Persönlichkeitsbeurteilungen getäuscht worden waren.

Die bereits angeführte Hypothese der vorliegenden Untersuchung besagt, daß ein Aspekt des Selbstkonzeptes veränderungsresistenter ist, wenn I glaubt, mehrere ›wichtige Andere‹ stimmten in ihrer Beurteilung dieses Aspektes überein. Ein Merkmal mit hoher und eins mit geringer Übereinstimmung wurden niedriger eingestuft in einem Versuch, eine Veränderung der Positionen dieser Merkmale bei einer 2. Selbstbeurteilung anhand einer Rangfolge zu erreichen. Im allgemeinen könnte dieses Vorgehen verschiedene Auswirkungen zeitigen. Eine Möglichkeit bestünde darin, die Selbstbeurteilung für das betreffende Merkmal zu senken. Eine andere wäre ein aufkommender Widerstand gegen die Veränderung, und einige Individuen, in denen dieser Widerstand erwächst, könnten dieses Merkmal sogar noch höher als ursprünglich einstufen. Veränderungsresistenz dieser Art wäre zu erwarten, weil das Akzeptieren einer inkongruenten Selbstbeurteilung eine Veränderung nicht nur für die betreffende Matrix, sondern auch für alle anderen, in denen der betroffene Aspekt des Selbstkonzeptes enthalten ist, erforderlich machen würde. Somit könnte die Bedrohung mit weitgehender Inkongruenz leicht einen Widerstand gegen das Akzeptieren der inkongruenten Meinung provozieren. Selbstverständlich wäre dieser Widerstand häufiger zu erwarten für

Merkmale mit hoher Übereinstimmung zwischen mehreren ›wichtigen Anderen‹. Während diese beiden Möglichkeiten sich darstellen in einer niedrigeren bzw. höheren Einstufung auf der Selbstbeurteilungsrangfolge, werden beide überlagert durch ein gewisses Ausmaß an zufälligen Veränderungen der Rangplätze durch Meßfehler. Um die Veränderungen der Einstufungen in Abhängigkeit vom Akzeptieren der inkongruenten Meinungen oder der Veränderungsresistenz unter Ausschaltung der zufälligen Veränderungen zu prüfen, empfahl es sich, das Ausmaß der Veränderung bei dem Merkmal mit hoher Übereinstimmung und dem mit geringer Übereinstimmung zu vergleichen.

Die beiden ersten Spalten der Tabelle 1 zeigen für jedes Individuum das Ausmaß der Veränderung für das Merkmal mit hoher und geringer Übereinstimmung in der Anzahl der Rangplätze. Niedrigere Einstufungen haben ein positives Vorzeichen, höhere Einstufungen ein negatives. In der letzten Spalte sind die relativen Veränderungen aufgeführt. Sie wurden ermittelt, indem das Ausmaß der Veränderung für die Einstufung des Merkmals mit hoher Übereinstimmung von dem Wert für das Merkmal mit geringer Übereinstimmung abgezogen wurde. Ist das Ergebnis positiv, so ist die Hypothese für die jeweilige Vp bestätigt. Diese Analyse berücksichtigt zufällige Höherstufungen und erlaubt dennoch eine Überprüfung der Auswirkungen des verschiedenen Ausmaßes der Übereinstimmung. Wie z. B. in der ersten Zeile angeführt, waren für Vp 1 das Merkmal »Unterordnung« für geringe Übereinstimmung und das Merkmal »Autonomie« mit hoher Übereinstimmung ausgewählt worden. Im Vergleich zur ursprünglichen Selbstbeurteilung stufte sie »Unterordnung« um 8 Rangplätze niedriger ein, während sie »Selbständigkeit« um zwei Plätze hinaufsetzte. Das ergibt einen Nettobetrag des Ausmaßes der Veränderung von 10 Rangplätzen in Einklang mit der Hypothese. Wie ein Blick in die Differenzspalte zeigt, produzierten 26 Vpn Veränderungen in Übereinstimmung mit der Hypothese, zwei zeigten keine Veränderung, und 12 Vpn veränderten ihre Einstufungen in die andere Richtung. Tabelle 2 bietet einen präziseren Vergleich unter Berücksichtigung der Änderungsbeträge. Das Merkmal mit geringer Übereinstimmung wurde im Durchschnitt um 3.43 Rangplätze tiefer eingestuft, während sich die Einstufung des Merkmals mit hoher Übereinstimmung nur um durchschnittlich 1.75 Rangplätze veränderte. Nach dem Wilcoxon-Test[9] für Rangfolgen ist die Differenz des Änderungsbetrages für die beiden Merkmale auf dem 0.008-Niveausignifikant ($T = 229{,}0$; $N = 40$; $z = 2.43$). Somit erscheint die Reaktion auf Informationen, die inkongruent mit dem Selbstkonzept sind, als Funktion der wahrgenommenen Übereinstimmung zwischen mehreren ›wichtigen Anderen‹.

Um endgültig festzustellen, ob die Veränderung der Einstufungen der manipulierten Merkmale tatsächlich auf die fingierte Persönlichkeitsbeurteilung zurückzuführen war, wurde ein abschließender Test durchgeführt. Für jede Versuchsperson wurden zwei nicht-manipulierte Merkmale ausgewählt, die sich hinsichtlich der Unterschiede im Ausmaß der Übereinstimmung nicht von den zuvor bestimmten manipulierten Merkmalen unterschieden. Die beiden Merkmale wurden verglichen, um zu ermitteln, ob die Einstufung des Merkmals mit der geringen Übereinstimmung stärker verändert war als die des Merkmals mit hoher Übereinstimmung. Die mittlere Differenz betrug nur 0.21 und war nicht signifikant ($T = 342{,}5$; $N = 37$; $z = .135$; $P = .44$).

### *Diskussion der Befunde*

Die relativ stärkere Veränderung der Einstufung des Merkmals mit geringer Übereinstimmung in die manipulierte Richtung bestätigt die theoretische Annahme, daß der Widerstand gegen die Akzeptierung inkongruenter Definitionen des Selbstkonzeptes eine Funktion ist der Anzahl der interpersonalen Matrizen, die das Selbstkonzept bestärken. Im vorliegenden Fall waren die Komponenten der jeweiligen Matrix, die die Veränderungsresistenz stärkten oder schwächten, repräsentiert durch die wahrgenommene Einstellung eines ›wichtigen Anderen‹ zu einem gegebenen Aspekt des Selbstkonzeptes eines Individuums. Die Möglichkeit, daß die unterschiedliche Veränderungsresistenz der Merkmale mit hoher und geringer Übereinstimmung auf die unterschiedliche Bedeutung (Bedeutung für das Individuum, ersichtlich aus dem Rangplatz bei der Selbstbeurteilung) zurückgeführt werden könnte, wurde ausgeschaltet durch einen Ausgleich der Bedeutungen der zwei zu manipulierenden Merkmale. Es wurde vorausgesetzt, daß eventuell verschiedene soziale Erwünschtheit durch denselben Prozeß ausgeglichen wurde.

Informationen, die dem Selbstkonzept widersprechen, gefährden die Kongruenz. Diese Gefährdung muß auf die eine oder andere Art und Weise ausgeräumt werden. In vielen Fällen wird die Kongruenz gewahrt ohne Veränderung des Selbstkonzeptes oder des Verhaltens.

*Tabelle 1*

Individuelle Änderungen in den manipulierten Merkmalen mit hoher und geringer Übereinstimmung

| Versuchspersonen | Manipulierte Merkmale: geringe/hohe Übereinstimmung | Verschiebung des Merkmals mit geringer Übereinstimmung | Verschiebung des Merkmals mit hoher Übereinstimmung | Differenz |
|---|---|---|---|---|
| 1 | Def, Aut[a] | 8 | −2 | 10 |
| 2 | Aut, Aff | 8 | 0 | 8 |
| 3 | Def, Aba | 8 | 1 | 7 |
| 4 | Chg, Nur | 7 | 0 | 7 |
| 5 | Aba, Nur | 7 | 0 | 7 |
| 6 | Def, Nur | 6 | −1 | 7 |
| 7 | Agg, End | 8 | 1 | 7 |
| 8 | Int, Nur | 5 | 0 | 5 |
| 9 | Suc, Aff | 5 | 0 | 5 |
| 10 | Exh, Chg | 5 | 0 | 5 |
| 11 | Def, Chg | 4 | −1 | 5 |
| 12 | Def, Aba | 9 | 5 | 4 |
| 13 | Chg, Suc | 4 | 1 | 3 |
| 14 | Aff, Int | 3 | 0 | 3 |
| 15 | Ord, Ach | 5 | 2 | 3 |
| 16 | Chg, Ach | 6 | 3 | 3 |
| 17 | Aba, Int | 2 | −1 | 3 |
| 18 | Het, Def | 5 | 2 | 3 |
| 19 | Int, Chg | 3 | 1 | 2 |
| 20 | Het, End | 5 | 3 | 2 |
| 21 | Chg, Aba | 5 | 3 | 2 |
| 22 | Het, Chg | 4 | 2 | 2 |
| 23 | Het, Int | −1 | −3 | 2 |
| 24 | Exh, Ach | 3 | 1 | 2 |
| 25 | Ord, Ach | 5 | 4 | 1 |
| 26 | Aba, Het | 1 | 0 | 1 |
| 27 | Chg, Int | 0 | 0 | 0 |
| 28 | Chg, Aut | 3 | 3 | 0 |
| 29 | Int, Aut | 0 | 1 | −1 |
| 30 | Aff, End | 1 | 2 | −1 |
| 31 | Ach, Nur | 0 | 1 | −1 |
| 32 | Het, Chg | 0 | 2 | −2 |
| 33 | Exh, Ach | 7 | 9 | −2 |
| 34 | Ach, Aba | −2 | 0 | −2 |
| 35 | Suc, Ach | −2 | 1 | −3 |
| 36 | Aba, Suc | 1 | 5 | −4 |
| 37 | Dom, Ord | 4 | 8 | −4 |
| 38 | Het, Dom | −3 | 4 | −7 |
| 39 | End, Nur | 0 | 7 | −7 |
| 40 | Int, Aff | −2 | 6 | −8 |

[a] *Anm. d. Übers.:* Die Abkürzungen entsprechen den englischen Bezeichnungen der Merkmale.

*Tabelle 2*

Mittlere Nettoverschiebung der manipulierten Merkmale

| Geringe Übereinstimmung | Hohe Übereinstimmung | Differenz | p |
|---|---|---|---|
| 3.43 | 1.75 | 1.68 | <.008* |

* Wilcoxon-Test: T = 229.0; N = 40; z = 2.43; einseitig.

Das wird häufiger der Fall sein, wenn die wahrgenommene Übereinstimmung zwischen den ›wichtigen Anderen‹ hoch, als wenn sie gering ist. Wie an anderer Stelle ausführlicher beschrieben[10], kann das Individuum der Gefährdung der Kongruenz auf folgende Arten begegnen: I kann die Interaktion mit denjenigen Personen, deren Einstellungen zu ihm die Kongruenz gefährden, einschränken und die Interaktion mit solchen Personen verstärken, deren Einstellungen er als kongruent wahrnimmt. Eine zweite Möglichkeit besteht darin, ausgewählte Interaktionspartner nach der Kongruenz oder Inkongruenz ihres Verhaltens zu bestimmten Aspekten des Selbstkonzeptes zu beurteilen: I verstärkt seine Sympathie für diejenigen, die sich kongruent verhalten, und verringert sie für diejenigen, die sich inkongruent verhalten. Eine dritte Möglichkeit ist die Mißdeutung des Verhaltens von P, so daß Kongruenz möglich wird. Schließlich kann I Techniken verwenden, die es ihm ermöglichen, kongruente Reaktionen P's zu veranlassen, die sein Selbstkonzept bestärken.

Die experimentelle Situation war im wesentlichen darauf abgestellt, möglichst keine dieser verschiedenen Arten der Beseitigung der Inkongruenz, bei denen das Selbstkonzept unverändert bleibt, zur Wirkung kommen zu lassen. Einige dieser Arten der Erhaltung der Kongruenz treten nur außerhalb des Laboratoriums auf, wo I seine Interaktion weitgehend frei bestimmen kann. Nichtsdestoweniger ist anzunehmen, daß die kleine Zahl der Vpn, die ihre Einstufung für keins der manipulierten Merkmale verändert haben, vielleicht an der Validität der Diagnoseverfahren, den Intentionen der Untersuchung oder der Kompetenz der Versuchsleiter gezweifelt haben, um ihren Widerstand zu stärken.

Die Befunde der vorliegenden Untersuchung stehen in Einklang mit den Forschungsergebnissen über Einstellungen zu anderen Objekten als dem Selbstkonzept. Die bekannten Versuche von Asch[11] und Sherif[12] zur Urteilsbildung als Funktion sozialen Drucks illustrieren die Wirksamkeit tatsächlicher oder eingebildeter Meinungsgleichheit bei der Formierung von Einstellungen und beim Widerstand gegen Veränderungen. Neuere Arbeiten von Festinger, Riecken und Schachter[13], Festinger[14], Brehm[15] und Cohen[16] zur Dissonanztheorie dokumentieren, daß die Veränderungsresistenz von Einstellungen sehr stark von tatsächlichen oder eingebildeten sozialen Bekräftigungen abhängt, und daß das Verhalten des Individuums oft auf die Konsonanz kognitiver Elemente gerichtet ist (Kongruenz nach der Terminologie der interpersonalen Kongruenztheorie).

Die vorliegende Untersuchung befaßte sich ausschließlich mit den *wahrgenommenen* Übereinstimmungen. Allerdings ist die Annahme einer engen Verbindung von tatsächlichen und wahrgenommenen Übereinstimmungen berechtigt, wenn sie auch nicht identisch sind. Hinweise auf diese Verbindung sind einem Bericht über eine ›living group‹ zu entnehmen[17]. Aufgrund der unvollkommenen Verbindung bietet sich dem Individuum die Möglichkeit, eine größere Übereinstimmung als tatsächlich vorhanden wahrzunehmen. Die interpersonale Kongruenztheorie sagt voraus, daß diese Verzerrungen im allgemeinen in Richtung auf Übereinstimmung auftreten werden, um die Kongruenz zu maximieren. Diese Vorhersage wird durch Untersuchungsbefunde bestätigt. Eine Aufgabe für weitere Forschung wäre allerdings schon durch eine mögliche Wiederholung der vorliegenden Untersuchung gegeben, unter Berücksichtigung der tatsächlichen Übereinstimmung zwischen den ›wichtigen Anderen‹.

## *Anmerkungen*

1 Die Untersuchung ist z. T. durch Zuschüsse (M--3620) des National Institute of Mental Health, U. S. Public Health Service, unterstützt worden.

2 James, William: *Principles of Psychology,* New York (Holt) 1890, 2 Bände.

3 Cooley, Charles H.: *Human Nature and the Social Order,* New York (Charles Scribner's Sons) 1902.

4 Mead, George H.: *Mind, Self and Society from the Standpoint of a Social Behaviorist,* Chicago (University of Chicago P.) 1934.

5 Wylie, Ruth C.: *The Self Concept,* Lincoln, Nebraska (University of Nebraska Press) 1961.

6 Osgood, Charles E., und Tannenbaum, Percy H., »The Principle of Congruity in the Prediction of Attitude Change«, *Psychological Review,* 62 (Jan. 1955), S. 42–55; Cartwright, Dorwin, und Harary, Frank, »Structural Balance: A Generalization of Heider's Theory«, *Psychological Review,* 63 (Sept. 1956), S. 277–293; Festinger, Leon, *A Theory of Cognitive Dissonance,* Evanston, Illinois (Row, Peterson) 1957; Rosenberg, Milton J., und Abelson, Robert P., »An Analysis of Cognitive Ba-

lancing«, in: Hovland, Carl I., and Rosenberg, Milton J., Herausgeber, *Attitude Organization and Change,* New Haven (Yale University Press) 1960, S. 112–163; Heider, Fritz, *The Psychology of Interpersonal Relations,* New York (Wiley) 1958.

7 Edwards, Allen *Edwards Personal Preference Schedule,* New York (Psychological Corporation) 1954.

8 Gordon, Leonard V., *Gordon Personal Profile,* New York (World Book Company) 1953.

9 Bradley, James V., *Distribution-free Statistical Tests,* Washington, D. C. (United States Department of Commerce, Office of Technical Services) August 1960.

10 Secord, Paul F., und Backman, Carl W., »Personality Theory and the Problem of Stability and Change in Individual Behavior: An Interpersonal Approach«, *Psychological Review,* 68 (Jan. 1961), S. 21–32.

11 Asch, Solomon E., *Social Psychology,* New York (Prentice Hall) 1952.

12 Sherif, Muzafer, *The Psychology of Social Norms,* New York (Harper and Brothers) 1936.

13 Festinger, Leon, Riecken, Henry W., und Schachter, Stanley S., *When Prophecy Fails,* Minneapolis (University of Minnesota Press) 1956.

14 Festinger, Leon, *A Theory of Cognitive Dissonance,* Evanston, Illinois (Row, Peterson) 1957.

15 Brehm, Jack W., »A Dissonance Analysis of Attitude-discrepant Behavior«, in: Hovland, Carl I., und Rosenberg, Milton J., Herausgeber, *Attitude Organization and Change,* New Haven (Yale University Press) 1960, S. 164–197.

16 Cohen, Arthur R., »Attitudinal Consequences of Induced Discrepancies Between Cognitions and Behavior«, *Public Opinion* Quarterly, 24 (summer 1960), S. 297–318.

17 Secord, Paul F., und Backman, Carl W., »Liking, Selective Interaction, and Misperception in Congruent Interpersonal Relations«, *Sociometry,* 25 (Dec. 1962), S. 321–335.

O. L. HARVEY / GEORGE D. BEVERLY[1]

# Über den Einfluß einiger Persönlichkeitsmerkmale auf Veränderungen des Selbstkonzepts durch Rollenspiel[2]

Diese Untersuchung beschäftigt sich mit der Wechselwirkung dreier Variablen auf die Veränderung von Meinungen: Rollenspiel, Autoritarismus und Prestige der für eine Rolle relevanten Kommunikationsquelle. Verschieden stark autoritär eingestellte Personen sollten mit möglichst vielen guten Argumenten einen Standpunkt vertreten, der von ihren eigenen festen Überzeugungen abwich.

Daß Verhaltensweisen und Meinungen durch das Spielen einer Rolle – durch ein »so tut als ob« – verändert werden können, ist von vielen Forschern erkannt worden. Zu ihnen gehören nicht zuletzt William James mit seiner »Emotionstheorie«, Cooley mit seinem Konzept vom »Spiegel-Ich« und G. H. Mead mit seinen Erörterungen über die Bedeutung der Übernahme der Rolle eines »wichtigen Anderen«. Experimentelle Befunde klären mehr und mehr einige Bedingungen, unter denen Rollenspiel die Meinung des Spielers der in der Rolle angelegten Überzeugung annähert (z. B. Janis & King, 1954; King & Janis, 1956; Scott, 1957).

Zweifellos stehen verschiedene theoretische Modelle in Einklang mit den Folgen des Rollenspiels: besonders jene, die von einer direkten und mehr oder weniger kausalen Beziehung (sogar Gleichsetzung) zwischen solchen internen Strukturen wie Einstellungen und dem Verhalten ausgehen (z. B. Doob, 1947). Die vorliegende Untersuchung allerdings basiert auf theoretischen Überlegungen mehr kognitiver Art, deren Gültigkeit sich in Untersuchungen über den Einfluß von Ettikettierungen herausstellte (z. B. Bartlett, 1932; Carmichael, Hogan & Walter, 1932; Gibson, 1929; Hallowell, 1951). Mit der Zuordnung eines Etikettes zu einem Objekt, bzw. einer Klasse von Ereignissen, erwächst die Tendenz, dem Objekt Eigenschaften zuzuschreiben, die

---

Originaltitel: Some personality correlates of concept change through role playing. In: *Journal of Abnormal and Social Psychology*, 1961, 63, 125–130. 
Deutsche Übersetzung von Albert Pape.

zwar dem Etikett entsprechen, die aber inadäquat der »wahren Natur« des Dinges sein können, das den Namen (Etikett) trägt. Begriffe und Meinungen scheinen demnach ein Ordnungsschema zu bilden, in das auftretende Ereignisse eingefügt werden, eine Folge von Kanälen, die sowohl Grenzen als auch Ergebnis kognitiver Prozesse bestimmen. Wahrnehmen, Denken, Bewerten und verwandte Prozesse werden weitgehend beeinflußt – sind vielleicht vollkommen abhängig – von einem vorgefertigten Ordnungsschema bzw. Selbstkonzept (Smith, Bruner, & White, 1956). Gerade die Abhängigkeit von einem kategorialen Rahmen führt zu einer Art starrem System von Überzeugungen, dessen Geschlossenheit sich äußert in einer funktionellen »Blindheit« gegenüber anderen Betrachtungsweisen, die nicht in dem jeweils vorhandenen Bezugsrahmen enthalten sind. Diese keineswegs neue Beobachtung weist in die gleiche Richtung wie die Schlußfolgerung von Levy-Bruhl (1923), daß die unterschiedliche Wahrnehmung, d. h. Deutung der Wahrnehmungsgegenstände von »primitiven« und »zivilisierten« Menschen nicht mit dem unlogischen Denken der Primitiven und der Logik der Zivilisierten zusammenhängt, wie einige seiner Zeitgenossen meinten, sondern bedingt sind durch unterschiedliche Voraussetzungen.

Wir nehmen an – wie schon in früheren Arbeiten (Harvey & Caldwell, 1959; Harvey & Rutherford, 1958) –, daß eine einmal gebildete Überzeugung als Aspekt des Selbstkonzeptes einer Person relativ stabil ist; ferner, daß man dazu neigt, eine Situation möglichst übereinstimmend mit der (den) jeweiligen Überzeugung(en) oder Aspekten des Selbstkonzeptes zu beurteilen. Von daher können sich Überzeugungen auf einer Dimension Offenheit vs. Abgeschlossenheit unterscheiden, d. h. die Überzeugungen und Meinungen sind um so starrer, je bedeutender sie für das Ich, bzw. je Ich-zentrierter sie sind. Die Abgeschlossenheit (Starre) kann durch die verschiedensten Mechanismen aufrechterhalten werden: durch Kontrast, durch die Unfähigkeit, Widersprüche zu erkennen, durch die Abwertung der Widerspruchsquelle genauso wie durch andere Verzerrungsmechanismen (Harvey, 1959; Harvey, Kelley & Shapiro, 1957). In der vorliegenden Untersuchung sahen wir das Rollenspiel, in dem der Spieler einer leichten Bedrohung ausgesetzt war, als mögliches Mittel an, eine Person Alternativen akzeptieren zu lassen, die sonst von ihrem ziemlich starren, geschlossenen System ausgeschlossen wurden.

Wahrscheinlich hängt die Wirksamkeit des Rollenspiels bei der Übernahme fremder Alternativen ab von mehreren Persönlichkeitsmerkmalen; unter anderem von denen, die einen zur Ablehnung von

Mehrdeutigkeiten, d. h. zur Schwarz-Weiß-Malerei prädisponieren, und die ein Bedürfnis nach hochspezifischen, anschaulichen Kategorien entstehen lassen. Autoritarismus erscheint als eine solche kognitive Variable, von der man erwarten könnte, daß sie in Wechselwirkung mit Rollenspiel steht. Die vermutete Art dieser Wechselwirkung wird klarer, wenn Rollenspiel und Autoritarismus in ihrer Beziehung zu der dritten unabhängigen Variablen dieser Untersuchung gesehen werden: dem Prestige der Quelle der Pro-Alkohol-Information, die den Versuchspersonen vermittelt wurde, ehe sie ihre eigenen Pro-Alkohol-Argumente formulierten.

Autoritarismus scheint ganz verschiedene Verhaltensweisen gegenüber Personen mit hohem und niedrigem Prestige zu bewirken: Unterwürfigkeit und leichte Beeinflußbarkeit gegenüber den ersteren und gegenteilige Reaktionen gegenüber den letzteren (Adorno, Frenkel-Brunswik, Levinson & Sanford, 1950; Crutchfield, 1955; Harvey & Caldwell, 1959; Roberts & Jessor, 1958; Thibaut & Riecken, 1955; Wagman, 1955). Die autoritäre Persönlichkeit zeichnet sich aus durch ein kaum differenziertes und wenig integriertes Selbstkonzept bzw. System von Überzeugungen, das die Rolle des Subjektes als aktives, selbständig-handelndes auf ein Minimum reduziert. So ist sie mehr auf von anderen gesetzte Kriterien angewiesen, um sich in ihrer Welt zurechtfinden und ihre Umgebung einschätzen zu können. Die autoritäre Persönlichkeit orientiert sich bei der Bildung ihres Selbstkonzeptes eher an solchen äußeren Autoritätsquellen wie z. B. Macht, gesellschaftlichen Konventionen und gesellschaftlich anerkannten, einflußreichen Organisationen, denen sie anscheinend Allmacht und Allwissenheit beimißt.[3]

In unserem Versuch prüften wir die gegenseitige Beeinflussung der drei unabhängigen Variablen mit einem Design von 2x2x2 Faktoren: Rollenspiel/kein Rollenspiel, hohes/geringes Prestige der Quelle, stark-/schwach-autoritäre Einstellung. Aufgrund der inhaltlichen Bestimmung unserer Variablen lassen sich folgende Annahmen formulieren:

1. Rollenspiel sollte zu signifikant positiven Veränderungen der untersuchten Meinungen führen.
2. Rollenspiel sollte in Wechselwirkung mit Autoritarismus treten; und zwar so, daß die positive Veränderung durch Rollenspiel um so größer ausfallen sollte, je autoritärer die Einstellung ist.
3. Rollenspiel sollte in Wechselwirkung treten mit dem Prestige der Kommunikationsquelle; und zwar so, daß die größere positive Veränderung bei hohem Prestige auftritt.

4. Prestige sollte in Wechselwirkung treten mit Autoritarismus; und zwar so, daß ohne Rollenspiel die größere positive Veränderung eher bei stark- als bei schwach-autoritärer Einstellung zu erwarten ist, wenn das Prestige hoch ist. Umgekehrt ist anzunehmen, daß die größere positive Veränderung eher bei schwach- als stark-autoritärer Einstellung auftritt, wenn das Prestige niedrig ist.

## *Methode*

*Versuchspersonen:*
Versuchspersonen waren vier Gruppen von Studenten (insgesamt 137), die an den Sommerkursen eines kleinen Colleges im Süden der USA teilnahmen. Das College steht unter der Leitung der »Church of Christ«. Diese Population ist ausgewählt worden wegen ihrer tief religiös begründeten Einstellung gegen den Verkauf und Konsum von Alkohol, dem Bezugspunkt für diese Untersuchung.
*Versuchsmaterialien:*
Wir ermittelten die Einstellung der Vpn zum Thema Alkohol vor und nach dem Versuch anhand einer graphischen *rating-scale* mit 27 *items,* die speziell für unsere Untersuchung entwickelt worden war. Auf einer 16 cm langen Linie markierten die Vpn den Grad ihrer Zustimmung oder Ablehnung zu jedem Item, wobei den Enden der Linie völlige Zustimmung bzw. völlige Ablehnung entsprachen. Einige »typische« Items waren: Mäßiges Trinken widerspricht nicht den Lehren der Bibel; es wäre eine Sünde, Einkünfte aus dem Verkauf von Whisky für den Bau besserer Schulen für unsere Kinder zu verwenden; es ist unmöglich, Herstellung und Verkauf von Alkohol vollständig zu unterbinden. Die Antwort für jedes Item wurde in Zentimetern gemessen, dabei war Null die positivste Pro-Alkohol-Antwort. Maß der Einstellung einer Vpn zum Alkohol war die Summe der Antworten für jedes Item, gemessen in Zentimetern. Die größere Summe bedeutet dabei eine stärkere Ablehnung von Alkohol.

Die autoritäre Einstellung wurde bestimmt anhand der Skala von Webster, Sanford und Freedman (1955). Sie wurde den Vpn gleichzeitig mit der ersten Vorgabe der Pro-Alkohol-Skala vorgelegt. Im Anschluß an eine Rede von 2500 Wörtern, in der der Verkauf von Alkohol unter scharfen, eingeschränkten Bedingungen befürwortet wurde, gaben die Vpn auf einem Formular die ihrer Meinung nach wichtigsten Argumente der frei erfundenen Ansprache wieder. Die Rede war eine überarbeitete Fassung eines Textes aus einer früheren Untersuchung von Hovland, Harvey und Sherif (1957). Damit erhielten wir ein Maß für die Wiedergabegenauigkeit des Textinhaltes, das wir später in Beziehung zu den drei unabhängigen Variablen dieser Untersuchung setzten. Ferner wurden die Vpn gebeten, auf demselben Formular die ihrer Ansicht nach besten Argumente für den Verkauf und den Konsum von Alkohol aufzuführen. Gleichzeitig sollten sie glaubhaft machen, daß diese Pro-Alkohol-Argumente gesammelt würden für eine große College-Debatte. Die Rollenspiel-Situation bestand also darin, daß die Vpn in eine Lage versetzt wurden, in der sie – unter Bedingungen, die ihnen das Gefühl einer leichten Bedrohung vermitteln sollten – ihren eigenen Überzeugungen widersprechen mußten.

Genaugenommen dürfte man das Vorgehen in dieser Untersuchung vielleicht nicht Rollenspiel nennen, da entgegen der üblichen Rollenspiel-Situation, in der die Vp ihre Argumente öffentlich vorbringt, unter unseren Bedingungen die Vpn ihre sich-in-Frage-stellenden Argumente privat, d. h. nur vor sich selbst äußerten. Wir haben die »Privatheit« anstelle der typischen Öffentlichkeit gewählt, weil wir der Meinung sind, daß der entscheidende Faktor bei der Wirksamkeit des Rollenspiels zur Veränderung von Überzeugungen das Vertreten eines Standpunktes ist, der den eigenen Überzeugungen widerspricht. Dabei ist es unerheblich, ob dieser konträre Standpunkt öffentlich (vor anderen) oder privat (nur vor sich selbst) vertreten wird. Der Nachweis der Richtigkeit dieser Annahme erfordert einen direkten Vergleich der jeweiligen Wirkung des Rollenspiels unter den Bedingungen »privat« und »öffentlich«. Dieser Vergleich ist im Rahmen dieser Arbeit nicht unternommen worden.

*Versuchsdurchführung:*
Das Experiment verlief in zwei Durchgängen mit einwöchentlichem Abstand. Im ersten Durchgang bekamen die Vpn von einem Dozenten die Autoritarismus- und die Pro-Alkohol-Skala vorgelegt. Im zweiten Durchgang gaben die Vpn noch einmal ihre Einstellung zum Alkohol an; ungefähr die Hälfte sofort im Anschluß an die Rede für den reglementierten Verkauf von Whisky (kein Rollenspiel) und die andere Hälfte, nachdem sie ihre eigenen Pro-Alkohol-Argumente formuliert hatte (Rollenspiel). Unter beiden experimentellen Bedingungen wurde ferner die Kommunikationsquelle variiert: einmal war der Verfasser anonym, das andere Mal eine Person mit erkennbar hohem Prestige. Wir nahmen an, daß die anonyme Quelle geringes Ansehen bei den Vpn haben würde, besonders für die hochgradig autoritär eingestellten, für die Prestigeunterschiede erwartungsgemäß wichtiger sein sollten. Unter der Bedingung »hohes Prestige« identifizierte der Dozent die Rede als Ansprache eines Pastors der »Church of Christ« an Zuhörer in Oklahoma City, die sich mit der damals akuten Frage der Prohibition in Oklahoma befaßten. Unter der Bedingung »anonym« bzw. »geringes Prestige« kündigte der Dozent die Rede an als Beitrag eines unbekannten Sprechers, gehalten in derselben Stadt, zum selben Thema vor einer ähnlichen Zuhörerschaft. Durch die Variationen »hohes/geringes Prestige« der Kommunikationsquelle und »Rollenspiel/kein Rollenspiel« ergaben sich vier Versuchsbedingungen, über die sich die Vpn annähernd gleich verteilten. (In der Analyse der Ergebnisse unterteilten wir diese vier Zellen weiter hinsichtlich des Faktors »stark-/schwach-autoritäre Einstellung«, so daß sich ein faktorielles Design von acht Zellen ergab.)

Der Dozent – für alle Vpn derselbe – übernahm die Durchführung des Experimentes in den Seminarräumen. Er begründete die Erfassung ihrer Einstellung zum Alkohol mit einer Meinungsumfrage, die er zu mehreren Themen an einigen Colleges durchführen würde. Die Rede sollte die Vpn darüber informieren, was andere Leute dächten, die sich ebenfalls intensiv mit dem Thema Alkohol beschäftigten. Außerdem verteilte der Dozent vervielfältigte Kopien des Vortrages in authentischem Format an drei oder vier Studenten, die ihre Nachbarn mit hineinsehen lassen sollten, um so eventuelle Zweifel an der Urheberschaft auszuräumen.

Veränderung der Meinungen:
Das Maß der Veränderung der Meinung zum Thema Alkohol war die Differenz in Einheiten von Zentimetern zwischen den Antworten der Vpn auf die 27 Items der Pro-Alkohol-Skala vor und nach dem Experiment. Die arithmetischen Mittel der Differenzen für die acht experimentellen Bedingungen sind in Tabelle 1 aufgeführt.

*Tabelle 1*

Mittlere Veränderung der Meinung zum Thema Alkohol

| Ansehen der Quelle | Rollenspiel autoritäre Einstellung | | kein Rollenspiel autoritäre Einstellung | |
|---|---|---|---|---|
| | stark | schwach | stark | schwach |
| hoch | 42,86 | 32,45 | 21,41 | 15,40 |
| gering | 40,75 | 29,29 | 9,75 | 26,67 |

Die mit dem t-Test für unabhängige Stichproben geprüften Mittelwertsvergleiche erbrachten hinsichtlich unserer Hypothesen folgende Ergebnisse:

1. Rollenspiel hat über alle Versuchsbedingungen einen größeren positiven Effekt auf die Veränderung der Meinungen als »kein Rollenspiel« (= Differenz = 20.55; t = 2.675; p, f = 135, < .01).
2. Rollenspiel stand in Wechselwirkung mit Autoritarismus mit der Tendenz zu größeren positiven Veränderungen eher bei stark- als bei schwach-autoritärer Einstellung (× Differenz = 10.829; t = 1.682; p, f = 76, < .10).
3. Zwischen Rollenspiel und Prestige der Kommunikationsquelle ließ sich eine signifikante Wechselwirkung nicht feststellen (× Differenz von hohem und niedrigem Prestige = 2.63; t = .281; p, f = 76, > .50).
4. Prestige stand in signifikanter Wechselwirkung mit Autoritarismus, so daß unter der Bedingung »kein Rollenspiel« größere positive Veränderungen bei stark- als bei schwach-autoritärer Einstellung auftraten, wenn das Prestige der Quelle gering[4] war (× Differenz zwischen diesen beiden Differenzen = 22.93; t = 3.471; p, f = 57, < .01).

Die größten Veränderungen traten unter den Bedingungen Rollenspiel, hohes Prestige und stark-autoritäre Einstellung auf ($\times = 42.86$); die schwächste Veränderung ergab sich bei der Kombination »kein Rollenspiel«, »geringes Prestige« und »stark-autoritäre Einstellung« ($\times = 9.75$). Diese beiden Ergebnisse entsprechen unserer Hypothese. Allerdings unterscheiden sie sich nicht signifikant von den mittleren Veränderungen, wie sie bei den anderen sieben Kombinationen aufgetreten sind. Wahrscheinlich ist die mangelnde Signifikanz darauf zurückzuführen, daß Rollenspiel und Prestige der Quelle in keiner signifikanten Wechselwirkung standen.

*Wiedergabe der Argumente des Vortrages:*

Die Vpn wurden anhand ihrer Zusammenfassung der Hauptpunkte der Rede von 0–4 bewertet, je nachdem, wie viele der 4 Hauptargumente sie richtig wiedergegeben hatten. Diese Werte verglichen wir dreimal: unter den Bedingungen Rollenspiel/kein Rollenspiel, hohes geringes Prestige und stark-/schwach-autoritäre Einstellung, und prüften sie mit dem Chi-Quadrat-Test auf Signifikanz. Das Prestige der Quelle und Rollenspiel hatten fast keinen Einfluß auf die Wiedergabegenauigkeit der Hauptpunkte des Vortrages ($\times^2 = .20$ bzw. $.45$). Autoritarismus allerdings beeinflußte signifikant die Erfassung der Rede durch die Vpn. Die stark-autoritär eingestellten Vpn wurden hinsichtlich der korrekten Wiedergabe der Argumente signifikant niedriger bewertet als die schwach-autoritär eingestellten ($\times^2 = 6.83$, $p < .01$).

*Vermutungen über die Absichten des Verfassers der Rede:*

Auf demselben Formular und in derselben Reihenfolge, in der die Vpn die Hauptargumente der Rede zusammenfaßten und Argumente formulierten, die ihrer eigenen Überzeugung widersprachen, schrieben die Vpn die von ihnen vermuteten Motive oder persönlichen Gründe nieder, die den Redner den Verkauf von Whisky befürworten ließen. Eine Inhaltsanalyse erbrachte keinen Zusammenhang zwischen der Qualität (positiv oder negativ) der dem Verfasser zugeschriebenen Motive und den drei unabhängigen Variablen der Untersuchung: Autoritarismus, Prestige der Quelle und Rollespiel.

## *Deutung der Befunde*

Die Ergebnisse aller von uns angestellten Vergleiche lagen in der vermuteten Richtung, obwohl in einem Fall die Differenz erst auf dem 10%-Niveau signifikant war und in einem weiteren Fall das Signifikanz-Niveau noch niedriger lag. Der plausibelste Grund dafür, daß unsere Hypothesen nicht präziser bestätigt werden konnten, ist u. E. der, daß uns die Variation der Variable »Prestige der Quelle« nicht bzw. nur teilweise gelang. Gespräche mit den Vpn nach dem Experiment ergaben, daß einige den Eindruck gewonnen hatten, ihr Dozent selber befürworte – zumindest stillschweigend – den Inhalt der Pro-Alkohol-Rede, deren Verfasser angeblich ein Pastor der »Church of Christ« bzw. ein anonymer Redner gewesen sein sollte. Wie wir nach dem Experiment erfuhren, war der Dozent ebenfalls ein ordentlicher Pastor der »Church of Christ«. Dadurch, daß er sich nicht ausgesprochen neutral zu den Argumenten der erfundenen Pro-Alkohol-Rede verhielt, dachten offensichtlich einige Vpn, er befürworte den Verkauf von Alkohol; zumindest vermuteten sie, er sei nicht entschieden dagegen. Für diese Vpn würden sich die angenommenen Unterschiede zwischen den beiden angegebenen Quellen auf ein Minimum reduziert haben, und für sie würde eher der Dozent als die geplanten Personen die relevante Kommunikationsquelle gewesen sein. Wie die Ergebnisse zeigen, ist der Einfluß der Variable »Prestige der Quelle« nicht gänzlich neutralisiert worden. Bei einer besser kontrollierten Variation dieser Variable wäre zu erwarten gewesen, daß die angenommene Wechselwirkung mit Rollenspiel und Autoritarismus stärkere Effekte bewirkt hätte. Die bessere Kontrolle hätte weiterhin zu einer spürbareren Abwertung des anonymen Sprechers (geringes Prestige) durch die stark-autoritär eingestellten Vpn geführt.

Die Tatsache, daß Rollenspiel unter den Bedingungen dieser Untersuchung, d. h. Rollenspiel nur vor sich selbst, signifikante Veränderungen der Meinungen zum Alkohol hervorgerufen hat, bedeutet, daß öffentliches Rollenspiel nicht notwendig ist, um Veränderungen des Selbstkonzeptes oder von Meinungen zu bewirken. Sie deutet darauf hin, daß der Effekt mehr eine Funktion der Intensität ist, mit der ein widersprüchlicher Standpunkt vertreten wird, und nicht so sehr davon abhängt, wo dieser Standpunkt eingenommen wird. Das soll natürlich nicht heißen, daß die Umgebung (z. B. »privat« vs. »öffentlich«) nichts zu tun hat mit der Intensität, mit der ein fremder Standpunkt übernommen wird. Wahrscheinlich sind die Bedingungen, unter denen jemand zu einer ernsthafteren und intensiveren Auseinandersetzung mit fremden Überzeugungen veranlaßt werden kann, je andere für verschiedene Personen. So mag es durchaus sein, daß Personen wie die stark-autoritär eingestellten, die abhängiger sind von äußeren Kriterien für ihr Tun und Denken, mehr durch »öffentliches« als durch »privates« Rollenspiel beeinflußt werden.

## *Zusammenfassung*

Die vorliegende Untersuchung beschäftigte sich in erster Linie mit der Wechselwirkung dreier Variablen untereinander und ihrem Einfluß auf die Veränderung von Meinungen: Rollenspiel, Autoritarismus und Prestige der für eine Rolle relevanten Kommunikationsquelle. Zwei Gruppen von Vpn – stark- bzw. schwach-autoritär eingestellt – sollten für sich ihre besten Argumente für den Verkauf von Alkohol aufschreiben, womit sie ihren eigenen festen Überzeugungen zuwiderhandeln mußten. Unmittelbar vor dieser Rollenspiel-Situation hörten sie einen Vortrag, in dem der Verkauf von Alkohol unter streng reglementierten Bedingungen vertreten wurde. Der Vortrag wurde den Vpn entweder als Rede einer Person mit hohem Ansehen oder als Rede eines anonymen Sprechers (geringes Prestige) vorgestellt. Im Anschluß an den Vortrag wurde von einer Hälfte der Vpn sofort ihre Einstellung zum Alkohol erfaßt (kein Rollenspiel), während die andere Hälfte zuvor ihre eigenen Pro-Alkohol-Argumente formulierte (Rollenspiel). Außerdem wurden folgende Daten von den Vpn erhoben: die Fähigkeit, die Hauptargumente der Rede korrekt wiederzugeben, und das Ausmaß, in dem sie dem Verfasser niedrige Beweggründe zuschrieben.

Wir erhielten folgende Befunde:

1. Rollenspiel – durch das Formulieren sich selbst widersprechender Argumente – führte zu signifikant positiven Veränderungen der Meinung.
2. Rollenspiel stand in Wechselwirkung mit Autoritarismus. Die größeren positiven Veränderungen traten eher bei stark- als bei schwach-autoritär eingestellten Vpn auf.
3. Zwischen Rollenspiel und dem Prestige der Kommunikationsquelle ließ sich eine signifikante Wechselwirkung nicht feststellen.
4. Prestige und Autoritarismus standen in signifikanter Wechselwirkung. Unter der Bedingung »kein Rollenspiel« wurden mehr die stark- als die schwach-autoritär eingestellten Vpn durch hohes Prestige beeinflußt, während unter den Bedingungen »kein Rollenspiel« und »geringes Ansehen« der umgekehrte Effekt zu beobachten war.
5. Autoritarismus verringerte signifikant die Anzahl der korrekt wiedergegebenen Hauptargumente des Vortrages. Die stark-autoritär eingestellten Vpn erhielten signifikant weniger Punkte als die schwach-autoritär eingestellten. Trotz ihres mangelhaften Verständnisses der Argumente veränderten unter den Bedingungen

»kein Rollenspiel« und »hohes Prestige« die stark-autoritär eingestellten ihre Meinungen stärker als die schwach-autoritär eingestellten Vpn, wenn auch die Veränderung nicht signifikant größer ist.

## *Anmerkungen*

1 Wir danken dem ONR für seine Unterstützung. Wir danken ferner den Studenten und dem Dozenten, die an der Untersuchung teilgenommen haben, sowie Mike Wertheimer für seine Hilfe bei der Veröffentlichung des Artikels.

2 Diese Untersuchung wurde mit Unterstützung des ›Group Psychology Branch‹, ›Office of Naval Research‹, kontrakt Nr. 2149 (02) im Namen der ›Vanderbilt University‹ durchgeführt, als beide Autoren Mitglieder der ›Vanderbilt University‹ waren.

3 Die theoretische und empirische Begründung für diese Annahme ist ausführlich in Harvey, Hunt & Schroder (1961) dargestellt.

4 Es müßte heißen: ... Prestige der Quelle *hoch* war ..., da die Aussage sonst sinnlos wäre, wahrscheinlich ein Druckfehler. (Anmerkung des Übersetzers.)

# LITERATUR


Adorno, T. W.; Frenkel-Brunswik, Else; Levinson, D. J., & Sanford, R. N.: *The authoritarian personality.* New York: Harper, 1950

Bartlett, F. C.: *Remembering.* Cambridge: Cambridge University Press, 1932

Carmicheal, L.; Hogan, H. P., & Walter, A. A.: An experimental study of the effect of language on the reproduction of visually perceived form. J. exp. Psych., 1932, 15, 73–86

Crutchfield, R. S.: Conformity and character. Americ. Psychologist, 1955, 10, 191–198

Doob, L. W.: The behavior of attitudes. Psychol. Rev., 1947, 54, 135–136

Gibson, J. J.: The reproduction of visually perceived forms. J. exp. Psychol., 1929, 12, 1–39

Hallowell, A. I.: Cultural factors in the structuralization of perception. In: J. H. Rohrer & M. Sherif (Eds.), ›*Social psychology at the crossroads*‹. New York: Harper, 1951, ff. 164–195

Harvey, O. J.: Personality and concept functioning across situations. Technical report Nr. 2, 1959, University of Colorado, Contract Nonr 1147 (07), Office of Naval Research

Harvey, O. J., & Caldwell, D. F.: Assimilation and contrast phenomena in response to environmental variation. J. Pers., 1959, 27, 125–135

Harvey, O. J.; Hunt, D. E., & Schroder, H. M.: *Conceptual systems and personality organization.* New York: Wiley, 1961

Harvey, O. J.; Kelley, H. H., & Shapiro, M. M.: Reactions to unfavorable evaluations of the self made by other persons. J. Pers., 1957, 25, 393–411

Harvey, O. J., & Rutherford, Jeanne: Gradual and absolute approaches to attitude change. Sociometry, 1958, 21, 61–68

Hovland, C. I.; Harvey, O. J., & Sherif, M.: Assimilation and contrast effects in reactions to communication and attitude change. J. abnorm. soc. Psychol., 1957, 55, 244–252

Janis, L. L., & King, B. T.: The influence of role playing on opinion change. J. abnorm. soc. Psychol., 1954, 49, 211–218

King, B. T., & Janis, I. L.: Comparison of the effectiveness of improvised versus non-improvised role playing in producing opinion changes. Hum. Relat., 1956, 9, 177–186

Levy-Bruhl, L.: *Primitive Mentality*. New York: MacMillan, 1923

Roberts, A. H., & Jessor, R.: Authoritarianism, punitiveness and perceived social status. J. abnorm. soc. Psychol., 1958, 56, 311–314

Scott, W. A.: Attitude change through reward of verbal behavior. J. abnorm. soc. Psychol., 1957, 55, 72–75

Smith, M. B.; Brunner, J. S., & White, R. W.: *Opinions and personality*. New York, Wiley, 1956

Thibaut, J. W., & Riecken, H. W.: Authoritarianism, status, and the communication of aggression. Hum. Relat., 1955, 8, 95–120

Wagman, M.: Attitude change and authoritarian personality. J. Psychol., 1955, 40, 3–24

Webster, H.; Sanford, N., & Freedman, M.: A new instrument for studying authoritarianism. J. Psychol., 1955, 40, 73–84

# III Rollentheoretische Ansätze

SAYMOUR LIEBERMAN

## Die Auswirkungen von Rollenänderungen auf die Einstellungen der Rolleninhaber

### *Problemstellung*

Nach Newcomb (2), Parsons (3) und anderen Rollentheoretikern besagt eine der Grundannahmen der Rollentheorie, daß die Einstellungen eines Menschen beeinflußt werden von der Rolle, die er in einem sozialen System einnimmt. Obwohl diese Behauptung plausibel erscheint, gibt es für sie erstaunlich wenig Belege. Eine Beweisquelle findet man im Alltagsleben. »Johnny hat sich so verändert, seit er Vertrauensschüler geworden ist.« »Seit ihrer Heirat ist sie eine andre Frau.« »Er ist nicht wiederzuerkennen, seit er Vorarbeiter wurde.« So richtig diese Äußerungen auch klingen, bieten sie doch wenig systematische oder wissenschaftliche Belege dafür an, daß die Einstellungen einer Person durch ihre Rolle beeinflußt werden.

Etwas wissenschaftlicher, wenn auch noch nicht definitiv, ist die allgemeine Erkenntnis in vielen sozialpsychologischen Untersuchungen, daß zwischen Einstellungen und Rollen Beziehungen bestehen. Mit andern Worten: Unterschiedliche Einstellungen werden von Menschen vertreten, die verschiedene Rollen innehaben. Zum Beispiel fanden Stouffer u. a. (5), daß Berufsoffiziere eine positivere Einstellung zur Armee haben als Wehrpflichtige. Das Problem liegt hier darin, daß die bloße Existenz einer Beziehung zwischen Einstellungen und Rollen noch nicht das Ursache-Wirkungs-Verhältnis der gefundenen Beziehung aufdeckt. Man könnte Stouffers Ergebnisse so interpretieren: Die Erhebung in den Offiziersstand führt dazu, daß der Betreffende armeefreundlich wird, d. h. die Rolle, die jemand innehat, beeinflußt seine Einstellungen. Eine ebenso plausible Interpretation könnte aber auch sein: Armeefreundliche Einstellungen verhelfen einer Person in

---

Originaltitel: »The effects of change in roles on the attitudes of role occupants«. Aus: *Human relations*. 9, 1956, S. 385–402. London 1956. Deutsche Übersetzung von Gudrun Eggert.

den Offiziersstand – d. h. ihre Einstellungen beeinflussen die Wahrscheinlichkeit, daß sie für eine bestimmte Rolle in Frage kommt. Da keine Längsschnittdaten vorliegen, liefert die bloße Beziehung noch keinen klaren Beweis dafür, daß Rollen die »Ursache« und Einstellungen die »Wirkung« waren.

Die vorliegende Untersuchung sollte die Auswirkungen von Rollenpositionen auf Einstellungen in einer bestimmten Feldsituation prüfen. Die Untersuchung basiert auf Längsschnittdaten, die in einer rollendifferenzierten, hierarchischen Organisation erhoben wurden. Indem man sich natürliche Rollenänderungen innerhalb des Personals der Organisation zunutze machte, war es möglich, die Einstellungen der untersuchten Personen sowohl vor als auch nach der Rollenänderung zu untersuchen. So konnte das Ausmaß der auf die Rollenänderung folgenden Einstellungsänderungen bestimmt und die Natur von Ursache und Wirkung jeder gefundenen Beziehung erklärt werden.

### *Methode: 1. Phase*

Die Untersuchung war Teil eines größeren Projektes, das in einem mittelgroßen, Gebrauchsgüter produzierenden Betrieb im Mittelwesten durchgeführt wurde. Der Betrieb sei hier »Rockwell Corporation« genannt. Während der Untersuchungszeit waren bei Rockwell ca. 4000 Menschen beschäftigt. Diese Zahl umfaßt ca. 2500 Fabrikarbeiter und ca. 150 Vorarbeiter. Die Gesellschaft wurde gewerkschaftlich betreut, und die meisten Fabrikarbeiter gehörten der lokalen Gewerkschaft an, die der UAW, CIO angegliedert war. Etwa 150 Fabrikarbeiter waren Vertrauensleute der Gewerkschaft oder, grob gesehen, auf jeden Vorarbeiter kam ein Vertrauensmann.

Die Untersuchung war ein »natürliches Feldexperiment«. Experimentelle Variable war eine Veränderung der Rollen, und Versuchszeitraum war die Zeitspanne, in der die experimentellen Variablen wirksam waren. Versuchsgruppen waren diejenigen Beschäftigten, die in dieser Zeit eine Rollenänderung durchmachten; die Kontrollgruppen bestanden aus Beschäftigten, die während dieser Zeit keine Rollenänderung durchmachten. Der Versuchsplan kann als ein aus drei Schritten bestehender Prozeß beschrieben werden: »Vormessung«, »experimentelle Phase« und »Nachmessung«.

*Vormessung.* Im September und Oktober 1951 wurden von fast dem gesamten Fabrikpersonal bei Rockwell – 2354 Arbeitern, 145 Vertrauensmännern und 151 Vorarbeitern – Einstellungsfragebögen ausgefüllt. In den Fragen ging es zumeist um Einstellungen der Beschäftigten, Vorstellungen über die Firma und die Gewerkschaft und verschiedene Aspekte der beruflichen Situation. Den Befragten wurde gesagt, daß der Fragebogen Teil einer Gesamtuntersuchung sei, durch die bestimmt werden solle, wie Arbeitnehmer über die Arbeitsbedingungen bei Rockwell denken.

*Versuchszeitraum.* Zwischen Oktober 1951 und Juli 1952 wurden 23 Arbeiter zu Vorarbeitern befördert und 35 Arbeiter zu Vertrauensleuten gewählt. Die meisten der Arbeiter, die in dieser Zeitspanne Vertrauensmann wurden, wählte man bei den entsprechenden jährlichen Wahlen, in diesem Fall im Mai 1952. Sie ersetzten Vertrauensmänner, die sich nicht wieder der Wahl stellten oder die nicht wiedergewählt wurden. Außerdem wurden diejenigen Vertrauensleute ersetzt, die während des Jahres aus dem einen oder andern Grunde ihre Rolle als Vertrauensmann aufgegeben hatten.

Für die Arbeiter, die Vorarbeiter wurden, fand die Beförderung nicht zu einem gesonderten Zeitpunkt statt, sondern dann, wenn Stellen frei wurden. Manche Arbeiter ersetzten Vorarbeiter, die in den Ruhestand getreten waren oder die die Firma aus andern Gründen verlassen hatten; manche ersetzten Vorarbeiter, die in andere Aufsichtspositionen versetzt worden waren, und manche füllten neu geschaffene Vorarbeiterpositionen aus.

*Nachmessung.* Im Dezember 1952 wurden die gleichen Fragebögen, die 1951 von den einfachen Arbeitern ausgefüllt worden waren, noch einmal vergeben an:

1. Arbeiter, die während des Versuchszeitraums Vorarbeiter wurden (N = 23).
2. eine Kontrollgruppe von Arbeitern, die während des Versuchszeitraums nicht Vorarbeiter wurden (N = 46).
3. Arbeiter, die im Versuchszeitraum Vertrauensmann wurden (N = 35).
4. eine Kontrollgruppe von Arbeitern, die während des Versuchszeitraums nicht Vertrauensmann wurden (N = 35).

Jede Kontrollgruppe wurde mit ihrer entsprechenden Experimentalgruppe hinsichtlich einer Reihe von demografischen, Einstellungs- und Motivationsvariablen verglichen. Daher konnten jegliche Einstellungsänderungen, die in der Experimentalgruppe auftraten, nicht aber in der Kontrollgruppe, etwaigen Ausgangsunterschieden nicht zugeschrieben werden.

Den Arbeitnehmern in diesen Gruppen wurde gesagt, der Nachfolgefragebogen solle laufende Messungen ihrer Einstellungen im Jahr

1952 vornehmen und vergleichen, wie sie sich in diesem Jahr im Vergleich zum vergangenen Jahr fühlten. Den Gruppen wurde gesagt, daß anstatt die gesamte Belegschaft zu untersuchen, wie dies 1951 der Fall war, diesmal nur eine Stichprobe untersucht werde. Sie erfuhren, daß die Stichprobe so ausgewählt worden war, daß sie alle Arten von Arbeiter bei Rockwell repräsentiere – Männer und Frauen, jung und alt usw. Die Gruppen zeigten keine Anzeichen dafür, daß sie verstanden hatten, auf welcher Basis sie für die »Nachmessung« ausgewählt worden waren, oder daß die Wirkungen von Rollenänderungen der kritische Faktor war, der untersucht wurde[2]. Mit Chi-Quadrat-Tests wurde die statistische Signifikanz der Ergebnisse überprüft.[3] Die in den Tabellen angegebenen Wahrscheinlichkeitsniveaus sind: weniger als .01; zwischen 0.01 und 0.05; zwischen 0.05 und 0.10 und N. S. (nicht signifikant = $p > .10$).

## *Ergebnisse: 1. Phase*

Die wichtigste Hypothese dieser Untersuchung lautete, daß Menschen, die eine Rolle innehaben, Einstellungen anzunehmen und zu entwickeln neigen, die den mit dieser Rolle verbundenen Erwartungen entsprechen. Da die Vorarbeiterrolle impliziert, Repräsentant für das Firmenmanagement zu sein, könnte man erwarten, daß die zu Vorarbeitern gewählten Arbeiter der Firmenleitung gegenüber eher positive Einstellungen zeigen. In ähnlicher Weise könnte man erwarten, insofern die Vertrauensmann-Rolle Repräsentant der Gewerkschaft ist, daß die zum Vertrauensmann gewählten Arbeiter den Gewerkschaften gegenüber eher positiv eingestellt sind. Außerdem könnte man, falls die Werte der Firmenleitung und die der Gewerkschaft miteinander in Konflikt geraten, ebenso erwarten, daß die Arbeiter, die Vorarbeiter wurden, sich der Gewerkschaft gegenüber, und die Arbeiter, die Vertrauensmann wurden, sich der Firmenleitung gegenüber weniger positiv einstellen.

Vier Einstellungsbereiche wurden überprüft: 1. Einstellungen zur Firmenleitung und den Angestellten des Managements; 2. Einstellungen zur Gewerkschaft und den Angestellten der Gewerkschaft; 3. Einstellungen zu einem von der Firmenleitung unterstützten Zulagensystem; 4. Einstellungen zu einem von der Gewerkschaft unterstützten Dienstaltersystem. Das Zulagensystem (wonach die Arbeiter nach der Anzahl der produzierten Stücke bezahlt werden) und das Dienstaltersystem (wonach die Arbeiter nach dem Dienstalterprinzip befördert werden) sind zwei besonders heftige Konfliktherde zwischen Firmenmanagement und Gewerkschaft in Rockwell. Außerdem spielen Vorarbeiter und Vertrauensmänner beide eine Rolle in der Administration dieser Systeme, und relevante Gruppen erwarten von Vorarbeitern und Vertrauensleuten ein bestimmtes Verhalten hinsichtlich dieser Systeme. Deshalb überprüften wir sowohl die Einstellungen der Experimental- und der Kontrollgruppen zu diesen beiden Systemen als auch ihre Gesamteinstellung zur Firmenleitung und zur Gewerkschaft.

Die Daten tendieren zur Unterstützung der Hypothese, daß das Aufrücken in die Rolle des Vorarbeiters und des Vertrauensmanns einen Einfluß auf die Einstellungen der Rolleninhaber ausübt. Wie in den Tabellen 1–4 ersichtlich, erfahren beide Experimentalgruppen systematische Einstellungsänderungen von der »Vor«- zur »Nach«-Situation in den vorhergesagten Richtungen. In den Kontrollgruppen zeigen sich entweder keine Einstellungsänderungen oder aber weniger deutliche Veränderungen von der »Vor«- zur »Nach«-Situation. Wenn einige der Unterschiede auch statistisch nicht signifikant sind, so liegen doch alle signifikanten und auch die meisten der nicht-signifikanten Unterschiede in der erwarteten Richtung. Neue Vorarbeiter etwa betrachten Rockwell als einen besseren Arbeitsplatz im Vergleich zu anderen Firmen, sehen die Top-Manager positiver und zeigen sich dem Prinzip und der Durchführung des Zulagensystems gegenüber günstiger eingestellt. Neue Vertrauensmänner betrachten im allgemeinen die Arbeitergewerkschaften in einem günstigeren Licht, entwickeln positivere Auffassungen gegenüber den Spitzenfunktionären der Gewerkschaft bei Rockwell und bevorzugen Dienstalter gegenüber Fähigkeit als Kriterium zur Beförderung von Arbeitern in bessere Stellungen. Im allgemeinen tendieren die Einstellungen von Arbeitern, die Vorarbeiter werden, in eine Management-freundliche Richtung und die Einstellungen von Arbeitern, die Vertrauensmann werden, in eine Gewerkschafts-freundliche Richtung.

Eine zweite Gruppe von Ergebnissen bezieht sich auf den relativen Grad der Einstellungsänderung bei neuen Vorarbeitern im Gegensatz zu demjenigen bei neuen Vertrauensleuten. Insgesamt gesehen zeigen sich deutlichere und umfassendere Einstellungsänderungen bei den zu Vorarbeitern gemachten Arbeitern als bei den Arbeitern, die Vertrauensmann geworden sind. Setzt man ein p-Niveau von 0.10 als Kriterium für statistische Signifikanz an, dann machen die Arbeiter, die Vorarbeiter wurden, gegenüber denen, die nicht Vorarbeiter wurden, in 10 der 16 Einstellungsitems, wiedergegeben in Tabelle 1–4, signifikante Einstellungsänderungen durch. Im Gegensatz dazu kommt es zu signifikanten Einstellungsänderungen bei den zum Vertrauensmann gemachten Arbeitern gegenüber denen, die nicht Vertrauensmann wurden, nur in 3 der 16 items. Dennoch liegen die meisten der gefundenen Unterschiede zwischen der Experimental- und der Kontrollgruppe sowohl für die Rolle des Vertrauensmanns als auch für die des Vorarbeiters in der erwarteten Richtung.

Die deutlicheren und umfassenderen Einstellungsänderungen bei den neuen Vorarbeitern gegenüber den neuen Vertrauensmännern können großenteils wahrscheinlich der Art von Unterschieden zugerechnet werden, die zwischen der Vorarbeiterrolle und der Rolle als Vertrauensmann bestehen. Einmal ist die Vorarbeiterrolle eine relativ feste Position, während viele Vertrauensleute ihre Rolle nur als vorübergehenden Zeitjob ansehen, und selbst wenn sie sich ein zweites Mal der Wahl stellen wollen, müssen sie damit rechnen, nicht wiedergewählt zu werden. Zweitens ist die Vorarbeiterrolle eine Ganztagsbeschäftigung, während die meisten Vertrauensmänner nur einige Stunden in der Woche in dieser Funktion verbringen und sonst ihren regulären Beschäftigungen nachgehen. Drittens muß ein Arbeiter, der zum Vorarbeiter wird, seine Mitgliedschaft in der Gewerkschaft aufgeben und wird ein Vertreter des Managements, während ein Arbeiter, der Vertrauensmann wird, die Gewerkschaft als Bezugsgruppe behält und lediglich neue Funktionen und Verantwortungen als ihr Vertreter übernimmt. Diese Unterschiede zeigen, daß die Veränderung vom Arbeiter zum Vorarbeiter eine grundlegendere Rollenänderung bedeutet als die Veränderung vom Arbeiter zum Vertrauensmann. Dies wiederum kann in hohem Maße dafür verantwortlich sein, daß, wenngleich beide Rollenänderungen von Einstellungsänderungen begleitet werden, sie bei den neuen Vorarbeitern deutlicher zum Ausdruck kommen als bei den neuen Vertrauensmännern.

Ein drittes Ergebnis bezieht sich auf die *Arten* der Einstellungsänderungen bei denjenigen Arbeitern, die ihre Rollen verändern. Wie erwartet, zeigen sich die Vorarbeiter positiver der Firmenleitung gegenüber und die Vertrauensmänner positiver der Gewerkschaft gegenüber eingestellt. Weniger erwartet werden konnte das Ergebnis, daß die neuen Vorarbeiter negativer der Gewerkschaft gegenüber eingestellt sind als zuvor, die neuen Vertrauensmänner aber nicht negativer der Firmenleitung gegenüber. In vier der 8 Items, die sich mit der Gewerkschaft und dem von der Gewerkschaft vertretenen Dienstaltersystem beschäftigen, zeigen sich unter den zu Vorarbeitern gewordenen Arbeitern statistisch signifikante Verschiebungen in einer negativen Richtung der Gewerkschaft gegenüber. Bei den Arbeitern, die Vertrauensmann wurden, gibt es in keinem der acht Items, die mit der Firmenleitung und dem von ihr vertretenen Zulagensystem zu tun haben, eine statistisch signifikante Veränderung in irgendeiner Richtung. Daß neue Vorarbeiter negative Einstellungen zur Gewerkschaft zeigen, neue Vertrauensmänner aber nicht negativ der Firmenleitung gegenüber eingestellt sind, kann auf die Tatsache zurückgeführt werden, daß die zu Vorarbeitern gemachten Arbeiter ihre Mitgliedschaft in der Gewerkschaft aufgeben mußten, während Arbeiter, die Vertrauensmann wurden, ihren Status als Beschäftigte des Managements behielten. Neue Vorarbeiter, die einem zentralen Loyalitätssystem unterstehen und von denen verlangt wird, eine Reihe völlig neuer Funktionen auszuüben, neigen dazu, negative Einstellungen der Gewerkschaft und positive Einstellungen der Firmenleitung gegenüber zu entwickeln. Neue Vertrauensmänner, deren Gruppenmitgliedschaft sich überschneidet und die in ihrem Lebensunterhalt immer noch vom Betrieb abhängig sind, neigen dazu, gegenüber der Gewerkschaft positivere Einstellungen zu entwickeln, aber sie stellen sich nicht gegen die Betriebsleitung, zumindest nicht innerhalb des relativ begrenzten Zeitraums der vorliegenden Untersuchung. Mit der Zeit könnten Vertrauensmänner eventuell eine etwas feindlichere Haltung gegenüber der Firmenleitung entwickeln; dazu tendieren aber die Arbeiter, die die Vertrauensmannrolle übernahmen, unter den bei Rockwell herrschenden Bedingungen offensichtlich nicht.

### *Methode: 2. Phase*

Eine Frage, die sich aus den bisher dargestellten Ergebnissen stellen könnte, betrifft den Grad, in dem die von den neuen Vorarbeitern und neuen Vertrauensmännern gezeigten veränderten Einstellungen von den Rolleninhabern verinnerlicht werden. Sind die Einstellungsänderungen der neuen Vorarbeiter und neuen Vertrauensmänner relativ stabil, oder sind sie kurzlebige Erscheinungen, die nur solange andauern, wie die Rollen als Vorarbeiter und Vertrauensmann bestehen? Eine ungewöhnliche Reihe von Umständen ermöglichte es den Untersuchern, einige Daten zu diesen Fragen zu sammeln.

Kurze Zeit nach der Nachfolgeuntersuchung 1952 erlitt die Nation eine wirtschaftliche Rezession. Um dem nachlassenden Bedarf an seinen Produkten zu entsprechen, mußte Rockwell, wie andere Firmen auch, seine Arbeiterschaft reduzieren. Dies sah so aus, daß viele einfache Arbeiter die Arbeit niederlegen mußten und eine Anzahl von Vorarbeitern in untergeordnete Stellungen zurückgestuft wurden. Im Juni 1954 waren 8 der 23 Arbeiter, die zu Vorarbeitern befördert worden waren, in die Arbeiterrolle zurückgekehrt, und nur 12 von ihnen waren Vorarbeiter geblieben. (Die restlichen 3 Befragten hatten Rockwell zu diesem Zeitpunkt freiwillig verlassen.)

Über dieselbe Zeitspanne hinweg fanden auch bei den 35 Arbeitern, die Vertrauensmann geworden waren, eine Reihe von Rollenänderungen statt. 14 waren in die Arbeiterrolle zurückgekehrt, weil sie sich entweder nicht der Wiederwahl gestellt hatten oder weil es ihnen nicht gelungen war, sich wiederwählen zu lassen; 6 von ihnen waren noch Vertrauensmann. (Die restlichen 15 Befragten, fast die Hälfte dieser Gruppe, hatten Rockwell entweder freiwillig verlassen oder wurden der allgemeinen Reduktion der Arbeiterschaft zufolge entlassen.)

Im Juni 1954 kamen die Untersucher noch einmal nach Rockwell, um die Arbeiter, die bereits 1951 und 1952 die Fragebögen ausgefüllt hatten, nochmals zu befragen. Die Instruktionen für die Befragten waren im wesentlichen dieselben wie 1952 – d. h. anhand einer Stichprobe wurden aktuelle Daten über die Einstellung der Belegschaft zu den Arbeitsbedingungen bei Rockwell ermittelt. Ausgewählt wurden dieselben Gruppen wie beim letzten Mal, um den Ergebnissen mehr Stabilität zu verleihen.

In dieser Untersuchungsphase war die Fallzahl in den verschiedenen Gruppen so klein, daß die Daten nur Tendenzen aufzeigen können und die systematische statistische Datenanalyse nicht allzu bedeutungsvoll erscheint. Die ungewöhnliche Gelegenheit jedoch, etwas Licht auf eine wichtige Frage zu werfen, legt es nahe, diese Ergebnisse dennoch zu berichten.

### *Ergebnisse: 2. Phase*

Die wesentliche Frage, die hier untersucht wurde, lautete: Wie werden diejenigen Einstellungen, die sich zwischen 1951 und 1952 im Zuge des Rollenwechsels veränderten – angezeigt in bestimmten Items –, weiter beeinflußt durch einen umgekehrten Rollenwechsel zwischen 1952 und 1954?

Die konsistentesten und weitestgehenden Einstellungsänderungen, die zwischen 1951 und 1952 festgestellt wurden, ergaben sich aus dem Aufstieg eines Arbeiters in die Vorarbeiterrolle. Welche Auswirkungen hatte der Abstieg aus der Vorarbeiterrolle zwischen 1952 und 1954? Die Daten zeigen, daß im allgemeinen fast alle beim Aufstieg vom Arbeiter zum Vorarbeiter beobachteten »Gewinne« beim Abstieg zum Arbeiter wieder »verloren«gingen. Die Ergebnisse von 6 Items, die die Anteile der Management-freundlichen Positionen zu verschiedenen Zeitpunkten zeigen, sind in Tabelle 5 dargestellt. In fast allen Items hielten diejenigen Vorarbeiter, die Vorarbeiter blieben, entweder ihre positiven Einstellungen gegenüber der Firmenleitung aufrecht oder verbesserten sie sogar zwischen 1952 und 1954 noch, während die degradierten Vorarbeiter einen ziemlich konsistenten Abfall in Richtung einer Wiederannahme der Einstellungen zeigten, die sie in der Arbeiterrolle schon hatten. Insgesamt fallen die Einstellungen der degradierten Vorarbeiter von 1954, nachdem sie die Vorarbeiterrolle verloren haben, auf dasselbe Niveau, auf dem sie sich vor der Übernahme der Vorarbeiterrolle befanden.

Die Ergebnisse über die Wirkungen des Verlustes der Rolle als Vertrauensmann sind weniger deutlich. Wie in Tabelle 6 gezeigt, tendieren die ehemaligen Vertrauensleute weniger deutlich dazu, frühere Einstellungen wieder einzunehmen, sobald sie in die Arbeiterrolle zurückgehen. Hier sollte daran erinnert werden, daß sie auch keine besonders auffälligen Einstellungsänderungen beim Wechsel von der Arbeiterrolle zur Rolle als Vertrauensmann gezeigt haben. Diese Ergebnisse stimmen mit der bereits früher gegebenen Interpretation überein, daß die Rollenänderung vom Arbeiter zum Vertrauensmann weniger eingreifend ist als die Rollenänderung vom Arbeiter zum Vorarbeiter.

Hier könnte die Frage auftauchen, was sich in der Umkehrung der Einstellungen bei den ehemaligen Vorarbeitern anzeigt. Bedeutet sie eine positive Übernahme von Einstellungen, wie sie den Befragten angemessen ist, die in die Arbeiterrolle zurückgehen, oder ist es eine negative, vielleicht verbitterte Abkehr von den Einstellungen aus der Zeit vor der Zurückversetzung aus der Vorarbeiterrolle? Eine definitive Antwort auf diese Frage kann man nicht geben, man könnte aber annehmen, daß, wenn wir mit einer Situation zu tun hätten, in der die Verkehrung der Rollen keinen so starken psychologischen Druck auf die Rolleninhaber ausübte (wie dies wahrscheinlich bei den degradierten Vorarbeitern der Fall war), eine so deutliche Umkehrung der Einstellungen nicht stattgefunden hätte[4]. Interessant hierzu ist eine letzte Tabelle. Tabelle 7 vergleicht die Einstellungen zweier Gruppen von Befragten: 1. die 12 Arbeitnehmer, die 1951 einfache Arbeiter waren, 1952 Vorarbeiter wurden und 1954 noch Vorarbeiter waren;

und 2. die 6 Arbeitnehmer, die 1951 einfache Arbeiter waren, 1952 Vertrauensmann wurden und 1954 noch Vertrauensmann waren. Für jede der 16 Fragen, die bereits in den Tabellen 1–4 untersucht worden sind, zeigt die Abbildung für jede Zeitspanne: 1. den Anteil von Vorarbeitern oder künftigen Vorarbeitern, die bei diesen Fragen firmenfreundliche Standpunkte vertraten; 2. den Anteil von Vertrauensmännern oder künftigen Vertrauensmännern, die bei diesen Fragen ebenfalls firmenfreundliche Ansichten hatten, und 3. den Unterschied zwischen beiden. Im folgenden sind die durchschnittlichen Unterschiede in Prozent für die drei Zeitspannen aufgeführt:

1. 1951 betrug die mittlere Differenz nur –.1%, als künftige Vorarbeiter wie auch künftige Vertrauensmänner noch die allgemeine Arbeiterrolle innehatten; das bedeutet, daß zu dieser Zeit praktisch kein Unterschied in den Einstellungen dieser beiden Gruppen existierte. (Das Minuszeichen heißt, daß ein geringfügig größerer, bei weitem aber nicht signifikant größerer Anteil künftiger Vertrauensmänner in diesen Items eine firmenfreundliche Einstellung ausdrückte.)
2. Im Jahr 1952, nachdem die Gruppen etwa ein Jahr lang die Vorarbeiter- und Vertrauensmannrolle innehatten, sprang die mittlere Differenz auf + 47.8%; das bedeutet, daß beide sich deutlich voneinander abhoben. Die Gruppen tendierten zu einer Polarisierung in gegensätzlichen Richtungen, insofern Vorarbeiter Einstellungen in Übereinstimmung mit ihrer Funktion als Vertreter des Managements annahmen und Vertrauensmänner Einstellungen, die einem Vertreter der Gewerkschaft entsprachen.
3. Im Jahr 1954, nachdem die Gruppen zwei bis drei Jahre lang Vorarbeiter bzw. Vertrauensmann waren, betrug die mittlere Differenz 62.4%; das bedeutet, daß der Abstand zwischen ihnen noch größer geworden war. Dennoch ist der Hinweis interessant, daß die Veränderungen in dieser späteren und längeren Zeitspanne von 1952 bis 1954 nicht so deutlich oder so eindrucksvoll sind wie diejenigen in der ersten kürzeren Zeitspanne von 1951 bis 1952.

Diese Ergebnisse stützen wiederum die Annahme, daß Einstellungen durch Rollen beeinflußt werden könne. Die Daten zeigen, daß Einstellungsänderungen kurz nach den Veränderungen von Rollenpositionen auftraten. Und innerhalb einer Zeitspanne von drei Jahren haben diejenigen, die ihre neuen Rollen behielten, fast diametral entgegengesetzte Einstellungspositionen entwickelt.

Eine Rolle kann definiert werden als ein Verhaltensmuster, das von Menschen erwartet wird, die in einem sozialen System eine bestimmte Position besetzen. Diese Erwartungen bestehen aus gemeinsamen Einstellungen oder Überzeugungen relevanter Populationen darüber, was Rolleninhaber zu tun oder nicht zu tun haben. Die theoretische Basis der Hypothese, daß eine Rolle Auswirkungen auf die Rolleninhaber hat, liegt in der Natur dieser Erwartungen. Wenn ein Rolleninhaber sie erfüllt, werden ihm die »Rechte« oder »Belohnungen«, die mit dieser Rolle verbunden sind, zugestanden. Gelingt ihm die Erfüllung dieser Erwartungen nicht, werden ihm die »Rechte« und »Belohnungen« vorenthalten und »Bestrafungen« zugemessen.[5]

Unterschieden werden sollten die Wirkungen der Rollen auf die Einstellungen von Menschen und die Wirkungen der Rollen auf ihre Handlungen. Wie Rollen Handlungen beeinflussen, kann wohl ziemlich direkt abgeleitet werden. Handlungen sind beobachtbar und leicht provozierbar. Wenn es jemandem nicht gelingt, sich seiner Rolle angemessen zu verhalten, kann dies sofort bemerkt und können Schritte unternommen werden, um den Abweichler oder Non-Konformisten zur Ordnung zu rufen. Rollenabweichler können aus ihren Rollen verwiesen, in weniger befriedigende Rollen versetzt, von andern Gruppenmitgliedern isoliert oder ganz aus dem sozialen System verbannt werden.

Einstellungen aber liegen nicht so offen zutage wie Handlungen. Man kann im Verhalten seine Einstellungen aufdecken, man kann aber auch viel dazu tun – und tut es oft –, um sie zu verbergen. Warum also sollte eine Veränderung von Rollen zu einer Veränderung von Handlungen führen? Eine Reihe erklärender Faktoren könnte hier aufgeführt werden. Die vorliegende Diskussion will sich auf zwei Faktoren beschränken, die wahrscheinlich bei einer Vielzahl von Situationen im Spiel sind. Ein Faktor ist der Einfluß von Bezugsgruppen; der andere basiert auf der Annahme, daß Menschen ein Bedürfnis haben nach innerer Konsistenz von Einstellungen und Handlungen.

Eine Rollenänderung schließt fast immer eine Veränderung von Bezugsgruppen ein. Frühere Bezugsgruppen können zwar weiterhin den Rolleninhaber beeinflussen, aber auch neue kommen ins Spiel. Die Veränderung von Bezugsgruppen kann den Wechsel in eine ganz neue Gruppe bedeuten (wenn jemand etwa beim Eintritt in eine Organisation die Mitgliedschaft in einer andern aufgibt), oder sie kann sich einfach aus der Übernahme neuer Funktionen innerhalb derselben

Gruppe ergeben (wenn jemand etwa innerhalb einer hierarchischen Ordnung in eine höhere Position gelangt). In beiden Situationen verursachen neue Bezugsgruppen neue Bezugsrahmen, neue Selbsteinschätzung und neue Interessen, und diese wiederum werden eine Neu-Orientierung der Einstellungen bewirken.

Zusätzlich zur Veränderung der Bezugsgruppen schließt eine Rollenänderung auch eine Veränderung von Funktionen und eine Veränderung von Verhaltensformen und Handlungen ein, die der Rolleninhaber zeigen muß, wenn er diese Funktionen ausfüllen will. Eine Veränderung von Handlungen, so nehmen wir an, entsteht, weil sie sogleich gefordert werden, deutlich sichtbar und sozial provozierbar sind. Wenn wir weiter annehmen, daß Menschen ein Bedürfnis haben nach innerer Konsistenz ihrer Einstellungen mit ihren Handlungen, dann wird zumindest ein Aspekt der funktionalen Bedeutung einer Veränderung von Einstellungen einleuchtend. Eine Einstellungsänderung befähigt den neuen Rolleninhaber, die Veränderung seiner Handlungsweisen zu rechtfertigen, begreifbar zu machen oder vielleicht einfach zu rationalisieren. Die Konsistenz von Einstellung und Handlung hilft dem Rolleninhaber, mit sich selbst »eins« zu sein, und erleichtert ihm die wirksame Ausübung der Funktionen, die von ihm erwartet werden.

Das Prinzip der Bezugsgruppen und das Prinzip der Selbstkonsistenz postulieren unterschiedliche Ereignisketten hinsichtlich der Wirkungen von Rollen auf Einstellungen und Handlungen. In Kürze könnten die Ereignisketten wie folgt dargestellt werden:

1. Prinzip der Bezugsgruppen: Eine Rollenveränderung bringt eine Veränderung der Bezugsgruppen mit sich ... diese führt zu einer Einstellungsänderung ... diese zu einer Veränderung von Handlungen.
2. Prinzip der Selbstkonsistenz: Eine Rollenveränderung bringt eine Veränderung von Funktionen mit sich ... diese führt zu einer Veränderung von Handlungen ... diese zu einer Einstellungsänderung.

Im ersten Ablauf beeinflussen die Einstellungen einer Person ihre Handlungen, im zweiten die Handlungen ihre Einstellungen. Beide Ablaufsketten könnten die erzielten Ergebnisse plausibel erklären, ob aber die eine oder die andere Kette, ob beide Ketten oder ob andere Ketten gültig sind, kann von den verfügbaren Daten her nicht bestimmt werden. Eine gezieltere Untersuchung der zugrundeliegenden Mechanismen, die für die Wirkung von Rollen auf Einstellungen verantwortlich sind, scheint ein fruchtbares Gebiet für weitere Forschungen zu sein.

Abgesehen aber von der Frage nach zugrundeliegenden Mechanismen stützen die Ergebnisse die Annahme, daß die Einstellungen eines Menschen von seiner Rolle beeinflußt werden. Relativ konsistente Einstellungsänderungen wurden sowohl bei Arbeitern, die zu Vorarbeitern wurden, als auch bei Arbeitern, die zu Vertrauensmännern wurden, gefunden, wenn diese Veränderungen auch bei den Vorarbeitern prägnanter waren als bei den Vertrauensmännern. Die interessanteren Ergebnisse – sofern die Rollentheorie im allgemeinen betroffen ist – erbringen die Daten über die Auswirkungen der Übernahme und der Abgabe der Vorarbeiterrolle. Es wurde bereits herausgestellt, daß die Vorarbeiterrolle im Gegensatz zur Rolle des Vertrauensmannes eine Ganztags- und relativ dauerhafte Position ist, und daß die Übernahme dieser Position völlig neue und verschiedenartige Funktionsbereiche nach sich zieht. Wenn Arbeiter Vorarbeiter werden, verändern sich ihre Einstellungen in eine eher Firmen-freundliche und Gewerkschafts-feindliche Richtung. Werden sie degradiert und kehren sie zurück in die Arbeiterrolle, verändern sich ihre Einstellungen wiederum, diesmal in eine Gewerkschafts-freundlichere und Firmen-feindlichere Richtung. In beiden Fällen scheinen die Einstellungen der Befragten geformt zu werden von den Rollen, in denen sie sich zum gegebenen Zeitpunkt befinden.

Die Bereitschaft, mit der die Befragten in dieser Untersuchung Einstellungen ablegten und annahmen, könnte bedeuten, daß 1. die untersuchten Einstellungen keine zentralen oder tief verwurzelten psychischen Facetten der Befragten berühren, oder daß 2. die Charakterstrukturen der Befragten keine fest verankerten Wertorientierungen enthalten. Riesman (4) beschäftigt sich in seiner Diskussion der »Außen-Gelenktheit« und »Innen-Gelenktheit« mit diesem Problem. Inwieweit die hier beobachteten schnellen Einstellungswechsel auf besondere Charakteristika der Befragten in der gegenwärtigen Situation zurückzuführen sind oder inwieweit solche Umschwünge den nationalen Charakter der amerikanischen Bevölkerung spiegeln, darüber kann man zu diesem Zeitpunkt nur spekulieren.

## *Zusammenfassung*

Diese Untersuchung ist geplant worden zur Prüfung der Behauptung, daß die Einstellungen eines Menschen durch seine Rollenpositionen innerhalb eines sozialen Systems beeinflußt werden. Dies ist eine allgemein akzeptierte rollentheoretische Annahme, die jedoch noch kaum durch definitive empirische Belege gestützt ist. Frühere Untersuchungen haben allgemeine Folgerungen über die Wirkungen von Rollen auf Einstellungen gezogen auf der Basis von Korrelationsdaten, die jeweils zu einem einzigen Zeitpunkt aufgenommen worden sind. Die vorliegende Untersuchung wollte die Wirkungen von Rollen auf Einstellungen anhand von Daten messen, die zu drei verschiedenen Zeitpunkten gesammelt wurden.

Im September und Oktober 1951 wurden 2354 einfache Fabrikarbeiter gebeten, Einstellungsfragebögen auszufüllen, in denen es um Management und Gewerkschaften ging. Während der folgenden 12 Monate wurden 23 dieser Arbeiter zu Vorarbeitern befördert und 35 durch ihre Arbeitsgruppen zu Vertrauensmännern der Gewerkschaft gewählt. Im Dezember 1952 wurden beide Gruppen, die die Rollenpositionen verändert, und zwei Kontrollgruppen von Arbeitern, die ihre Rollen beibehalten hatten, erneut befragt. Ein Vergleich der Einstellungsänderungen der Experimentalgruppe mit denen ihrer jeweiligen Kontrollgruppe konnte die Wirkungen der neuen Position als Vorarbeiter bzw. als Gewerkschaftsmann feststellen.

Die Ergebnisse aus dieser Untersuchungsphase zeigten, daß die Experimentalgruppen nach der Übernahme ihrer neuen Rollen systematische Einstellungsänderungen durchmachten, die Kontrollgruppen dagegen keine oder weniger deutliche Veränderungen von der »Vor«- zur »Nach«-Situation. Die Arbeiter, die zu Vorarbeitern geworden waren, entwickelten eher positive Einstellungen gegenüber der Firmenleitung und die neuen Gewerkschaftsleute eher positive Einstellungen gegenüber der Gewerkschaft. Bei den neuen Vorarbeitern waren die Veränderungen deutlicher als bei den neuen Vertrauensmännern, was wahrscheinlich damit erklärt werden kann, daß der Wechsel vom Arbeiter zum Vorarbeiter eine größere und bedeutsamere Rollenveränderung mit sich bringt als der Wechsel vom Arbeiter zum Vertrauensmann.

In den Monaten, die dem zweiten Durchgang des Fragebogens folgten, gingen einige der neuen Vorarbeiter und Vertrauensmänner wieder in die einfache Arbeiterrolle zurück. Einige Vorarbeiter wurden während einer Periode wirtschaftlicher Rezession in nicht vorgesetzte Stellungen zurückgestuft, und einige Vertrauensmänner stellten sich nicht wieder zur Wahl, oder sie hatten keinen Erfolg bei der Wiederwahl. Im Juni 1954 wurden die Fragebogen denselben Gruppen noch einmal zur Beantwortung vorgelegt. Ein Vergleich der Einstellungsänderungen bei Vorarbeitern und Vertrauensmännern, die diese Positionen verloren hatten, mit den Einstellungsänderungen derjenigen, die sie behielten, konnte die Wirkungen der Abgabe dieser Rollenpositionen abschätzen.

Die Ergebnisse dieser Untersuchungsphase zeigten, daß degradierte Vorarbeiter zu den Einstellungen zurückkehrten, die sie hatten, als sie noch einfache Arbeiter waren, während Vorarbeiter, die diese Position behielten, entweder die Einstellungen aufrechterhielten, die sie zum Zeitpunkt der Beförderung hatten, oder sie noch weiter in dieser Richtung entwickelten. Die Ergebnisse bei den Vertrauensmännern, die diese Position verloren, waren weniger konsistent und weniger deutlich, was den geringeren und weniger einschneidenden Einstellungsänderungen beim Übergang vom einfachen Arbeiter zum Gewerkschaftsvertreter entspricht.

Diese Ergebnisse stützen die Annahme, daß die Rollenposition die Einstellungen eines Menschen beeinflußt. Die Frage nach den zugrundeliegenden Mechanismen lassen die Ergebnisse aber unbeantwortet. Eine gezieltere Untersuchung solcher Mechanismen wäre ein fruchtbares künftiges Forschungsfeld.

*Tabelle 1*

Wirkungen der Vorarbeiter- und Vertrauensmannrolle auf Einstellungen gegenüber der Firmenleitung

| | Art der Veränderung | | | | | |
|---|---|---|---|---|---|---|
| | Positiver zur Firmenleitung % | Keine Veränderung % | Kritischer zur Firmenleitung % | Gesamt % | N | p |
| 1. *Was für ein Arbeitsplatz ist Rockwell?* | | | | | | |
| Neue Vorarbeiter | 70 | 26 | 4 | 100 | 23 | N.S. |
| Kontrollgruppe* | 47 | 33 | 20 | 100 | 46 | |
| Neue Vertrauensmänner | 46 | 31 | 23 | 100 | 35 | N.S. |
| Kontrollgruppe** | 46 | 43 | 11 | 100 | 35 | |

* Arbeiter, die die Rollen nicht veränderten, parallelisiert aufgrund von demographischen und von Einstellungsvariablen in der »Vor«-Situation mit zukünftigen Vorarbeitern.

** Arbeiter, die die Rollen nicht veränderten, parallelisiert aufgrund von demographischen und von Einstellungsvariablen in der »Vor«-Situation mit zukünftigen Vertrauensmännern.

*Tabelle 1 (Fortsetzung)*

Wirkungen der Vorarbeiter- und Vertrauensmannrolle auf Einstellungen gegenüber der Firmenleitung

| | Art der Veränderung | | | | | |
|---|---|---|---|---|---|---|
| | Positiver zur Firmenleitung % | Keine Veränderung % | Kritischer zur Firmenleitung % | Gesamt % | N | p |
| 2. *Wie ist Rockwell im Vergleich zu anderen Firmen?* | | | | | | |
| Neue Vorarbeiter | 52 | 48 | 0 | 100 | 23 | .01 – |
| Kontrollgruppe | 24 | 59 | 17 | 100 | 46 | .05 |
| Neue Vertrauensmänner | 55 | 34 | 11 | 100 | 35 | |
| Kontrollgruppe | 43 | 46 | 11 | 100 | 35 | N.S. |
| 3. *Wenn es Rockwell schlecht ginge, würden die Arbeiter aus der Krise heraushelfen?* | | | | | | |
| Neue Vorarbeiter | 17 | 66 | 17 | 100 | 23 | N.S. |
| Kontrollgruppe | 17 | 66 | 17 | 100 | 46 | |
| Neue Vertrauensmänner | 26 | 74 | 0 | 100 | 35 | N.S. |
| Kontrollgruppe | 14 | 69 | 17 | 100 | 35 | |
| 4. *Wie sehr kümmern sich die höheren Angestellten um die Arbeiter bei Rockwell?* | | | | | | |
| Neue Vorarbeiter | 48 | 52 | 0 | 100 | 23 | <.01 |
| Kontrollgruppe | 15 | 76 | 9 | 100 | 46 | |
| Neue Vertrauensmänner | 29 | 62 | 9 | 100 | 35 | N.S. |
| Kontrollgruppe | 20 | 80 | 0 | 100 | 35 | |

*Tabelle 1 (Fortsetzung)*

Wirkungen der Vorarbeiter- und Vertrauensmannrolle auf Einstellungen gegenüber der Gewerkschaft

| | Art der Veränderung | | | | | |
|---|---|---|---|---|---|---|
| | Positiver zur Gewerkschaft % | Keine Veränderung % | Kritischer zur Gewerkschaft % | Gesamt % | N | p |
| *5. Wie denken Sie über Gewerkschaften im allgemeinen?* | | | | | | |
| Neue Vorarbeiter | 30 | 48 | 22 | 100 | 23 | N.S. |
| Kontrollgruppe* | 37 | 48 | 15 | 100 | 46 | |
| Neue Vertrauensmänner | 54 | 37 | 9 | 100 | 35 | .01– |
| Kontrollgruppe** | 29 | 65 | 6 | 100 | 35 | .05 |
| *6. Wieviel sollten Gewerkschaften bei der Festlegung neuer Standards zu sagen haben?* | | | | | | |
| Neue Vorarbeiter | 0 | 26 | 74 | 100 | 23 | < .01 |
| Kontrollgruppe | 22 | 54 | 24 | 100 | 46 | |
| Neue Vertrauensmänner | 31 | 66 | 3 | 100 | 35 | N.S. |
| Kontrollgruppe | 20 | 60 | 20 | 100 | 35 | |

* Arbeiter, die die Rolle nicht veränderten, parallelisiert aufgrund von demographischen und von Einstellungsvariablen in der »Vor«-Situation mit zukünftigen Vorarbeitern.

** Arbeiter, die die Rolle nicht veränderten, parallelisiert aufgrund von demographischen und von Einstellungsvariablen in der »Vor«-Situation mit zukünftigen Vertrauensmännern.

*Tabelle 1 (Fortsetzung)*

Wirkungen der Vorarbeiter- und Vertrauensmannrolle auf Einstellungen gegegenüber der Gewerkschaft

| | Art der Veränderung | | | | | |
|---|---|---|---|---|---|---|
| | Positiver zur Gewerkschaft % | Keine Veränderung % | Kritischer zur Gewerkschaft % | Gesamt % | N | p |
| 7. *Wie wäre es, wenn es in Rockwell keine Gewerkschaften gäbe?* | | | | | | |
| Neue Vorarbeiter | 9 | 39 | 52 | 100 | 46 | .01– |
| Kontrollgruppe | 20 | 58 | 22 | 100 | 46 | .05 |
| Neue Vertrauensmänner | 14 | 86 | 0 | 100 | 35 | N.S. |
| Kontrollgruppe | 11 | 72 | 17 | 100 | 35 | |
| 8. *Wie sehr kümmern sich die Gewerkschaftsfunktionäre um die Arbeiter in Rockwell?* | | | | | | |
| Neue Vorarbeiter | 22 | 69 | 9 | 100 | 23 | N.S. |
| Kontrollgruppe | 15 | 78 | 7 | 100 | 46 | |
| Neue Vertrauensmänner | 57 | 37 | 6 | 100 | 35 | .01– |
| Kontrollgruppe | 26 | 68 | 6 | 100 | 35 | .05 |

*Tabelle 1 (Fortsetzung)*

Wirkungen der Vorarbeiter- und Vertrauensmannrolle auf Einstellungen gegenüber dem Zulagensystem

| | Art der Veränderung | | | | | |
|---|---|---|---|---|---|---|
| | Positiver zum Zulagen-system % | Keine Verän-derung % | Kritischer zum Zulagen-system % | Gesamt % | N | p |
| *9. Wie denken Sie über das Prinzip des Zulagen-systems?* | | | | | | |
| Neue Vorarbeiter | 57 | 26 | 17 | 100 | 23 | .01 |
| Kontrollgruppe* | 15 | 52 | 33 | 100 | 46 | |
| Neue Ver-trauensmänner | 17 | 54 | 29 | 100 | 35 | N.S. |
| Kontroll-gruppe** | 31 | 40 | 29 | 100 | 35 | |
| *10. Wie denken Sie, könnte sich das Zulagensystem in Rockwell auswirken?* | | | | | | |
| Neue Vorarbeiter | 65 | 22 | 13 | 100 | 23 | .05– |
| Kontrollgruppe | 37 | 41 | 22 | 100 | 46 | .10 |
| Neue Ver-trauensmänner | 43 | 34 | 23 | 100 | 35 | N.S. |
| Kontrollgruppe | 40 | 34 | 26 | 100 | 35 | N.S. |

* Arbeiter, die die Rolle nicht veränderten, parallelisiert aufgrund von demographischen und Einstellungsvariablen in der »Vor«-Situation mit zukünftigen Vorarbeitern.

** Arbeiter, die die Rolle nicht veränderten, parallelisiert aufgrund von demographischen und Einstellungsvariablen in der »Vor«-Situation mit zukünftigen Vertrauensmännern.

*Tabelle 1 (Fortsetzung)*

Wirkungen der Vorarbeiter- und Vertrauensmannrolle auf Einstellungen gegenüber dem Zulagensystem

| | Art der Veränderung | | | | | |
|---|---|---|---|---|---|---|
| | Positiver zum Zulagensystem % | Keine Veränderung % | Kritischer zum Zulagensystem % | Gesamt % | N | p |
| *11. Sollte das Zulagensystem geändert werden?* | | | | | | |
| Neue Vorarbeiter | 39 | 48 | 13 | 100 | 23 | .01 |
| Kontrollgruppe | 11 | 69 | 20 | 100 | 46 | |
| Neue Vertrauensmänner | 14 | 63 | 23 | 100 | 35 | N.S. |
| Kontrollgruppe | 20 | 60 | 20 | 100 | 35 | |
| *12. Wird die Arbeitsnorm jemals geändert, weil ein Arbeiter viel produziert?* | | | | | | |
| Neue Vorarbeiter | 48 | 43 | 9 | 100 | 23 | .01 |
| Kontrollgruppe | 11 | 74 | 15 | 100 | 46 | |
| Neue Vertrauensmänner | 29 | 57 | 14 | 100 | 35 | N.S. |
| Kontrollgruppe | 26 | 65 | 9 | 100 | 35 | N.S. |

*Tabelle 1 (Fortsetzung)*

Wirkungen von Vorarbeiter- und Vertrauensmannrollen auf Einstellungen gegenüber dem Dienstaltersystem

| | Art der Veränderung | | | | | |
|---|---|---|---|---|---|---|
| | Positiver zum Dienstaltersystem % | Keine Veränderung % | Kritischer zum Dienstaltersystem % | Gesamt % | N | p |
| 13. *Funktioniert Ihrer Meinung nach hier das Dienstaltersystem?* | | | | | | |
| Neue Vorarbeiter | 0 | 65 | 35 | 100 | 23 | .01– |
| Kontrollgruppe* | 20 | 63 | 17 | 100 | 46 | .05 |
| Neue Vertrauensmänner | 23 | 48 | 29 | 100 | 35 | N.S. |
| Kontrollgruppe** | 9 | 71 | 20 | 100 | 35 | |
| 14. *Wie sollte das Dienstalter bei Arbeitsunterbrechungen angerechnet werden?* | | | | | | |
| Neue Vorarbeiter | 9 | 52 | 39 | 100 | 23 | .05– |
| Kontrollgruppe | 24 | 59 | 17 | 100 | 46 | .10 |
| Neue Vertrauensmänner | 29 | 48 | 23 | 100 | 35 | N.S. |
| Kontrollgruppe | 29 | 40 | 31 | 100 | 35 | |

* Arbeiter, die die Rolle nicht veränderten, parallelisiert aufgrund von demographischen und von Einstellungsvariablen in der »Vor«-Situation mit zukünftigen Vorarbeitern.

** Arbeiter, die die Rolle nicht veränderten, parallelisiert aufgrund von demographischen und von Einstellungsvariablen in der »Vor«-Situation mit zukünftigen Vertrauensmännern.

*Tabelle 1 (Fortsetzung)*

Wirkungen von Vorarbeiter- und Vertrauensmannrolle auf Einstellungen gegenüber dem Dienstaltersystem

| | Art der Veränderung | | | | | |
|---|---|---|---|---|---|---|
| | Positiver zum Dienst-alter-system % | Keine Verän-derung % | Kritischer zum Dienst-alter-system % | Gesamt % | N | p |
| *15. Wie hoch sollte das Dienstalter bei Beförderungen angerechnet werden?* | | | | | | |
| Neue Vorarbeiter | 17 | 44 | 39 | 100 | 23 | N.S. |
| Kontrollgruppe | 20 | 54 | 26 | 100 | 46 | |
| Neue Vertrauensmänner | 34 | 46 | 20 | 100 | 35 | .01– |
| Kontrollgruppe | 17 | 34 | 49 | 100 | 35 | .05 |
| *16. Wie hoch sollte das Dienstalter bei der Beförderung in eine Vorarbeiterstelle angerechnet werden?* | | | | | | |
| Neue Vorarbeiter | 17 | 70 | 13 | 100 | 23 | N.S. |
| Kontrollgruppe | 15 | 52 | 33 | 100 | 46 | |
| Neue Vertrauensmänner | 31 | 35 | 34 | 100 | 35 | N.S. |
| Kontrollgruppe | 17 | 43 | 40 | 100 | 35 | |

*Tabelle 2*

Wirkungen der Übernahme und Abgabe der Vorarbeiterrolle auf die Einstellungen zur Firmenleitung und zur Gewerkschaft

| | Arbeiter, die Vorarbeiter wurden und Vorarbeiter blieben (N = 12) | | | Arbeiter, die Vorarbeiter wurden und später degradiert wurden (N = 8) | | |
|---|---|---|---|---|---|---|
| | (A) 1951 | (V) 1952 | (V) 1954 | (A) 1951 | (V) 1952 | (A) 1954 |
| % die meinen, daß Rockwell ein guter Arbeitsplatz ist | 33 | 92 | 100 | 25 | 75 | 50 |
| % die meinen, daß die Angestellten des Managements sich tatsächlich um die Arbeiter kümmern | 8 | 33 | 67 | 0 | 25 | 0 |
| % die meinen, daß die Gewerkschaft bei der Festlegung der Arbeitsnorm keinen größeren Einfluß haben sollte | 33 | 100 | 100 | 13 | 63 | 13 |
| % die mit der Art des Zulagensystems in Rockwell zufrieden sind | 17 | 75 | 75 | 25 | 50 | 13 |
| % die meinen, daß der Standard eines Arbeiters nicht deshalb erhöht wird, weil er viel produziert | 42 | 83 | 100 | 25 | 63 | 75 |
| % die meinen, daß Fähigkeit bei der Beförderung mehr zählen sollte als Dienstalter | 33 | 58 | 75 | 25 | 50 | 38 |

*Tabelle 3*

Wirkungen der Übernahme und Abgabe der Vertrauensmannrolle auf die Einstellungen zur Firmenleitung und zur Gewerkschaft

| | Arbeiter, die Vertrauensmann wurden und später wiedergewählt wurden (N = 6) | | | Arbeiter, die Vertrauensmann wurden und später nicht wiedergewählt wurden (N = 14) | | |
|---|---|---|---|---|---|---|
| | (A) 1951 | (V) 1952 | (V) 1954 | (A) 1951 | (V) 1952 | (A) 1954 |
| % die meinen, daß Rockwell ein guter Arbeitsplatz ist | 50 | 0 | 0 | 29 | 79 | 36 |
| % die meinen, daß die Angestellten des Managements sich tatsächlich um die Arbeiter kümmern | 0 | 0 | 0 | 14 | 14 | 0 |
| % die meinen, daß die Gewerkschaft bei der Festlegung der Arbeitsnorm keinen größeren Einfluß haben sollte | 0 | 17 | 0 | 14 | 14 | 14 |
| % die mit der Art des Zulagensystems bei Rockwell zufrieden sind | 17 | 17 | 0 | 43 | 43 | 21 |
| % die meinen, daß der Standard eines Arbeiters nicht deshalb erhöht wird, weil er viel produziert | 50 | 50 | 17 | 21 | 43 | 36 |
| % die meinen, daß Fähigkeit bei der Beförderung mehr zählen sollte als Dienstalter | 67 | 17 | 17 | 36 | 36 | 21 |

*Tabelle 4*

Wirkungen der Rollenposition als Vorarbeiter und Vertrauensmann über einen Zeitraum von 3 Jahren hinweg: Vor Rollenänderung, nach einem Jahr in neuen Rollen, nach 2–3 Jahren in neuen Rollen

| %, die eine managementfreundliche Einstellung in den folgenden Fragen einnehmen: ** | Vor der Rollenänderung (1951) | | | Nach 1 Jahr in neuen Rollen (1952) | | | Nach 2–3 Jahren in neuen Rollen (1954) | | |
|---|---|---|---|---|---|---|---|---|---|
| | Arbeiter, die Vorarbeiter wurden | Arbeiter, die Vertrauensmann wurden | D%* | Arbeiter, die Vorarbeiter wurden | Arbeiter, die Vertrauensmann wurden | D%* | Arbeiter, die Vorarbeiter wurden | Arbeiter, die Vertrauensmann wurden | D%* |
| Frage 1 | 33 | 50 | −17 | 92 | 0 | +92 | 100 | 0 | +100 |
| Frage 2 | 33 | 33 | 0 | 75 | 33 | +42 | 67 | 17 | + 50 |
| Frage 3 | 92 | 83 | + 9 | 100 | 100 | 0 | 100 | 50 | + 50 |
| Frage 4 | 8 | 0 | + 8 | 33 | 0 | +33 | 67 | 0 | + 67 |
| Frage 5 | 67 | 100 | −33 | 67 | 17 | +50 | 33 | 17 | + 16 |
| Frage 6 | 33 | 0 | +33 | 100 | 17 | +83 | 100 | 0 | +100 |
| Frage 7 | 8 | 0 | + 8 | 50 | 0 | +50 | 58 | 0 | + 58 |
| Frage 8 | 75 | 67 | + 8 | 75 | 50 | +25 | 58 | 17 | + 41 |
| Frage 9 | 33 | 83 | −50 | 83 | 17 | +66 | 83 | 0 | + 83 |
| Frage 10 | 17 | 17 | −50 | 83 | 17 | +66 | 83 | 0 | + 75 |
| Frage 11 | 17 | 17 | 0 | 25 | 0 | +25 | 67 | 0 | + 67 |
| Frage 12 | 42 | 50 | − 8 | 83 | 50 | +33 | 100 | 17 | + 83 |
| Frage 13 | 58 | 50 | + 8 | 100 | 17 | +83 | 100 | 17 | + 83 |
| Frage 14 | 33 | 67 | −34 | 50 | 17 | +33 | 75 | 17 | + 58 |
| Frage 15 | 33 | 0 | −34 | 50 | 17 | +33 | 75 | 17 | + 67 |
| Frage 16 | 67 | 33 | +34 | 67 | 33 | +34 | 67 | 67 | 0 |
| Fallzahl | 12 | 6 | | 12 | 6 | | 12 | 6 | |
| Mittleres D% | | | − 0.1 | | | +47.8 | | | + 62.4 |

* Prozentsatz der Arbeiter, die Vorarbeiter wurden und eine managementfreundliche Haltung einnehmen minus Prozentsatz der Arbeiter, die Vertrauensmann wurden und eine managementfreundliche Haltung einnehmen.

** Nummer der Fragen bezieht sich auf die Nummer der Fragen der Einstellungsitems in Tabellen 1–4.

## *Anmerkungen*

1 Diese Untersuchung war Teil einer Untersuchungsreihe, die vom Human Relations Program of the Survey Research Center Institute for Social Research an der Universität von Michigan durchgeführt wurde. Der Autor möchte seinen besonderen Dank an Dr. Gerold Mahoney und Gerald Gurin aussprechen, seine Mitarbeiter bei der größeren Untersuchung, aus der die vorliegende Studie einen Teil darstellt, und Dr. Daniel Kotz, Dr. Theodore M. Newcomb und Dr. Eugene Jacobson für ihre vielen nützlichen Anregungen und Beiträge.

2 Einige der höheren Angestellten der Firmenleitung und alle Spitzenfunktionäre der Gewerkschaft bei Rockwell wußten um die Art der Nachfolgeuntersuchung und um die Auswahlgesichtspunkte der Experimental- und Kontrollgruppen.

3 In den Beispielen, in denen die erwartete Häufigkeit niedriger als 5 in einer oder mehr Zellen lag, wurden die folgenden Verfahren, eine Adaptation der Faustregeln von Walker und Lev (6), verwendet:

a) wenn nur eine erwartete Häufigkeit niedriger als 5, aber nicht niedriger als 2 war und 2 oder mehr Freiheitsgrade vorlagen, wurde der Chi-Quadrat-Test verwendet, ohne Gruppen zu kombinieren oder Korrekturen anzuwenden.

b) wenn mehr als eine erwartete Häufigkeit weniger als 5 oder eine erwartete Häufigkeit weniger als 2 betrug, wurden Gruppen kombiniert, um die Zellenerwartungswerte zu erhöhen, bevor der Chi-Quadrat-Test angewendet wurde.

c) wenn nach der Kombination der Gruppen die erwartete Häufigkeit immer noch unter 5 lag und es nur einen Freiheitsgrad gab, dann wurde der Fisher-Test angewendet.

4 Bei den 8 ehemaligen Vorarbeitern traten verschiedene Reaktionen auf die Degradierung auf, wie wir aus den informellen Interviews mit den Befragten ersehen konnten. Einige reagierten impunitiv (d. h. sie machten unkontrollierbare Situationsdeterminanten verantwortlich) und schienen sich aus der Degradierung nichts zu machen. Andere reagieren extrapunitiv (d. h. sie machten die Firmenleitung verantwortlich) oder intrapunitiv (d. h. sie machten sich selbst verantwortlich) und schienen durch die Degradierung mehr beeinträchtigt zu sein. Die Hypothese, daß Einstellungsumkehrung Funktion von Verbitterung ist, könnte über die Frage geprüft werden, ob bei extra-punitiven und intra-punitiven Befragten eine schärfere Umkehrung stattfindet. Die kleine Fallzahl erlaubt jedoch in der vorliegenden Untersuchung keine Analyse dieser Art.

5 Eine frühere Diskussion des Rollenkonzeptes mit besonderem Bezug auf seine Anwendung auf dei Untersuchung von komplexen Organisationen findet man bei Jacobson, Charters und Liebermann (1).

# LITERATUR


Jacobson, E., Charters, W. W., Jr., and Lieberman, S.: »The use of the Role Concept in the Study of Complex Organizations.« *J. Soc. Issues,* Vol. 7, No. 3, S. 18–27, 1951

Newcomb, T. M.: *Social Psychology.* New York (The Dryden Press) 1950; London (Tavistock Publications) 1952

Parsons, T.: *The Social System.* Glencoe, Ill. (The Free Press) 1951; London (Tavistock Publications Ltd.) 1951

Riesman, D.: *The Lonely Crowd.* New Haven (Yale Univ. Press) 1950

Stouffer, S. A., Suchman, E. A., DeVinney, L. C., Star, S. A., and Williams, R. M., Jr.: *The American Soldier: Adjustment During Army Life* (Vol. 1). Princeton (Princeton University Press) 1949

Walker, H. M., and Lev, J.: *Statistical Inference.* New York (Henry Holt and Co., Inc.) 1953

IRVING L. JANIS / BERT T. KING

# Der Einfluß des Rollenspiels auf die Veränderung von Meinungen

In vielen Alltagssituationen wird man veranlaßt, soziale Rollen zu spielen, in denen man Vorstellungen äußert, die mit den privaten Überzeugungen nicht unbedingt übereinstimmen. Zahlreiche außerwissenschaftliche Beobachtungen zeigen, daß bestimmte Rollenspiel-Erfahrungen die Veränderung persönlicher Meinungen begünstigen können.[1] In jüngerer Zeit sind sogenannte psychodramatische Methoden unter Einbeziehung des Rollenspiels entwickelt worden, die in der Erwachsenenbildung, der Schulung von Führungskräften, der Personalberatung und der Psychotherapie angewendet werden[2]. Im allgemeinen besteht das Verfahren darin, Personen innerhalb einer Gruppe bestimmte Rollen in einer simulierten Alltagssituation spielen zu lassen. Eine der wichtigsten Bedeutungen dieses Rollenspiels liegt nach Meinung seiner Befürworter darin, daß es einen korrigierenden Einfluß auf solche Überzeugungen und Einstellungen ausübt, die für chronische Schwierigkeiten in zwischenmenschlichen Beziehungen verantwortlich sind.[3]

Bisher ist wenig darüber bekannt, unter welchen Bedingungen Rollenspiel zu echten Meinungsänderungen führt. Im vorliegenden Experiment sollten die Wirkungen einer speziellen »Spielanweisung« untersucht werden, an die man häufig gebunden ist, wenn man eine soziale Rolle zu spielen veranlaßt wird: Vor Zuhörern sollten verschiedene Meinungen geäußert werden, die den eigenen Überzeugungen nicht entsprachen.

Um zunächst einmal grobe Einsichten in die Wirkungen des Rollenspiels zu gewinnen, interviewte einer der Autoren dieses Artikels eine Diskussionsgruppe von Arbeitskollegen, die als Mitglieder eines organisierten Teams häufig eine Rolle spielen mußten, in der sie öffentlich

---

Originaltitel: »The influence of role playing on opinion change«. Aus: Journal of abnormal and social psychology, 49, 1954, S. 211–218.  Deutsche Übersetzung von Helmut Chr. Görlitz.

Ansichten vertraten, die nicht mit ihren persönlichen Meinungen übereinstimmten. Die meisten dieser Teammitglieder gaben an, daß sie sich am Ende häufig mit den Auffassungen, die sie zufällig zu vertreten hatten, identifizierten. Auf dasselbe Phänomen weisen die Eindrücke hin, die Myers[4] über die Verbesserung der psychischen Verfassung von Soldaten sammeln konnte, die an einem von der Armee angebotenen Kursus für freies Sprechen teilgenommen hatten. Auch deutet vieles in Myers Bericht darauf hin, daß Einstellungsänderungen selbst dann auftreten können, wenn das Spielen einer Rolle künstlich herbeigeführt wird. »Sagen heißt glauben« könnte man dann annehmen – trägt man offen eine Meinung vor, um bestimmten sozialen Forderungen nachzukommen, so hat dies einen Einfluß auf die eigene Meinung. Von daher erscheint es sinnvoll, die Wirkungen dieser Form des Rollenspiels in einer kontrollierteren Laboratoriums-Situation zu untersuchen, die es ermöglichen kann, die für den vermuteten Effekt des Rollenspiels verantwortlichen Faktoren zu isolieren und die vermittelnden Mechanismen systematisch zu erforschen.

Die oben angeführten Wirkungen des Rollenspiels sind bisher nicht durch systematische Untersuchungen nachgewiesen worden. Selbst wenn dieser Nachweis bereits erbracht worden wäre, blieben dennoch jeweils verschiedene Erklärungsmöglichkeiten offen. Es ist z. B. denkbar, daß jemand dadurch, daß er zum Spielen einer Rolle veranlaßt wird, in der er öffentlich einen bestimmten Standpunkt vertreten muß, sich mit bestimmten Argumenten beschäftigen muß, andere dafür aber nicht in Betracht zieht. Es gibt jedoch noch eine andere Möglichkeit: Selbst dann, wenn Menschen derselben persuasiven Kommunikation ausgesetzt sind, werden diejenigen, die den Kommunikationsinhalt vor anderen Personen verbalisieren müssen, stärker beeinflußt als diejenigen, die ihn sich nur passiv anhören. Um diese Hypothese zu überprüfen, wurden im vorliegenden Experiment die Informationsvermittlung konstant gehalten und die Meinungsänderungen bei aktiven Teilnehmern und passiven Kontrollpersonen, die dieselbe Mitteilung erhielten, miteinander verglichen.

## *Methode und Durchführung*

Zunächst wurde männlichen College-Studenten ein Meinungsfragebogen vorgelegt, in dem es um Zukunftserwartungen ging. In diesem »vorher«-Fragebogen waren die folgenden Schlüsselfragen enthalten, die sich auf die Thematik der drei Mitteilungen bezogen, die die Experimentalgruppen anschließend erhielten:

Item A: Die Konkurrenz von seiten des Fernsehens und andere Entwicklungen in der jüngsten Zeit haben dazu geführt, daß in den letzten Jahren viele Kinos schließen mußten. Zur Zeit gibt es noch *18 000* Filmtheater. Wie viele kommerzielle Filmtheater wird es Ihrer Meinung nach in drei Jahren geben?

Item B: Wie hoch schätzen Sie persönlich das *Gesamtangebot an Fleisch, das der Zivilbevölkerung* der USA im Jahre 1953 *zur Vergung stehen wird?* (... Prozent dessen, was es zur Zeit beträgt).

Item C: Wie viele Jahre wird es Ihrer Meinung nach dauern, bis es ein *hundertprozentig wirksames* Mittel gegen Erkältungskrankheiten gibt?

Das Experiment fand ungefähr vier Wochen nach der Durchführung der ersten Meinungsumfrage statt. Den Versuchspersonen wurde gesagt, das Experiment sei Teil eines Forschungsprojektes, in dem ein neuer Test zur Untersuchung mündlicher Vortragsfähigkeit entwikkelt werden solle. Die Versuchspersonen (Vpn) wurden aufgefordert, einen freien Vortrag auf der Basis einer von den Versuchsleitern (Vln) vorbereiteten Kurzfassung zu halten, in der Schlußfolgerung und wesentliche Argumente zusammengestellt waren. Die Argumente waren zwar von logischer Relevanz, aber stark tendenziös, da sie »Beweise« überbetonten und interpretierten, die lediglich eine der beiden Seiten des Problems stützten. Jeder aktive Teilnehmer wurde angewiesen, die Rolle eines überzeugten Vertreters des festgelegten Standpunktes zu spielen, während zwei andere Vpn, die bei diesem Experiment anwesend waren, lediglich dem Vortrag zuhörten und die vorbereitete Kurzfassung durchlasen. Jede Vp trug eines der Themen vor und hörte sich die zwei anderen an. Um selektive Aufmerksamkeitseffekte zu verhindern, erfuhr der aktive Teilnehmer erst, über welches Thema er zu sprechen hatte, wenn die Reihe des Vortragens an ihm war. Er hatte etwa drei Minuten Zeit, um das vorbereitete Papier durchzulesen. Die anderen Vpn (die passiven Kontrollpersonen) lasen währenddessen ebenfalls Kopien dieser Unterlage durch, um die Leistung des Vortragenden beurteilen zu können. Nachdem der erste Kurzvortrag gehalten worden war, wurde eine zweite Vp ausgewählt, die die zweite Information vorzutragen hatte, und anschließend trug die letzte Vp die dritte Information vor. Dieses Verfahren wurde bei allen Vpn angewendet.

Direkt im Anschluß an den letzten Vortrag wurde den Vpn der »nachher«-Fragebogen vorgelegt, in dem es hauptsächlich um die Beurteilung der Leistungen der einzelnen Redner ging. Die Schlüsselfragen waren unter die vielen Füllitems gemischt worden. Den Studenten wurde gesagt, dieser Fragebogen diene dazu, Informationen über ihr Interesse und ihre Meinungen zu den drei Themenkreisen zu gewinnen, so daß die Untersucher anhand dieser Daten das geeignetste Thema für den Test zur Messung der »mündlichen Vortragsfähigkeit« auswählen könnten.

In allen drei vorgetragenen Mitteilungen wurde als Schlußfolgerung eine Meinungsäußerung abgegeben, die numerisch *niedriger* war als jede der von den Studenten im »vorher«-Test angegebenen Einschätzungen des betreffenden Problems. Daher mußten alle aktiven Teilnehmer einen extremen Standpunkt vertreten, der von ihren eigenen anfangs geäußerten Meinungen abwich. Der jeweilige Einfluß der Äußerungen konnte leicht daran abgelesen werden, in welchem Ausmaß die Studenten in jeder Gruppe im »nachher«-Test ihre Schätzungen *niedriger* ansetzten.

*Tabelle 1*

Schema der experimentellen Bedingungen

| Mitteilung | Gruppe A (N = 31) | Gruppe B (N = 29) | Gruppe C (N = 30) |
|---|---|---|---|
| A = Kinos | aktive Teilnehmer | passive Kontrollpersonen | passive Kontrollpersonen |
| B = Fleischangebot | passive Kontrollpersonen | aktive Teilnehmer | passive Kontrollpersonen |
| C = Erkältungsbehandlung | passive Kontrollpersonen | passive Kontrollpersonen | aktive Teilnehmer |

Das Grundschema des Experiments ist in Tabelle 1 aufgeführt. Jede Zeile steht für eine der drei Mitteilungen. Innerhalb jeder Zeile befindet sich eine Gruppe aktiver Teilnehmer und zwei Kontrastgruppen, die zusammen genommen die Gruppe der passiven Kontrollpersonen bilden. Die experimentellen Durchgänge wurden mit verschiedenen Kommunikationsinhalten wiederholt, so daß sich drei getrennte Fälle der Bedingung »aktiv« gegenüber »passiv« ergaben, wobei immer dieselben Vpn benutzt wurden.

Um eventuelle selektive Wahrnehmungseffekte feststellen zu können, wurde eine Variation der Bedingung »passive Kontrollperson« (in Tabelle 1 nicht aufgeführt) dadurch in das Experiment eingebaut, daß eine kleine zusätzliche Gruppe von Studenten den Vorträgen zuhörte und sich zu allen drei Vorträgen Notizen machte. Außerdem wurden »baseline«-Daten an einer vergleichbaren Gruppe »reiner« Kontrollpersonen, die keine der Mitteilungen gehört hatten, erhoben, um Aufschluß über die Wirksamkeit der Mitteilungen zu erhalten.

### *Ergebnisse und Diskussion der Befunde*
### *Auswirkungen der aktiven Teilnahme:*

In der Beantwortung der kritischen items, die im ersten, vor Durchführung des Experiments vorgelegten Fragebogen enthalten waren, bestand kein signifikanter Unterschied zwischen der aktiven Teilnehmergruppe und der passiven Kontrollgruppe. Die Meinungsänderungen, die im Anschluß an die Konfrontation mit den drei Mitteilungen zu beobachten waren, sind in Tabelle 2 aufgeführt[5]. Die Ergebnisse lassen erkennen, daß bei zwei der drei Mitteilungen (A und B) die aktiven Teilnehmer stärker als die passiven Kontrollpersonen beeinflußt wurden. In beiden Fällen sind die Differenzen der erheblichen Nettoveränderungen statistisch signifikant, und die nicht signifikanten Differenzen der (leichten oder erheblichen) Nettoveränderungen liegen in der erwarteten Richtung.

### *Zu Tabelle 2*

a Die Anzahl der Fälle in den einzelnen passiven Kontrollgruppen ist etwas kleiner als aufgrund der N's in Tabelle 1 zu erwarten war, da die Daten in einigen Fällen unvollständig waren und daher nicht in die Untersuchung eingingen (z.B. weil eine Personen eine Frage nicht beantwortet hatte).

b Die »Nettoänderung« (schwach oder stark) ist definiert als der Prozentsatz derjenigen, die ihre Schätzungen entsprechend dem in der Mitteilung vertretenen Standpunkt verändern minus dem Prozentsatz derjenigen, die ihre Schätzungen in die entgegengesetzte Richtung verändern. Die »starke Nettoänderung« bezieht sich bei Mitteilung A auf den Unterschied zwischen den Prozentsätzen derjenigen, die ihre Schätzungen um 5000 (Kinos) oder mehr vergrößerten und verringerten. Bei Mitteilung B bedeutete 25 (Prozent) oder mehr eine erhebliche Veränderung, bei Mitteilung C 5 (Jahre) oder mehr.

*Tabelle 2*

Vergleich der aktiven Teilnehmer mit den passiven Kontrollpersonen bezüglich des Ausmaßes der Schätzungsänderungen

| | Mitteilung A: Kinos | | Mitteilung B: Fleischangebot | | Mitteilung C: Erkältungsbehandlung | |
|---|---|---|---|---|---|---|
| Änderungen in den Schätzungen[a] (in Prozent) | Aktive Teilnehmer (N = 31) | Passive Kontrollpersonen (N = 57)[b] | Aktive Teilnehmer (N = 29) | Passive Kontrollpersonen (N = 57) | Aktive Teilnehmer (N = 30) | Passive Kontrollpersonen (N = 53) |
| erhebliche Vergrößerung | 0 | 2 | 0 | 2 | 7 | 6 |
| leichte Vergrößerung | 3 | 9 | 7 | 14 | 10 | 9 |
| keine Änderung | 23 | 20 | 24 | 16 | 13 | 19 |
| leichte Verringerung | 29 | 46 | 27 | 49 | 23 | 15 |
| erhebliche Verringerung | 45 | 23 | 41 | 19 | 47 | 51 |
| Gesamt | 100 | 100 | 100 | 100 | 100 | 100 |
| Nettoänderung (Vergrößerung minus Verringerung) | | | | | | |
| leichte oder erhebliche Änderung | −71 | −58 | −62 | −52 | −53 | −51 |
| erhebliche Änderung | −45 | −21 | −41.5 | −17 | −40 | −45 |
| p | .01 | | .01 | | .30 | |

Im Falle der dritten Mitteilung (C) zeigten beide Gruppen etwa das gleiche Ausmaß an Meinungsänderungen. Aber andere Befunde (die auf den Angaben basieren, die jede Vp direkt im Anschluß an die Beantwortung der Schlüsselfragen hinsichtlich ihres Vertrauens in die Richtigkeit ihrer Einschätzungen machte) zeigen, daß die aktiven Teilnehmer, die die Mitteilung C vortrugen, genau wie diejenigen, die die anderen beiden Mitteilungen vortrugen, ein größeres *Vertrauen* in die Richtigkeit ihrer nach Durchführung des Experiments abgegebenen Einschätzungen besaßen als die entsprechenden passiven Kontrollpersonen. In Tabelle 3 sind die Nettoveränderungen in den Angaben über das Vertrauen, das die Vpn in die Richtigkeit ihrer Schätzungen setzten, für jede der drei Mitteilungen aufgeführt. Um Richtung und Ausmaß der Meinungsänderung zu berücksichtigen, wurde eine Unterteilung des Materials vorgenommen. Dies war deshalb erforderlich, weil zu erwarten war, daß ein erfolgreicher Vortrag nur bei den Vpn zu Erhöhung ihres Vertrauens führen würde, die ihre Meinungen in Richtung der im Vortrag vertretenen Ansicht änderten. Die für jede Untergruppe angeführte Nettoveränderung des Vertrauens basiert auf dem Vergleich der Urteile, die jede Vp vor und nach dem Experiment abgab. Diese Nettoveränderung wurde berechnet, indem von dem Prozentsatz derjenigen, deren Vertrauen stieg, der Prozentsatz derjenigen subtrahiert wurde, deren Vertrauen sank.

*Zu Tabelle 3*

a Die Anzahl der Fälle in den einzelnen passiven Kontrollgruppen ist etwas kleiner, als aufgrund der N's in Tabelle 1 zu erwarten war, da die Daten in einigen Fällen unvollständig waren und daher nicht in die Untersuchung eingingen (z.B. weil eine Person eine Frage nicht beantwortet hatte).

b Die »Nettoänderung« (schwach oder stark) ist definiert als der Prozentsatz derjenigen, die ihre Schätzungen entsprechend dem in der Mitteilung vertretenen Standpunkt verändern minus dem Prozentsatz derjenigen, die ihre Schätzungen in die entgegengesetze Richtung verändern. Die »starke Nettoänderung« bezieht sich bei Mitteilung A auf den Unterschied zwischen den Prozentsätzen derjenigen, die ihre Schätzungen um 5000 (Kinos) oder mehr vergrößerten und verringerten. Bei Mitteilung B bedeutete 25 (Prozent) oder mehr eine erhebliche Veränderung, bei Mitteilung C 5 (Jahre) oder mehr.

*Tabelle 3*

Vergleich der aktiven Teilnehmer mit den passiven Kontrollpersonen bezüglich des Ausmaßes der Vertrauensänderungen

| Aufteilung in Untergruppen entsprechend den Änderungen der Schätzungen | Nettoänderung des Vertrauens (Anstieg minus Senkung in Prozenten) | | | | | |
|---|---|---|---|---|---|---|
| | Mitteilung A | | Mitteilung B | | Mitteilung C | |
| | Aktive Teilnehmer | Passive Kontroll-personen | Aktive Teilnehmer | Passive Kontroll-personen | Aktive Teilnehmer | Passive Kontroll-personen |
| 1. *Nicht beeinflußt* | | | | | | |
| Schätzungen wurden vergrößert oder blieben konstant | −12 (N = 8) | − 5 (N = 18) | 0 (N = 9) | +6 (N = 18) | −11 (N = 9) | −11 (N = 18) |
| 2. *Beeinflußt* | | | | | | |
| Schätzungen wurden leicht oder erheblich verringert | + 9 (N = 23) | −10 (N = 39) | +20 (N = 20) | +5 (N = 39) | +57 (N = 21) | +26 (N = 35) |
| positiver Effekt durch aktive Teilnahme | +19 | | +15 | | +31 | |
| 3. *Stark beeinflußt* | | | | | | |
| Schätzungen wurden erheblich verringert | − 7 (N = 14) | −38 (N = 13) | +25 (N = 12) | 0 (N = 11) | +64.5 (N = 14) | +15 (N = 27) |
| positiver Effekt durch aktive Teilnahme | +31 | | +25 | | +49.5 | |

Die Daten in Tabelle 3 lassen bei allen drei Mitteilungen ein relativ einheitliches Bild erkennen: In allen drei Fällen konnte bei den aktiven Teilnehmern die Tendenz zu einer zumindest leichten Erhöhung ihres Vertrauens in die Schätzungen, die durch eine der Mitteilungen beeinflußt worden waren, beobachtet werden. Hieraus läßt sich ableiten, daß die aktive Teilnahme zu einer signifikanten Erhöhung des Vertrauens führte, vor allem bei den Studenten, deren Schätzungen durch Mitteilung C stark beeinflußt wurden. Dieser Befund ist angesichts der Tatsache, daß bei Mitteilung C aktive Teilnahme zu keiner verstärkten Meinungsänderung führte, besonders beachtlich.

Sofern die Angaben über das Vertrauen die Stärke der Überzeugung indizieren, mit der die neuen Meinungen vertreten werden, stellen die aus Mitteilung C ermittelten Daten über die Vertrauensänderung zum Teil eine Bestätigung der positiven Befunde dar, die aus den Daten der Meinungsänderungen bei Mitteilung A und B gewonnen wurden. Somit liefern die auf allen drei Mitteilungen basierenden Daten Hinweise dafür, daß die Wirksamkeit der Informationen (die sich in Meinungs- oder Vertrauensänderungen manifestiert) durch aktive Teilnahme verstärkt wird.

Obwohl den Vpn das Thema, über das sie zu sprechen hatten, erst kurz vor Beginn ihres Vortragens mitgeteilt wurde, könnte die Ich-Beteiligung erfordernde Aufgabe, eine der Informationen vorzutragen, in den Vpn emotionale Erregung oder andere, störende Reaktionen hervorgerufen haben, die sich negativ auf die Aufnahmefähigkeit der Vpn beim Anhören der anderen beiden Mitteilungen ausgewirkt haben könnten. Angesichts der zusätzlichen Kontrollbeobachtungen erscheint diese Möglichkeit jedoch sehr unwahrscheinlich:

1. Einige der passiven Kontrollpersonen hörten die Informationen *bevor* sie ihren eigenen Vortrag hielten, während andere als passive Kontrollpersonen dienten, *nachdem* sie ihren eigenen Vortrag gehalten hatten. Die Unterschiede im Ausmaß der Meinungsänderung unter diesen beiden Bedingungen erwiesen sich als nicht signifikant.
2. Die Ergebnisse der passiven Kontrollpersonen »wiederholten« sich in den Ergebnissen einer unabhängigen Gruppe von 16 Studenten, die selbst keine Vorträge hielten, sondern nur die Aufgabe hatten, die Vorträge anhand der vorbereiteten Kurzfassung aufmerksam zu verfolgen und sich Notizen über die wesentlichen Punkte zu machen, die die drei Vortragenden vorbrachten. Obwohl diese Notizen relativ vollständig waren und erkennen ließen, daß die Vorträge sehr aufmerksam verfolgt worden waren, zeigte sich in dieser

Gruppe der zusätzlichen Kontrollpersonen in etwa das gleiche Ausmaß an Meinungsänderung wie in der ursprünglichen passiven Kontrollgruppe[7].

*Beobachtungen, die für Erklärungshypothesen bedeutsam sind*

Zur Erklärung des positiven Einflusses der aktiven Teilnahme lassen sich verschiedene spekulative Hypothesen formulieren. Man könnte z. B. annehmen, das öffentliche Vortragen einer Mitteilung erhöhe die Aufmerksamkeit und erleichtere das Lernen, oder das Neuformulieren der Argumente in eigenen Worten führe zu einem besseren Verständnis des Inhalts, oder die Übernahme der Rolle eines Redners verstärke die Motivation etc. Im Rahmen der vorliegenden Untersuchung wurden einige ergänzende Beobachtungen angestellt, um die einzelnen Faktoren zu erforschen, die möglicherweise Hinweise auf die entscheidenden vermittelnden Mechanismen liefern. Die aus diesen Beobachtungen abgeleiteten Befunde stellen keineswegs endgültige Beweise dar, aber sie können als eine vorläufige Grundlage für Erklärungshypothesen dienen, von denen die weitere experimentelle Forschung auf diesem Gebiet ausgehen kann.

Die Ergebnisse der zusätzlichen Kontrollgruppe (die sich Notizen über die drei Vorträge machen mußte) lassen erkennen, daß im vorliegenden Experiment Aufmerksamkeitsveränderungen wahrscheinlich nicht für die Versuchseffekte verantwortlich gemacht werden können. Wertvollere Hinweise auf eine Erklärungsmöglichkeit liefert dagegen eine Betrachtung der unterschiedlichen Reaktionsweisen, die die drei Informationen bewirkten. Wir konnten feststellen, daß bei Mitteilung A und B aktive Teilnahme zu eindeutigen, positiven Effekten führte, die sich in der Veränderung der abgegebenen Einschätzungen manifestierten; bei Mitteilung C wurden die Einschätzungen nicht beeinflußt, positive Effekte zeigten sich nur in Form von erhöhtem Vertrauen. Um einen Differenzierungsfaktor zu ermitteln, haben wir alle für die Beantwortung der Frage relevanten Befunde: warum ist aktive Teilnahme unter bestimmten Bedingungen (Mitteilung A und B) wirkungsvoller als unter anderen Bedingungen (Mitteilung C) einer eingehenden Analyse unterzogen.

Zunächst wurden die Notizen des Vls untersucht, und zwar im Hinblick auf: (a) das Verhalten der aktiven Vpn beim Vortragen ihres eigenen Themas und (b) die Äußerungen der Vpn in einer informellen

Befragung, die im Anschluß an jede Sitzung stattfand. Hieraus ergeben sich folgende Anhaltspunkte:

1. Die aktiven Teilnehmer, die die Mitteilung C vortrugen, schienen *weniger zu improvisieren* als diejenigen, die die anderen beiden Mitteilungen vortrugen. Die C-Gruppe hielt sich anscheinend erheblich enger an die vorbereitete Vortragsunterlage; die Vpn bemühten sich selten, die wesentlichen Argumente in ihren eigenen Worten darzustellen, erklärende Beispiele hinzuzufügen oder sich neue, zusätzliche Argumente auszudenken.
2. Die aktiven Teilnehmer der C-Gruppe hatten anscheinend erheblich größere Schwierigkeiten beim Vortragen als die der anderen Gruppen. Sie wirkten während ihres Vortrags gehemmter und gespannter. Im Anschluß an die Sitzung beschwerten sie sich viel häufiger über die angebliche Schwierigkeit ihres Themas, als das bei den andern Themen der Fall war. Im allgemeinen schienen diese Vpn mit ihrer Vortragsleistung *weniger zufrieden* zu sein als diejenigen, die die anderen beiden Themen vortrugen.

Aufgrund der ersten Beobachtung läßt sich vermuten, daß die bloße Wiederholung einer persuasiven Information verglichen mit einer improvisierten Neuformulierung nur geringe oder überhaupt keine Wirkung hat. Dies stimmt mit den Befunden einer Untersuchung über Meinungsänderungen überein, die Kelman[8] erhoben hat. In dieser Arbeit erhielten Schüler des siebten Schuljahres eine Information und wurden im Anschluß daran durch unterschiedlich starke Anreize motiviert, einen Aufsatz zu schreiben, in dem der Standpunkt des Kommunikators verteidigt werden sollte. Kelman konnte feststellen, daß die Aufsätze derjenigen, die die größten Meinungsänderungen zeigten, im allgemeinen länger, stärker improvisiert und insgesamt besser (entsprechend den Bewertungen verschiedener Beurteiler) waren als die Aufsätze von Schülern der anderen Experimentalgruppen.

Das Neuformulieren und Erweitern der Mitteilung ist möglicherweise ein Faktor, der für das Auftreten eines positiven Effekts der aktiven Teilnahme eine entscheidende Rolle spielt, da der Vortragende dazu angeregt wird, sich zu überlegen, von welchen Argumenten, Beispielen und Anregungen nach seiner Meinung die stärkste Überzeugungskraft ausgeht. Die Bedeutung des Improvisationsfaktors für den Effekt der aktiven Teilnahme konnte anhand der Daten des vorliegenden Experiments nicht näher untersucht werden. Die beiden Autoren dieses Artikels beschäftigen sich zur Zeit mit dieser Frage in einem anderen Experiment, das auf einen Vergleich der Wirkungen unterschiedlicher Arten von aktiver Teilnahme abzielt.

Zu der zweiten Beobachtung sei bemerkt, daß möglicherweise ein berechtigter Grund für die größere Unzufriedenheit der C-Gruppe in der Menge wissenschaftlicher Fakten lag, mit denen die Vpn sich auseinandersetzen mußten. Die Kurzfassung für die »Erkältungsbehandlung« beinhaltete viele komplizierte Einzelheiten über Viren, Antibiotika, Allergien und Antihistamine. Viele dieser Einzelheiten waren den Vpn vermutlich unbekannt, und von daher mag es schwierig für sie gewesen sein, die sich aus den Argumenten ergebenden Schlußfolgerungen »ausführlich« vorzutragen. Die Unterlagen für die anderen beiden Themen enthielten im Gegensatz dazu nur sehr wenig fachspezifisches Material; die angeführten Argumente dürften Studenten im wesentlichen bekannt sein.

Um systematische Angaben über die Auffassung der Vpn über die Schwierigkeit der einzelnen Informationsdarbietung zu erhalten, mußten die Studenten im Anschluß an die drei Vorträge einen Fragebogen ausfüllen, auf dem sie ihre eigne Leistung mit Hilfe von sechs items einschätzen sollten. In Tabelle 4 sind für jede Experimentalgruppe die Prozentsätze derjenigen aufgeführt, die ihre Darbietung als angemessen oder befriedigend beurteilten.

Die umfassendste Frage hieß: »Wie lautet Ihr Gesamturteil über den Kurzvortrag, den dieser Redner gehalten hat – wie gut hat er Ihrer Meinung nach den Stoff dargeboten? Ausgezeichnet; sehr gut; befriedigend; schlecht; sehr schlecht.«

Der Prozentsatz derjenigen, die ihre Leistung als »befriedigend« oder besser (siehe Tabelle 4, linke Spalte) beurteilten, war in der Gruppe, die die Mitteilung C vortrug, signifikant niedriger als die entsprechenden Prozentsätze in den Gruppen, die die Mitteilung A oder B vortrugen ($p = .002$ bzw. $.04$). Auch bezüglich der anderen fünf Items einschätzen sollten. In Tabelle 4 sind für jede Experimentaltendierte die C-Gruppe im Vergleich mit den anderen beiden Gruppen dazu, sich selbst schlechter zu beurteilen. (Betrachtet man die Beurteilungen über alle sechs items zusammen, so ergibt sich zwischen den Prozentsätzen eine Differenz, die oberhalb des .05-Niveaus signifikant ist.) Diese Befunde deuten alle darauf hin, daß die Studenten der »Mitteilung-C«-Gruppe mit ihrer mündlichen Darbietung weniger zufrieden waren als die Studenten der anderen beiden Gruppen. Da die Gruppendifferenzen in den Selbstbeurteilungen in etwa mit den Gruppendifferenzen im positiven Effekt aufgrund aktiver Teilnahme parallel laufen, läßt sich vermuten, daß die *Zufriedenheit mit der eigenen Darbietung* ein Faktor ist, der das Ausmaß der Beteiligungseffekte determiniert.

*Tabelle 4*

Selbstbeurteilungen der aktiven Teilnehmer in den einzelnen Versuchsgruppen

| Selbstbeurteilungen (in Prozent) | Versuchsgruppen (aktive Teilnehmer) Mitteilung A: Kinos (N = 31) | Mitteilung B: Fleischangebot (N = 29) | Mitteilung C: Erkältung (N = 30) |
|---|---|---|---|
| 1. *Gesamtleistung* war zumindest »befriedigend« | 94 | 83 | 63 |
| 2. Selten oder nie mit *monotoner* Stimme gesprochen | 64 | 76 | 53 |
| 3. Selten oder nie die Argumente *zusammenhangslos* dargestellt | 74 | 83 | 57 |
| 4. Keine *Entstellungen* oder *Fehlinterpretationen* der vorgegebenen Unterlage | 32 | 52 | 13 |
| 5. Keine *Auslassung* wesentlicher Argumente | 74 | 72 | 70 |
| 6. Erfolgreich die Rolle eines »überzeugten« Vertreters des Standpunkts gespielt | 52 | 52 | 43 |
| Gesamtbeurteilung über alle sechs items: fünf oder sechs positive Selbstbeurteilungen | 39 | 52 | 13 |

Diese Hypothese wurde weiterhin gestützt durch eine Analyse der individuellen Meinungsänderungen. Innerhalb der drei Gruppen wurden die aktiven Teilnehmer, die sich selbst positiv beurteilt hatten, mit denen verglichen, die sich negativ beurteilt hatten. Unter den aktiven Teilnehmern, die die Mitteilung C vortrugen, befanden sich 18 Studenten, deren Selbstbeurteilungen relativ »positiv« (drei bis sechs positive Antworten), und 12 Studenten, deren Selbstbeurteilungen vorwiegend »negativ« (keine, eine oder zwei positive Antworten) waren; 55% der »Positiven«, aber nur 17% der »Negativen« zeigten erhebliche Nettomeinungsänderungen in Richtung auf den in der Mitteilung vertretenen Standpunkt ($p = .05$). Generell läßt sich aufgrund der Vergleiche in allen drei Gruppen sagen, daß stärkere Meinungsänderungen bei denjenigen aktiven Teilnehmern auftraten, die ihre eigene Darbietung als befriedigend oder besser beurteilten. Aktive Teilnehmer, die ihren Vortrag nicht gut fanden, zeigten dagegen keine größeren Meinungsänderungen als die passiven Kontrollpersonen, und im Fall von Mitteilung C zeigten sie sogar erheblich geringere Veränderungen als die passiven Kontrollpersonen ($p = .07$).

Während der Versuchsdurchführung gab es keine erkennbaren externen sozialen Bekräftigungen. Da sich die anderen Anwesenden ruhig verhielten, konnte der aktive Teilnehmer nicht feststellen, wie sie den Vortrag aufnahmen – außer vielleicht durch subtile Hinweise aus Gesichtsausdrücken und Körperbewegungen. Aber selbst dann, wenn jeder Hinweis auf soziales Echo fehlt, treten wahrscheinlich *Erwartungen* hinsichtlich solcher Verstärkung auf, wenn einer glaubt, seine Leistung sei gut, so wie er es in seiner Selbstbeurteilung zum Ausdruck bringt. Günstige Publikumsreaktionen haben vermutlich diejenigen Vpn weniger erwartet, die die relativ schwierige Aufgabe hatten, das ihnen wenig vertraute wissenschaftliche Material in Mitteilung C vorzutragen, als diejenigen, die die einfachere Mitteilung A oder B vorzutragen hatten. Die durch Rollenspiel bewirkte stärkere Meinungsänderung könnte durch den Eindruck von der eigenen Leistung oder durch das ermutigende Gefühl, die Aufgabe angemessen erfüllt zu haben, vermittelt worden sein. Aus dieser Annahme könnte folgende Hypothese abgeleitet werden: Wenn jemand nach Maßgabe der an ihn gestellten sozialen Anforderungen eine Rolle spielt, die das Vertreten einer vorgegebenen Meinung verlangt, so wird er allmählich selbst glauben, was er sagt, sofern er findet, er macht seine Sache selbst gut.

Obwohl sich diese Hypothese aufgrund der die Untersuchung ergänzenden Ergebnisse anbietet, bleibt sie bis zur Überprüfung mit präziseren Methoden noch fragwürdig. Man kann nicht mit Sicherheit annehmen, daß die Antworten über die »Zufriedenheit« eine unabhängige Variable sind, die mit der Meinungsänderung in kausalem Zusammenhang steht. Die Akzeptierung des Kommunikationsinhalts könnte ein gemeinsamer Faktor sein, der bei denjenigen, die am stärksten beeinflußt werden, den Eindruck entstehen läßt, es gut gemacht zu haben. In diesem Falle spiegeln die Selbstbeurteilungen möglicherweise denselben Sachverhalt wie die Meinungsänderungen wider. Selbst wenn diese beiden Variablen unabhängig voneinander variiert und gemessen werden können, bleibt dennoch die Möglichkeit, daß die beobachtete Beziehung zwischen diesen Variablen von einer dritten Variablen abhängt, etwa vom Ausmaß der Improvisation.

Wie bereits erwähnt, waren diejenigen aktiven Teilnehmer, die ihre Meinungen am wenigsten änderten, nicht nur mit ihrem Vortrag unzufrieden, sondern improvisierten auch in ihren mündlichen Ausführungen relativ wenig. Entweder ist der Faktor »Zufriedenheit« oder der Faktor »Improvisation« die entscheidende vermittelnde Variable. Bevor hierüber endgültig entschieden werden kann, muß jeder Faktor experimentell untersucht werden – indem man z. B. den Vpn das Urteil von »Experten« über ihre Vortragsleistungen bekanntgibt, wodurch in ihnen das Gefühl der Zufriedenheit entweder verstärkt oder geschwächt wird, und indem man das Ausmaß der Improvisation durch spezielle Anweisungen vergrößert oder einschränkt. Diese Methoden werden zur Zeit in weiterführenden Untersuchungen über die Wirksamkeit des Rollenspiels angewendet.

Ein anderes wichtiges Problem, auf das die Ergebnisse dieses Experiments hinweisen, bedarf ebenfalls einer systematischen Analyse: Begünstigt Rollenspiel die Internalisierung von extern vermittelten Werturteilen, Normen und Tabus? Die persuasiven Informationen, die in dieser Untersuchung benutzt worden sind, handelten von recht unpersönlichen Ansichten über die Zukunft, und die im Mittelpunkt der Arbeit stehenden Ergebnisse zeigen, daß die Übernahme von Meinungen dieser Art durch experimentell eingeführtes Rollenspiel deutlich begünstigt wurde. Es bleibt allerdings fraglich, ob aktive Teilnahme auch die Übernahme von Meinungen und Einstellungen beeinflußt, die einen direkteren Bezug zu alltäglichen Tätigkeiten, zwischenmenschlichen Beziehungen und emotional geladenen Konflikten haben.

Natürlich kann man die Ergebnisse einer einzigen explorativen Untersuchung der in einer relativ artifiziellen Testsituation aufgetretenen Meinungsänderungen von Studenten nicht verallgemeinern.

Dennoch läßt sich aus dem vorliegenden Experiment der vorläufige Schluß ziehen, daß durch Rollenspiel hervorgerufene verbale Konformität die Übernahme neuer Meinungen signifikant beeinflußt. Unter bestimmten, definierbaren Bedingungen, die noch weiter untersucht werden müssen, scheint wirklich zu gelten: »Sagen heißt glauben«.

### *Zusammenfassung und Schlußfolgerungen*

Das Experiment sollte prüfen, ob öffentliche verbale Äußerung im Rahmen des Rollenspiels die Veränderung von Meinungen begünstigt. Männliche Studenten wurden nach Zufall zwei großen Experimentalgruppen zugeteilt: (a) aktive Teilnehmer, die anhand eines vorbereiteten Papiers die Rolle des überzeugten Vertreters eines festgelegten Standpunktes spielten, und (b) passive Kontrollpersonen, die sich die Information still durchlasen und dem Vortrag zuhörten. In einer Sitzung wurden drei verschiedene Kommunikationsinhalte benutzt, in denen jeweils eine bestimmte Meinung über zukünftige Ereignisse vertreten wurde. Jede Information wurde von einem anderen aktiven Teilnehmer vorgebracht. Die Meinungen, die die Vpn im Anschluß an die Sitzung äußerten, wurden mit denen verglichen, die sie einen Monat vorher vertreten hatten.

Im allgemeinen war die Tendenz zu beobachten, daß aktive Teilnehmer stärker als die passiven Kontrollpersonen durch die Informationen beeinflußt wurden. Bei zwei Kommunikationsinhalten zeigten die aktiven Teilnehmer signifikant größere Meinungsänderungen als die passiven Kontrollpersonen. Beim dritten Kommunikationsinhalt waren die Meinungsänderungen in beiden Gruppen annähernd gleich, aber aktive Teilnahme bewirkte eine leichte Erhöhung des Vertrauensniveaus derjenigen Vpn, deren Meinungen durch die Informationen beeinflußt wurden. Im Zusammenhang mit verschiedenen Überprüfungen der angewandten Methoden stützen diese Befunde die Hypothese, daß verbale Äußerung vor Zuhörern im Rahmen des Rollenspiels die Wirksamkeit einer persuasiven Information erhöht.

Darüber hinaus wurden zusätzliche Beobachtungen analysiert, um Aufschluß über mögliche Mittlerfaktoren zu gewinnen, die den durch aktive Teilnahme bewirkten Meinungsänderungen zugrunde liegen. Aus den Verhaltensbeobachtungen und Interviews ergaben sich zwei interessante Ansatzpunkte. In den Fällen, in denen das Rollenspiel eine deutliche Zunahme der Meinungsänderungen bewirkte, war folgendes zu beobachten: (1) die Versuchsperson zeigte in ihrem Vortrag ein relativ großes Maß an Improvisation, und (2) sie war mit ihrer eigenen mündlichen Darbietung verhältnismäßig zufrieden. Im ersten Fall könnte der positive Effekt des Rollenspiels hauptsächlich darauf beruhen, daß der aktive Teilnehmer dazu neigt, sich von seinem eigenen Vortrag beeindrucken zu lassen, von den triftigen Argumenten, den erläuternden Beispielen und nachdrücklichen Empfehlungen, die er sich ausdenken muß, um den von ihm vorgetragenen Standpunkt den Zuhörern möglichst erfolgreich zu »verkaufen«. Der zweite Fall deutet auf eine andere Erklärungsmöglichkeit hin, die von den Belohnungseffekten der eigenen Leistung oder dem Gefühl der Zufriedenheit mit der eigenen Darbietung in der Rolle des aktiven Teilnehmers ausgeht. Weitere für diesen zweiten Faktor aufschlußreiche Hinweise ergaben sich aus dem Selbstbeurteilungsfragebogen, der von den Vpn im Anschluß an den Vortrag ausgefüllt wurde. Es zeigte sich, daß die weitgehendsten Meinungsänderungen bei denjenigen aktiven Teilnehmern zu beobachten waren, die ihre mündliche Darbietung für befriedigend hielten. Zur Klärung beider Faktoren, »Improvisation« und »Zufriedenheit«, sind weitere Untersuchungen erforderlich.

## *Anmerkungen*

1 G. C. Myers, »Control of Conduct by Suggestion: An Experiment in Americanization«, J. Appl. Psychol., 1921, V, 26–31.

2 A. Bavelas, »Role-playing and Management Training«, *Sociatry,* 1947, I, 183–191; R. Lippitt: »The Psychodrama in Leadership Training«, *Sociometry,* 1943, VI, 286–292; N. R. F. Maier: *Principles of Human Relations,* New York (John Wiley and Sons, Inc.) 1952; J. L. Moreno: *psychodrama* Vol. 1, New York (Beacon House, Inc.) 1946; A. Zander, and R. Lippitt: »Reality-practice as Educational Method«, *Sociometry,* 1944, VII, 129–151.

3 Maier, a. a. O.

4 Myers, a. a. O.

5 Diese Tabelle enthält nicht die Daten der »reinen« Kontrollgruppe (die keine Mitteilung hörte). Die Nettoänderungen der aktiven Teilnehmer und passiven Kontrollpersonen (in den letzten Zeilen der Tabelle aufgeführt) waren signifikant größer (die p-Werte lagen zwischen .10 und $>$ .01). Alle drei Mitteilungen hatten also signifikante Auswirkungen auf die Meinungen der aktiven Teilnehmer und die Meinungen der passiven Kontrollpersonen. Alle in diesem Artikel angeführten Wahrscheinlichkeitswerte beziehen sich auf eine Seite der theoretischen Verteilung. Bei Vergleichen innerhalb der Gruppen bezüglich des Nettoprozentsatzes derjenigen, die sich in einem bestimmten Ausmaß änderten, wurde die Signifikanz der Differenzen mit Hilfe der Formel überprüft, die angegeben ist

in C. J. Hovland, A. A. Lumsdaine, and F. D. Sheffield: *Experiments on Mass Communication,* Princeton, N. J. (Princeton University Press) 1949, S. 321.

6 Für die Gruppe aller aktiven Teilnehmer der Mitteilung C-Gruppe ergab sich ein Nettoanstieg des Vertrauens von 37%; der entsprechende Nettoanstieg betrug bei der Gruppe aller passiven Kontrollpersonen nur 13,5%. Dieser Unterschied wurde ausschließlich durch den deutlichen Anstieg des Vertrauens derjenigen Studenten der aktiven Gruppe hervorgerufen, die ihre Schätzungen entsprechend dem in der Mitteilung vertretenen Standpunkt geändert hatten. Die Ergebnisse in der ersten Zeile von Tabelle 3 zeigen, daß unter den Studenten, deren Schätzungen durch Mitteilung C nicht beeinflußt wurde, bei den aktiven Teilnehmern eine leichte Nettoabnahme ihres Vertrauens zu erkennen ist, die genauso groß war wie die der passiven Kontrollgruppe. Die folgende Zeile von Tabelle 3 zeigt, daß unter den Studenten, die – nachdem sie Mitteilung C gehört hatten – ihre Schätzungen um mindestens die Hälfte oder mehr verringerten, bei den aktiven Teilnehmern ein größerer Nettoanstieg des Vertrauens stattfand als bei den passiven Kontrollpersonen; die Differenz von 31% ist annähernd statistisch signifikant ($p = .07$). Die letzte Zeile der Tabelle zeigt, daß sich ein noch größerer Unterschied bezüglich der Vertrauensänderung ergibt, wenn man für diesen Vergleich nur die Studenten heranzieht, die ihre Schätzungen um fünf oder mehr Jahre verringerten. (Die Differenz von 49,5% ist oberhalb des .05-Niveaus signifikant.) Eine weitere Analyse der Daten der einzelnen Untergruppen zeigte, daß die in dieser Tabelle aufgeführten Unterschiede nicht statistischen Artefakten, die auf ursprünglichen Unterschieden zwischen den verschiedenen Untergruppen beruhen, zugeschrieben werden können.

7 Es ist natürlich denkbar, daß das Notizenmachen während der Vorträge die Aufnahmebereitschaft für den Inhalt der propagandistischen Mitteilung beeinträchtigte. Obwohl diese Möglichkeit nicht ausgeschlossen werden kann, scheint sie dennoch unwahrscheinlich, da unsere Vpn Studenten waren, die im Notizenmachen von ihren Vorlesungen her sehr viel Übung hatten. Aus erziehungswissenschaftlichen Untersuchungen über das Notizenmachen geht hervor, daß diese Art von Aktivität im allgemeinen eher einen positiven als einen negativen Effekt auf die Aufnahmefähigkeit eines Studenten für den Inhalt einer mündlichen Kommunikation hat (C. E. Crawford: »Some Experimental Studies of the Result of College Note Taking«, *J. Educ. Res.,* XII, 379–386).

8 H. C. Kelmann, »Attitude Change as a Function of Response Restriction«, *Hum. Relat.,* 1953, VI, 185–214.

THEODORE R. SARBIN / VERNON L. ALLEN

# Rollenverhalten, Rückmeldung von Zuhörerreaktionen und Einstellungsänderung

Zahlreiche Beobachtungen des »Alltagslebens« zeugen vom Einfluß des Rollenverhaltens auf andere Verhaltensaspekte. Viele Anekdoten schildern Personen, deren Einstellungen, Werthaltungen und Auffassungen sich in Richtung auf eine größere Übereinstimmung mit ihren Rollennormen verändern. Diese Beobachtungen stützen die grundlegende Annahme der Rollentheorie, daß die Bekleidung einer beliebigen Position in einem sozialen Gefüge mit der Zeit die gesamte kognitive Struktur einer Person, einschließlich ihres Ichs, beeinflußt.[1]

Zu den empirischen Arbeiten, die als Bestätigung dieser Annahme angeführt wurden, gehören die frühen Untersuchungen, die Merton[2] an typischen Bürokraten und Waller[3] an Lehrern durchführten. Die ermittelten Befunde lassen jedoch mehrere Erklärungsmöglichkeiten zu. Einerseits könnte die Bekleidung einer bestimmten Position die Einstellungsänderung bewirken, es könnte aber auch ein Selektionsfaktor wirksam sein, demzufolge diejenigen für eine bestimmte Position ausgewählt werden, deren Einstellungen von vornherein mit ihr übereinstimmen. In einigen der neueren experimentellen Untersuchungen ist der Versuch unternommen worden, durch die Variation der relevanten Variablen die Beziehung zwischen Rollenverhalten und Einstellungen zu klären. Die Arbeiten von Culbertson[4], King u. Janis[5], Janis u. King[6], und Lieberman[7] liefern eine überzeugende experimentelle Bestätigung der Hypothese, daß Rollenspiel zu Einstellungs- und Meinungsänderungen beiträgt. Zur Erklärung dieses Phänomens sind verschiedene Konzepte vorgeschlagen worden: kognitive Dissonanz[8], Bekräftigung[9] sowie Improvisation und Engagement[10]. Es hat sich gezeigt, daß alle diese theoretischen Formulierungen einen gewis-

Originaltitel: Role enactment, audience feedback and attitude change. In: *Sociometry*, 1964, 27, 183–194. Wiedergegeben mit Genehmigung der American Sociological Association. Washington. Deutsche Übersetzung von Helmut Chr. Görlitz.

sen Beitrag zur Erklärung der durch Rollenspiel hervorgerufenen Einstellungsänderung leisten.

Bereits im Konzept der Rolle und des Rollenspiels ist die Annahme einer Wechselbeziehung zu anderen Rollenträgern enthalten oder anders formuliert, die Annahme des Publikums. Daher erhält der Träger einer Rolle während des Rollenspiels auch gewöhnlich Rückmeldungen in Form einer sozialen Bekräftigung durch andere. Dieser Mechanismus im Prozeß der Einstellungsänderung – die Wirkung von Zuhörerreaktionen – steht im Mittelpunkt unseres Interesses. Wir stellten die Frage: Welche Wirkungen hat das Rollenspiel vor Zuhörern, die für positive, bzw. die für negative soziale Bekräftigung sorgen? Wir sind uns der Tatsache bewußt, daß Menschen in unterschiedlicher Weise auf soziale Bekräftigung reagieren[11], und haben aus diesem Grund ein eindrucksmäßig valides Maß *(face-validity)* des »Bedürfnisses nach sozialer Bekräftigung« in das Design einbezogen.

Unsere erste allgemeine Hypothese besagt, daß das Spielen einer Rolle, die in Widerspruch zur privaten Überzeugung des Rollenträgers steht, eine Veränderung dieser Überzeugung bewirkt. In unserer zweiten Hypothese nehmen wir an, daß bei positiver sozialer Bekräftigung die Einstellungsänderung in Richtung auf den während des Rollenspiels öffentlich vertretenen Standpunkt verläuft; diese Veränderung ist bei positiver sozialer Bekräftigung größer als bei negativer sozialer Bekräftigung. Unsere dritte allgemeine Hypothese besagt, daß Personen, die auf der Variablen »Bedürfnis nach sozialer Bekräftigung« hohe Werte erzielen, ihre Einstellungen stärker in Richtung auf den im Rollenspiel vertretenen Standpunkt ändern als Personen, die auf dieser Variablen niedrige Werte erhalten. Die vorliegende Untersuchung versucht, diese Hypothesen in einer realistischen Rollenspiel-Situation – in der die soziale Bekräftigung, die die Versuchsperson erhält, kontrolliert wird – experimentell zu überprüfen.

## *Methode*

*Versuchspersonen:* Versuchspersonen für dieses Experiment waren 64 Studenten eines Vordiplomkurses in Klinischer Psychologie. Die Teilnahme als Versuchsperson war u. a. eine Bedingung für die erfolgreiche Teilnahme am Kursus.

*Design:* Zwei Versuchsgruppen (N = 23 und N = 16) und zwei Kontrollgruppen (N = 12 und N = 13) wurden gebildet. Eine

Gruppe von Zuhörern sorgte bei einer der Versuchsgruppen für positive soziale Bekräftigung, bei der anderen für negative soziale Bekräftigung. Jede Versuchsgruppe enthielt annähernd gleich viele Versuchspersonen mit hohen und niedrigen Werten auf der Skala zur Messung des »Bedürfnisses nach sozialer Bekräftigung«. Etwa jeweils die Hälfte der Versuchspersonen waren männlichen bzw. weiblichen Geschlechts.

*Versuchsmaterial:* Zwei Wochen vor Beginn der Untersuchung wurden den Studenten des Vordiplomkurses – den der erstgenannte Autor leitete – zwei Fragebögen vorgelegt. Für fünf verschiedene Einstellungsbereiche waren einzelne Einstellungsskalen mit jeweils sechs abwechselnd positiv und negativ formulierten items konstruiert worden. Die Antworten wurden auf einer 6-Punkte-Skala abgegeben, die von »völliger Zustimmung« bis »völlige Ablehnung« reichte. Ferner beurteilten die Versuchspersonen die Wichtigkeit jedes einzelnen items auf einer 6-Punkte-Skala.

Die Betrachtung der Häufigkeitsverteilungen der Antworten in den fünf Einstellungsbereichen führte zur Auswahl von zwei Bereichen, die im vorliegenden Experiment verwendet werden sollten: die Zulassung von umstrittenen Personen als Redner bei Veranstaltungen auf dem Universitätsgelände und die Unterstützung von Bekenntnisschulen durch Bundesmittel. Die meisten Versuchspersonen vertraten nachdrücklich die Meinung, daß es umstrittenen Personen erlaubt sein müßte, bei Veranstaltungen auf dem Universitätsgelände zu sprechen, und sie waren entschieden gegen die Unterstützung von Bekenntnisschulen durch Bundesmittel.

Den Seminarteilnehmern wurde außerdem ein eindrucksvalider Fragebogen zur Messung des »Bedürfnisses nach sozialer Bekräftigung« vorgelegt. Zwei Skalen wurden aus dem von Schutz entwikkelten FIRO-B Instrument (»Fundamental Interpersonal Relations Orientation-Behavior«) ausgewählt: »Wunsch nach Zugehörigkeit« und »Wunsch nach Zuneigung«.[12] Die Skalen messen, wie sehr sich ein Mensch wünscht, daß andere ihn in ihr Denken und Handeln einbeziehen, bzw. daß sie ein enges, persönliches Verhältnis zu ihm haben.

### *Versuchsdurchführung*

*Versuchsgruppe:* Den Versuchspersonen wurden folgende Instruktionen vorgelesen:

Dieses Experiment ist Teil eines Forschungsprojektes, das sich mit der Untersuchung derjenigen psychologischen Faktoren beschäftigt, die für die Fähigkeit, einen Standpunkt zu vertreten, relevant sind. Ich möchte jeden von Ihnen bitten, einen zwanglosen 5-Minuten-Vortrag vor einer Zuhörergruppe von 10 Studenten zu halten. Sie müssen dabei einen ganz bestimmten Standpunkt zu einem aktuellen Thema vertreten. Von den zur Auswahl stehenden Themen können Sie sich eins zufällig herausgreifen: Ziehen Sie einen der in diesem großen Umschlag enthaltenen Bögen heraus: Auf dem Bogen ist das Thema angegeben und die Position, die Sie vertreten sollen; außerdem sind einige Gedanken aufgeführt, die Sie als Grundlage für Ihren Vortrag verwenden können. Sie brauchen sich in Ihrem Vortrag jedoch nicht auf diese Punkte zu beschränken. Es steht Ihnen frei, Gedanken weiterzuentwickeln, zu improvisieren oder eigene Argumente und Beispiele anzuführen. Versuchen Sie, solche Argumente, Beispiele und Empfehlungen vorzutragen, die nach Ihrer Meinung am überzeugendsten sind. Sie müssen den auf Ihrem Bogen angegebenen Standpunkt vertreten. Sorgen Sie dafür, daß Ihre Argumentation möglichst zwingend ist, und daß Ihr Vortrag möglichst überzeugend wirkt. Ihre Aufgabe besteht darin, Ihr Äußerstes zu versuchen, um die Zuhörer von Ihrem Standpunkt zu überzeugen. Wir werden untersuchen, inwieweit Sie die Meinungen der Zuhörer beeinflußt haben. Die Zuhörer werden Ihre Darbietung hinsichtlich der Wirksamkeit global beurteilen und außerdem noch bezüglich mehrerer Einzelaspekte wie z. B. Echtheit, Überzeugungskraft, Ausgewogenheit, Logik und anderes mehr.

Die Versuchspersonen wurden vor dem Experiment entsprechend ihrer Werte (hoch bzw. niedrig) auf den beiden FIRO-B-Skalen ausgewählt. Jede Versuchsperson zog »zufällig« ein Thema aus einem Umschlag; auf den Bögen in dem Umschlag waren jeweils Argumente zur Verteidigung einer extremen Einstellung gegenüber einem der Themen aufgeführt – eines Standpunktes, den die Versuchsperson, die ihn vertreten mußte, persönlich ganz entschieden ablehnte. Die beiden Themen wurden in den Versuchsgruppen wechselweise auf die Versuchspersonen verteilt. Nach einer Vorbereitungszeit von fünf Minuten ging die Versuchsperson in einen Nebenraum. Während ihres Vortrags stand sie hinter einem Rednerpult und hielt vor den Zuhörern eine fünfminütige Rede. Anschließend kehrte sie in einen Aufenthaltsraum zurück und bekam dort von einem Assistenten einen Fragebogen vorgelegt, auf dem sie ihren Vortrag bewerten und die Reaktionen der Zuhörer beurteilen sollte. Der Assistent tat so, als suche er etwas in den Akten, und erklärte der Versuchsperson dann, daß einige der Fragebögen, die zu einem früheren Zeitpunkt im Seminar ausgefüllt worden waren, abhanden gekommen seien. Eine vorgetäuschte Nachprüfung ergab dann scheinbar, daß unter anderem einer der Fragebögen dieser Versuchsperson fehlte, und sie wurde deshalb gebeten, den Fragebogen noch einmal auszufüllen. Auf diese Weise wurde ein zweites Ausfüllen des Einstellungsfragebogens erreicht.

*Kontrollgruppen:* Zwei Kontrollgruppen wurden benutzt. Kontrollgruppe »A« erhielt die gleichen Instruktionen wie die Versuchsgruppen. Im Anschluß an die fünfminütige Vorbereitungszeit sagte der Untersucher den Gruppenmitgliedern, daß es eine kurze Verzögerung bis zur Durchführung des Experiments gäbe. Unter dem Vorwand, daß mehrere der zuvor bereits ausgefüllten Fragebögen verlorengegangen seien, wurden alle gebeten, während der Wartezeit den Einstellungsfragebogen noch einmal auszufüllen.

Kontrollgruppe »B« bereitete sich nicht auf einen Vortrag vor. Ihr wurde gesagt, daß mehrere Fragebögen verlorengegangen seien, und sie wurde deshalb gebeten, diese noch einmal auszufüllen, während sie auf den Beginn des Experiments wartete. Diese Gruppe war somit eine »vorher/nachher«-Kontrollstichprobe.

*Zuhörer:* Die 10 Personen, die die Zuhörerschaft bildeten, nahmen zwanglos in den vorderen fünf Reihen eines großen Hörsaals Platz. Für jede der zwei Stunden dauernden Sitzungen wurden andere Zuhörergruppen benutzt. Jeder Zuhörer erhielt zwei Anweisungsbögen, einen für positive Reaktionen und einen für negative Reaktionen, auf denen erläutert war, wie er sich während des Vortrags zu verhalten hatte. Ferner erhielt jeder einen Anweisungsbogen, auf dem ganz spezifische Reaktionsweisen aufgeführt waren, die dem Vortragenden gegenüber gezeigt werden sollten. Die Zuhörer erhielten überwiegend unterschiedliche Instruktionen. Ein Zeichen vom Versuchsleiter – das Vorhandensein oder Nicht-Vorhandensein einer großen Karte auf der Tafel – informierte die Zuhörer darüber, ob sie den Vortragenden positiv oder negativ bekräftigen sollten.

Die Zuhörer wurden angewiesen, sich natürlich zu verhalten, nicht zu übertreiben und ihre Reaktionen vernünftig einzuteilen. Der Versuchsleiter hatte mit den Zuhörern – in der Rolle des Redners – so lange das Reagieren mit positiver oder negativer sozialer Bekräftigung geübt, bis er mit ihren Leistungen zufrieden war.

Unter der positiven Bekräftigungsbedingung zeigten die Zuhörer Verhaltensweisen wie z. B. Wachsamkeit und gespannte Aufmerksamkeit, zustimmendes Kopfnicken und gleichzeitiges Notizenmachen, zustimmendes Kopfnicken, wenn ein entscheidendes Argument vorgetragen wurde, direktes Ansehen des Redners, Lächeln, ein freundliches und zufriedenes Gesicht. Die negative Bekräftigungsbedingung beinhaltete Reaktionen wie z. B. Abwenden des Gesichts, statt den Redner anzusehen vor sich auf den Tisch Starren, bedächtiges mißbilligendes Kopfschütteln, Füßescharren und nervöse Unruhe, während des Vortrags aus-dem-Fenster-Schauen, Gähnen, sich im Raum Umsehen, Stirnrunzeln.

*Wirksamkeit der Manipulation:* Die Wirksamkeit manipulierter Rückmeldungen durch die Zuhörer wurde mit Hilfe eines Fragebogens ermittelt, der Auskunft darüber gab, wie die Versuchspersonen die Reaktionen der Zuhörer auf ihren Vortrag wahrnahmen. Aus den Daten für die positiven und negativen Bekräftigungsgruppen, die in Tabelle 1 aufgeführt sind, geht hervor, daß die Zuhörerreaktionen von den Versuchspersonen bemerkt und der Intention entsprechend empfunden worden waren. Versuchspersonen unter der negativen Bekräftigungsbedingung nahmen verschiedene negative Reaktionen der Zuhörer signifikant häufiger wahr als Versuchspersonen unter der positiven Bedingung. Umgekehrt nahmen Versuchspersonen unter der positiven Bekräftigungsbedingung positive Reaktionen der Zuhörer signifikant häufiger wahr als Versuchspersonen unter der negativen Bedingung.

Um festzustellen, ob sich die Versuchspersonen der Tatsache bewußt waren, daß die Zuhörerreaktionen geplant waren, wurden die Antworten auf verschiedene offene Fragen analysiert. Neun Versuchspersonen schienen vermutet zu haben, daß die Zuhörerreaktionen teilweise vorher abgesprochen worden waren. Da sich diese Personen etwa gleichmäßig über die beiden Bedingungen verteilten (vier in der positiven und fünf in der negativen), war es möglich, ihre Daten mit in die Untersuchung eingehen zu lassen.

*Bekräftigungsbedingungen:* Die erreichbaren Werte lagen – in jedem der Einstellungsbereiche – zwischen 6 und 36. Die angeführten Daten betreffen die reine Einstellungsänderung, die als Differenz zwischen den Angaben vor und nach dem Experiment auf den Fragebögen gemessen wurde. Veränderungen in Richtung auf den im Rollenspiel vertretenen Standpunkt wurden mit einem positiven Vorzeichen versehen.

Die mittleren Einstellungsänderungen unter den experimentellen Bedingungen (für beide Einstellungsbereiche zusammen) sind in Tabelle 2 aufgeführt. Es zeigt sich, daß die Veränderungswerte unter den experimentellen Bedingungen alle in Richtung auf den von der Versuchsperson im Rollenspiel vertretenen Standpunkt liegen. Negative Bekräftigung führte zu größeren mittleren Veränderungen als positive Bekräftigung (3.13 gegenüber 2.78). Faßt man die beiden Bekräftigungsbedingungen zusammen, so zeigen die Ergebnisse, daß Versuchspersonen mit hohen Werten auf den Skalen zur Messung des Bedürfnisses nach sozialer Bekräftigung ihre Einstellung stärker änder-

*Tabelle 1*

Wahrnehmung der von den Zuhörern gezeigten Reaktionen auf die vorgetragenen Argumente

| Item[a] | Bekräftigung positiv[b] (in Prozent) | Bekräftigung negativ[c] (in Prozent) |
|---|---|---|
| 1. Waren von meinen Argumenten überzeugt | 30 | 06* |
| 2. Wirkten gelangweilt | 17 | 69** |
| 3. Waren aufmerksam | 87 | 25** |
| 4. Fanden meinen Vortrag gut | 31 | 27 |
| 5. Waren konzentriert | 04 | 50** |
| 6. Waren freundlich und taktvoll | 87 | 19** |
| 7. Behielten meine wesentlichen Argumente | 22 | 38 |
| 8. Beeinflußten meine Darbietung | 56 | 44 |
| 9. Wurden von mir ignoriert | 22 | 06 |
| 10. Stimmten mir zu | 36 | 06** |
| 11. Machten mitunter einen schläfrigen Eindruck | 04 | 50** |

a Die Prozentwerte wurden anhand der beiden extremsten Punkte (»Während der ganzen Zeit« und »meistens«) einer 6stufigen Beurteilungsskala ermittelt.

b N = 23

c N = 16, *p < .05, **p < .01.

*Tabelle 2*

Mittlere Einstellungsänderung in den Versuchs- und Kontrollgruppen

| Art der Gruppe | Nettoeinstellungsänderung |
|---|---|
| *Versuchsgruppen* | |
| I. hoch im FIRO-B, negative Bekräftigung (7) | 3.71 |
| II. hoch im FIRO-B, positive Bekräftigung (10) | 3.50 |
| III. niedrig im FIRO-B, negative Bekräftigung (9) | 2.67 |
| IV. niedrig im FIRO-B, positive Bekräftigung (13) | 2.23 |
| *Kontrollgruppen* | |
| I. Vortrag vorbereitet (12) | 1.96 |
| II. Vorher – nachher (13) | 0.50 |

N ist für jede Bedingung in Klammern angegeben.

ten als Versuchspersonen mit niedrigen Werten (3.59 gegenüber 2.41). Die statistische Signifikanzprüfung der Mittelwertunterschiede zwischen den experimentellen Bedingungen wurde mit dem t-Test durchgeführt; die Unterschiede erreichten nicht die allgemein akzeptierten statistischen Signifikanzniveaus.

Zwischen den beiden Einstellungsbereichen ergab sich ein leichter Unterschied: Beim Thema »Redefreiheit« ergaben sich im Vergleich zum Thema »Bundesmittel für Bekenntnisschulen« geringfügig größere Veränderungen (3.00 gegenüber 2.86). Eine Analyse der experimentellen Bedingungen unter Berücksichtigung von Geschlechtsunterschieden ergab, daß bei männlichen Versuchspersonen durch das Rollenspiel größere Einstellungsänderungen hervorgerufen wurden als bei weiblichen Versuchspersonen (3.33 gegenüber 2.27). Eine Analyse unter Berücksichtigung des Geschlechts und der Art der Bekräftigung zeigte, daß männliche Versuchspersonen bei negativer Bekräftigung stärkere Einstellungsänderung zeigten, während weibliche Versuchspersonen sich bei positiver Bekräftigung stärker änderten. Keine dieser Differenzen erfüllte unsere Mindestanforderungen für statistische Signifikanz.

In Tabelle 2 läßt sich eine interessante Regelmäßigkeit erkennen. Die größte Veränderung zeigte sich bei den Versuchspersonen, die ein starkes Bedürfnis nach sozialer Bekräftigung hatten und in der negativen Bekräftigungsgruppe waren, die nächstgrößere Veränderung bei den Versuchspersonen, die ein starkes Bedürfnis nach sozialer Bekräftigung hatten und in der positiven Bekräftigungsgruppe waren. Die geringste Veränderung trat bei Versuchspersonen auf, die ein geringes Bedürfnis nach sozialer Bekräftigung hatten und positiv bekräftigt wurden; wenig größer war die Änderung bei den Versuchspersonen, die ein geringes Bedürfnis nach sozialer Bekräftigung hatten und in der negativen Bekräftigungsgruppe waren.

Im Anschluß an das Rollenspiel erhielten die Versuchspersonen einen Fragebogen, auf dem sie ihren Erfolg bewerteten. Aus den Angaben ging hervor, daß Versuchspersonen in der negativen Bekräftigungsgruppe verglichen mit denen in der positiven Bekräftigungsgruppe eher der Meinung waren, ihre Argumente hätten den Gesamteindruck des Vortrags verbessert (50% gegenüber 22%) und seien stichhaltig gewesen (62% gegenüber 48%); dennoch glaubten mehr Versuchspersonen in dieser negativen Bekräftigungsgruppe, daß sie den entgegengesetzten Standpunkt besser hätten vertreten können (69% gegenüber 44%). Darüber hinaus hatten die Versuchspersonen in der negativen Bekräftigungsgruppe verglichen mit denen in der positiven Gruppe in stärkerem Maße das Gefühl, den Eindruck eines »überzeugten Vertreters« des Standpunktes vermittelt zu haben (50% gegenüber 39%), sicher und unbefangen gewesen zu sein (37% gegenüber 26%) sowie eine gute Gesamtleistung gezeigt zu haben (50% gegenüber 26%).

*Wirkung des Rollenspiels:* Um die Wirkung der Zuhörerreaktionen im Vergleich zur Wirkung der Vorbereitung der Rede zu ermitteln, wurden zwei Kontrollgruppen verwandt. Aus Tabelle 2 geht hervor, daß in der Kontrollgruppe, die sich auf die Vorträge vorbereitet hatte (beide Einstellungsbereiche zusammen betrachtet), der durchschnittliche Veränderungsbetrag größer war als in der »vorher/nachher«-Kontrollgruppe. Dennoch waren die in den Versuchsgruppen beobachteten Veränderungen unter allen Bedingungen größer als die Veränderung in der »vorbereiteten« Kontrollgruppe. Da zwischen den Versuchsgruppen, die negativ und positiv bekräftigt wurden, keine signifikanten Unterschiede zu beobachten waren, wurden sie für die Durchführung der statistischen Tests zusammengefaßt.

Der Unterschied zwischen der »vorher/nachher«-Kontrollgruppe und dem Gesamtmittelwert aller Versuchspersonen der Experimentalgruppen war, wie ein einseitiger t-Test zeigte, auf dem 2-Prozent-Niveau signifikant. Da sich die »vorbereitete« Kontrollgruppe nicht signifikant von der »vorher/nachher«-Kontrollgruppe unterschied, wurden die beiden Gruppen zusammengefaßt, so daß sich eine größere Kontroll-Stichprobe ergab. Benutzt man diese Stichprobe als Kontrollgruppe, so läßt sich die Wirkung des Rollenspiels exakter abtesten, da die Vpn der »vorbereiteten« Kontrollgruppe größere Einstellungsänderungen zeigten als die der »vorher/nachher«-Kontrollgruppe. Der Unterschied zwischen den zusammengefaßten Experimentalgruppen und den zusammengefaßten Kontrollgruppen war, wie ein einseitiger t-Test zeigte, auf dem 5-Prozent-Niveau signifikant.

## *Diskussion*

Bei der Beurteilung der Ergebnisse sollte man berücksichtigen, daß die für das Rollenspiel verwandten Einstellungen den Versuchspersonen besonders wichtig waren. Fast alle gaben an, daß die beiden Einstellungsbereiche für sie von außerordentlicher Bedeutung seien. Ferner wurden die beiden Themen zu der Zeit, in der die Untersuchung stattfand, unter den Studenten heftig diskutiert. Man kann annehmen, daß die Meinungen zu solchen Themen relativ veränderungsresistent sind.

Das Ergebnis, daß Rollenspiel dazu beiträgt, Einstellungen zu verändern, stimmt mit den Ergebnissen früherer Untersuchungen überein.[13] In früheren Arbeiten ist jedoch die Variable »Bekräftigung durch die Zuhörer« nicht kontrolliert worden. Es ist nicht bekannt, inwieweit die in anderen Untersuchungen beobachtete Einstellungsänderung auf Rollenspiel oder auf Bekräftigung durch die Zuhörer zurückzuführen ist. In der vorliegenden Arbeit richtete sich das Hauptinteresse auf die relative Wirkung von positiver und negativer Bekräftigung während des Rollenspiels, und es gab keine Kontrollgruppe in der Untersuchung, die den Vortrag ohne Zuhörer zu halten hatte. Es sei daran erinnert, daß den Versuchspersonen gesagt wurde, es sei ihre Aufgabe, die Zuhörer von ihren Ansichten zu überzeugen, und daß die Zuhörer sie anschließend beurteilen würden. Es darf daher angenommen werden, daß die Versuchspersonen sich bemühten, die Zuhörer zu beeindrucken, und daß sie sehr genau auf die Reaktionen der Zuhörer achteten. Die Aussagen der Versuchspersonen über ihre Wahrnehmung der Zuhörerreaktionen lassen erkennen, daß die Unterschiede der Bekräftigungen bemerkt wurden. Man darf auf alle Fälle annehmen, daß die Bekräftigung durch die Zuhörer eine der wichtigen Versuchsvariablen war.

Der Unterschied zwischen den positiven und negativen Bekräftigungsgruppen deutet darauf hin, daß soziale Bekräftigung vermutlich einen Teil der mit dem Rollenspiel verbundenen Einstellungsänderung hervorruft. Obwohl der Unterschied nicht statistisch signifikant ist, verdient er dennoch eine kurze Erörterung. Der Bekräftigungstheorie folgend würde man unter der positiven Bekräftigungsbedingung größere Einstellungsänderung vorhersagen als unter der negativen Bedingung. Wenn Bekräftigung nur als Verstärkung des von der Versuchsperson gezeigten verbalen Verhaltens wirkt, dann müßte positive Bekräftigung während des Rollenspiels eine Einstellungsänderung in Richtung auf den Standpunkt, der bekräftigt wird, hervorrufen. Dementsprechend müßte negative Bekräftigung von seiten der Zuhörer dazu führen, daß sich die Einstellung der Versuchsperson von dem Standpunkt, den sie im Rollenspiel vertritt, entfernt. Diese Vorhersage wurde durch die vorliegenden Ergebnisse nicht bestätigt: In der negativen Bekräftigungsgruppe trat eine größere Änderung auf.

Es lassen sich zumindest zwei Erklärungen für diesen Befund anführen. Eine Erklärung im Rahmen der kognitiven Dissonanztheorie[14] könnte lauten, daß negative Bekräftigung eine größere Dissonanz bewirkt als positive Bekräftigung, da für die Versuchsperson die Beobachtung, daß die Zuhörer ihr gegenüber unfreundliche Reaktionen zeigen, in Dissonanz zu der Tatsache steht, daß sie die Rolle gespielt hat. Die Versuchsperson könnte dann die Dissonanz reduzieren, indem sie ihre Einstellung in Richtung auf eine größere Übereinstimmung mit der Rolle ändert.

Betrachtet man aber die Folgerungen, die sich aus den ergänzenden Daten ergeben, die anhand der nach Durchführung des Experiments vorgelegten Fragebögen ermittelt worden sind, so gelangt man zu einer anderen Erklärung. Aus den Daten der Fragebögen ging klar hervor, daß sich das Verhalten der negativ bekräftigten Versuchspersonen von dem der positiv bekräftigten unterschied. Die negativ bekräftigten Versuchspersonen schienen *stärker engagiert* gewesen zu sein und improvisierten in stärkerem Maße. Diese beiden Faktoren trugen vermutlich zu der größeren Einstellungsänderung in der negativen Bekräftigungsgruppe bei. Diese Interpretation steht in Übereinstimmung mit dem Befund von Janis und King[15] bezüglich des Effekts von Improvisation auf Einstellungsänderung. Die Variable Rollen-Engagement[16] scheint bei dieser Interpretation von zentraler Bedeutung zu sein.

Größeres Rollen-Engagement erscheint bei der negativen Bekräftigungsgruppe verständlich. Während die Versuchsperson versuchte, ihre Aufgabe – die Zuhörer von einem bestimmten Standpunkt zu überzeugen – zu erfüllen, sah sie sich mit unmißverständlichen Anzeichen von Mißfallen und Desinteresse konfrontiert. Solche unerwarteten Verhaltensweisen könnten Reaktionen wie z. B. Zweifel und Feindseligkeit verursachen, die die Versuchsperson dazu bewegen mag, sich noch stärker zu bemühen, ihre Zuhörer zu überzeugen. Einige der von der Vp anwendbaren Methoden könnten z. B. darin bestehen, persönliche Argumente und Beispiele anzuführen, den Vortrag dem individuellen Stil entsprechend zu halten und »dramatischer« aufzutreten. Improvisation könnte somit die Folge eines erhöhten Rollen-Engagements der Versuchsperson sein.

Bei der Diskussion des Unterschiedes zwischen den Versuchsgruppen ist zu berücksichtigen, daß für die negative Bekräftigung eine größere Anzahl verschiedener Arten von Reaktionen benutzt wurde als für die positive Bekräftigung. Der Einfluß, der durch diesen Unterschied zwischen den Gruppen auf die Einstellungsänderung der Versuchspersonen ausgeübt wurde, kann – falls ein solcher überhaupt vorhanden war – nicht ermittelt werden.

Was die Unterschiede zwischen den Versuchs- und Kontrollgruppen betrifft, so könnte eventuell die größere Einstellungsänderung in den Versuchsgruppen nur indirekt durch soziale Bekräftigung bedingt sein. Sowohl negative als auch positive soziale Bekräftigung kann zu einem stärkeren emotionalen Engagement führen. Soziale Bekräftigung könnte also in den Versuchsgruppen auf die eine oder auf beide der folgenden Arten zu Einstellungsänderungen beigetragen haben: direkt, indem sie die öffentlich vorgetragene Einstellung verstärkt, und indirekt, indem sie Engagement und Improvisation bewirkt, die wiederum mit Einstellungsänderungen verbunden sind.

Die Ergebnisse der vorliegenden Untersuchung zeigten, daß bei den Kontrollpersonen, die sich zwar mit den Argumenten beschäftigten, aber die Rolle nicht wirklich spielten, geringfügig größere Einstellungsänderungen zu beobachten waren als bei den »vorher/nachher«-Kontrollpersonen. Die Übernahme der Verpflichtung, einen bestimmten Standpunkt zu verteidigen, kann eine der kritischen Variablen in der Verhaltenssequenz sein, aus der das Rollenspiel besteht. Die Befunde dieser Arbeit liefern hierfür lediglich Hinweise, aber es ist mit großer Wahrscheinlichkeit anzunehmen, daß die Vergegenwärtigung gut überlegter Argumente und die Vorbereitung einer Rede eine gewisse Einstellungsänderung in Richtung auf den Standpunkt, den man in dem Vortrag vertreten will, hervorrufen. Die von Brehm[17] angeführten Ergebnisse weisen darauf hin, daß allein die Bereitschaft, einen Standpunkt unter bestimmten Bedingungen zu vertreten, ausreicht, um Einstellungsänderungen zu bewirken.

Befunde der vorliegenden Untersuchung zeigen, daß Versuchspersonen, die sich in ihrem Bedürfnis nach sozialer Bekräftigung unterscheiden, unterschiedlich auf soziale Bekräftigung reagieren. Der Fragebogen zur Erfassung des Bedürfnisses nach sozialer Bekräftigung wurde wegen seiner offensichtlichen Relevanz für das Konstrukt »Bedürfnis nach sozialer Bekräftigung« ausgewählt. Diese Frage nach interindividuellen Unterschieden ist bedeutsam, und es ist anzunehmen, daß diejenigen Untersuchungen besonders ergiebig wären, in denen Meßinstrumente, konstruiert speziell zur Untersuchung des Bedürfnisses nach sozialer Bekräftigung, verwendet würden.

Abschließend läßt sich sagen, daß die Ergebnisse der vorliegenden Arbeit erneut zeigen, daß Rollenspiel ihm entsprechende Einstellungsänderungen hervorruft; ferner geht aus ihnen hervor, daß soziale Bekräftigung einer der Mechanismen sein könnte, die diese Veränderungen bewirken. In jeder komplexen sozialen Situation sind viele zusätzliche Faktoren wirksam, und es bedarf weiterer Untersuchungen, um die Mechanismen, durch die das Rollenspiel Einstellungsänderungen bewirkt, restlos aufzuklären.

### *Zusammenfassung*

Das vorliegende Experiment untersuchte einen der Faktoren, die – wie man annimmt – zu Einstellungsänderungen in Begleitung sozialen Rollenverhaltens beitragen.

Besonders wurde die Wirkung positiver und negativer Bekräftigung des Rollenspiels auf Einstellungsänderungen untersucht.

Die Versuchspersonen sprachen fünf Minuten lang vor einer kleinen Zuhörergruppe von Kommilitonen. Sie vertraten dabei Einstellungen, die im Widerspruch zu ihren eigenen Ansichten standen. Unter jeder Versuchsbedingung wurden die Versuchspersonen nach hohem bzw. niedrigem Bedürfnis nach sozialer Bekräftigung ausgewählt. Während die Vp ihren Vortrag hielt, zeigten die Zuhörer verschiedene, vorher festgelegte Reaktionsweisen: die Zuhörer waren vor Beginn des Experiments vom Versuchsleiter instruiert worden, den Vortragenden entweder positiv oder negativ zu bekräftigen. Positive Bekräftigung umfaßte verschiedene Reaktionen, in denen Zustimmung und soziale Anerkennung zum Ausdruck kamen (z. B. zustimmendes Kopfnicken); negative Bekräftigung umfaßte verschiedene Reaktionen, in denen Langeweile und Ablehnung zum Ausdruck kamen (z. B. aus-dem-Fenster-Schauen). Die Mitglieder einer der Kontrollgruppen erhielten die gleichen Instruktionen wie die Versuchspersonen, hielten aber selbst keine Vorträge; in einer zweiten Kontrollgruppe wurden lediglich die Einstellungsskalen zweimal ausgefüllt.

Die Ergebnisse ließen erkennen, daß die Mitglieder der Versuchsgruppen ihre Einstellungen in stärkerem Maße als die der Kontrollgruppen in Richtung auf den im Rollenspiel vertretenen Standpunkt veränderten. Die Versuchsbedingung »negative Bekräftigung« führte zu einer geringfügig größeren Einstellungsänderung als diejenige mit positiver Bekräftigung, und ein starkes Bedürfnis nach sozialer Bekräftigung war mit geringfügig größeren Einstellungsänderungen verbunden als ein geringes Bedürfnis nach sozialer Bekräftigung. Eine Erklärung für die etwas größere Einstellungsänderung unter der negativen Bekräftigungsbedingung ergab sich aus dem Befund, daß die negativ bekräftigten Versuchspersonen engagierter waren und stärker improvisierten als die positiv bekräftigten Versuchspersonen.

1 Theodore R. Sarbin: »Role Theory«, in: Gardner Lindzey (Hrsg.): *Handbook of Social Psychology,* V. 1, Cambridge: Addison-Wesley, S. 223–258.
2 Robert K. Merton: »Bureaucratic Structure and Personality«, Social Forces, 18 (April 1940), S. 560–568.
3 Willard W. Waller: *The Sociology of Teaching,* New York; Wiley, 1932.
4 Frances M. Culbertson: »Modification of an Emotionally Held Attitude Through Role Playing«, Journal of Abnormal and Social Psychology, 54 (März 1957), S. 230–233.
5 Bert T. King and Irving L. Janis: »Comparison of the Effectiveness of Improvised Versus Non-improvised Role-playing in Producing Opinion Change«, Human Relations, 9 (April 1956), S. 177–186.
6 Irving L. Janis and Bert T. King: »The Influence of Role Playing on Opinion Change«, Journal of Abnormal and Social Psychology, 49 (April 1954), S. 211–218.
7 Seymour Lieberman: »The Effects of Changes in Roles on the Attitude of Role Occupants«, Human Relations, 9 (Oktober 1956), S. 385–402.
8 Leon Festinger: *A Theory of Cognitive Dissonance,* Evanston: Row, Peterson, 1957.
9 William A. Scott: »Attitude Change Through Reward of Verbal Behavior«, Journal of Abnormal and Social Psychology, 55 (Juli 1957), S. 72–75.
10 King and Janis, a. a. O.
11 Leonard Krasner: »Studies of the Conditioning of Verbal Behavior«, Psychological Bulletin, 55 (Mai 1958), S. 148–170.
12 William C. Schutz: *FIRO: A Three-Dimensional Theory of Interpersonal Behavior,* New York: Rinehart, 1958.
13 Culbertson, a. a. O.; Janis and King, a. a. O.; Lieberman, a. a. O.
14 Festinger, a. a. O.
15 Janis and King, a. a. O.
16 Sarbin, a. a. O.
17 Jack W. Brehm: »A Dissonance Analysis of Attitude-Discrepant Behavior«, in: Milton J. Rosenberg, Carl I. Hovland, William J. McGuire, Robert P. Abelson, and Jack W. Brehm: *Attitude Organization and Change,* New Haven: Yale Univ. Press, 1960.

# IV Gruppentheoretische Ansätze

## DORWIN CARTWRIGHT

## Wie man Menschen verändern kann: Praktische Anwendung der gruppendynamischen Theorie

### I

Allgemein werden die Probleme des zwanzigsten Jahrhunderts als Probleme zwischenmenschlicher Beziehungen bezeichnet. Der Fortbestand der Zivilisation soll von der Fähigkeit des Menschen abhängen, soziale Bedingungen zu schaffen, die es ermöglichen, seine enormen physikalischen Energien für den Aufbau der menschlichen Gesellschaft nutzbar zu machen. Oder, einfacher ausgedrückt, wir müssen lernen, das zwischenmenschliche Verhalten zu verändern. Angaben über eine bessere gesellschaftliche Ordnung lassen sich in groben Zügen machen, Schwierigkeiten bereitet jedoch ein technisches Problem: Wie kann man Menschen so verändern, daß sie weder die Freiheit des anderen einengen noch dessen Entwicklungsmöglichkeiten einschränken? Wie erreicht man, daß sich Menschen verschiedener Religion, Nationalität, Hautfarbe oder politischer Anschauung akzeptieren und respektieren, daß die Völker in einer Welt ohne Krieg leben können, daß die Errungenschaften unseres technischen Fortschritts alle Menschen dieser Erde von wirtschaftlicher Not und Krankheiten befreien können? Obwohl nur wenige Menschen gegen diese Ziele, in ihrer allgemeinen Formulierung, etwas einzuwenden haben, entstehen doch sehr schnell Meinungsverschiedenheiten, wenn man diese Vorstellungen konkretisiert. Wie sollen Veränderungen bewirkt werden? Wer soll sie durchführen? Wer soll geändert werden? Auf diese Fragen gibt es keine fertigen Antworten.

Bevor wir diese Fragen zur praktischen Anwendung sozialwissenschaftlicher Techniken im einzelnen behandeln, muß ein sprachliches

---

Originaltitel: Achieving change in people: Some applications of group dynamics theory. In: Human relations, 1951, 4, 381–392.  Deutsche Übersetzung von Helmut Chr. Görlitz: Die eingeklammerten Anmerkungsziffern beziehen sich auf die Literaturhinweise zu diesem Aufsatz.

Hindernis aus dem Weg geräumt werden. Das Wort »Veränderung« ruft emotionale Reaktionen hervor. Es ist kein neutrales Wort. Auf viele Menschen wirkt es bedrohlich. Man denkt sofort an Revolutionäre, unzufriedene Idealisten, Störenfriede, Agitatoren. Angenehmere Bezeichnungen für die Veränderung von Menschen sind Erziehung, Ausbildung, Beratung, Anleitung, Unterweisung, Behandlung. Wir lassen uns von anderen lieber »erziehen« als »verändern«. Wir selbst haben ein besseres Gefühl, wenn wir andere »ausbilden« statt sie zu »verändern«. Warum diese emotionale Reaktion? Woher kommt es, daß wir diesen Wörtern so unterschiedliche Bedeutungen beimessen? Ich glaube, es liegt zu einem großen Teil daran, daß die weniger gefährlich klingenden Bezeichnungen (wie z. B. Erziehung und Behandlung) uns gleichsam versichern, daß ausschließlich positive Veränderungen hervorgerufen werden, die innerhalb unseres Wertsystems akzeptabel sind. Das wenig freundlich klingende, nicht näher definierte Wort »Veränderung« läßt dagegen eine Mißachtung bestehender Werte vermuten; möglicherweise signalisiert es sogar den Umsturz dieser Werte selbst. Vielleicht ist gerade aus diesem Grund die Verwendung des Wortes »Veränderung« für unsere weiteren Überlegungen von Nutzen; denn dadurch zwingen wir uns zur direkten und bewußten Auseinandersetzung mit den Problemen der Wertvorstellungen. Wörter wie Erziehung, Ausbildung oder Behandlung könnten gerade deshalb, weil sie uns weniger beunruhigen, dazu führen, die Tatsache zu übersehen, daß auch sie notwendigerweise mit bestimmten Wertvorstellungen verbunden sind.

Ein weiterer Vorteil des Wortes »Veränderung« gegenüber anderen, ähnlichen Bezeichnungen liegt darin, daß es unser Denken nicht auf die wenigen Aspekte des Menschen begrenzt, die bisher legitime Ansatzpunkte für Veränderungen waren. Wer die Entstehungsgeschichte der Erziehungswissenschaften kennt, weiß von den endlosen Kontroversen über die Frage, was am Menschen denn eigentlich durch »Erziehung« modifiziert werden soll. Erziehung wurde von einigen nur als Weitergabe von Kenntnissen angesehen, andere verstanden darunter hauptsächlich die Vermittlung von Fertigkeiten, wieder andere sahen es als ihre Aufgabe an, gesunde »Einstellungen« zu erzeugen, und einige versuchten sogar, eine Lebensphilosophie zu vermitteln. Selbst wenn wir uns für den Gebrauch des Wortes »Behandlung« entschließen würden, könnten wir kaum behaupten, uns damit auf klarer definierte Bereiche der Veränderung zu beziehen. Darüber hinaus kann man sich bei dem Versuch, beispielsweise das Gebiet der Erziehung von dem der Behandlung eindeutig abzugrenzen, nur allzu schnell hoffnungslos in spitzfindigen Unterscheidungen oder rechtlich begründeten Interessen verwickeln. Wollen wir einen breiteren Zugang zu dem Problem finden und versuchen, einige grundlegende Prinzipien zu entwickeln, die für alle möglichen Modifikationen der Menschen gelten können, dann sollten wir lieber ein Wort wie »Veränderung« wählen, um unser Denken nicht einzuengen.

Der Gedanke, daß durch sozialwissenschaftliche Techniken gesellschaftliche Probleme zu lösen sind, setzt voraus, daß Sozialwissenschaften in gleicher Art wie Naturwissenschaften praktisch angewendet werden können. Gibt es in den Sozialwissenschaften tatsächlich für die Praxis relevante Erkenntnisse, die einen wesentlichen Beitrag zur Lösung der vordringlichsten gesellschaftlichen Probleme leisten können? Gibt es wissenschaftlich fundierte Richtlinien, nach denen man ein Programm für soziale Veränderungen gestalten könnte? In der vorliegenden Arbeit wollen wir unsere Betrachtungen auf einige Aspekte eines relativ neuen Gebietes der Sozialwissenschaften beschränken, das als »Gruppendynamik« bekannt ist. Wir werden einige der Implikationen für soziales Handeln untersuchen, die sich aus der wissenschaftlichen Forschung auf diesem Gebiet ergeben.

Was ist »Gruppendynamik«? Vielleicht ist es am besten, sich zunächst einmal über die Herkunft des Wortes »Dynamik« Gedanken zu machen. Es stammt von einem griechischen Wort ab, das soviel wie Kraft bedeutet. Ganz allgemein bezieht sich »Gruppendynamik« auf Kräfte, die innerhalb von Gruppen wirksam sind. Die Erforschung der Gruppendynamik besteht somit in der Untersuchung dieser Kräfte: was läßt sie entstehen, welche Bedingungen verändern sie, welche Auswirkungen haben sie usw. Die praktische Anwendung der Gruppendynamik besteht darin, aus der Kenntnis dieser Kräfte Nutzen zu ziehen, um ein bestimmtes Ziel zu erreichen. Anhand dieser Definition läßt sich klar erkennen, daß Gruppendynamik gar nicht ein so ausgesprochen neues Forschungsgebiet ist, und daß es sich hierbei auch nicht um das Gedankengut eines Einzelnen oder einer bestimmten Institution handelt. Zumindest die Ansätze sind schon in den hervorragenden Arbeiten von Simmel, Freud und Cooley zu finden.

Obwohl das wissenschaftliche Interesse an Gruppen eine lange und bedeutende Tradition hat, blühte in den vergangenen fünfzehn Jahren die Forschung auf diesem Gebiet erneut auf. Heute werden von wissenschaftlichen Instituten in vielen Ländern komplexe Forschungsprojekte durchgeführt, um zu untersuchen, was eine Gruppe ist und wie sie funktioniert. Der Begriff »Gruppendynamik« ist uns inzwischen geläufig, und man hat sich sehr bemüht, die Entwicklung auf diesem Gebiet sowohl in theoretischer Hinsicht als auch vom Gesichtspunkt der angewandten Sozialwissenschaften her energisch voranzutreiben.

Besondere Beachtung verdient in diesem Zusammenhang Kurt Lewin. Durch seine Arbeiten in der differentiellen Psychologie und die Analyse der vordringlichen Probleme unserer Zeit gelangte Lewin zu der Überzeugung, daß die Gesellschaft vor allem einen *wissenschaftlichen Zugang* zum Verständnis dynamischer Prozesse in Gruppen benötigte. Um diesem Bedürfnis nachzukommen, gründete er 1945 das Forschungszentrum für Gruppendynamik. Seitdem bemüht man sich dort, mit Hilfe von Experimenten, Feldstudien und Methoden der Aktionsforschung unser wissenschaftliches Verständnis von Gruppen zu vertiefen. Man hat auch versucht, dazu beizutragen, daß die Erkenntnisse der Sozialwissenschaften eine möglichst breite praktische Anwendung finden. Vieles, worauf ich mich in diesem Artikel beziehe, basiert auf den Erfahrungen, die in den gut fünf Jahren, seit der Gründung des Zentrums, dort gewonnen wurden (2).

## *II*

Wir haben festgestellt, daß unsere Arbeit aus verschiedenen Gründen im wesentlichen darauf ausgerichtet war, ein umfassenderes Verständnis dafür zu gewinnen, wie Menschen ihr Verhalten verändern oder sich den Versuchen anderer, ihr Verhalten zu verändern, widersetzen. Unabhängig davon, ob wir uns als praktisches Ziel die Verbesserung von Verhaltensweisen setzen oder ob wir uns der theoretischen Aufgabe widmen, herauszufinden, warum Menschen sich auf bestimmte Art und Weise verhalten, müssen wir Kommunikationsprozesse, Mechanismen der Beeinflussung und des sozialen Drucks untersuchen – kurz: Probleme, die sich aus dem Versuch ergeben, Verhaltensweisen zu verändern.

Wir sind bei unserer Arbeit starken Frustrationen ausgesetzt gewesen. Die Lösung der Probleme gestaltete sich außerordentlich schwer. Rückblickend glaube ich sagen zu können, daß die Schwierigkeiten sich zum großen Teil aus dem unwiderstehlichen Drang ergaben, unsere Probleme individualpsychologisch zu betrachten. Wir leben in einer individualistischen Kultur. Das Individuum wird hochgeschätzt, und das zu Recht. Ich glaube aber, daß unsere Denkweise als Sozialwissenschaftler dadurch, daß stets das Individuum im Mittelpunkt unserer politischen und sozialen Überlegungen gestanden hat, derart eingeengt worden ist, daß wir nicht in der Lage waren, unsere Forschungsprobleme korrekt zu formulieren. Wir haben das Individuum als Beobachtungs- und Forschungseinheit gewählt, obwohl vielleicht eine größere Einheit angemessener gewesen wäre. Dazu einige Beispiele:

Beginnen wir mit der Betrachtung einiger Probleme, die sich auf die geistige Gesundheit eines Menschen beziehen. Wir alle können uns vermutlich darüber einigen, daß das wesentliche Merkmal eines geistig gesunden Menschen ein ungestörtes Selbstvertrauen ist. Wovon hängt aber das Selbstvertrauen ab? Wir konnten anhand unserer Untersuchungen zeigen, daß u. a. wiederholte oder traumatische Mißerfolgserlebnisse in grundlegenden Situationen zur Erschütterung des Selbstvertrauens führen. Es ist uns auch bekannt, daß Erfolgs- oder Mißerfolgserlebnisse als Resultat bestimmter Handlungsweisen vom individuellen Anspruchsniveau abhängen. Versuchen wir nun festzustellen, wie das Anspruchsniveau zustande kommt, so müssen wir uns unweigerlich mit der Beziehung eines Menschen zu bestimmten Gruppen beschäftigen. Die Gruppe, der er angehört, setzt bestimmte Verhaltensmaßstäbe, die er anerkennen muß, wenn er in der Gruppe verbleiben möchte. Reichen seine Fähigkeiten nicht aus, um die vorgeschriebenen Anforderungen zu erfüllen, so hat er das Gefühl, versagt zu haben; er zieht sich zurück oder wird von der Gruppe abgelehnt, und sein Selbstvertrauen leidet.

Nehmen wir einmal an, wir unterziehen uns der Aufgabe, diesen Menschen zu behandeln, um sein Selbstvertrauen wiederherzustellen. Aus der Analyse des Problems geht klar hervor, daß wir versuchen sollten, mit den Variablen zu arbeiten, die Ursache seiner Schwierigkeiten sind. Das heißt, wir müßten mit ihm entweder innerhalb von Gruppen arbeiten, denen er zur Zeit angehört, oder ihn in neue, speziell zu diesem Zweck ausgewählte Gruppen einführen und versuchen, seine Beziehungen zu Gruppen allgemein zu verbessern. Will man vorbeugende Maßnahmen zur geistigen Gesundheit treffen, so könnte man sich zur Aufgabe machen, bestimmte Gruppen in unserer Gesellschaft – Schulklassen, Arbeitsgruppen im Betrieb, Familien, Vereine, religiöse und kulturelle Gruppen – darin zu schulen, Praktiken anzuwenden, die besser als die bisherigen dazu geeignet sind, das Selbstvertrauen ihrer Mitglieder zu schützen.

Betrachten wir ein zweites Beispiel. Angenommen, eine Lehrerin stellt fest, daß in ihrer Klasse einige ausgesprochene Störenfriede sind. Sie möchte wissen, warum diese Kinder so aggressiv sind und was man dagegen unternehmen kann. Ein Vorarbeiter in einer Fabrik hat mit einigen seiner Arbeiter die gleichen Probleme und braucht ebenfalls Rat. Die Lösung, die sich sowohl der Lehrerin als auch dem Vorarbeiter aufdrängt, besteht darin, die schlimmsten Störenfriede an jemand anderen abzugeben oder, falls solche Einrichtungen zur Verfügung stehen, sie zu einer Beratungsstelle zu schicken. Läßt sich das Problem aber wirklich dadurch lösen, daß man den Störenfried aus der Gruppe herausnimmt oder versucht, seine individuellen Motivationen und Emotionen zu beeinflussen? Was sagt die Forschung hierzu? Die Untersuchungsergebnisse lassen klar erkennen, daß es viele Ursachen für Aggressivität gibt, aber vor allem ein Aspekt des Problems ist in den vergangenen Jahren immer deutlicher geworden. Bei genauer Beobachtung des Ausmaßes an Aggressivität und der Anzahl von Störenfrieden läßt sich an einer großen Stichprobe von Gruppen feststellen, daß diese Charakteristika selbst dann von Gruppe zu Gruppe erheblich variieren können, wenn die verschiedenen Gruppen aus in wesentlichen Aspekten ähnlichen Menschen bestehen. In den heute als klassisch geltenden Experimenten von Lewin, Lippitt und White (7), die die Auswirkungen unterschiedlicher Führungsstile untersuchten, konnte festgestellt werden, daß die gleiche Gruppe von Kindern bei unterschiedlichen Führungsstilen stark unterschiedliche Ausprägungen aggressiven Verhaltens zeigte. Wurden einzelne Kinder aus einer Gruppe in eine andere versetzt, so paßte sich ihr Aggressionsniveau der Atmosphäre der neuen Gruppe an. Angesichts dieser Befunde erscheint es wenig sinnvoll, die Aggressivität eines Kindes bei einem bestimmten Führungsstil lediglich auf seine Persönlichkeitsvariablen zurückführen zu wollen. Dies soll keineswegs heißen, daß für das Verhalten eines Menschen ausschließlich Atmosphäre und Struktur seiner derzeitigen Gruppe verantwortlich gemacht werden können, aber es ist sehr beachtlich, inwieweit eine starke, fest zusammenhaltende Gruppe selbst solche Verhaltensweisen ihrer Mitglieder kontrollieren kann, die man bisher als Manifestation relativ stabiler Persönlichkeitsmerkmale verstanden hat. Akzeptiert man diesen Sachverhalt, so stellt sich das Problem der Veränderung von Verhaltensweisen anders dar. Wir kommen somit zur Untersuchung der Möglichkeiten, die einer Gruppe zur Beeinflussung ihrer Mitglieder zur Verfügung stehen.

Betrachten wir ein Beispiel aus einem anderen Gebiet. Was können wir aus den Versuchen lernen, Menschen durch Massenmedien oder andere Methoden der Massenbeeinflussung zu verändern? Aus den wenigen Untersuchungen, in denen Erzieher, Propagandisten, Werbefachleute und andere, die große Menschenmengen beeinflussen wollen, sich einmal die Mühe gemacht haben, das Ausmaß der durch ihre Maßnahmen hervorgerufenen dauerhaften Veränderungen objektiv zu ermitteln, geht hervor, daß ihre Bemühungen praktisch erfolglos gewesen sind (1). Die Ineffizienz der Versuche, die Öffentlichkeit durch Massenmedien zu beeinflussen, wäre geradezu erschreckend, wenn man eine starke Beeinflussung für wichtig oder sogar wünschenswert hielte. Man darf ohne zu übertreiben behaupten, daß Forschung und Erfahrung von Generationen die Effizienz von Reden oder anderen Methoden der Massenbeeinflussung nicht nennenswert erhöht haben. Irgend etwas muß an unseren Lern-, Motivations- und sozialpsychologischen Theorien falsch sein.

Einige Untersuchungsdaten der letzten Jahre können uns möglicherweise einen Hinweis auf die Lösung des Problems liefern. In einer Folge von Experimenten, die Lewin durchführte, konnte festgestellt werden, daß eine Methode der Gruppenentscheidung, in der die Gruppe als Ganzes die Entscheidung fällt, daß ihre Mitglieder ihr Verhalten verändern, hinsichtlich der tatsächlich eingetretenen Veränderungen zwei- bis zehnmal so erfolgreich war wie eine Rede, in der die Zuhörer angehalten wurden, sich zu verändern (6). Es bleibt noch zu untersuchen, worauf diese Unterschiede in der Effektivität im einzelnen zurückzuführen sind, aber es wird schon jetzt deutlich, daß durch die Einbeziehung von Gruppen-Kräften eine völlig neue Ebene der Beeinflussung erreicht worden ist.

Ganz ähnliche Erfahrungen hat man bei dem Versuch gewonnen, die Produktivität einzelner Menschen am Arbeitsplatz zu steigern. Die herkömmlichen Vorstellungen darüber, wie die Leistung von Arbeitern erhöht werden kann, sind immer auf das Individuum ausgerichtet gewesen: man muß den richtigen Mann für die Aufgabe finden, ihm die Arbeit erleichtern, ihm die erforderlichen Fähigkeiten vermitteln, ihn durch finanzielle Vergünstigungen motivieren; und die Autoritäts- und Verantwortungsverhältnisse müssen klar und überschaubar sein. Doch selbst dann, wenn all diese Bedingungen erfüllt sind, liegt die Produktivität erheblich unter dem erreichbaren Maximum. Es spricht sogar einiges dafür, daß diese individualistische Konzeption der Produktivitätsdeterminanten negative Auswirkungen hat. Von seinen Mitarbeitern isoliert und den Anforderungen der Organisation unterworfen, die sich in den Anordnungen seines Vorgesetzten artikulieren, sieht sich der Arbeiter gezwungen, mit einigen seiner Kollegen informelle Gruppen zu bilden, die an keiner Stelle des Organisationsschemas explizit aufgeführt sind. Nur so kann er sich schützen vor der willkürlichen Kontrolle seines Lebens, vor der Eintönigkeit, die durch die endlose Wiederholung mechanisch steriler und routinemäßiger Handgriffe entsteht, und vor der Verkümmerung seiner Gefühle und Sozialbeziehungen, die durch die Frustration seiner Bedürfnisse, innerhalb einer festgefügten Gruppe Aktivität zu entwickeln, Anerkennung zu finden und soziale Kontakte zu pflegen, bewirkt wird. In neueren Experimenten konnte deutlich gezeigt werden, daß die Produktivität von Arbeitsgruppen erheblich gesteigert werden kann, wenn man Methoden der Arbeitsorganisation und -kontrolle anwendet, die den Arbeitsgruppen mehr Verantwortung überlassen, bei wichtigen Entscheidungen mehr Mitbestimmung gewähren, und in denen festgefügte Gruppen die Grundlage für die Befriedigung der sozialen Bedürfnisse des Individuums darstellen (3). Ich bin davon überzeugt, daß zukünftige Untersuchungen zeigen werden, daß Menschen, die unter solchen Bedingungen arbeiten, reifer und kreativer werden: als Mitglieder ihrer Familie, im Hinblick auf das Gemeinschaftsleben und als Staatsbürger.

Als letztes Beispiel wollen wir uns mit den Erfahrungen aus den Versuchen beschäftigen, Menschen in Arbeitsseminaren, Instituten oder speziellen Trainingskursen auszubilden. Es gibt zahlreiche solcher Versuche auf verschiedenen Gebieten der Sozialfürsorge, Gruppenkommunikation, Politik und Industrie sowie in der Erwachsenenfortbildung. Bedauerlicherweise ist nur äußerst selten versucht worden, den Erfolg derartiger Schulungen objektiv zu ermitteln, aber wenn man sich darum bemüht, lassen sich Beweise dafür finden, daß das Ausmaß der tatsächlichen Verhaltensänderungen ausgesprochen enttäuschend war. Im Arbeitsseminar entwickeln die Teilnehmer nicht selten großes Interesse, guten Willen und Enthusiasmus sowie den festen Entschluß, die gewonnenen Erkenntnisse zu Hause zu verwerten. Aber was geschieht zu Hause? Der Seminarteilnehmer stellt fest, daß sein Enthusiasmus nicht von den Mitarbeitern geteilt wird. Er erkennt, daß es unglaublich schwierig ist, die Erwartungen und Handlungsweisen anderer zu verändern. Vielleicht spürt er, wenn auch nur vage, daß alles ganz anders wäre, wenn nur einige der anderen seinen Enthusiasmus und seine Einsichten teilten, mit denen er sich zusammensetzen könnte, um über die Verwirklichung von Plänen zu beraten, die möglichen Folgen bestimmter Schritte zu besprechen, und von denen er Unterstützung seiner Emotionen und Motive erhalten könnte. Eine Schulung, die die Veränderung des Individuums als ihr einziges Ziel betrachtet, bewirkt vermutlich Frustration, Demoralisierung und Enttäuschung im gleichen Umfang, in dem sie positive Ergebnisse erzielt.

Vor einigen Jahren wurde im Forschungszentrum für Gruppendynamik der Versuch unternommen, diese Problematik zu verdeutlichen. Gegenstand der Untersuchungen war die Arbeitsweise eines Seminars zur Schulung von Führern im Bereich interkultureller Beziehungen (8). In einem von Lippert geleiteten Projekt wurden die Auswirkungen des Seminars auf Teilnehmer, die allein gekommen waren, systematisch verglichen mit Auswirkungen auf diejenigen, die als Team gekommen waren. Da eines der Probleme auf dem Gebiet der interkulturellen Beziehungen darin besteht, interessierte Menschen dazu zu erziehen, sich aktiver an gemeinschaftlichen Bemühungen zur Verbesserung der Beziehungen zwischen einzelnen Gruppen zu beteiligen, stellte eine größere Aktivität der Seminarteilnehmer in Gemeinschaftsangelegenheiten ein Ziel der Seminarausbildung dar. Vor Beginn des Seminars war kein sichtbarer Unterschied zwischen dem Aktivitätsniveau derjenigen, die einzeln, und derjenigen, die als Teams ausgebildet werden sollten. Sechs Monate nach der Seminarausbildung waren jedoch die Teilnehmer, die einzeln ausgebildet worden waren, kaum aktiver als vorher, während die anderen, die Mitglieder eines festen Schulungsteams gewesen waren, viel aktiver wurden. Es gibt zwar keine eindeutigen Beweise, aber wir nehmen mit Sicherheit an, daß auch hinsichtlich der Aufrechterhaltung der erhöhten Aktivität über längere Zeit hinweg Teammitglieder weitaus bessere Ergebnisse erzielen. Für die einzeln ausgebildeten Teilnehmer hatte das Seminar die kurz anhaltende Wirkung einer »Belebungsspritze«, während es bei den Teammitgliedern langfristigere Veränderungen bewirkte, da das Team für ständige Bekräftigung und Verstärkung seiner Mitglieder sorgte.

## *III*

Welche Schlüsse können wir aus diesen Beispielen ziehen? Lassen sich hieraus Grundregeln für die Veränderung des Menschen ableiten? Ganz allgemein können wir zunächst einmal sagen, daß das Verhalten, die Einstellungen, Meinungen und Wertvorstellungen eines Individuums fest in seiner Zugehörigkeits-Gruppe verankert sind. Wie aggressiv oder kooperativ ein Mensch ist, wieviel Selbstachtung und Selbstvertrauen er besitzt, wie einsatzbereit und wie produktiv er arbeitet, welche Ziele er anstrebt, was er für wahr und gut ansieht, wen er liebt oder haßt, welche Ansichten und welche Vorurteile er hat – all dies wird in starkem Maße von seiner Zugehörigkeit zu bestimmten Gruppen beeinflußt. Diese Charakteristika sind also im Grunde Merkmale von Gruppen und zwischenmenschlichen Beziehungen. Ob sie sich verändern oder nicht, hängt daher zu einem großen Teil von der Beschaffenheit der betreffenden Gruppen ab. Bei allen Versuchen sie zu verändern, müssen gruppendynamische Prozesse berücksichtigt werden.

Bei genauerer Betrachtung des Problems, welche Rolle Gruppen im Veränderungsprozeß spielen, erweisen sich zumindest drei verschiedene Aspekte als nützlich. Erstens kann man die Gruppe als eine Instanz betrachten, die einen wesentlichen Einfluß auf ihre Mitglieder ausübt. Bemühungen, Verhaltensweisen zu verändern, können dadurch, daß die Gruppe einen Druck auf die Mitglieder ausübt, entweder unterstützt oder blockiert werden. Will man sich diesen Gruppendruck zunutze machen, muß die Gruppe *als Medium der Veränderung* eingesetzt werden. Zweitens kann die Gruppe selbst *Gegenstand der Veränderung* sein. Um das Verhalten einzelner zu verändern, ist es unter Umständen erforderlich, die Gruppennormen, den Führungsstil, die emotionale Atmosphäre in der Gruppe oder ihre hierarchische Struktur und Untergliederung in Cliquen zu verändern. Obwohl das Ziel Verhaltensänderung des *Individuums* ist, wird die Gruppe zum Gegenstand der Veränderungen. Drittens ist eine Gruppe *als Urheber von Veränderungen* zu betrachten, da viele Verhaltensänderungen nur durch organisierte Bemühungen von Gruppen bewirkt werden können. Unabhängig davon, ob es sich um einen Ausschuß zur Bekämpfung der Intoleranz handelt, um eine Gewerkschaft, einen Arbeitgeberverband oder einen Bürgerausschuß, der für eine höhere Besoldung von Lehrern eintritt – die Effektivität einer jeden Aktionsgruppe hängt ab von der Art, in der sie organisiert ist, von der Zufriedenheit ihrer Mitglieder, von dem Ausmaß, in dem ihre Ziele klar definiert sind, und von sehr vielen anderen Gruppenmerkmalen.

Eine praktisch anwendbare sozialwissenschaftliche Technik muß also zumindest wissenschaftliche Einsicht in die Funktionsweise von Gruppen unter diesen drei Aspekten besitzen. Wir werden uns hier nur mit den ersten beiden beschäftigen: Gruppe als Medium der Veränderung und als Gegenstand der Veränderung.

## Die Gruppe als Medium der Veränderung

1. *Grundsatz:* Soll eine Gruppe wirksam als Medium der Veränderung eingesetzt werden, so müssen diejenigen, deren Verhalten verändert werden soll, und diejenigen, die die Verhaltensänderungen beeinflussen, ein starkes Zugehörigkeitsgefühl zur gleichen Gruppe besitzen.

Kurt Lewin hat diesen Grundsatz sehr treffend beschrieben: »Die natürliche Distanz zwischen Lehrer und Schüler, Arzt und Patient, Sozialarbeiter und Öffentlichkeit kann ... ein nur schwer überwindbares Hindernis für die Übernahme von empfohlenen Verhaltensweisen darstellen.« In anderen Worten: Lehrer und Schüler müssen sich trotz aller eventuell bestehender Statusunterschiede bezüglich ihrer Wertvorstellungen als Mitglieder derselben Gruppe verstehen. Wenn es gelingt, ein starkes Wir-Gefühl hervorzurufen, sind die Aussichten auf eine erfolgreiche Umerziehung relativ groß (5). Neuere Experimente von Preston und Heintz haben gezeigt, daß Meinungsänderungen bei Mitgliedern von Diskussionsgruppen, bei denen der Gruppenleiter selbst aktiv am Geschehen teilnahm, größer waren als bei solchen, bei denen der Leiter lediglich eine Aufsichtsfunktion hatte (12). Aus diesem Grundsatz ergeben sich weitreichende Konsequenzen für den praktischen Unterrichtsbetrieb sowie für die Menschenführung im Betrieb, in der Armee oder im Krankenhaus.

2. *Grundsatz:* Je attraktiver eine Gruppe ihren Mitgliedern erscheint, desto größer ist der Einfluß, den sie auf ihre Mitglieder ausüben kann.

Dieser Grundsatz ist von Festinger und seinen Mitarbeitern anhand umfassender Untersuchungen bestätigt worden (4). Es konnte in zahlreichen Versuchsanordnungen gezeigt werden, daß in Gruppen mit stärkerem inneren Zusammenhalt einzelne Mitglieder eher dazu neigen, andere zu beeinflussen oder sich von anderen Gruppenmitgliedern beeinflussen zu lassen und daß ein stärkerer Druck in Richtung auf Gruppenkonformität besteht, wenn Konformität für die Gruppe von Relevanz ist. Die wichtige Frage, die sich für die praktische Anwendung dieses Grundsatzes stellt, lautet: Wie kann man die Attraktivität von Gruppen erhöhen? Dies ist eine Frage, auf die es viele Antworten gibt. Es muß genügen, darauf hinzuweisen, daß eine Gruppe um so attraktiver ist, je mehr sie die Bedürfnisse ihrer Mitglieder befriedigt. Wir haben durch verschiedene Versuchsanordnungen eine Zunahme der Gruppenkohäsion erreichen können: durch die Verstärkung der Sympathiebindungen zwischen den Gruppenmitgliedern, durch die Steigerung der Bedeutung des Gruppenzieles für den Einzelnen und durch die Erhöhung des Prestiges, das eine Gruppe im Vergleich mit anderen Gruppen genießt. Diejenigen, die Erfahrung in der Arbeit mit Gruppen haben, könnten sicherlich noch viele andere Methoden nennen.

3. *Grundsatz:* Je mehr die zu verändernden Einstellungen, Wertvorstellungen oder Verhaltensweisen mit der für das Individuum

wichtigen Attraktivität der Gruppe zu tun haben, um so größer ist der Gruppeneinfluß auf diese Veränderungen.

Ich glaube, daß dieser Grundsatz wichtig für das Verständnis anderer bisher unklarer Phänomene ist. Wie kommt es, daß eine Gruppe, wie z. B. eine Gewerkschaft, in manchen Angelegenheiten (z. B. in Verhandlungen mit den Arbeitgebern) ihre Mitglieder ausgesprochen erfolgreich disziplinieren kann, während sie auf anderen Gebieten (z. B. bei politischen Aktionen) auch nicht annähernd den gleichen Einfluß ausübt? Wenn wir untersuchen, warum jemand von seiner Gruppe attrahiert wird, dann wird man, wie ich meine, finden, daß es von ganz bestimmten Gruppenaktivitäten abhängt, ob jemand einer Gruppe angehört. Wenn jemand einer Gewerkschaft beitritt, um dadurch vor allem seinen Arbeitsplatz zu sichern und seine Arbeitsbedingungen zu verbessern, wird er sich möglicherweise kaum von den Versuchen der Gewerkschaft beeinflussen lassen, seine Einstellungen zu nationalen und internationalen Fragen zu modifizieren. Gruppen unterscheiden sich sehr erheblich in bezug auf die für sie relevanten Themenkreise und somit auch hinsichtlich der Bereiche, in denen sie einen Einfluß ausüben können. Würde man die Beeinflussungsversuche mehr auf die Gruppen abstimmen, in denen sie durchgeführt werden, so könnte die Ineffizienz der Erwachsenenbildung erheblich reduziert werden.

4. *Grundsatz:* Je höher das Ansehen ist, das ein Gruppenmitglied in seiner Gruppe genießt, desto größer ist der Einfluß, den es ausüben kann.

Polansky, Lippitt und Redl (11) haben diesen Grundsatz in einer Reihe sorgfältig durchgeführter und methodisch einfallsreicher Untersuchungen in Kinder-Ferienlagern bestätigen können. Es ist wichtig, zu betonen, daß das, was einem Gruppenmitglied in realen Situationen Prestige verleiht, keineswegs mit dem identisch sein muß, was von der offiziellen Gruppenleitung am meisten geschätzt wird. Der Schüler einer Sonntagsschulklasse mit dem größten Prestige braucht nicht unbedingt Eigenschaften zu besitzen, die denen des Pastors ähneln. Der Liebling des Lehrers besitzt möglicherweise innerhalb seiner Klasse nur sehr geringe Einflußmöglichkeiten. Diese Regel liegt der allgemein bekannten Beobachtung zugrunde, daß der offizielle und der tatsächliche Gruppenführer oft zwei verschiedene Personen sind.

5. *Grundsatz:* Versuche, einzelne Mitglieder oder Untergruppen einer Gruppe zu verändern, welche Abweichungen von den Gruppennormen bedingen würden, begegnen starkem Widerstand.

In den letzten Jahren ist sehr viel Material gesammelt worden, aus dem hervorgeht, wie außerordentlich stark der Druck sein kann, den Gruppen auf ihre Mitglieder hinsichtlich deren Konformität mit den Gruppennormen ausüben. Derjenige, der von den Normen abweicht, muß in den meisten Gruppen damit rechnen, daß er von den anderen abgelehnt oder sogar aus der Gruppe ausgeschlossen wird. Wenn ein Mitglied wirklich zur Gruppe gehören und von den anderen anerkannt werden möchte, kann er diesem Druck nicht widerstehen. Aus diesem Grunde haben Versuche, Menschen zu verändern, indem man sie aus der Gruppe herausnimmt und ihnen eine besondere Schulung zukommen läßt, oft nur äußerst geringen Erfolg. Dieser Grundsatz trägt auch zum Verständnis der Tatsache bei, daß bei Personen, die in dieser Form ausgebildet worden sind, mitunter erhöhte Spannungszustände, aggressive Verhaltensweisen gegenüber der Gruppe oder verstärkte Neigungen zu beobachten sind, sich gemeinsam mit anderen, in gleicher Weise ausgebildeten in Sekten oder Cliquen zusammenzuschließen.

Diese fünf Grundregeln, die sich auf die Gruppe als Medium der Veränderung beziehen, dürften sich am leichtesten in solchen Gruppen verwirklichen lassen, die mit dem Ziel gebildet worden sind, Menschen zu verändern. Sie liefern einige Hinweise dafür, wie effektive Ausbildungs- oder Behandlungsgruppen aufgebaut werden müssen. Gleichzeitig weisen diese Grundregeln jedoch auf eine Schwierigkeit der Verhaltensänderung hin: sie lassen erkennen, wie sehr sich ein Individuum Veränderungsbestrebungen widersetzt, die in irgendeiner Form Gruppenzwängen und -erwartungen entgegengerichtet sind. Um Menschen in möglichst vielen Aspekten zu verändern, muß man sich folglich mit der Gruppe als Gegenstand der Veränderung befassen.

### Die Gruppe als Gegenstand der Veränderung

*6. Grundsatz:* Ein starker Druck, um Veränderungen in einer Gruppe durchzusetzen, entsteht dadurch, daß man die verschiedenen Gruppenmitglieder dazu bringt, die Veränderungen für notwendig zu halten, und somit dafür sorgt, daß die Quelle der auf Veränderung drängenden Kraft in der Gruppe selbst liegt.

Marrow und French (9) schildern eine hochinteressante Fallstudie; die diesen Grundsatz sehr gut veranschaulicht. Ein Produktionsbetrieb stellte keine Frauen über dreißig ein, da man die Auffassung vertrat, sie arbeiteten langsamer, seien schwieriger auszubilden und blieben häufiger der Arbeit fern. Der Betriebspsychologe konnte der Betriebsführung Daten vorlegen, aus denen eindeutig hervorging, daß es für diese Auffassung zumindest innerhalb des eigenen Betriebes keinerlei Rechtfertigung gab. Da die Fakten des Psychologen den allgemein vertretenen Auffassungen widersprachen, wurden sie jedoch nicht als mögliche Aktionsbasis akzeptiert. Es wurde behauptet, daß sie in krassem Widerspruch zu den konkreten Erfahrungen des Vorarbeiters stünden. Da kam dem Psychologen eines Tages der Gedanke, wie man Veränderungen auf ganz andere Art als durch die üblichen Methoden der Argumentation, des Überredens und des Zwanges erreichen könnte. Er schlug vor, die Betriebsführung möge doch selbst eine Analyse der Situation vornehmen. Mit seiner Unterstützung erhob sie all die Daten, die ihrer Meinung nach von Relevanz waren. Die Ergebnisse waren nun sozusagen ihre eigenen Fakten und nicht die eines »außenstehenden« Experten. Die Geschäftspolitik wurde daraufhin sofort abgeändert ohne weiteren Widerstand. Hieraus wird deutlich, daß Fakten allein nicht ausreichen. Sollen die Fakten zu einer wirksamen Basis der Veränderung werden, dann müssen sie von der Gruppe als gemeinsames Gedankengut anerkannt werden. Ob ein Beratungsteam beauftragt wird, eine Untersuchung durchzuführen und einen Bericht vorzulegen, oder ob Experten darum gebeten werden, die Gruppe bei der Durchführung ihrer eigenen Untersuchung zu unterstützen, scheint einen gewaltigen Unterschied hinsichtlich tatsächlich durchgeführter Veränderungen zur Folge zu haben.

7. *Grundprinzip:* Allen wichtigen Gruppenmitgliedern müssen Informationen über die Notwendigkeit von Veränderungen und der Folgen solcher Veränderungen zugänglich gemacht werden.

Anders ausgedrückt bedeutet dies, daß die Veränderung einer Gruppe im allgemeinen eine intensivere Kommunikation erforderlich macht. Newcomb (10) konnte zeigen, daß Mißtrauen und Feindseligkeit als erstes zur Folge haben, daß man eine freie und offene Diskussion über die Dinge, die die Spannungen bewirken, vermeidet. Man findet bei genauerer Betrachtung einer pathologischen Gruppe (darunter versteht man eine Gruppe, die Entscheidungs- und Handlungsschwierigkeiten hat), daß innerhalb der Gruppe der gegenseitige Austausch von wichtigen Informationen gehemmt ist. Solange diese Hemmungen nicht abgebaut werden, besteht kaum Hoffnung auf echte, dauerhafte Veränderungen in der Funktionsweise der Gruppe. Nebenbei läßt sich feststellen, daß der Abbau von Kommunikationsschranken meist von einem plötzlichen Ansteigen der Feindseligkeit begleitet ist. Es kann fast den Anschein haben, als fiele die Gruppe auseinander, eine sicherlich schmerzliche Erfahrung für manche Mitglieder. Dieses Unbehagen und die Befürchtung, alles gerate außer Kontrolle, beenden oft wieder den bereits begonnenen Veränderungsprozeß.

8. *Grundprinzip:* Veränderungen in einer Untergruppe bewirken in den anderen Untergruppen Spannungen, die nur reduziert werden können, indem man entweder die Veränderungen eliminiert oder versucht, die Beziehungen zwischen den einzelnen Untergruppen neu zu gestalten.

Man versucht häufig, die Funktionsweise von Gruppen zu verbessern, indem man Ausbildungsprogramme für einzelne Personengruppen innerhalb einer Organisation entwickelt: für Vorarbeiter, Krankenschwestern, Lehrer oder für Gruppenpädagogen. Wenn die Ausbildung für organisatorische Veränderungen relevant ist, dann muß sie sich notwendigerweise mit den Beziehungen dieser Personen zu anderen Untergruppen beschäftigen. Wenn die Schwestern eines Krankenhauses ihr Verhalten erheblich verändern, so muß sich dies auf ihre Beziehungen zu den Patienten und den Ärzten auswirken. Es ist unrealistisch, zu glauben, daß diese beiden Gruppen derartig signifikanten Veränderungen indifferent gegenüberstehen. In hierarchisch gegliederten Gruppen ist dies besonders deutlich zu erkennen. Aufgrund von Forschungsergebnissen und praktischen Erfahrungen hat Lippitt den Vorschlag gemacht, daß Veränderungsversuche in solchen Organisationen immer drei Ebenen einbeziehen sollten, wobei eine Ebene primärer Gegenstand der Veränderung ist und die anderen beiden die jeweils darüber- und darunterliegende Ebene sind.

## *IV*

In diesen acht Grundregeln spiegeln sich einige der grundlegenden Erkenntnisse wider, die die Forschung auf dem Gebiet der Gruppendynamik gewonnen hat. Da die Forschung kontinuierlich weitergeführt wird und es der Natur wissenschaftlicher Forschung entspricht, bestehende Hypothesen zu überprüfen und neu zu formulieren, dürfen wir annehmen, daß diese Prinzipien im Laufe der Zeit modifiziert und verbessert werden können. Bis dahin können sie als Richtlinien unseres Bemühens um eine wissenschaftlich fundierte Lehre der praktischen Menschenführung dienen.

In den angewandten Sozialwissenschaften spielen, genau wie in angewandten Naturwissenschaften, neue Ideen eine ganz entscheidende Rolle. Auf beiden Gebieten besteht Fortschritt darin, neue Wege zur

Erreichung bestimmter Ziele zu finden. Auf beiden Gebieten werden aufgrund praktischer Bedürfnisse neue Ideen entwickelt, und ihr Wert richtet sich nach dem Ausmaß, in dem sie diese Bedürfnisse befriedigen. Es besteht ein indirektes – aber sehr wichtiges – Verhältnis zwischen neuen Ideen einerseits und der wissenschaftlichen Entwicklung andererseits. Neue Ideen können der wissenschaftlichen Entwicklung nicht zu weit vorauseilen, sie sollten aber auch nicht zu weit hinter ihr zurückbleiben. Sie sind um so effektiver, je mehr sie sich wissenschaftlich gesicherter Erkenntnisse bedienen, und oft werden neue Entwicklungen in der Wissenschaft erst durch sie ermöglicht. Sie stellen aber auf keinen Fall logische Ableitungen wissenschaftlicher Grundregeln dar.

Diese kurze theoretische Erörterung soll zu einer abschließenden Bemerkung überleiten. Viele Menschen kennen »Gruppendynamik« nur aufgrund der sozialen Innovationen, die in den letzten Jahren aus der Arbeit mit Gruppen hervorgegangen sind. Unter Gruppendynamik werden häufig bestimmte Methoden verstanden, die auf Gruppen Anwendung finden. Rollenspiel, buzz-Gruppen, Gruppenbeobachter, Fragebogenerhebungen im Anschluß an ein Gruppentreffen und Rückmeldungen aus Gruppenbeobachtungen werden mit »Gruppendynamik« assoziiert. Ich glaube, es ist mir gelungen zu zeigen, daß Gruppendynamik mehr als nur eine Sammlung von Begriffen ist. Die Gruppendynamik strebt danach, beides zu sein: eine wissenschaftliche Disziplin und eine Lehre von der praktischen Anwendung sozialwissenschaftlicher Erkenntnisse.

Keineswegs soll die Bedeutung dieser Innovationen noch ihre Funktion geschmälert werden. Sie stellen Mechanismen dar, die zur Erreichung wichtiger Ziele Hilfe leisten sollen. Wie wirksam sie sind, hängt davon ab, wie sie angewandt werden und inwieweit sie dem Zweck angemessen sind. Über ihren jeweiligen Nutzwert im Vergleich zu anderen Alternativen muß letztlich eine sorgfältige Bewertung der Untersuchungen entscheiden. Ich glaube, daß die Grundsätze, die in diesem Artikel angeführt werden, auf einige der Bedingungen verweisen, die soziale Innovationen auf diesem Gebiet erfüllen müssen.

## *Anmerkung*

Diesem Artikel liegt eine Vorlesung zugrunde, die 1950–1951 im Rahmen der Leo-M.-Franklin-Vorlesungsreihe an der Wayne University, Detroit, gehalten worden ist.

# LITERATUR


(1) Cartwright, D.: »Some Principles of Mass Persuasion: Selected Findings of Research on the Sale of United States War Bonds.« Human Relations, 1949, Vol. II, No. 3, 253–267

(2) Cartwright, D.: *The Research Center for Group Dynamics: A Report of Five Years' Activities and a View of Future Needs.* Ann Arbor: Institute for Social Research, 1950

(3) Coch, L., and French, J. R. P., Jr.: »Overcoming Resistance to Change.« Human Relations, 1948, Vol. I, No. 4, 512–532

(4) Festinger, L., et al.: *Theory and Experiment in Social Communication: Collected papers.* Ann Arbor: Institute for Social Research, 1950

(5) Lewin, K.: *Resolving Social Conflicts* 67. New York: Harper and Brothers, 1948

(6) Lewin, K.: *Field Theory in Social Science* 229–236. New York: Harper and Brothers, 1951

(7) Lewin, K., Lippitt, R., and Withe, R. K.: »Patterns of Aggressive Rehavior in Experimentally Created ›Social Climates‹.« Journal of Social Psychology, 1939, 10, 271–299

(8) Lippitt, R.: *Training in Community Relations.* New York: Harper and Brothers, 1949

(9) Marrow, A. J., and French, J. R. P., Jr.: »Changing a Stereotype in Industry.« Journal of Social Issues, 1945, 1, 3, 33–37

(10) Newcomb, T. M.: »Autistic Hostility and Social Reality.« Human Relations, 1947, Vol. I, No. I, 69–86

(11) Polansky, N., Lippitt, R., and Redl, F.: »An Investigation of Behavioral Contagion in Groups.« Human Relations 1950, Vol. III, No. 4, 319–348

(12) Preston, M. G., and Heintz, R. K.: »Effects of Participatory vs. Supervisory Leadership on Group Judgment.« Journal of Abnormal and Social Psychology, 1949, 44, 345–355

ALBERTA ENGVALL SIEGEL / SYDNEY SIEGEL

# Bezugsgruppen, Zugehörigkeitsgruppen und Einstellungsänderung

Der Sozialpsychologie ist seit langem bekannt, daß die *Zugehörigkeitsgruppen* eines Individuums seine Wertmaßstäbe und Einstellungen entscheidend beeinflussen. In jüngerer Zeit sind darüber hinaus auch die Einflüsse von *Bezugsgruppen* besonders beachtet worden: Gruppen, in denen das Individuum eine Mitgliedschaft anstrebt oder aufrechterhalten möchte. Zugehörigkeits- und Bezugsgruppen können identisch sein oder auch nicht. Sie sind identisch, wenn jemand Mitglied einer Gruppe, zu der er gehört, *bleiben* möchte; sie sind nicht identisch, wenn jemand Mitglied in einer Gruppe, der er nicht angehört, *werden* möchte. Es ist von vielen Seiten dargelegt worden, daß sowohl die Zugehörigkeits- als auch die Bezugsgruppen die Einstellungen einer Person beeinflussen (4).

Die vorliegende Arbeit untersucht Einstellungsänderungen im Zeitverlauf, wenn Bezugsgruppen und Zugehörigkeitsgruppen identisch und wenn sie nicht identisch sind. Ein Vorteil für diese Arbeit war die Möglichkeit, ein Feldexperiment in dem für die Versuchspersonen gewohnten sozialen Umfeld durchführen zu können und es auf eine für sie lebenswichtige Situation zu beziehen. Den Versuchspersonen war nicht bekannt, daß ihre Zugehörigkeits- und Bezugsgruppen für die Untersuchung von Interesse waren; sie wußten nicht einmal, daß die entsprechende relevante Information den Untersuchern zur Verfügung stand.

Das Feldexperiment ermöglichte eine Überprüfung der allgemeinen Hypothese, daß sowohl Ausmaß als auch Richtung der Einstellungsänderung, die bei einer Person im Laufe einer bestimmten Zeit zu beobachten ist, von den Einstellungsnormen ihrer Zugehörigkeitsgruppe (unabhängig davon, ob sie sich diese Gruppe selbst ausgewählt hat

---

Originaltitel: Reference Groups. Membership Groups and Attitude Change. In: *Journal of Abnormal and Social Psychology*, 1957, 55.  Deutsche Übersetzung von Helmut Chr. Görlitz. Die eingeklammerten Anmerkungsziffern beziehen sich auf die Literaturübersicht zu diesem Aufsatz.

oder nicht) und von den Einstellungsnormen ihrer Bezugsgruppe abhängen.

Diese Hypothese wird an Versuchspersonen überprüft, die zum Zeitpunkt der ersten Einstellungsmessung eine gemeinsame Bezugsgruppe hatten. Die Personen wurden – statistisch zufällig – verschiedenen Zugehörigkeitsgruppen zugeteilt, wobei einige in von ihnen selbst ausgewählte, andere in nicht selbst gewählte Gruppen kamen. Nachdem die Versuchspersonen ein Jahr in einer dieser beiden Zugehörigkeitsgruppen mit divergierenden Einstellungsnormen gelebt hatten, wurden die Einstellungsmessungen wiederholt. Im Lauf des Jahres wurde für einige Versuchspersonen die ihnen vorgeschriebene (ursprünglich von ihnen nicht bevorzugte) Zugehörigkeitsgruppe zur Bezugsgruppe. Einstellungsänderungen nach Ablauf des Jahres wurden im Hinblick auf die innerhalb dieser Zeit stattgefundenen Identifizierungen der Versuchspersonen mit der Zugehörigkeitsgruppe und der Bezugsgruppe untersucht.

### *Das Feldexperiment*

Bei den Vpn dieser Untersuchung handelte es sich um Studentinnen einer großen, privaten Universität mit Koedukation. Die Untersuchung begann kurz vor Ende ihres ersten Studienjahres, als sie alle in demselben großen Studentinnen-Wohnheim wohnten, das ihnen zu Beginn ihres Studiums zugewiesen worden war. An dieser Universität ziehen alle Studentinnen zu Beginn ihres zweiten Studienjahres in andere Wohnungen. Ihnen stehen verschiedene Möglichkeiten offen: ein großes Studentenwohnheim, ein Wohnheim von mittlerer Größe, verschiedene ganz kleine Häuser mit einem gemeinsamen Speisesaal und einige ehemalige Verbindungshäuser, die aber, seitdem »sororities« vom Universitätsgelände verwiesen worden sind, von der Universität verwaltet werden. Die letzteren liegen zwischen den Häusern von Verbindungen männlicher Studenten in einer Straße mit dem Namen »Fraternity Row« und werden »›Row‹-Häuser« genannt. Obwohl die »Row«-Häuser mit weniger Komfort ausgestattet sind als die meisten anderen Wohngelegenheiten für Studentinnen, vermitteln sie einen höheren sozialen Status. Diese Beobachtung wurde durch eine Abstimmung bestätigt (5, S. 205), in der 90% aller Beteiligten angaben, daß die »Row«-Häuser der Studentinnen einen höheren sozialen Status besäßen als andere Unterkünfte. Die restlichen 10% machten keine Angaben über Statusunterschiede zwischen Unterkünften von Studentinnen.

In jedem Frühjahr findet eine »Ziehung« für die Unterbringung im folgenden Jahr statt. Alle weiblichen Studienanfänger müssen an dieser Ziehung teilnehmen, die anderen, die umziehen möchten, können daran teilnehmen. Die Ziehung wird vom Sekretariat der Studentenberatung in Zusammenarbeit mit Vertretern der Studentinnen durchgeführt. Die Stimmabgabe ist geheim. Jede Studentin schreibt die Rangreihe der bevorzugten Wohnmöglichkeiten auf ihren Stimmzettel. Nach Abgabe des Stimmzettels zieht sie eine Nummer aus einer Urne. Die Höhe dieser Nummer entscheidet darüber, ob ihrer Wahl entsprochen wird.

In einer schon früher berichteten Untersuchung (5) wurde an dieser Universität eine Zufallsstichprobe aus der Population der weiblichen Studienanfänger erhoben; den Vpn der Stichprobe wurden einige Tests vorgelegt, und (ohne Wissen der Vpn) ihre Bevorzugungen bestimmter Wohngelegenheiten für das bevorstehende zweite Studienjahr wurden ermittelt. Die Vpn wurden als »stark statusorientiert« charakterisiert, wenn sie als ersten Wunsch ein »Row«-Haus auf ihren Stimmzettel eingetragen hatten, andernfalls »wenig statusorientiert«. Die zu überprüfende Hypothese, die aus der Bezugsgruppentheorie und aus theoretischen Formulierungen über Autoritarismus abgeleitet worden war, lautete, daß starke Statusorientierung mit autoritärer Einstellung korreliert. Die Hypothese wurde bestätigt: Studentinnen, die ein »Row«-Haus als erste Wahl angegeben hatten, zeigten im Durchschnitt signifikant höhere Autoritarismus-Werte, die mit der E-F-Skala gemessen wurden (1, 2), als bei ihren Kommilitoninnen, die ein Nicht-»Row«-Haus als erste Wahl aufgeschrieben hatten. Die vorliegende Untersuchung stellt eine Fortsetzung der oben beschriebenen dar. Als Vpn werden nur solche Studentinnen der ursprünglichen Stichprobe herangezogen, die »stark statusorientiert« waren, d. h. die es vorzogen, während ihres zweiten Studienjahres in einem »Row«-Haus zu wohnen. In der ersten Untersuchung (5) waren von den 95 Vpn, deren Wohnwünsche festgehalten wurden, 39 »stark statusorientiert«, d. h. sie zeigten dadurch, daß sie bei der Ziehung als erste Wahl eine »Row«-Hausgemeinschaft angaben, daß die »Row« ihre Bezugsgruppe war. Von dieser Gruppe standen 28 als Vpn für die nachfolgende Untersuchung oder »change study« zur Verfügung, die Thema dieses Artikels ist. Diese Studentinnen bilden eine homogene Teilstichprobe im Hinblick auf die Tatsache, daß sie am Ende ihres ersten Studienjahres alle zur gleichen Zugehörigkeitsgruppe gehörten (das Wohnheim für Studienanfänger) und daß sie eine gemeinsame Bezugsgruppe (die »Row«) hatten. Während ihres zweiten Studienjahres hatten diese Studentinnen aber unterschiedliche Erfahrungen gemacht: Neun von ihnen wohnten während dieses Jahres in der »Row« (weil sie hinreichend niedrige Nummern bei der Ziehung gezogen hatten, so daß sie der Gruppe ihrer Wahl zugeteilt wurden), die anderen 19 Studentinnen wohnten während dieser Zeit in Nicht-»Row«-Häusern (da sie zu hohe Nummern gezogen hatten, um der von ihnen ausgewählten Wohngemeinschaft zugeteilt zu werden).

Im Rahmen eines großangelegten Testprogramms, an dem die meisten Studentinnen dieser Universität teilnahmen, wurde der E-F-Wert von jeder der 28 Vpn ermittelt. Den Vpn wurde Anonymität zugesichert, aber mit Hilfe eines Kodierungsverfahrens war es möglich, die einzelnen Vpn zu identifizieren, und es konnte daher dieser zweite E-F-Wert einer jeden Vpn mit ihrem ersten verglichen werden.

Um zu verhindern, daß die Vpn bemerkten, daß sie an einer Nachfolgeuntersuchung teilnahmen, wurde folgendermaßen verfahren: (a) in die zweite Stichprobe wurden neue Versuchspersonen aufgenommen, die an der vorhergegangenen Untersuchung nicht teilgenommen hatten, (b) das Testvorhaben wurde als Teil einer großangelegten Untersuchung zur Festsetzung von Test-Normen angekündigt, (c) die Testleiter waren nicht identisch mit denen des ersten Testdurchgangs, (d) den Vpn, die dem Testleiter mitteilten, sie hätten den »Fragebogen zur Erfassung der öffentlichen Meinung« (die E-F-Skala) bereits früher schon einmal ausgefüllt, wurde gesagt, daß dies kein Hinderungsgrund sei für die Teilnahme an der gegenwärtigen Untersuchung.

Die Vpn erhielten keinerlei Hinweise darauf, daß die Untersuchung irgend etwas mit ihren Wohnangelegenheiten zu tun hatte. Getestet wurde sowohl in Seminarräumen als auch in Wohnungen; das experimentelle Vorgehen und die Testanweisungen sollten bei den Vpn nicht das Gefühl aufkommen lassen, die Art der Wohnung sei im Rahmen der Untersuchung von irgendeiner Bedeutung.

Drei Wochen nach den ersten Einstellungsmessungen fand wieder die alljährliche Wohnungs-Ziehung statt; die Stimmabgabe der Studentinnen galt – wie üblich – als geheim. Bei dieser hatte jede Vp die Möglichkeit, ihre Zugehörigkeitsgruppe zu wechseln; ein Umzug in eine andere Wohnung ist aber am Ende dieses zweiten Studienjahres im Gegensatz zum ersten Jahr nicht Vorschrift. Wenn sich also eine Vp an dieser Ziehung beteiligte, so wurde die Wohnung, die die Vp auf ihrem Stimmzettel als ersten Wunsch angab, von den Untersuchern als die Bezugsgruppe der Vp angesehen. Beteiligte sich eine Vp nicht an der Ziehung, so war klar, daß die gegenwärtige Wohngemeinschaft die Gruppe war, mit der die Vp auch weiterhin zusammenleben wollte, d. h. daß es ihre Bezugsgruppe war. Aufgrund der Information über die Wohnungswünsche einer jeden Vp am Ende des ersten Studienjahres hinsichtlich der ihr für das zweite Studienjahr zugewiesenen Wohnung und über ihre Wohnungswünsche am Ende des zweiten Jahres ließ sich eine Gruppierung der Vpn in drei Kategorien vornehmen:

A. Studentinnen (n = 9), denen für das zweite Studienjahr eine »Row«-Wohnung zugewiesen worden war und die am Ende dieses Jahres nicht aus der »Row« wegziehen wollten;
B. Studentinnen (n = 11), denen für das zweite Studienjahr keine »Row«-Wohnung zugewiesen worden war und die, nachdem sie das Jahr in einem Nicht-»Row«-Haus gelebt hatten, am Ende dieses Jahres erneut an der Ziehung teilnahmen, um in ein »Row«-Haus zu kommen;
C. Studentinnen (n = 8), denen für das zweite Studienjahr keine »Row«-Wohnung zugewiesen worden war und die sich, nachdem sie das Jahr in einem Nicht-»Row«-Haus gelebt hatten, entschlossen, auch weiterhin dort wohnen zu bleiben.

Wie bereits erwähnt, hatten alle drei Gruppen von Vpn am Ende ihres ersten Studienjahres dieselbe Zugehörigkeitsgruppe (Wohnheim für Studienanfänger) und dieselbe Bezugsgruppe (»Row«-Haus). Für Gruppe A waren Zugehörigkeits- und Bezugsgruppe während des gesamten zweiten Studienjahres identisch. Für Gruppe B waren Zugehörigkeits- und Bezugsgruppe während des gesamten zweiten Studienjahres voneinander verschieden. Für Gruppe C waren Zugehörigkeits- und Bezugsgruppe zu Beginn des zweiten Studienjahres voneinander verschieden, aber durch einen Bezugsgruppenwechsel wurden sie im Laufe des Jahres identisch.

Die »Row«- und Nicht-»Row«-Gruppen unterscheiden sich – wie noch gezeigt werden wird – in ihren Einstellungsnormen, wobei die Bewohner von »Row«-Häusern im allgemeinen autoritärer eingestellt sind als Bewohner von Nicht-»Row«-Häusern. Aufgrund der sozialpsychologischen Theorie des Einflusses von Gruppennormen auf die Einstellungen eines Individuums würde man erwarten, daß die bei den drei Vpn-Gruppen verschieden starken Identifizierungen mit den Zugehörigkeitsgruppen während des zweiten Studienjahrs zu unterschiedlichen Einstellungsänderungen führen. Bei denjenigen, die während ihres zweiten Studienjahres in einem »Row«-Haus gewohnt haben (Gruppe A), würde man die geringsten Veränderungen ihrer autoritären Einstellung erwarten, da sie das Jahr in einem sozialen Gefüge verbracht haben, das bekräftigend auf ihre ursprünglichen Einstellungen gewirkt hat. Bei den Vpn der Gruppe C würde man die größte

Veränderung autoritärer Einstellung erwarten. Diese Veränderung kann aber nicht nur auf ihre Mitgliedschaft zur Nicht-»Row«-Gruppe, für die geringe autoritäre Einstellung typisch ist, zurückgeführt werden, sondern auch auf den Wechsel ihrer Bezugsgruppe, von der »Row«-Gruppe zur Nicht-»Row«-Gruppe, d. h. von einer Gruppe mit höherer Autoritarismus-Norm zu einer Gruppe mit niedrigerer Autoritarismus-Norm. Das Ausmaß an Einstellungsänderungen bei den Vpn der Gruppe B müßte etwa zwischen dem der beiden anderen Gruppen liegen, was auf die beiden gegensätzlichen Einflußrichtungen der Zugehörigkeitsgruppe (Nicht-»Row«), der sie zugeteilt worden waren, einerseits und der unveränderten Bezugsgruppe (»Row«) andererseits zurückzuführen ist. Entsprechend der angeführten theoretischen Überlegungen lautet die Hypothese: Das Ausmaß der Veränderungen autoritärer Einstellung zwischen der Messung im ersten und der Messung im zweiten Studienjahr ist in der Gruppe A am geringsten, in der Gruppe B größer und am größten in der Gruppe C. Das heißt, bezüglich des Ausmaßes der Einstellungsänderung ist Gruppe A < Gruppe B < Gruppe C.

## *Ergebnisse*

*Gruppennormen:* Aufgrund der umfangreichen Datenerhebung war es möglich, Gruppennormen für Autoritarismus von »Row«- und Nicht-»Row«-Studentinnen an dieser Universität zu ermitteln. Die E-F-Skala wurde allen »Row«-Bewohnern ($n = 303$) und einer Zufallsstichprobe von Nicht-»Row«-Bewohnern ($n = 101$) vorgelegt. Diese Vpn befanden sich im 2., 3. oder 4. Studienjahr. Der mittlere E-F-Wert für »Row«-Studentinnen betrug 90, der entsprechende Wert für Nicht-»Row«-Studentinnen 81. Die E-F-Werte der beiden Gruppen unterscheiden sich auf dem p-<-.001-Niveau ($x^2 = 11.1$), wie mit Hilfe des Median-Tests (6, S. 111–116), ein nicht-parametrischer Test, gezeigt werden konnte. Die entsprechenden Daten sind in Tabelle 1 aufgeführt.

*Einstellungsänderung:* Die im Mittelpunkt dieser Untersuchung stehende Hypothese besagt, daß unterschiedlich große Einstellungsänderungen zwischen den Gruppen A, B und C auftreten werden, und zwar in der Richtung, die man aufgrund der Kenntnis der Gruppennormen von »Row«- und Nicht-»Row«-Bewohnern erwarten würde. Die 28 Vpn der vorliegenden Untersuchung hatten am Ende ihres ersten Studienjahres im Mittel einen E-F-Wert von 102. Aufgrund der

*Tabelle 1*

Häufigkeiten von E-F-Werten ober- und unterhalb des gemeinsamen Medianwertes von »Row«- und Nicht-»Row«-Bewohnern

| | Bewohner von Nicht-»Row«-Häusern | Bewohner von »Row«-Häusern | Summe |
|---|---|---|---|
| oberhalb des Medians | 36 | 166 | 202 |
| unterhalb des Medians | 65 | 137 | 202 |
| Summe | 101 | 303 | 404 |

oben angeführten Autoritarismus-Normen aller auf dem Universitätsgelände wohnenden Studentinnen würde man erwarten, daß sich im allgemeinen bei allen Vpn autoritäre Einstellung im Laufe des zweiten Studienjahres abschwächt, daß aber diese Abschwächung in den drei Gruppen unterschiedlich groß ist. Die Theorie sozialer Gruppen und die Kenntnis, daß »Row«-Bewohner im allgemeinen höhere Meßwerte in autoritärer Einstellung erzielen als Nicht-»Row«-Bewohner, lassen erwarten, daß Gruppe A das geringste, Gruppe B ein stärkeres und C das stärkste Absinken der Autoritarismus-Werte zeigen wird. Die Daten, die zur Überprüfung dieser Hypothese dienen, sind in Tabelle 2 aufgeführt. Um die Nullhypothese, die besagt, daß alle 3 Gruppen der gleichen Population entstammen, gegen die Alternativhypothese zu prüfen, die besagt, daß die 3 Gruppen verschiedenen, in bestimmter Weise angeordneten Populationen entstammen, wurde der Jonckheere-Test (3), ein nicht-parametrischer k-Stichproben-Test, angewendet. Die Nullhypothese wurde zugunsten der Alternativhypothese verworfen, wobei $p < .025$.

## *Diskussion der Befunde*

Die vorliegende Untersuchung stellt im wesentlichen eine experimentelle Verifizierung bestimmter Aussagen der Theorie sozialer Gruppen dar. Sie zeigt, daß die im Laufe der Zeit auftretenden Einstellungsänderungen mit der Identifizierung der Person mit einer Gruppe zusammenhängen – sowohl der Identifizierung mit ihrer Zugehörig-

*Tabelle 2*

E-F-Werte der Versuchspersonen am Ende des ersten und zweiten Studienjahres

| Gruppe | E-F-Wert Ende des ersten Studienjahres | Ende des zweiten Studienjahres | Differenz |
|---|---|---|---|
| | 108 | 125 | −17 |
| | 70 | 78 | − 8 |
| | 106 | 107 | − 1 |
| | 92 | 92 | 0 |
| A | 80 | 78 | 2 |
| | 104 | 102 | 2 |
| | 143 | 138 | 5 |
| | 110 | 92 | 18 |
| | 114 | 80 | 34 |
| | 76 | 117 | −41 |
| | 105 | 107 | − 2 |
| | 88 | 82 | 6 |
| | 109 | 97 | 12 |
| | 98 | 83 | 15 |
| B | 112 | 94 | 18 |
| | 101 | 82 | 19 |
| | 114 | 93 | 21 |
| | 104 | 81 | 23 |
| | 116 | 91 | 25 |
| | 101 | 74 | 27 |
| | 121 | 126 | − 5 |
| | 87 | 79 | 8 |
| | 105 | 95 | 10 |
| C | 97 | 81 | 16 |
| | 96 | 78 | 18 |
| | 108 | 73 | 35 |
| | 114 | 77 | 37 |
| | 88 | 49 | 39 |

keits- als auch mit ihrer Bezugsgruppe. Die Hypothese, daß das Ausmaß der Einstellungsänderung zwischen den drei Untergruppen entsprechend der Identifizierung mit der jeweiligen Zugehörigkeits- und Bezugsgruppe variiert, konnte auf dem p-<-.025-Niveau bestätigt werden; wie vorausgesagt, war das Ausmaß der Veränderungen autoritärer Einstellung bei Gruppe A < Gruppe B < Gruppe C.

Weiterhin lassen die Daten den Einfluß von Zugehörigkeitsgruppen und Bezugsgruppen erkennen. Am Ende des ersten Studienjahres hatten die Vpn in Gruppe A, B und C dieselbe Zugehörigkeits- und dieselbe Bezugsgruppe. Während des zweiten Jahres hatten die Vpn der Gruppe A die gleiche Zugehörigkeitsgruppe, die Vpn der Gruppe B und C eine andere. Die Theorie der Zugehörigkeitsgruppen würde erwarten lassen, daß das Ausmaß der Einstellungsänderung unter den zuletzt genannten Vpn größer ist. Diese Hypothese wird durch die Daten (in Tabelle 2) bestätigt: Der Mann-Whitney-Test (6, S. 116 bis 127) zeigt, daß sich die Werte, die den jeweiligen Einstellungsänderungen dieser beiden Vpn-Gruppen (Gruppe A gegenüber den Gruppen B und C) entsprechen, in erwarteter Richtung auf dem p-<-.025-Niveau unterscheiden. Dieser Befund zeigt den Einfluß von *Zugehörigkeitsgruppen* auf Einstellungsänderungen. Andererseits gehörten am Ende des zweiten Studienjahres die Vpn in den Gruppen A und B derselben Bezugsgruppe an, während sich die Vpn der Gruppe C inzwischen eine andere Bezugsgruppe gewählt hatten. Man würde der Bezugsgruppentheorie zufolge erwarten, daß Einstellungsänderungen bei den Vpn, die ihre Bezugsgruppe gewechselt haben (Gruppe C), größer sind als bei denen, die nicht gewechselt haben. Auch diese Hypothese wird durch die Daten (in Tabelle 2) bestätigt: Der Mann-Whitney-Test zeigt, daß sich die Werte, die den jeweiligen Einstellungsänderungen dieser beiden Gruppierungen der Vpn (die Gruppen A und B gegenüber Gruppe C) entsprechen, in erwarteter Richtung auf dem p-<-.05-Niveau unterscheiden. Dieser Befund zeigt den Einfluß von *Bezugsgruppen* auf Einstellungsänderungen. Folgerungen aus dieser Art der Datenanalyse (im Gegensatz zu der im Mittelpunkt der Arbeit stehenden Analyse mit Hilfe des Jonckheere-Tests) können wegen der Abhängigkeit der für die beiden Mann-Whitney-Tests benutzten Daten nur mit Einschränkungen gelten; dennoch sollen sie hier erwähnt werden, um die Rolle, die die Zugehörigkeits- und Bezugsgruppen bei der Beeinflussung von Einstellungsänderungen spielen, zu verdeutlichen.

Diese Befunde können auch einen Beitrag zu unserem Verständnis der Prozesse leisten, die zu Einstellungsänderungen führen. Die Zugehörigkeitsgruppe, auch wenn sie jemandem auferlegt wird, beeinflußt auch dann die Einstellungen des Individuums, wenn diese Gruppe von ihm nicht als seine Bezugsgruppe akzeptiert wird. Dies zeigt sich im Fall der Gruppe B. Akzeptiert ein Individuum die Gruppe, der es zugeteilt worden ist, als seine Bezugsgruppe, wie dies bei den Vpn der Gruppe C der Fall war, ist die Veränderung seiner Einstellungen in Richtung auf die Gruppennormen noch ausgeprägter.

Die Untersuchung enthält einige erwähnenswerte methodologische Aspekte. Erstens zeigt die Arbeit, daß es möglich ist, das Konzept der Bezugsgruppe operational zu definieren. Die geheime Wahl einer Gruppe, in der man leben möchte, stellt eine Verhaltensweise dar, in der die Bezugsgruppe einer Person Ausdruck findet. Ferner ist die inhaltliche Bedeutung dieses Wahlvorgangs so direkt ableitbar, daß die Zuverlässigkeit der von den Autoren vorgenommenen Kategorisierung außer Frage steht. Zweitens zeigt die Arbeit, daß ein Feldexperiment durchaus in einer Form durchgeführt werden kann, die der in einer realen Situation meist nicht erfüllten Anforderung, die man an ein Experiment stellt, Rechnung trägt: der Zufälligkeit. Die Entscheidung darüber, ob eine Studentin in die Wohngemeinschaft kommen würde, die sie besonders bevorzugt, hing von einem Zufallsereignis ab: von der Höhe der Nummer, die sie aus der Urne zog. Durch diese Tatsache ist die Forderung nach Zufälligkeit der Bedingungsfaktoren erfüllt, und dementsprechend konnten präzisere Ableitungen gemacht werden, als dies gewöhnlich bei einem Feldexperiment möglich ist. Drittens beruhen die Untersuchungsergebnisse auf dem Verhalten von Vpn in einer Situation, in der *keine* besondere Betonung von Zugehörigkeits- oder Bezugsgruppen und auch keine externe Sanktionierung von seiten der relevanten Gruppen stattfand. Somit gestattete das Design die Interpretation, daß die E-F-Werte die internalisierten Einstellungen der Vpn repräsentierten (4, S. 218). Abschließend sei erwähnt, daß die Anwendung eines Papier-und-Bleistift-Tests zur Messung von Einstellungen und Einstellungsänderungen anstelle der Benutzung eines stärker am Verhalten orientierten Maßes einen Mangel der vorliegenden Arbeit darstellt. Darüber hinaus haftet dem benutzten Maß eine Zirkularität an, die auf dem Auftreten pseudo-niedriger Meßwerte beruht (1, S. 771; 5, S. 221–222).

## *Zusammenfassung*

Der Einfluß von Zugehörigkeits- und Bezugsgruppen auf die Veränderung von Einstellungen wurde untersucht in einem Experiment, das in einem für die Vpn vertrauten sozialen Umfeld und unter natürlichen sozialen Bedingungen durchgeführt wurde, wobei die Zufälligkeit der relevanten Bedingungsfaktoren gewährleistet war. Alle Vpn gehörten zum Zeitpunkt des Untersuchungsbeginns derselben Bezugsgruppe an. Nachdem sich die Vpn aufgrund eines Zufallsereignisses unterschiedlichen Zugehörigkeitsgruppen mit divergierenden Einstellungsnormen anschließen mußten, zeigte sich, daß die im Zeitverlauf bei den Vpn zu beobachtende Einstellungsänderung eine Funktion der normativen Einstellungen der Zugehörigkeitsgruppen, denen man sie zugeteilt hatte, und ihrer jeweiligen Bezugsgruppen war. Die größten Einstellungsänderungen waren bei den Vpn zu beobachten, die sich die Zugehörigkeitsgruppe, der man sie zugeteilt hatte, die aber von ihnen ursprünglich nicht bevorzugt worden war, schließlich als ihre Bezugsgruppe wählten.

## *Anmerkung*

Diese Untersuchung wurde durch Zuschüsse vom »Committee for the Study of American Values« an der Stanford University und vom »Stanford Value Theory Project« unterstützt. Wir möchten an dieser Stelle Davis W. Thompkins, Marilyn Sanchez-Corea und Coleen Baker für ihre Hilfe bei der Durchführung dieser Arbeit danken. Wir danken ebenfalls Elva Fay Brown, Beraterin für Studentinnen an der Stanford University, und ihren Mitarbeitern für die großzügige administrative Unterstützung.

## LITERATUR

(1) Adorno, T. W., Frenkel-Brunswik, Else, Levinson, D. J., and Sanford, R. N.: *The authoritarian personality.* New York: Harper, 1950

(2) Gough, H. G.: *Studies of social intolerance: I. Some psychological and sociological correlates of anti-Semitism.* J. soc. Psychol., 1951, 33, 237–246

(3) Jonckheere, A. R.: *A distribution-free k-sample test against ordered alternatives.* Biometrika, 1954, 41, 133–145

(4) Sherif, M., and Sherif, Carolyn W.: *Groups in harmony and tension.* New York: Harper, 1953

(5) Siegel, S.: *Certain determinants and correlates of authoritarianism.* Genet. Psychol. Monogr., 1954, 49, 187–229

(6) Siegel, S.: *Nonparametric statistics: For the behavioral sciences.* New York: McGraw-Hill, 1956

E. JACKSON BAUR

# Öffentliche Meinung und die Primärgruppe

Für die öffentliche Meinungsbildung spielt die Interaktion in Primärgruppen eine wesentliche Rolle. Ihre Bedeutung für die Entstehung und Beibehaltung von Meinungen zeigen Ergebnisse der Kleingruppenforschung. Wahlumfragen, an ein und derselben Befragten-Stichprobe mehrfach wiederholt, lassen erkennen, wie wichtig die direkte persönliche Beeinflussung für die Veränderung von Meinungen ist. Die Rolle des Meinungsführers (opinion leadership) im Gemeinwesen ist zu unterscheiden von der des Meinungs-Initiators (opinion initiation) innerhalb von Primärbeziehungen. In einer Öffentlichkeit – im Unterschied zu einer Masse – gibt es eine Trennung zwischen persönlichen Interessen und Gruppenerwartungen. Die Anpassung an jene beiden Determinanten der öffentlichen Meinung ist mit den Typen PRO, CONTRA, AMBIVALENT, UNENTSCHIEDEN und UNIFORMIERT zu kennzeichnen. Die typische Entwicklungsgeschichte einer Öffentlichkeit durchläuft Stadien, die durch Massenverhalten, öffentliche Kontroversen zwischen organisierten Parteien und einen institutionalisierten Entscheidungsprozeß charakterisiert sind. In jenem Stadium leisten Primärgruppen Entwicklungs- und Relais-Aufgaben innerhalb größerer Strukturen. Die Folge fortgesetzter Interaktion ist eine Pointierung, Kristallisation und Polarisation von Meinungen. Ambivalente, unentschiedene und uniformierte Personen zeigen Veränderungen in Richtung auf Konformität mit den Erwartungen der Primärgruppe. Die Interessen werden neu festgelegt, um mit diesen Erwartungen übereinzustimmen.

Der Interaktionsprozeß in Primärgruppen ist unbedingt notwendiger Bestandteil der öffentlichen Meinungsbildung. Dieser Satz ist Ausgangspunkt des vorliegenden Referates. Die bestehenden Theorien der öffentlichen Meinung haben die Interaktion in Sekundärbeziehungen und über die Massenmedien betont. Sie beschreiben die Wirkungsweise von Interessengruppen, Massen, Öffentlichkeiten und ähnlich großen Gruppen und Kollektiven bei der öffentlichen Mei-

---

Originaltitel: Public opinion and the primary group. In: *American sociological review,* 1960, 25, 208–219. Wiedergegeben mit Genehmigung der American Sociological Association, Washington. Deutsche Übersetzung von Johannes Triebe.

nungsbildung. Während der fünfziger Jahre verwiesen zahlreiche Soziologen darauf, daß man die Kleingruppen übersehen hatte, formulierten Hypothesen hinsichtlich deren Funktion in der Massenkommunikation, drängten auf die Entwicklung angemessener begrifflicher Modelle und formulierten die speziell auf die Überprüfung dieser Vorschläge zugeschnittenen Forschungsvorhaben.

Das vorliegende Referat untersucht spezifische Probleme innerhalb dieses allgemeinen Gebiets, gibt einen Überblick über einschlägige Arbeiten anderer, formuliert ein begriffliches Modell und unterbreitet Hypothesen mit der Forderung, sie unter Beweis zu stellen. Es ist ein vorläufiger Bericht, im Zusammenhang zu sehen mit laufenden Felduntersuchungen, die der Meinungsbildung bei Problemen im Umkreis von Hochwasserbekämpfung und Wasserversorgung gelten. Die Überprüfung der Hypothesen erfolgt über eine modellhafte, stichprobenartige Umfrage unter einer ländlichen Bevölkerung, die mit alternativen Vorschlägen zur Regulierung des Flußlaufs konfrontiert wird.

Anfang 1958 machte das Army Corps of Engineers Pläne bekannt, bei Clinton, Kansas, im Wakarusa River – einem Nebenfluß des Kansas River – einen Staudamm zu errichten. Innerhalb nur weniger Wochen hatte eine Gruppe von Farmern die Wakarusa Watershed Association gegründet, deren Ziel es war, einen Wasserscheiden-Distrikt zu errichten, der die amtliche Vollmacht zum Bau 90–100 kleinerer Dämme hatte. Dieses Projekt vermochte, wenn es erfolgreich war, den von den Armee-Ingenieuren vorgeschlagenen, dringend notwendigen größeren Damm zu verhindern. Da die Wasserscheide des Wakarusa River im Bereich dreier an die University of Kansas angrenzender Verwaltungsbezirke lag, waren wir in der glücklichen Lage, die öffentliche Kontroverse über jene alternativen Vorschläge zur Hochwasserbekämpfung und Wasserversorgung zu beobachten.

Wir wählten eine für das Gebiet repräsentative Stichprobe von 140 ländlichen Bewohnern, die wir während der Sommer 1958 und 1959 interviewten. Das Interview war so konzipiert, daß es eine Identifikation derer erlaubte, die ihre Meinung zwischen aufeinanderfolgenden Befragungen geändert hatten; deren Interessen an dem strittigen Fall erkennen ließ; die Informationskanäle aufdeckte, durch die die entsprechenden Meinungen dem einzelnen zugetragen worden waren; und daß es möglich war, Primär-, Sekundär- und Masseneinflüsse miteinander zu vergleichen und zueinander in Beziehung zu setzen. Wir befragten auch die Führer der beiden streitenden Parteien und die 60 Personen, von denen die Petition getragen wurde und die von dem

»Wasserscheiden-Verein« die Rolle von Meinungsführern erhalten hatten.

Obwohl unser begriffliches Modell auf den Daten basiert, die wir bei Untersuchung der Parteinahme für Hochwasserbekämpfung und Wasserversorgung gewonnen haben,[1] wird es hier in einer allgemeinen Form vorgelegt mit dem Versuch, die bedeutsamen Elemente und Variablen im Prozeß der öffentlichen Meinung so einzubeziehen, daß das Modell auf jede Gemeinde oder Gesellschaft anwendbar wird, bei der – in Konfrontation mit einer strittigen Frage – die Bevölkerung am legitimen Entscheidungsprozeß teilnimmt.

Die Hauptabschnitte des vorliegenden Referates behandeln folgende Themen: (1) Die von der Chicago-Schule entwickelte Theorie der öffentlichen Meinung, Grundlage unseres Forschungsprojektes; (2) den mangelnden Zusammenhang zwischen Theorie der öffentlichen Meinung und entsprechenden Forschungstechniken; (3) neue Untersuchungen sozialer Faktoren bei der Meinungsänderung; (4) eine Unterscheidung zwischen Führern und Initiatoren; (5) Gegenwärtige Auffassungen über die Funktion von Primärgruppen in Massenkommunikation und öffentlicher Meinung: (6) persönliche Interessen und Gruppenerwartungen als Determinanten der Meinung; und (7) Entwicklungsstadien von Struktur, Interaktion und Symbolisation im Lebenszyklus einer Öffentlichkeit.

### *Makrosoziologische Theorie der öffentlichen Meinung*

Der Prozeß der öffentlichen Meinung hat die gesellschaftliche Funktion, auf friedlichem Wege Konflikte zwischen Parteien innerhalb einer sich ändernden, säkularisierten Gesellschaft zu lösen. Nach der auf Park[2] zurückgehenden und von seinen Schülern, insbesondere Herbert Blumer[3] und Carroll D. Clark[4] weiterentwickelten Theorie ist öffentliche Meinung das kollektive Ergebnis von Interaktion innerhalb einer Öffentlichkeit. Sie ist ein Meinungs-Kompositum, abhängig davon, wie die Meinungen der Mitglieder einer Öffentlichkeit zur Entscheidung befugten Führern übermittelt werden.

Ihrer Struktur nach ist die Öffentlichkeit eine Großgruppe, die durch eine strittige Frage in Parteien aufgespalten ist. Die Mitglieder sind unterschiedlicher Ansicht in bezug auf Handlungsvorschläge, deren künftige Auswirkungen auf ihre Interessen sie verschieden sehen. Man stellt sich vor, die Öffentlichkeit habe ein Zentrum und eine Peripherie, wobei sich die Teilnehmer vom Zentrum zur Peripherie in der Intensität ihres Beteiligtseins und Interagierens unterscheiden. Parteiische Interessengruppen bilden den Kern der Öffentlichkeit, um den herum sich einander nicht verpflichtete Gruppen und Personen finden, die zwar am Problem interessiert, aber nicht der einen oder anderen Seite öffentlich angeschlossen sind.

Die Entstehung einer Öffentlichkeit hängt von bestimmten kulturellen Voraussetzungen ab. Die Mitglieder müssen eine gemeinsame Sprache besitzen, einige grundlegende Werte gemeinsam haben und feststehende institutionalisierte Mittel und Wege ihres legitimen gemeinsamen Tuns akzeptieren. Nicht in allen Gesellschaften sind Öffentlichkeiten voll entwickelt, aber sie sind kennzeichnend für den pluralistischen oder zusammengeschlossenen und städtischen Gesellschaftstyp im Unterschied zu bloß dichtbesiedelten und verstädterten Gesellschaften mit festem Autoritätsgefüge. Zu der ins Auge springenden Unterschiedlichkeit der Normen gehört die Toleranz gegenüber Andersdenkenden; gehören bürgerliche Rechte wie Glaubens-, Rede-, Presse-, Versammlungsfreiheit und das Recht, Vereine und Gesellschaften zu bilden; schließlich Menschenrechte wie die richterliche Überprüfung eines Haftbefehls, die Unverletzlichkeit der Person, das Brief- und Bankgeheimnis, das Recht auf Aussageverweigerung und auf eine angemessene Prozeßführung.

Die Öffentlichkeit hat eine typische Geschichte. Ihre Vorstufe bildet eine »Masse«, in der viele Individuen je für sich von einem sozialen Problem beunruhigt werden. Sie entnehmen den Massenmedien oder der persönlichen Kommunikation neue Ideen, aber eine Öffentlichkeit entsteht erst dann, wenn irgendeine organisierte Gruppe einen Lösungsvorschlag unterbreitet, der die Maximierung der Interessen ihrer Mitglieder zum Ziele hat. Auch dann aber ist die Öffentlichkeit erst vollausgebildet, wenn jene, die sich nachteilig betroffen fühlen, aktiv werden und den ursprünglichen Vorschlag kritisieren. Den Zusammenhalt der verschiedenen Interessengruppen innerhalb jeder Partei gewährleisten Bündnisse, ad hoc gebildete Komitees oder neuintegrierende Zusammenschlüsse. Je mehr die organisatorischen Probleme innerhalb der Interessengruppen eine Lösung finden, desto stärker wendet sich die Aufmerksamkeit den unverbindlichen Außenseitern zu, deren Unterstützung notwendig ist, um in der Kontroverse die Oberhand zu gewinnen; man versucht sie mit den Mitteln von Propaganda und persönlicher Beeinflussung zu überreden. Die öffentliche Meinung äußert sich in Form von Diskussion und Kontroverse.

Die Schlußphase ist erreicht, wenn zur Übernahme der Entscheidungsvollzüge legitime Institutionen ins Leben gerufen werden. Zu den institutionalisierten Mitteln Entscheidungen zu fällen gehören Wahlen, der Erlaß von Gesetzen oder die Durchführung von Prozessen. Eine maßgebende Entscheidung wird von Personen in verantwortlicher Stellung gefällt, die die zur öffentlichen Meinung gehörenden Gesichtspunkte zusammen mit anderen relevanten Informationen bewerten und daraufhin eine Entscheidung oder Aktion bekanntgeben, die den Abschluß der Streitfrage zum Ziel hat.[5]

Diese Konzeption folgt Blumers Unterscheidung zwischen Öffentlichkeit (public), Menge (crowd) und Masse (mass).[6] Die Menge ist ein geschlossenes Ganzes, während Masse und Öffentlichkeit aufgesplittert sind. Entstehung und Einheit der Menge sind vom direkten kommunikativen Kontakt abhängig. Eine Masse oder eine Öffentlichkeit wird demgegenüber in typischer Weise durch indirekte Kommunikation – über die Massenmedien – zwischen Einzelpersonen und kleinen Gruppen zusammengehalten.[7] Kompakte Gruppen größeren Umfangs, wie etwa Kundgebungen, kommen sowohl in Massen als auch in Öffentlichkeiten vor, sind aber kein wesentliches Merkmal.

Der entscheidende Unterschied zwischen der Masse und der Öffentlichkeit ist die Ähnlichkeit von Meinungen oder Handlungen in einer Masse und der Aufeinanderprall gegensätzlicher Meinungen in einer Öffentlichkeit. Die Mitglieder einer Öffentlichkeit sind gespalten durch ihre gegensätzlichen Auffassungen hinsichtlich einer kontroversen Frage. Die Mitglieder einer Masse stimmen miteinander überein, und obwohl sich ihre Auffassungen von denen anderer – außerhalb – unterscheiden mögen, wird die Kritik durch Außenseiter nicht geschätzt, weil diese für unfähig gehalten werden, die Anschauungen und Handlungen der Insider zu verstehen oder zu würdigen. Das Konzept einer internen Unterteilung der Öffentlichkeit in Parteien ist für die im vorliegenden Referat vertretene Theorie entscheidend. Denn, so steht zu vermuten, die Spannung des Zwiespältigen, die diese Unterteilung mit sich bringt, veranlaßt den Einzelnen, über die Kommunikation in Primärbeziehungen eine Klärung zu suchen.

## *Die Kluft zwischen Forschungstechniken und inhaltlicher Theorie*

Auf das zeitliche Auseinanderklaffen zwischen der Entdeckung neuer Forschungstechniken und der Entwicklung einer Theorie der öffentlichen Meinung hat Clyde Hart mit der Bemerkung hingewiesen, von Anfang der zwanziger bis Ende der vierziger Jahre habe es »so gut wie keinerlei Anzeichen dafür gegeben, daß unser Verständnis für die Prozesse der Meinungs- und Einstellungsbildung irgendeinen deutlichen Zuwachs verzeichnete«.[8] In jüngerer Zeit verwies Blumer auf das »begrenzte Ausmaß, in dem die gegenwärtige Literatur zur öffentlichen Meinung zum allgemeinen Wissen um kollektives Verhalten beiträgt ...«.[9]

Zur selben Zeit führte die Verfeinerung der demoskopischen Methoden zu einer unerhörten Verbesserung der technischen Möglichkeiten, Meinungsdaten zu sammeln und zu analysieren. Es ist eine Folge der in den meisten unserer Forschungsmethoden impliziten statischen und nominalistischen Orientierung, daß jene technischen Fortschritte keinen Anreiz für die Theorie bedeuteten. Das übliche querschnittartige Umfrage-Design erbringt zwangsläufig ein statisches Bild der öffentlichen Meinung, während die Theorie deren zeitlichen Entwicklungsverlauf hervorhebt.

Die quantitative Erfassung von Meinungen ging unter der Annahme vonstatten, die Bevölkerung sei eine Masse, und die bloße Anzahl sei dabei die entscheidende Variable; zum größten Teil wurde ignoriert, daß es sich bei der Öffentlichkeit um ein komplexes Kollektiv handelt, das Organisationen, Gruppen, Parteien und Schichten umfaßt, die jeweils in unterschiedlichem Maße Einfluß und Macht besitzen. Die Ergebnisse von Umfragen zeigen die öffentliche Meinung fast ausnahmslos als einen Querschnitt der Massenmeinung, während die Theorie der öffentlichen Meinung besagt, daß sie »ein Muster der verschiedenen Auffassungen und Positionen zum jeweiligen Problem bildet, *welche dann zu jenen Einzelnen gelangen, deren Aufgabe es ist, als Antwort auf die öffentliche Meinung zu handeln*«.[10]

Die realistische – im Unterschied zur nominalistischen – Sichtweise hat Herbert Goldhamer klar formuliert:

> Es gibt allen Grund anzunehmen, daß der Einzelne mit zunehmender Kenntnis dessen, in welchem Umfang und mit welcher Intensität sich die Gruppe mit dem Gegenstand beschäftigt, eine Umorientierung im Sinne verminderter Individualisierung vornimmt und sich weniger eng an seine persönliche Wahrnehmung und Beurteilung des Gegenstands gebunden fühlt. Es scheint, als fühle er sich unmerklich dazu gedrängt, den Gegenstand in neuer Weise zu sehen, jetzt nicht mehr als ein einzelner Wahrnehmender, sondern als einer, der (vielleicht unbewußt) nach einer angemessenen Position im Bereich der öffentlichen Stellungnahmen sucht ... In der damit bewirkten Umwandlung wird die eigene Position schärfer, starrer und zugleich weniger einzigartig umrissen ...[11]

Die Erkenntnis, daß die soziale Tatsache gemeinsam geteilter Meinung eventuell wie eine Art Zwang wirkt, legt den Gedanken nahe, Gruppenzugehörigkeit und Status könnten bedeutsame Determinanten der öffentlichen Meinung bilden.

## *Untersuchungen zur Dynamik von Meinungen*

Die neuere Forschung zum Thema Meinungsänderung zeigt deutlich, wie wichtig Gruppeneinflüsse – vor allem persönlicher Art – sind, und regt damit Ergänzungen zur Theorie der öffentlichen Meinung im Rahmen der hier vertretenen Auffassungen an. Besonders aufschlußreich sind die Arbeiten zweier Forschergruppen: zum einen jene, die sich die auf Kurt Lewin zurückgehende gruppendynamische Sichtweise zu eigen gemacht haben; zum andern diejenigen, die im Anschluß an Paul Lazarsfeld Meinungsänderungen m. H. wiederholter Befragungen ein und derselben Stichprobe untersuchen.[12] Die Arbeit Lewins und seiner Schüler, unter denen Leon Festinger eine besondere Stellung einnimmt, demonstriert, daß die Einflüsse von Gruppen mit direktem Kontakt entscheidend zum Verständnis dessen beitragen, wie und warum Leute ihre Meinungen ändern; die Forschungsergebnisse sind in einer Aufstellung formaler Sätze zusammengetragen.[13] Lazarsfeld und seine Mitarbeiter haben aus ihrer ersten Untersuchung einer Präsidentenwahl gleichfalls gefolgert, daß »... direkte persönliche Kontakte sich als die wichtigsten Antriebsmomente einer Meinungsänderung herausstellten ...«.[14]

Wie beide Forschergruppen erkannten, sind Meinungen so lange instabil, bis sie vom Wissen darum getragen sind, daß andere ähnliche Auffassungen vertreten. Festinger zog den Schluß, daß »subjektive Bewertungen von Meinungen oder von Fähigkeiten dann stabil sind, wenn es Vergleichsmöglichkeiten mit anderen gibt, deren Meinungen oder Fähigkeiten als den eigenen eng verwandt eingeschätzt werden«.[15] Die Autoren des Elmira-Projekts fanden heraus:

> ... Etwa ein Fünftel unserer Stichprobe kannten im August die politische Haltung keines ihrer drei engsten Freunde. Die normale soziale Interaktion derartiger Leute hat so wenig politischen Inhalt, daß die paar politischen Erfahrungen, die sie machen, meist weitgehend unabhängig von ihrer sozialen Umgebung sind. Deshalb scheinen sie – in einer von der sozialen Umgebung besonders unbeeinflußten Art – mehr als ihre Mitmenschen herumgewirbelt von den politischen Strömungen der Zeit ...[16]

Die Forschungsgruppe um Lazarsfeld entwickelte auch das Konzept des ›Meinungsführers‹, um damit zu erklären, durch welche Prozesse neue, den Massenmedien entstammende Meinungen in einem Gemeinwesen in Umlauf kommen. Ihre simple ursprüngliche Konzeption eines zweistufigen Kommunikationsflusses, von den Massenmedien zum Meinungsführer und dann zur breiten Masse, wurde durch die Ergebnisse späterer Untersuchungen in Frage gestellt, die persönlichem Einfluß in seinem Verlauf nachspürten. Beim Elmira-Projekt fanden die Autoren auch, daß die als ›Führer‹ identifizierten Personen reihum angaben, sie suchten mehr als andere um Rat.[17] Dieselben Untersucher erkannten aber auch andere Meinungsbildungsprozesse in einer Gruppe:

> Die Funktion des Meinungsführers ist jedoch nur einer der Mechanismen, durch die die Einstellungen einer Gruppe geformt werden. Ein anderer ist das sogenannte Hervortreten oder Sich-Herauskristallisieren der Meinung. Soziale Situationen erfordern andauernd Handlungen oder Meinungen. Und die Mitglieder einer Gruppe entsprechen diesen Anforderungen selbst dann, wenn es keinen klar herausgehobenen Einzelnen gibt, an den sie sich um Rat wenden können. Denn über und jenseits der Rolle des Meinungsführers gibt es die wechselseitigen Interaktionen der Gruppenmitglieder, die auf die unbestimmten Empfindungen jedes Individuums bekräftigend wirken. Im Verlauf dieser Interaktionen kristallisiert sich eine neue Verteilung artikulierter Meinungen und Einstellungen heraus.[18]

Diese Arbeiten begründen (mit anderen zusammen) die Wichtigkeit der interpersonalen Kommunikation im Meinungsbildungsprozeß. Sie lassen aber die genaue Beschaffenheit dieser personalen Kommunikation und die Beziehungen zwischen Kleingruppen- und Großgruppen-Prozessen bei der öffentlichen Meinungsbildung im unklaren. Persönlicher Einfluß wird nicht spezifisch definiert oder von direkter Interaktion, informellem Zusammenschluß und Primärgruppenbeziehungen unterschieden. Die Urheber selbst haben in Frage gestellt, ob ihre Konzeption eines zweistufigen Kommunikationsflusses angemessen ist, wenn es darum geht, Massenmedien und öffentliche Meinung zueinander in Beziehung zu setzen. Sie wiesen auch auf den Prozeß des Sich-Herauskristallisierens hin, ohne dies jedoch weiterzuentwickeln. Eine der Aufgaben gegenwärtiger Forschung ist es, diesen Prozeß zu analysieren und von der Funktion des Meinungsführers zu unterscheiden.

### *Meinungsführer und Initiatoren*

Wir schlagen vor, den begrifflichen Apparat zur Analyse des Entstehens öffentlicher Meinung so abzuklären, daß wir den Terminus

›Meinungsführer‹ auf Sekundärbeziehungen einschränken und vom ›Meinungsinitiator‹ nur im Zusammenhang mit primärer Interaktion sprechen.[19]

Was die Funktion des Meinungsführers bedeutet, läßt sich aus den Aussagen zahlreicher Interviewter ableiten, sie hätten mit ihrem Urteil über die strittige Frage so lange zurückgehalten, bis sie den Standpunkt eines prominenten Mitbürgers kennengelernt hatten. Ein einflußreiches Mitglied der Gemeinde, der mutmaßlichen Wirkung seiner Äußerungen auf andere durchaus bewußt, versagte sich eine öffentliche Stellungnahme, bis er genügend Zeit hatte, das Problem privat zu überdenken. Diese Ergebnisse lassen es angemessen erscheinen, den Terminus Meinungsführer auf eine Persönlichkeit anzuwenden, deren Einfluß sich auf die ganze Gemeinde erstreckt und der der Ruf des Klugen auch bei Leuten vorangeht, die mit ihr nur in Sekundärbeziehungen oder indirekter Kommunikation stehen. Wir erwarten, daß sich der Einfluß des Meinungsführers als dem der Massenmedien ähnlich erweist, weil sich die Aufmerksamkeit des Individuums selektiv auf Gehörtes oder Gelesenes richtet. Der Empfänger schenkt der erhaltenen Information nur Vertrauen, wenn er annimmt, der Kommunikator teile seine Interessen. Eröffnet ihm ferner die Information eine neue Perspektive, so wird sie wahrscheinlich erst in der primären Interaktion überdacht, bevor sie akzeptiert wird.

Meinungsführer haben anscheinend einen weiteren sozialen Horizont als ihre Gefolgschaft. Sie lesen und reisen nachweislich mehr als ihre Mitmenschen und haben mehr Kontakte außerhalb des Gemeinwesens. Sie scheinen mehr dem kosmopolitischen als dem lokalen Führertyp zu ähneln.[20]

In der primären Interaktion ist derjenige ein Meinungs-Initiator, der zum erstenmal – wenn auch noch versuchsweise – eine neue Meinung äußert. Unserer Erwartung nach müßten Meinungsführer zu einem hohen Prozentsatz auch Meinungs-Initiatoren sein, vor allem weil seine häufigen auswärtigen Kontakte den Führer wohl eher mit neuen Ideen bekannt machen. Allerdings sind unserer Ansicht nach viele, die bei anderen neuen Meinungen Eingang verschaffen (Initiatoren), keineswegs Meinungsführer. Wir postulieren, daß der Initiator den möglichen Zusammenprall eines öffentlich diskutierten Vorschlags mit seinen Interessen erkennt und seine Einsichten anderen gegenüber äußert, die sich ähnlich betroffen fühlen. Vermutlich hat er sich die Konsequenzen des Vorschlags überlegt und sich eine vorläufige Meinung gebildet; und obwohl diese Meinung sich noch in einem rudimentären Zustand befindet, kann er sie doch schon mit anderen teilen, deren Beziehungen zu ihm durch Intimität und gegenseitiges Vertrauen gekennzeichnet sind.[21]

Wer auf den Initiator eingeht, ist ein »Meinungs-Reaktor«: er kann die ursprüngliche Äußerung bestätigen oder kritisieren. Von den Ergebnissen der oben zitierten Wahluntersuchungen her erwarten wir, daß das Gespräch der Mitglieder einer Primärgruppe die Homogenität und Stabilität ihrer Meinungen steigert. Wenn sie ihre Interessen als ähnlich ansehen, sollte aus ihrer Diskussion eine kollektive Meinung entstehen die viel entschiedener als die individuellen Auffassungen ist. Sie werden dazu neigen, sich einer der alternativen Positionen anzupassen, von denen sie durch Massenmedien und Sekundärbeziehungen informiert wurden. Je nach dem Ausmaß der erreichten Übereinstimmung wird die sich ausbildende gemeinsame Meinung überindividuelle Gültigkeit gewinnen und mit größerer Überzeugung als zuvor vertreten werden. Jeder mag seine von der Gruppe sanktionierte Meinung mit anderen austauschen, mit denen er Primärbeziehungen oder ähnliche Interessen unterhält, oder er kann sie – aufgrund seines mit der Unterstützung durch die Primärgruppe gewachsenen Selbstvertrauens – Gefolgschaftsleuten größerer Gruppen übermitteln.

### *Beiträge zur Theorie der Primärgruppen im Prozeß der öffentlichen Meinung*

In letzter Zeit haben zahlreiche Soziologen den Einfluß der Primärgruppen im Prozeß der öffentlichen Meinung diskutiert, und andere haben Forschungsergebnisse mitgeteilt, aus denen sich für dieses Problem wichtige Folgerungen ergeben. 1954 machte J. B. Ford darauf aufmerksam, daß Untersuchungen zur Kommunikation und Meinungsbildung in Primärgruppen – als den unteilbaren Einheiten von Massen und von Öffentlichkeiten – notwendig seien.[22] Im selben Jahr veröffentlichte Ivan D. Steiner Untersuchungsergebnisse, die die Hypothese unterstützen, daß Meinungen mit denjenigen anderer konform sind, zu denen Primärbeziehungen unterhalten werden. Jeder Befragte wurde darum gebeten, seine eigene Meinung mit einer Formulierung zu vergleichen, die die (gedanklich) vorgestellten Antworten seiner zehn engsten Freunde widerspiegeln sollte. Wie vorausgesagt, ließ sich bestätigen, daß Menschen, die ihre Meinungen zu einem kontroversen Problem als verschieden von denen ihrer Freunde erleben, weniger Variabilität erkennen lassen als diejenigen, die ihre Meinungen als denen ihrer Freunde ähnlich erleben.[23]

Elihu Katz hat in zwei Kritiken, die Untersuchungen zur Funktion des Meinungsführers galten, hervorgehoben, wie wichtig die interpersonale Kommunikation in kleinen, informellen Gruppen für das Verständnis der Dynamik von Meinungen ist. Die Erklärung neueren Datums kam dabei zu dem Schluß, daß eine persönliche Beeinflussung charakteristischerweise *innerhalb* der Primärgruppe stattfindet.[24] Schon früher hatte Katz (mit Lazarsfeld zusammen) diskutiert, wie Primärgruppen Meinungen entwickeln und aufrechterhalten und welche Relais- und Verstärker- (oder Widerstands-) Funktion sie in der Massenkommunikation haben.[25] Jene Erörterungen der Rolle des Meinungsführers, der persönlichen Beeinflussung, informeller Beziehungen und kleiner Gruppen unterscheiden allerdings nicht zwischen Primärgruppen *an sich* und verwandten Phänomenen.

Wir halten uns an Cooleys Sprachgebrauch und verwenden den Terminus Primärgruppe nur da, wo diese »durch enge persönliche Verbundenheit und Zusammenarbeit charakterisiert ist ... sie schließt jene Art Sympathie und wechselseitiger Identifikation ein, die im ›Wir‹ ihren natürlichen Ausdruck findet ... Sie ist jedoch eine differenzierte und gewöhnlich eine konkurrierende Einheit, die jemandem erlaubt, seine eigenen Rechte geltend zu machen ... Aber jene heftigen Gefühle sind durch Sympathie sozialisiert und werden – eventuell auch nur ansatzweise – von einem Gemeinschaftsgeist diszipliniert ...«[26] Nicht jede Art direkter persönlicher Verbindung ist primär, wie Faris schon vor Jahren überzeugend nachwies, sondern enge Vertrautheit, Sympathie und wechselseitige Identifikation müssen dazukommen.[27] Der Begriff der persönlichen Beeinflussung umfaßt jedoch – so wie ihn Lazarsfeld und seine Mitarbeiter unter besonderer Betonung der Unmittelbarkeit verwendet haben – die Interaktion sowohl in Sekundär- als auch in Primärbeziehungen.

Etwas anders ging Henry W. Riecken das Problem an, indem er die Verstärker-Funktion von Primärgruppen bei Wahlen hervorhob; auch beschäftigte ihn die Frage, unter welchen Umständen sich Meinungen ändern können. Er identifizierte zwei derartige Umstände: einen Bruch in den Bindungen der Primärgruppe, der die Widerstandsfähigkeit gegenüber Angriffen auf die Überzeugungen herabsetzt; zweitens Veränderungen in der sozialen oder ökonomischen Umgebung einer Gruppe, die ihr Wohlergehen beeinträchtigen oder ihre Absichten durchkreuzen und von daher zum Gegenstand der Beunruhigung werden.[28]

Schließlich sei noch der Beitrag der Rileys erwähnt, die die Grundzüge eines Modells der Massenkommunikation innerhalb eines

Sozialsystems entwarfen. Sie betrachten die Interaktion zwischen Sendern und Empfängern der Massenkommunikation unter dem Gesichtspunkt von Werten, denen die einzelnen Primärgruppen innerhalb größerer Sozialstrukturen in je besondrer Weise Gestalt geben.[29] Sie warfen für die Forschung eine Anzahl Fragen auf, die eine Variation der Beziehungen des Empfängers zu seinen Primärgruppen zur Grundlage hatten und dessen positive oder negative Einstellungen gegenüber den Gruppen, seine Statusse und Rollen umfaßten, einschließlich der Komplikationen, die sich für den Empfänger aus einer gleichzeitigen Zugehörigkeit zu zwei oder mehr Primärgruppen ergeben.[30] Obschon die Rileys eine Determinierung der Reaktionen des Empfängers als herausragendes Merkmal von Primärgruppen betonen, erkennen sie doch auch den wahrscheinlichen Einfluß von Großgruppen und stellen die Frage: »Unter welchen Bedingungen scheint die Primärgruppe den Empfänger wirksamer (als die Großgruppe) in seinen Reaktionen zu leiten?«[31]

### *Determinanten der öffentlichen Meinung*

Riecken wie auch die Rileys werfen die Frage auf, in welcher Art andere Determinanten der Meinung und die Einflüsse der Primärgruppe zueinander in Beziehung stehen. Sie gehen der Gefahr aus dem Wege, auf die Edward Shils hingewiesen hat: »Die wachsende Bedeutung, die Soziologen und Verwaltungsfachleute jetzt der Primärgruppe einräumen, darf die Soziologen natürlich nicht blind dafür machen, wie wichtig von außerhalb der Primärgruppe kommende Verhaltensdeterminanten sind, die innerhalb der Primärgruppe selbst und über ihre Grenzen hinaus wirksam werden.«[32] Zu diesen anderen Determinanten gehört das, was in der makrosoziologischen Theorie der öffentlichen Meinung seit langem unter dem Begriff ›Interessen‹ gefaßt wird.

In unserem Sprachgebrauch ist ein Gegenstand des Interesses mehr als schlicht ›interessant‹ für den Einzelnen. Er schenkt ihm nicht bloß Beachtung. Er ist innerlich beteiligt, er investiert aktuell oder potentiell in den Gegenstand, wobei seine Investitionen ökonomischer oder psychologischer Art sind. Wir haben mit Farmbesitzern in Überschwemmungsgebieten gesprochen, die deshalb an der Staudamm-Kontroverse interessiert waren, weil sie – so wie die Dammkonstruktion angelegt war – eine mögliche völlige Überflutung ihres Lands befürchteten, und die (daher) im Wasserscheidenverein ein Mittel sahen, dem Bedürfnis nach sehr großen Reservoirs zuvorzukommen. War jedoch die Lage eines vorgeschlagenen Damms erst einmal festgelegt, dann favorisierten eventuell Farmer, deren Flachland flußabwärts jener Stelle lag, ganz offen den großen Damm und opponierten gegen den Verbesserungsvorschlag des Wasserscheidevereins mit der Begründung, er werde die Grundsteuer hochtreiben. Gefühl kann die persönlichen Interessen im selben Maße beherrschen wie materielle Gewinne und Verluste. Die mögliche Zerstörung einer Heimstätte und die Umgestaltung des eigenen Lebensstils sind genauso gewichtige Gründe zum Widerstand wie die Angst vor einem finanziellen Verlust.

Ein Interesse variiert von Person zu Person in seiner Intensität und seiner Richtung. Individuen zeigen bestimmten Vorschlägen gegenüber ein gewisses Maß von Interesse oder Gleichgültigkeit und erkennen ebenso deren Vor- und Nachteile. Darüber hinaus erkennen Mitglieder des Gemeinwesens, daß andere in unterschiedlicher Weise von Plänen in Mitleidenschaft gezogen sind und berechtigte Gründe haben, einen abweichenden Standpunkt einzunehmen.

Interessen entstehen in unsicheren sozialen Situationen, wenn Individuen Veränderungen vorausahnen, von denen sie unterschiedliche Auswirkungen auf ihren Status erwarten.[33] In einer derartigen Situation gibt es Ansätze zur Entwicklung einer Öffentlichkeit, sofern viele Leute auch noch der Ansicht sind, sie könnten die vorausgesehenen Veränderungen beeinflussen.[34] Wird diese Möglichkeit einer allgemeinen Teilnahme am Entscheidungsprozeß nicht von einer namhaften Anzahl ins Auge gefaßt, so bleibt es bei einer Masse. Die Öffentlichkeit ist, genau wie andere Formen kollektiven Verhaltens, von Natur aus instabil und ist als eine Institution im Werden zu denken, oder als ein Mechanismus zur Umgestaltung sozio-kultureller Systeme. Im Kontext der Balancetheorie stellt man sich solche Kollektive als reaktive Mechanismen zur Schaffung eines neuen Gleichgewichtszustands vor.

In einem stabilen sozialen System weichen persönliche Interessen und die Erwartungen der Primärgruppe nicht voneinander ab, denn beide sind deckungsgleich und daher nicht zu unterscheiden. In einer dynamischen Situation jedoch kann die Meinung eines Einzelnen zu einer kontroversen Frage von widerstreitenden Interessen und Erwartungen beeinflußt sein. Erwartungen beziehen ihre Definition aus der überkommenen Kultur und werden von etablierten Gruppen und Institutionen aufrechterhalten; Interessen sind in den Ideologien sich erst herausbildender Kollektive umrissen und werden von freiwilligen Verbänden verfochten.

Die Beziehung zwischen Erwartungen und Interessen läßt sich als Basis einer Typologie dessen verwenden, wie sich einzelne Personen innerhalb einer Öffentlichkeit orientieren. In unserem übermäßig vereinfachten Modell der Öffentlichkeit – das von der Annahme ausgeht, es sei nur eine einzige strittige Frage vorhanden – finden sich vier derartige Typen. Da sind zunächst die *Befürworter* (the pros), deren Erwartungen und Interessen sich mit dem Vorschlag decken; zweitens die *Gegner* (the cons), deren Erwartungen und Interessen mit dem Vorschlag kollidieren. Es folgen Leute, die deshalb *ambivalent* sind, weil ihre Zugehörigkeit zu etablierten Gruppen sie Erwartungen aussetzt, die ihrer Einschätzung des Vorschlags – er diene der Maximierung ihrer Interessen – widersprechen. Ihre Interessen führen unter Umständen dazu, daß sie innerhalb ihrer sozialen Kreise eine unpopuläre Stellung oder die Position einer Minderheit beziehen. Andere sind ambivalent, weil der Vorschlag zwar einigen ihrer Interessen dienlich, andern jedoch abträglich sein könnte. Es kann auch sein, daß sie sowohl zu einigen Befürwortern als auch zu einigen Gegnern des Vorschlags Primärbeziehungen unterhalten. Ein weiterer Typ sind schließlich die *Uniformierten,* die das Problem nicht verstehen, nicht wissen wo ihre Interessen liegen und mit niemandem sonst über die Sache gesprochen haben; obwohl Mitglieder des Gemeinwesens, sind sie nicht Teil der Öffentlichkeit.

Bezogen auf die ländliche Bevölkerung im Bereich der Wasserscheide des Wakarusa River ergibt sich folgendes: Die *Befürworter* geben der Errichtung eines Distrikts mit amtlicher Vollmacht zum Bau einer Reihe kleinerer Dämme den Vorzug, weil sie der Ansicht sind, dies werde ihrem eigenen materiellen Nutzen und dem Wohl des ganzen Tales dienen. Sie teilen diese Meinung überdies mit vielen ihrer Verwandten, Freunde und Nachbarn. Umgekehrt opponieren die *Gegner* gegen einen derartigen Neuerungsplan in der Überzeugung, er werde ihnen – wenn überhaupt – nur geringen Nutzen bringen und sie in Form von Steuern Geld kosten. Zu den *Gegnern* gehören Flachland-Farmer im unteren Talbereich, die durch den großen Damm der Armee-Ingenieure besser vor Überschwemmungen geschützt wären, und von Überschwemmungen nicht betroffene Hochland-Farmer, die im Programm des Wasserscheidenvereins keinerlei die Kosten rechtfertigenden Vorteile entdecken können. Die Mitglieder dieser beiden Parteien haben jeweils persönliche Bekannte, die mit ihnen übereinstimmen. Unter den *Ambivalenten* erwarten wir eine ganze Anzahl von Subtypen zu finden, etwa Leute, deren Interessen auf Seite der *Befürworter* oder der *Gegner* liegen, die aber bei Freunden und Verwandten keine Zustimmung finden. Andere sehen ein Gemisch aus Vor- und Nachteilen voraus, z. B. zwar eine bessere Wasserversorgung, erkauft jedoch mit einer wahren Pest von Unbefugten aus der Stadt, die es zu den Seen zieht. Eine weitere Kategorie könnten Leute bilden, deren engste Freunde über dem Problem deutlich gespalten sind.

Diese Typologie der Auseinandersetzung mit einem öffentlichen Problem ist in der folgenden Tabelle zusammengefaßt; dabei bedeutet + eine positive Reaktion auf den Vorschlag, – eine negative Reaktion, ± bezeichnet ein Gemisch aus positiven und negativen Reaktionen und o ein zur Meinungsbildung nicht ausreichendes Maß an Information und Kommunikation.

*Tabelle 1*

Typologie der individuellen Auseinandersetzung mit einem öffentlichen Problem

| Typ | Persönliche Interessen | Erwartungen der Primärgruppe |
|---|---|---|
| 1. Pro | + | + |
| 2. Kontra | – | – |
| 3. Ambivalent (Subtyp A) | + | – |
| 4. Ambivalent (Subtyp B) | – | + |
| 5. Ambivalent (Subtyp C) | ± | ± |
| 6. Uninformiert | 0 | 0 |

Aufgrund der im dritten Hauptabschnitt des vorliegenden Referates mitgeteilten Forschungsergebnisse erwarten wir, daß ambivalente Personen – dem Konflikt zwischen Gruppendruck und persönlichen Interessen ausgesetzt – instabile Meinungen haben und sich eventuell als unentschieden bezeichnen. Wir können voraussagen, daß der Rückhalt, den sie in ihren Primärgruppen finden, darüber entscheidet, welchen Standpunkt sie mit ihrer Meinung einnehmen. Können sie Primärbeziehungen zu Leuten mit gleicher Interessenlage herstellen, dann werden sie zum Festhalten an ihren Minderheits-Auffassungen neigen; haben sie jedoch nur zu Leuten mit entgegengesetzten Interessen Primärbeziehungen, dann werden sie ihre eigenen Interessen neu festlegen, damit sie denen relevanter Primärgruppen entsprechen. Voraussichtlich werden diejenigen, die eine Anpassung ablehnen, eine abweichende Lösung wählen, indem sie aus dem Felde gehen und eine Diskussion des Problems verweigern; diese Form der Anpassung wird jedoch selten vorkommen.

Reale Öffentlichkeiten sind in der Regel sehr viel komplizierter als mit den vorangehenden Erörterungen angedeutet. Charakteristisch sind zahlreiche untereinander zusammenhängende Fragen, denen gegenüber sich Individuen dem Druck von Gruppen und ihren persönlichen Interessen mit wechselnder Intensität und Richtung ausgesetzt sehen. Die Gruppen, denen der Einzelne angehört, können ihre Werte und ihre Interessen am strittigen Fall gegensätzlich definiert haben; seine individuelle Meinung mag der Netto-Effekt aus vielen verschiedenen Einflüssen sein.

In welchem Ausmaß ein öffentliches Problem in den Primärgruppen diskutiert wird, hängt nicht nur davon ab, wie bedeutsam es für die Gemeinde ist, wie sehr eine Entscheidung drängt und wie intensiv der Konflikt zwischen den Interessengruppen ist, sondern unserer Vorhersage nach auch vom Grad der Mehrdeutigkeit, den die Gegensätze zwischen Gruppenerwartungen und Interessen mit sich bringen. Die Ergebnisse der Kleingruppenforschung lassen erwarten, daß unter den Befürwortern und Gegnern eines Problems die primäre Interaktion zur Bestätigung und Verstärkung ihrer Meinungen geführt hat. Ist dies erst erreicht, wird sich ein Nachlassen der Diskussion andeuten; unter den Unentschiedenen und Ambivalenten jedoch wird die primäre Interaktion zunehmen, bis der von Gruppen ausgeübte Druck und die persönlichen Interessen in Einklang gebracht sind, so daß sich die Spannung vermindert. Diese letztere Hypothese stimmt mit Forschungsergebnissen überein, bei denen die Übernahme technischer Neuerungen durch Farmer untersucht wurde; es zeigte sich, daß »persönliche Beeinflussung bei denen eine größere Rolle spielt, die erst spät zur Übernahme bereit sind«.[35]

## *Entwicklungsstadien einer Öffentlichkeit*

Die bereits an früherer Stelle geschilderte makrosoziologische Theorie hat die ursprüngliche Geschichte der Öffentlichkeit in drei Stadien unterteilt, die durch Massenverhalten, öffentliche Kontroverse und institutionalisierte Entscheidungen charakterisiert sind. Diese Stadien sollen jetzt ausführlicher dargestellt werden.

Im anfänglichen Massenstadium nehmen Meinungen da und dort in vereinzelten Primärgruppen innerhalb einer Gesellschaft Gestalt an. Sie sind sowohl in horizontaler als auch in vertikaler Hinsicht im sozialen Raum verstreut, obgleich ihre Häufigkeit innerhalb einzelner Schichten natürlich variiert, je nachdem auf welche soziale oder ökologische Position sie einwirken. So sind, in unserem Fall hier, Farmbesitzer mehr als Pächter betroffen, und diejenigen, deren Land überschwemmt wird, haben größeres Interesse an der Sache als die Farmer im Hochland.

Hat sich eine Meinung erst einmal herausgebildet und kollektive Billigung gefunden, so gibt es Ansätze, sie größeren Gruppen wie Familienzusammenkünften, Arbeitsgruppen und Klubtreffen zu übermitteln. Ein dem ersten Stadium folgender, entscheidender Schritt wird getan, wenn ein Vertreter der neuen Meinung seine Ansichten einer organisierten Sekundärgruppe übermittelt, von der er als Kommunikator annimmt, sie werde sein Interesse an der kontroversen Angelegenheit teilen. Wenn solche größeren und mächtigeren Gruppen seine Ansichten nicht übernehmen und eine öffentliche Teilnahme erstreben, verzögert sich der Prozeß der öffentlichen Meinungsbildung.[36]

Das zweite Stadium ist somit durch die Teilnahme großer Gruppen charakterisiert. Zum Kommunikationsprozeß gehört auch früher oder später ein anerkannter Führer, der in der Lage ist, für seine Organisation zum Meinungsführer zu werden. Wir erwarten allerdings nicht, daß in einer großen Gruppe der Führer eine neue Meinung sämtlichen Mitgliedern direkt vorlegt, vielmehr wird er zunächst bei interessierten Einzelnen sondieren, zu denen er Vertrauen hat. Dies brauchen keine Mitglieder zu sein, und er mag diese Art primärer Interaktion aufnehmen, noch ehe er die Sache gegenüber andern Führern in der Organisation zur Sprache bringt. Die Rollenverteilung von Initiator und Reaktor wird vor diesem neuen Hintergrund einer Primärgruppe erneut inszeniert, und das Ergebnis der Diskussion ist eine weiter modifizierte Meinung. Wenn keine geeignete Organisation existiert, mag von einem oder mehreren Meinungsführern und ihnen nahestehenden Primärgruppen-Mitgliedern eine adhoc-Gründung vorgenommen werden. Sind die Ansichten unter den Führern in Einklang gebracht, wird ihre Auffassung den Mitgliedern oder potentiellen Mitgliedern zur Annahme vorgelegt.

Es ist anzunehmen, daß die Führer von Verbänden nicht vorsätzlich dadurch interne Abweichungen riskieren, daß sie Handlungsvorschläge unterbreiten, die mit den Interessen einer großen Zahl mächtiger Gruppenmitglieder kollidieren; gleichwohl mögen sie geeignete Schritte zur Neutralisation oder Eliminierung einer derartigen

Opposition unternehmen. Beispielsweise betonten die Führer mehrfach bei den Treffen, die zur Schulung von Petitions-Übermittlern für den Wasserscheiden-Distrikt abgehalten wurden, daß Beschlagnahmungsrechte der Distriktbehörde nicht dazu benutzt werden sollten, Land für Staubecken zu erwerben.

Damit eine bestimmte Sichtweise leichter von einer großen Anzahl von Leuten akzeptiert wird, wird sie zumeist in einfacher, pointierter Form dargestellt. So wurden Filme, die die Vorzüge des Wasserscheiden-Programms betonten, auf Werbeversammlungen gezeigt. In diesem zweiten Stadium bekommt die Gruppenmeinung dadurch eindeutig öffentlichen Charakter, daß sich die Organisation in aller Offenheit gebunden hat und ihren Standpunkt nicht mehr ohne öffentliche Begründung ändern kann.

Das dritte Stadium ist erreicht, wenn die Meinung einem Beamten übermittelt wird, wie etwa einem Gesetzgeber, einem Angehörigen der Exekutive oder einem Richter, der für das Verantwortung trägt, was im Zusammenhang mit dem diskutierten Problem getan werden soll. Der Beamte muß eine Entscheidung fällen, die größtenteils von der ihm mitgeteilten Information bestimmt wird. Er hört sich Organisationen und interessierte Einzelne an, aber bevor er eine Entscheidung trifft, diskutiert er das Problem mit vertrauenswürdigen Beratern. Letztere können eine offizielle Stellung haben, wie etwa Gutachter, Assistenten oder Sabsoffiziere, während es anderen an einer Rechtsstellung fehlt – Kumpane, Mitglieder des ›Küchenkabinetts‹, Ehefrauen und Mätressen waren und sind Meinungs-›Reaktoren‹ für Verantwortliche auf hoher Ebene. Der politische Prozeß in diesem dritten Stadium ist natürlich häufig durch Historiker, Politikwissenschaftler und Soziologen untersucht worden.

Im Fall von Wahlen handelt der verantwortliche Beamte rein routinemäßig, indem er die Stimmen tabellarisch erfaßt, amtlich bestätigt und bekanntgibt. Die kritischen Entscheidungen sind zu fällen, wenn die gewählten Verfahrensweisen Gesetz werden. Der gleiche Ablauf gilt für den öffentlichen Meinungsbildungsprozeß in der Hochwasser-Kontroverse. Kansas hat – wie viele andere Staaten – ein Wasserscheidendistrikt-Gesetz erlassen, in dem festgelegt ist, nach welchem Verfahren ein Distrikt zu bilden ist, der amtliche Vollmacht zum Bau einer Reihe kleinerer Dämme besitzt. Auch Gesetze, die beim Bau eine Unterstützung durch den Bund vorsehen, wurden vom Kongreß verabschiedet. Auf dem Weg der Petition – in Analogie zu einer Wahl – können Gutsbesitzer in einem Flußtal deutlich machen, daß sie ein System kleinerer Dämme, von einem örtlich kontrollierten Wasserscheiden-Distrikt errichtet und unterhalten, gegenüber der großen Dammkonstruktion seitens des Army Corps of Engineers oder des Bureau of Reclamation bevorzugen. Von Staat und Bund ernannte Beamte haben in erster Linie die Aufgabe, die Gesetzmäßigkeit der Verfahren zu dokumentieren, die bereits zu einem früheren Zeitpunkt von den Gesetzgebern festgelegt wurden.

Das besondere Merkmal dieses Modells einer Entstehungsgeschichte der öffentlichen Meinungsbildung ist die grundlegende Rolle, die Primärgruppenbeziehungen in jedem Stadium des Vorgangs spielen. Primärgruppen wirken bei der Entstehung der Meinung mit, von Kleingruppen über freiwillige Zusammenschlüsse bis hin zu offiziellen Institutionen. Der Vorgang zeigt Analogien zum Relais in einem Kommunikationsnetz: werden Meinungen von einer Person zur andern übermittelt, so gibt der Empfänger die Botschaft zunächst anderen weiter, zu denen er Primärbeziehungen unterhält, bevor sie größeren Gruppen übermittelt wird.

Zur selben Zeit, während der sich diese strukturellen Veränderungen in der Öffentlichkeit vollziehen, durchläuft die Interaktion und Mitwirkung einen Kreislauf – so nehmen wir jedenfalls an. Von einigen wenigen Teilnehmern ausgehend wächst die Öffentlichkeit ständig an, bis das dritte Stadium erreicht und eine maßgebliche Entscheidung getroffen ist; danach verliert sie rasch an Umfang. Das gesamte Ausmaß der Interaktion im Zusammenhang mit der strittigen Frage scheint annähernd mit der Gesamtzahl der Teilnehmer zu korrelieren.

Der symbolische Inhalt der Kommunikation ändert sich gleichfalls. Wenn Goldhamer mit seiner weiter oben zitierten Hypothese recht hat, dann wird die Position jedes einzelnen »schärfer, starrer und zugleich weniger einzigartig umrissen ...« Von der Theorie der symbolischen Interaktion her läßt sich voraussagen, daß für den Einzelnen mit der Klärung der eigenen Ansichten zugleich das Verständnis für jene wächst, die in der Kontroverse eine andere Haltung einnehmen. Zur Überprüfung dieser Hypothese haben wir unsere Informanten darum gebeten, die Vor- und Nachteile sowohl des Wasserscheidenplans als auch des großen Dammprojekts anzugeben. Theoretisch läßt sich dieser Vorgang mit der Annahme interpretieren, Meinungen würden in unmittelbarer Interaktion und im ihr folgenden Rückblick ausgeformt und verändert. Meinungen können in wiederholter primärer Interaktion erworben werden und sich unmerklich heranbilden, eine raschere Veränderung jedoch mag sich im Lauf einer emotionsgeladenen Diskussion ergeben. Faris hat – wenngleich eine Überprüfung seiner Ansicht in unserer Untersuchung nicht möglich ist – die Behauptung aufgestellt, dramatische Einstellungsänderungen könnten weitgehend der Erinnerung an zurückliegende Gespräche zuzuschreiben sein, wobei der Einzelne seine eigene Rolle und die der andern neu inszeniert und ummodelt.[37] Einstellungsänderungen durch Übernahme einer Rolle ergeben sich ohne weiteres während und nach einer Interaktion in Primärbeziehungen, die durch wechselseitige Identifikation charakterisiert ist. Dementsprechend können wir erwarten, daß Leute, die ihre Meinungen geändert haben – im Vergleich zu andern, die sie beibehalten –, in höherem Maß an primärer Interaktion beteiligt waren. Diese Interaktion muß nicht unbedingt mit denen erfolgen, die selbst andere Auffassungen vertreten, sondern kann auch in der Diskussion der gegensätzlichen Standpunkte von Mitgliedern anderer Interessengruppen bestehen, die durch die Massenmedien und umlaufende Gerüchte bekannt sind.

Es ist anzunehmen, daß mit dem Näherrücken jenes Augenblicks, in dem die verschiedenen Gruppierungen in der Öffentlichkeit ihre Kräfte messen, Unentschiedene einem zunehmenden Druck zur Meinungsbildung ausgesetzt sind. Dieser Druck ist besonders stark, wenn eine Stimmabgabe erfolgen oder eine Petition unterzeichnet werden soll, wie im Fall der Bemühungen um die Organisation eines Wasserscheiden-Distrikts.

Verlagert sich dann die Aufmerksamkeit, von den Meinungen einzelner Teilnehmer weg und hin zur Gesamtverteilung der Meinungen in der Öffentlichkeit, so ergibt sich aus der Interaktion ein Streben nach Homogenität und Polarisierung. Lazarsfeld und seine Mitarbeiter haben in ihren Wahluntersuchungen festgestellt, daß »für besondere Subgruppen innerhalb des Gemeinwesens eine Einstellungsänderung zu größerer Uniformität und Homogenität führt ... Für die Gemeinde als Ganzes ergab sich dagegen aus der Einstellungsänderung vermehrt Ungleichheit und *Polarisatio*n ...«[38] Dies Ergebnis stimmt mit der makrosoziologischen Theorie überein, nach deren Auffassung die Öffentlichkeit eine Tendenz zur Vorherrschaft von zwei gegeneinander opponierenden Parteien zeigt, während der Verlust von Mitgliedern, Fusionen oder Bedürfnisse mit einer der dominanten Parteien einen Rückgang der Interessengruppen von Gemäßigten und Minderheiten mit sich bringen.

Wir schließen uns dieser Auffassung mit der Prognose an, daß ambivalente Personen in zunehmendem Maße Gespräche über das aktuelle Thema anfangen, je mehr sich die Öffentlichkeit einer Entscheidung nähert. Sie werden nicht nur einem äußeren Druck zur

Meinungsbildung ausgesetzt sein, sondern auch aus einer inneren Spannung heraus zur Klärung ihrer zweideutigen Position motiviert sein. Es ist abzusehen, daß die Einleitung derartiger Gespräche weniger in Sekundär- als in Primärbeziehungen erfolgen wird, weil hier Gewährenlassen, Hilfe und Vertrauen kennzeichnend sind.

## *Zusammenfassung*

Aufgrund der eindeutigen Belege dafür, daß Meinungen von Primärgruppen entwickelt und getragen werden, wird ein begriffliches Modell – mit daraus abgeleiteten Hypothesen – zur Dynamik der öffentlichen Meinungsbildung vorgeschlagen.

Eine Öffentlichkeit entsteht, wenn in der geplanten Lösung eines sozialen Problems unterschiedliche Auswirkungen auf persönliche Interessen erkannt werden, und die Betroffenen glauben, sie könnten das Endresultat beeinflussen. Meinungen entwickeln sich in primärer Interaktion, wobei die Initiative von jemandem ausgeht, der ein Gespür für die Auswirkungen des Vorschlags hat und seine Überlegungen anderen mitteilt.

Nach unserer Modellvorstellung durchläuft die öffentliche Meinung in ihrer Entwicklung drei Stadien von zunehmender sozialer Komplexität: ein frühes Stadium der Massenkommunikation, ein mittleres unter Einbeziehung freiwilliger Bündnisse, und ein Endstadium, in dem politische Institutionen aktiviert werden. Die Meinungen laufen allerdings in jedem Stadium über als Relais fungierende Primärgruppen, in denen sie inhaltlich pointiert und abgeklärt werden.

Im weiteren Entwicklungsverlauf der Öffentlichkeit entstehen um Organisationen herum opponierende Parteien, die sich um den Einfluß bemühen, die von ihnen geforderte Entscheidung in die Tat umzusetzen. Ihre Standpunkte werden mehr und mehr durch Massenmedien und Sekundärgruppen bekanntgemacht. Die individuellen Meinungen tendieren zu einer Anpassung an die beiden Pole. Mit zunehmender Polarisierung fühlen sich ambivalente Mitglieder der Öffentlichkeit wachsendem äußeren Druck und innerer Spannung ausgesetzt und sehen sich damit genötigt, über die Kommunikation in Primärbeziehungen eine Klärung zu suchen.

* »Public opinion and the primary group«, erschienen in: American Sociological Review, 25, 1960, S. 208–219. Revidierte und erweiterte Fassung eines: Referats auf dem Jahrestreffen der American Sociological Society, August 1958.

1 Charles K. Warriner, unter Mitwirkung von E. Jackson Baur: »Water Problems and Social Processes«, Lawrence, Kansas: Department of Sociology and Anthropology 1957 (bearbeitet).

2 Robert E. Park & Ernest W. Burgess: *Introduction to the Science of Sociology,* Chicago: University of Chicago Press 1924, S. 791–796, 829–833.

3 »Collective Bahavior«, in Alfred M. Lee (Hrsg.): *Principles of Sociology,* New York: Barnes & Noble 1946, S. 189–193.

4 »The Concept of the Public«, *Southwestern Social Science Quarterly* 13 (März 1933), S. 311–320; und »Social and Cultural Factors in Public Opinion«, in Norman C. Meier & Harold W. Saunders (Hrsg.): *The Polls and Public Opinion,* New York: Holt 1949, S. 115–123.

5 Herbert Blumer: »Public Opinion and Public Opinion Polling«, *American Sociological Review* 13 (Oktober 1948), S. 545.

6 »Collective Behavior«, in Joseph B. Gittler (Hrsg.): *Review of Sociology,* New York: Wiley 1957, S. 138.

7 Es sei darauf hingewiesen, daß Ralph H. Turner und Lewis M. Killian (*Collective Behavior,* Englewood Cliffs, N. J.: Prentice-Hall 1957) einen neuen Grundtyp – zwischen Menge und Masse – eingeführt haben, die ›Diffuse Menoe‹, charakterisiert durch haufenartige Menschenansammlungen bei der Verbreitung von Gerüchten (S. 194). Den Terminus Masse verwenden sie bei einer idealtypischen Konstruktion »einer Anzahl einzelner Individuen, von denen jedes unabhängig auf denselben Stimulus in derselben Art reagiert ... (die Masse) ist weniger als ein Kollektiv, weil es ihr an der Interaktion mangelt, die die vollständige Gruppe zusammenhält« (S. 167). Wir ziehen es vor, den Begriff der Masse empirisch auf einen Subtyp des Kollektivs zu beziehen und zu beachten, daß die Interaktion in Kleingruppen möglicherweise ein entscheidendes Merkmal von Massen ist.

8 In Meier & Saunders, a. a. O., S. 25–26.

9 In Gittler, a. a. O., S. 138–139.

10 Blumer: »Public Opinion and Public Opinion Polling«, a. a. O. (kursiv gesetzt bei Blumer).

11 »Public Opinion and Personality«, *American Journal of Sociology* 55 (Januar 1950), S. 346–347.

12 Eine umfassende Übersicht über die laufende Forschung und ein bedeutsamer Beitrag zur persönlichen Beeinflussung beim Massenverhalten finden sich in Elihu Katz & Paul Lazarsfeld: *Personal Influence,* Glencoe, Ill.: Free Press 1955.

13 Leon Festinger: »Informal Social Communication«, *Psychological Review* 57 (September 1950), S. 271–282.

14 Paul F. Lazarsfeld, B. Berelson & H. Gaudet: »Preface to the Second Edition«, *The People's Choice,* New York: Columbia University Press 1948; nachgedruckt in Paul F. Lazarsfeld & Morris Rosenberg (Hrsg.):

*The Language of Social Research,* Glencoe, Ill.: Free Press 1955, S. 233.

15 Leon Festinger: »A Theory of Social Comparison Processes«, *Human Relations* 7 (Mai 1954), S. 117–140; nachgedruckt in A. Paul Hare, E. F. Borgatta & F. Bales: *Small Groups,* New York: Knopf 1955, S. 168.

16 Bernard R. Berelson, P. F. Lazarsfeld & W. N. McPhee: *Voting: A Study of Opinion Formation in a Presidential Campaign,* Chicago: University of Chicago Press 1954, S. 138.

17 Ebd., S. 109.

18 Lazarsfeld, Berelson & Gaudet, a. a. O., S. 239.

19 Der Begriff des ›Meinungs-Initiators‹ ist eine Adaptation der »initiation (or origination) of action«, erstmals bei Eliot D. Chapple (zusammen mit C. N. Arensberg) in »Measuring Human Relations«, *Genetic Psychology Monographs* 22 (1940), No. 1, S. 25–26, 52–68; von William F. Whyte in zahlreichen Publikationen übernommen, v. a.: *Street Corner Society,* Chicago: University of Chicago Press 1943, S. 262–268; subtiler bei Charles K. Warriner: »Leadership in the Small Group«, *American Journal of Sociology* 60 (Januar 1955), S. 361–369.

20 Robert K. Merton: »Patterns of Influence: A Study of a Local Community«, in Paul F. Lazarsfeld & Frank Stanton (Hrsg.): *Communications Research 1948–1949,* New York: Harper 1949, S. 189.

21 Der Prozeß ist wahrscheinlich dem bei Entstehung einer neuen Subkultur ähnlich, wie beschrieben von Albert K. Cohen in *Delinquent Boys,* Glencoe, Ill.: Free Press 1955, S. 59–61.

22 J. B. Ford: »Primary Group in Mass Communication«, *Sociology and Social Research* 38 (Januar 1954), S. 152–158.

23 Ivan D. Steiner: »Primary Group Influences on Public Opinion«, *American Sociological Review* 19 (Juni 1954), S. 260–267.

24 Elihu Katz: »The Two-Step Flow Communication: An Up-To-Date Report on a Hypothesis«, *Public Opinion Quarterly* 21 (Frühjahr 1957), S. 77.

25 Katz & Lazarsfeld, a. a. O., S. 44–45.

26 Charles Horton Cooley: *Social Organization,* New York: Scribner's 1920, S. 23.

27 Ellsworth Faris: »The Primary Group: Essence and Accident«, *American Journal of Sociology* 38 (Juli 1932), S. 45.

28 »Primary Groups and Political Party Choice«, in Eugene Burdick & Arthur J. Brodbeck (Hrsg.): *American Voting Behavior,* Glencoe, Ill.: Free Press 1959, Kap. 8, v. a. S. 176, 182.

29 John W. Riley Jr. & Matilda W. Riley: »Mass Communication and the Social System«, in Robert K. Merton, Leonard Broom & Leonard S. Cottrell Jr. (Hrsg.): *Sociology Today,* New York: Basic Books 1959, Kap. 24.

30 Ebd., S. 553–554.

31 Ebd., S. 562.

32 Edward A. Shils: »The Study of the Primary Group«, in Daniel Lerner & Harold D. Lasswell (Hrsg.): *The Policy Sciences,* Stanford: Stanford University Press 1951, S. 68.

33 Der Terminus ›Status‹ wird hier im Sinne von Znaniecki verwendet, als

die dem Inhaber einer Rolle zukommenden Rechte, und ist nicht auf die Position in einem System sozialer Schichten eingeschränkt. Vgl. Florian Znaniecki: *The Social Role of the Man of Knowledge,* New York: Columbia University Press 1940; nachgedruckt in Lewis A. Coser & Bernard Rosenberg (Hrsg.): *Sociological Theory,* New York: Macmillan 1957, S. 348–349.

34 Turner & Killian, a. a. O., S. 219, führen näher aus, die Mitglieder einer Öffentlichkeit erwarteten, »den Handlungsablauf bei einer Gruppe oder einem Einzelnen zu beeinflussen«.

35 Everett M. Rogers & George M. Beal: »The Importance of Personal Influence in the Adoption of Technological Changes«, *Social Forces* 36 (Mai 1958), S. 335.

36 Wenn mächtige Gruppen, klein oder groß, glauben, die öffentliche Teilnahme könne ihren Interessen schaden, dann werden sie häufig versuchen, die öffentlichen Interessen abzulenken, indem sie irreführende Probleme aufwerfen und eine Entscheidung über informelle Kanäle zu erreichen versuchen. Vgl. Floyd Hunter: *Community Power Structure,* Chapel Hill: University of North Carolina Press 1953.

37 Ellsworth Faris: »The Retrospective Act«, *Journal of Educational Sociology* 14 (Oktober 1940), S. 82–88.

38 Lazarsfeld, Berelson & Gaudet, a. a. O., S. 234.

# Sachregister

# Personenregister